崔承熙 著

增補版

韓國古文書研究

知識產業社

改正 增補版 韓國古文書研究

개정증보판 제1쇄 발행 1989. 8. 20.
개정증보판 제10쇄 발행 2024. 9. 10.

지은이 최승희
펴낸이 김경희
펴낸곳 (주)지식산업사
본사 ● 413-832, 경기도 파주시 광인사길 53(문발동 520-12)
전화 (031) 955-4226~7 팩스 (031) 955-4228
서울사무소 ● 110-040, 서울시 종로구 자하문로6길 18-7(통의동 35-18)
전화 (02) 734-1978 팩스 (02) 720-7900
한글문패 지식산업사
영문문패 www.jisik.co.kr
전자우편 jsp@jisik.co.kr
등록번호 1-363
등록날짜 1969. 5. 8.

책값 35,000원

ISBN 89-423-1921-1 93910

이 책에 대한 문의는
지식산업사로 연락해 주시기 바랍니다.

改正·增補版을 내면서

一九八一年에「韓國古文書硏究」初版을 刊行할 때 著者는 그 卷末(「나머지말」)에서 이 책을 쓰는데 이용한 古文書가 現在 우리나라에 傳해지고 있는 最古·最善의 것이 아님을 밝혔고 아울러 誤讀으로 인한 誤字와 설명이 잘못된 것이 있을 것임을 自認한 바 있다. 그러나 一九八三年에 重版을 낼 때에는 誤字의 일부만을 고치는 데 그쳐 마음에 부담이 되어 왔다.

다행히 이번에 初版發刊 때에 이용하지 못한 古文書와 그간 새로 발굴된 古文書 중에서 年代가 오래되고 資料로서 중요한 것을 선택하여 增補할 수 있게 되었으며 誤字와 잘못된 解說을 修正·補充할 수 있게 되었다. 그러나 우리의 古文書는 계속 새로운 것이 발굴될 가능성이 많으므로 따라서 이 책도 增補를 계속해야 될 것이다.

이번에도 中國과 日本에 往復한 外交(事大·交隣)관계 文書는 넣지 못하였다. 後日 補充의 기회가 있을 것으로 생각한다. 특히 여러가지 어려운 與件下에서 이 책의 刊行을 맡아준 知識産業社 金京熙社長님의 誠意에 감사하는 바이다.

끝으로 이 冊은 一九七九·八〇年度 韓國精神文化硏究院의 硏究費 지원에 의해서 刊行된「韓國古文書硏究」의 改正·增補版임을 밝혀둔다.

一九八九년 四월 일

崔 承 熙

머리말

우리에게 古文書 또는 古文書學이란 用語는 아직 생소한 것으로 느껴진다。

그러나 佛蘭西・獨逸・奧地利 등에서는 一七世紀에 들어오면서 新舊教의 紛爭에서 古文書가 訴訟이나 論爭의 證據資料로 이용되면서 古文書에 대한 硏究가 시작되어 하나의 學問分野를 이루었다。

日本에서는 明治維新 直後부터 史料編纂事業의 일환으로 一八七七년경에 全國의 古文書를 調査・報告토록 지시한 바 있고、一八九〇년경에는 西歐留學을 마치고 귀국한 東京帝國大學 史學教授 坪井九馬三에 의하여 西洋史學과 함께 西洋의 古文書學이 紹介된 것을 계기로 古文書學이 하나의 學問으로 認識되기 시작하여 一八九〇년대에 帝國大學 史學科에 古文書學講義가 시작되었고、이어서 京都大學과 그밖의 대학에도 古文書講座가 開設되게 되었다。그후 日本에서는 古文書의 整理 및 活字化가 꾸준히 계속되었고、古文書에 대한 硏究도 상당한 수준에 이르렀으며、이에 종사하는 學者의 숫자와 硏究業績도 축적되었다。그렇게 硏究되고、整理된 古文書는 日本史硏究에 基本史料가 되고 있고、따라서 古文書入門은 日本의 大學史學科의 必須科目으로 되어 있다。

일찌기 韓國古文書에 관심을 가졌던 것은 日帝時代下의 日本學者들이었다。그들은 日本古文書나 古文書學에 대한 깊은 認識이 있었기 때문에 韓國古文書에 대하여도 관심을 갖게 된 것으로 생각된다。現在 서울大學 圖書館에 있는 四七、〇〇〇餘件의 古文書도 대개 日人들에 의하여 수집된 것으로 傳해진다。뿐만 아니라 日帝時代의 日人 學者들 가운데는 個人的으로 韓國古文書를 수집하여 硏究한 것도 볼수 있다。周藤吉之의 「朝鮮後期の田畓文記に關する硏究」(歷史學硏究 七卷 七・八・九號 一九三七年)는 그 하나의 例가 되겠다。最近 田川孝三의 「貢人關係文書について」(榎一雄博士還曆記念東洋史論叢 一九七五)도 우리나라에서 流出되어 京都大學圖書館 河合文庫에 所藏되어있는 韓國古文書 가운데 貢人關係文書를 利用한 것이었다。

그러나 日帝下의 우리 先輩學者들은 우리 古文書에 대하여 無關心했고 度外視했다。 물론 日帝下에서 우리 學者들이 우리 文化와 歷史를 자유롭게 硏究할 수 있는 與件이 되어 있지 못했다는 것은 周知하는 바이나, 日帝의 敎育을 받았고 日本에서의 古文書學이나 古文書整理에 대하여 無知하였다고 볼 수 없는 그 분들이 우리 古文書에 대하여 그처럼 無觀心했다는 것은 理解되지 않는다。 그러한 분위기는 解放後에도 계속되어 古文書는 廢置된 상태였다。

우리 學者들이 우리 古文書에 대하여 觀心을 갖고 이를 利用하기 시작한 것은 一九六〇年代부터라고 보아서 좋을 것이다。 서울大學文理大附設 東亞文化硏究所의 서울大圖書館所藏 古文書整理가 一九六四년도에 시작되었고, 이때에 서울大圖書館의 白麟氏가 「古文書에 관하여」(國會圖書館報, 四號)라는 古文書에 대한 간단한 解說이 있었다。 이어서 金約瑟氏의 「古文書論考(國會圖書館報, 一九六七)가 있고, 金東旭氏의 「古文書集眞」(延大 人文科學硏究所, 一九七二)이 刊行되었다。 그러나 아직 韓國古文書에 대한 올바른 理解에 도달하기에는 遼遠한 것이었다。

古文書를 利用한 硏究의 例로는 朴秉濠氏의 「韓國法制史特殊硏究」(韓國硏究圖書館, 韓國硏究叢書 四, 一九六〇)가 不動産賣買와 擔保에 관한 古文書를 主로 利用한 것이었고, 朴元善氏의 「負褓商」(韓國硏究院, 韓國硏究叢書 一六, 一九六五)에서도 褓負商관계의 古文書가 약간 利用되고 있다。

一九七〇년대에 들어와서 社會學분야에서 戶口關係文書, 分財記(和會文記) 등을 이용한 戶籍制度, 家族制度, 財産相續에 관한 硏究가 崔弘基, 崔在錫, 李光奎 등 諸氏에 의하여 試圖된 바 있고, 國語學분야에서도 吏讀에 대한 관심에서 古文書를 다룬 경우도 있다。(南豊鉉, 「一三世紀 奴婢文書의 吏讀」, 檀大論集八, 一九七四) 國史분야에도 최근 戶口관계 자료를 이용한 許興植氏의 연구가 있다。

그러나 이러한 硏究 가운데는 古文書에 대한 基本的인 知識의 缺如와 恣意的 解讀으로 인하여, 또는 吏讀나 語彙의 잘못된 解釋을 비판없이 引用함으로 인하여 誤錯된 硏究가 더러 눈에 뜨인다。 또한 지금까지의 古文書의 利用이란 극히 한정된 좁은 범위에 지나지 않는다。 그와같은 현상은 우리 學界가 古文書에 대한 認識이 缺如되어 있을 뿐 아니라 古文書의 整理가 이루어지지 못하였기 때문에 이를 利用할 수 없었던 데에도 원인이 있는 것이다。

古文書學의 定立은 한두명의 學者에 의하여 一朝一夕에 이루어질 수 있는 것이 아니다。 그것은 많은 學者들이 오랜 硏究

를 쌓아야 비로소 이루어질 수 있는 것이다. 그러나 古文書에 대한 知識이나 理解는 다소의 關心과 노력을 경주하면 어느 정도 달성할 수 있는 것으로 생각된다. 오늘날 우리에게 필요한 것은 古文書學 그 自體가 아니라 古文書를 우리 文化, 우리 歷史를 硏究하는데 基本되는 資料로써 活用할 수 있도록 古文書에 대한 폭넓은 理解와 知識을 얻는 일이다. 우리 古文書에는 어떠한 種類가 있고, 또 그것은 어떻게 解讀되며, 史料로서는 어떤 가치가 있는가를 알게되면 歷史硏究에 古文書의 活用은 不可缺한 것이 될 것이다.

現在 學者들이 史料로 사용하는 것은 대개 편찬·편집된 것이다. 따라서 이러한 자료는 편찬·편집자의 立場이나 利害관계에 의하여 取捨選擇된 것이므로 歪曲된 것도 있고 誇張된 것도 있다. 謄錄종류도 利害관계에 얽힌 사람의 손을 거쳐서 記錄된 것이기 때문에 缺陷이 있을 수 있다. 그러나 古文書는 當時 사람들의 生活 가운데서 이루어진 것이고 손때가 묻어 있는 生活의 證據이기 때문에 再言할 필요 없이 一次資料이다. 이러한 생생한 資料를 利用하지 않은, 이용할 수 없었던 歷史硏究는 再檢討하지 않으면 안될 것이다. 물론 現存하는 韓國古文書에는 限界性이 많다. 대부분의 古文書가 湮滅되었고 時代가 올라갈수록 稀貴하지만 그 남아있는 것이나마 整理하고 活字化하여 學者들이 利用할 수 있도록 하는 일은 韓國史學을 위하여 時急을 要하는 課題임에 틀림없다.

本稿는 古文書學의 定立을 위한 것이라기 보다, 古文書를 史料로 利用하는데 도움을 주기 위하여 執筆되었다. 즉 現在 우리가 볼 수 있는 古文書에는 어떠한 것이 있고, 그 文書의 構成은 어떻게 되어 있으며, 그것은 어떻게 解讀되며, 史料로서는 어떠한 價値가 있고, 어떻게 活用될 수 있는가를 解說하여 우리 古文書에 대한 理解와 活用에 도움을 주고자 하는 것이다. 그러나 著者 역시 우리 古文書에 대한 깊은 硏究가 缺如되어 있기 때문에 미비한 臆說과 錯誤가 많을 수 있다. 또 韓國古文書의 調査·整理가 되어 있지 않은 상태이기 때문에 著者가 대하지 못한 古文書가 續出될 것은 의심의 여지가 없다. 따라서 계속 修正·補充할 수 밖에 없는 일이다.

끝으로 이 조그마한 冊子가 나올 수 있도록 지원해 준 韓國精神文化硏究院과 계속 격려를 해주신 金哲埈선생님께 감사하며, 古文書複寫에 便宜를 주신 서울大學圖書館 當局과 李相殷先生께 아울러 감사하는 바이다.

凡例

一、高麗時代와 朝鮮初의 文書는 그 種類와 數量이 限定되어 있기 때문에 時代區分은 하지 않았고、같은 類의 文書를 時代順으로 여러 例를 들어 書式과 用語가 어떻게 變動했는가를 볼 수 있도록 배려했다。

一、例擧한 古文書는 所藏處(者)를 表示하였고、서울大學校 中央圖書館所藏 古文書는 古文書番號를 함께 表示(서울大、○○○)하였다。

一、吏讀는 옆줄을 그어 표시하였다。

一、吏讀의 註解는 그 자리에서 갖는 가장 적합한 「音」과 「뜻」만을 표시하였다。

一、例文은 句讀의 편의를 위하여 띄어쓰기를 원칙으로 하였으나 특히 「字」「行」의 위치를 중히 여기는 册文・箋文・敎書・有旨・敎旨 등은 原文의 형태를 살리는 뜻에서 띄어쓰기를 하지 않았다。

一、例文은 連書하는 것을 원칙으로 하였으며、書式上 行을 바꾸게 되어 있는 곳은 原本과 같이 別行으로 올려썼다。

一、例文에서 虫蝕과 缺損의 경우 그 字數가 추정되는 것은 □□□로、字數不明은 ▭로 표시한다。

一、缺損된 부분 가운데 추정이 가능한 字는 □(天)□(地) 등으로 표시한다。

一、修正을 위하여 削除한 것은 ▨▨ 등으로 표시하고、修正된 것은 ▨天▨地 등으로 표시한다。

一、官府文書의 末尾上端에 있는 「啓」・「關」・「帖」 등의 印은 啓・關・帖 등으로 표시한다。

一、官員의 手決은 (押)으로、私人의 手決은 (手決)로 표시한다。

一、文書가 長文일 경우、部分을 省略하거나 要約한 경우가 있다。

一、文書의 原形을 보이기 위하여 圖版을 많이 게시하였다。

一、圖版이 横으로 긴 경우에는 左右兩面에 揭載하고、그래도 不足한 경우에는 中間部는 省略하고 前頭・後尾만을 싣는 것을 원칙으로 하였다。

目 次

改正・增補版을 내면서／一

머리말／二

凡 例／五

圖版目錄／一三

一、古文書의 概念 …… 一七

二、古文書의 史料로서의 價值 …… 二四

三、古文書의 傳來와 그 保存狀態 …… 三三

1、古文書傳來의 諸要因 …… 三三

1）文書의 作成과 原・草・寫文書 …… 三三

2）文書效力의 持續性 …… 三四

3）家門의 尊重 …… 三六

4）官府의 保藏 …… 三八

5）其他 要因 …… 三九

2、保存狀態 …… 四〇

1）保存處와 그 內容 …… 四〇

2）保全의 問題 …… 四四

四、古文書의 分類 …… 四五

1、國內文書 …… 四八
2、外交文書 …… 五三

五、古文書의 樣式과 그 實際 …… 五五

1、國王文書 …… 五七
1）對王室(文書) …… 五七
(1) 玉册(文)(五七) (2) 竹册(六〇) (3) 諡册(六〇) (4) 敎命(六一) (5) 遺敎(六一)
2）對官府(官吏) …… 六三
(1) 敎(受敎)(六三) (2) 敎書(六四) (3) 諭書(七〇) (4) 有旨(七三) (5) 密敎(七七) (6) 敎旨(告身、封君、封爵、老人職、紅牌、白牌、追贈、贈職、贈諡、賜牌)(七七) (7) 敎牒(九三) (8) 祿牌(九八) (9) 封書(一〇三) (10) 錄券(一〇七) (11) 功臣會盟文(一一七) (12) 批答(一二〇) (13) 宣牌(一二一) (14) 下膳狀(一二二)
3）對私人 …… 一二三
(1) 敎書(一二三) (2) 綸音(一二三)
4）對寺社・書院・道觀・結社 …… 一二五
2、王室(宮房)文書 …… 一二七
1）對國王 …… 一二七
2）對王室 …… 一二七
(1) 箋文 …… 一二七
3）對官府(官吏) …… 一二九
(1) 內旨(一二九) (2) 慈旨(一二九) (3) 徽旨(一三〇) (4) 懿旨(一三〇) (5) 令書(一三〇) (6) 令旨(一三一) (7) 下答(一三三) (8) 手本(一三三) (9) 璿源錄世系單子(一三五) (10) 敦寧單子(一三六) (11) 下答(一三六) (12) 圖署牌子(一三六)
4）對私人 …… 一三八
(1) 導掌許給文 …… 一三八
3、官府文書 …… 一四〇
1）對國王 …… 一四〇

(1) 玉册(一四〇) (2) 箋文(一四三) (3) 上疏(一四六) (4) 劄子(一四八) ※啓(文)(一五三) (5) 草記(一五三) (6) 啓本(一五五) (7) 啓目(一六〇) (8) 狀啓(一六四) (9) 書啓(一六九) (10) 呈辭(一七一) (11) 薦單子(一七三) (12) 褒貶單子(一七三) (13) 進上單子(一七三) (14) 下直單子(一七四) (15) 謝恩單子(一七五) (16) 六行單子(一七五) (17) 問安單子(一七六) (18) 祗受單子(一七六) (19) 處女單子(一七六)

2) 對王室 ……………… 一七六

(1) 上書(一七七) (2) 申本(一七七) (3) 申目(一七七) (4) 狀達(一七八) (5) 玉册(一七八) (6) 箋文(一八〇)

3) 對官府 ……………… 一八〇

(1) 關(一八〇) (2) 牒呈(一八六) (3) 帖(一九三) (4) 立法出依牒(一九九) (5) 起復出依牒(二〇〇) (6) 解由文書(解由移關、解由牒呈、解由照訖)(二〇一) (7) 書目(二一〇) (8) 手本(二一五) (9) 甘結(二一六) (10) 傳令(二一九) (11) 差使帖(二二〇) (12) 京外官推考緘・緘答(二二一) (13) 遲晚(二二三) (14) 署經單子(二二三) (15) 諡號望單子(二二四) (16) 諡號署經(二二五) (17) 褒貶同議單子(二二七) (18) 問安物種單子(二二九) (19) 尺文(二三〇) (20) 陳省(二三五) (21) 論報(二三五) (22) 文狀(二三五) (23) 文狀書目(二三七) (24) 告目(二三九) (25) 稟告(二四二) (26) 馳通(二四三) (27) 回通(二四四) (28) 通諭(二四五) (29) 望記(二四六) (30) 朝報(二四七) (31) 邸報(二四八) (32) 赴擧狀 (二四八) (33) 軍令狀(二四九) (34) 祿標(二四九) (35) 勿禁帖(二五〇) (36) 馬帖(二五二) (37) 草料(二五三) (38) 路文(二五六) (39) 路引(二五九) (40) 行狀(二五九) (41) 古風(二五九) (42) 行下(二六〇) ※甲午更張 以後 官府文書(二六二)

4) 對私人 ……………… 二六二

(1) 完文(二六二) (2) 空名帖(二六六) (3) 立案(二六七) (4) 立旨(二七五) (5) 題音・題辭(二七八) (6) 準戶口(二七九) (7) 傳准(二八八) (8) 謄給(二九〇) (9) 照訖帖(二九四) (10) 勿禁帖(二九六) (11) 告示(二九七)

5) 對寺社・書院・道觀・結社 ……………… 二九八

(1) 完文(二九八) (2) 帖文(二九八)

4、 私人文書 ……………… 二九九

1) 對國王 ……………… 二九九

(1) 上疏(二九九) (2) 上言(三〇一) (3) 原情(三〇四) (4) 試券(名紙・試紙)(三〇六)

2) 對官府(文書) ……………… 三〇六

(1) 所志(白活)(三〇六) (2) 等狀(三一四) (3) 單子(三一七) (4) 原情(三二〇) (5) 上書(三二一) (6) 議送(三二三) (7) 侤音(다짐)(三二六) (8) 戶口單子(三二八) (9) 陳告狀(三三六) (10) 陳試狀(三三六) (11) 功臣子孫世系單子(三三七) (12) 照律時功議單子(三三七)※甲午更張 以後 民願書(三三七)

3) 對私人(文書) ……………… 三三八

(1) 立後文記(三三八) (2) 和會文記(三四三) (3) 分給(衿給)文記(三五三) (4) 衿付文記(三六〇) (5) 別給文記(三六三) (6) 許與(許給)文記(三七〇) (7) 遺書(遺言)(三八四) (8) 土地文記(田畓文券)(三八八) (9) 家屋文記(家舍文券)(四〇〇) (10) 奴婢文記(奴婢文券)(四〇七) (11) 漁場(漁箭・網基)文記(四一六) (12) 鹽盆文記(四三〇) (13) 船隻文記(四三三) (14) 貢人文記(四三四) (15) 其人文記(四三四) (16) 京主人文記(四三八) (17) 旅閣・旅客・船・倉・商賈主人文記(四四三) (18) 監官文記(四五一) (19) 導掌文記(四五四) (20) 典當文記(四五八) (21) 手標・手記(四五九) (22) 贖良・贖身文記(四六四) (23) 自賣文記(四七〇) (24) 完議・立議(四七六) (25) 祭需單子(四八〇) (26) 賻儀單子(四八〇) (27) 書狀(簡札)(四八〇) (28) 婚書(四八二)

4) 對寺社・書院・道觀・結社 …… 四八六

5、寺社文書 …… 四八六

1) 對國王 …… 四八六

2) 對官府 …… 四八六

3) 對私人 …… 四八七

4) 對寺社 …… 四八七

6、書院(鄉校)文書 …… 四八七

1) 對國王 …… 四八七

2) 對官府 …… 四八八

(1) 稟目(四八八)

3) 對私人 …… 四九一

4) 對書院 …… 四九二

(1) 通文(四九二)

7、道觀文書 …… 四九六

1) 對國王 …… 四九六

2) 對官府 …… 四九六

3) 對私人 …… 四九七

4) 對道觀 …… 四九七

8、結社文書 …… 四九七

1) 對國王 …… 四九七
2) 對官府 …… 四九七
3) 對私人(文書) …… 四九八
(1) 通文(四九八) (2) 傳令(五〇一) (3) 帖文(五〇三) (4) 差定(五〇六) (5) 論稟(五〇七)
4) 對結社 …… 五〇七
9、奉神佛文書 …… 五〇七
1) 國王對神佛 …… 五〇七
(1) 致祭文(五〇八)
2) 王室對神佛 …… 五〇九
3) 官府對神佛 …… 五〇九
4) 私人對神佛 …… 五一〇
5) 寺社對諸佛 …… 五一〇
6) 書院對儒賢 …… 五一〇
7) 道觀對三淸 …… 五一〇

나머지 말 …… 五一三
參考文獻 및 古文書를 利用한 論著 …… 五一四
索 引

圖版目錄

一、京主人文記……(一七)
二、東學排斥通文……(三〇)
三、鄉吏戶口單子……(三一)
四、等 狀……(三三)
五-一、玉册文(部分)……(五八)
五-二、玉册文(部分)……(五九)
六、敎(受敎)……(六三)
七、敎 書……(六六)
八、敎 書……(六八)
九、諭 書……(七〇)
一〇、有 旨……(七三)
一一、王 旨……(七八)
一二、敎 旨……(七九)
一三、王 旨……(八〇)
一四、紅 牌……(八一)
一五、紅 牌……(八二)
一六、紅 牌……(八二)
一七、白 牌……(八四)
一八、白 牌……(八四)
一九、追贈敎旨……(八六)
二〇、追贈敎旨……(八六)
二一、贈職敎旨……(八七)
二二、贈諡敎旨……(八八)
二三、敎 旨……(八九)
二四、賜牌敎旨……(九一)
二五、敎 牒……(九二)
二六、敎 牒……(九三)
二七、敎 牒……(九四)
二八、敎 牒……(九七)
二九、敎 牒……(九八)
三〇、祿 牌……(一〇〇)
三一、祿 牌……(一〇一)
三二、封 書……(一〇三)
三三、暗行御史封書……(一〇五)
三四、錄 券……(一〇六)
三五、錄 券……(一一四)
三六、功臣會盟文……(一一八)
三七、下膳狀……(一二二)
三八、綸 音……(一二四)
三九、令 旨……(一三三)
四〇、手 本……(一三四)
四一、圖署牌子……(一三七)
四二、導掌許給文……(一三九)
四三、箋 文……(一四二)
四四、上 疏……(一四七)
四五、劄子草……(一四九)
四六、草 記……(一五三)
四七、啓 本……(一五六)
四八、啓 目……(一六一)
四九、啓 目……(一六二)
五〇、狀 啓……(一六四)
五一、狀 啓……(一六九)
五二、進上單子……(一七三)
五三、關……(一八一)
五四、關……(一八四)
五五、牒 呈……(一九一)
五六、帖……(一九三)
五七、差 帖……(一九四)
五八、帖……(一九六)
五九、鄉吏差帖……(一九七)
六〇、解由牒呈……(二〇三)
六一、解由移關……(二〇九)
六二、解由移關……(二一〇)
六三、書 目……(二一二)

六四、書目……(二二四)
六五、甘結……(二二六)
六六、甘結……(二二七)
六七、甘結……(二二八)
六八、傳令……(二二九)
六九、傳令……(二三〇)
七〇、差使帖……(二三一)
七一、諡號望……(二三五)
七二、司憲府諡號署經……(二三六)
七三、署經完議……(二三六)
七四、褒貶同議單子……(二三七)
七五、問安物種單子……(二三九)
七六、尺文……(二三〇)
七七、尺文……(二三四)
七八、文狀……(二三六)
七九、文狀書目……(二三八)
八〇、告目……(二四〇)
八一、告目……(二四一)
八二、稟告……(二四三)
八三、馳通……(二四四)
八四、回通……(二四五)
八五、通諭……(二四六)
八六、望記……(二四六)
八七、朝報……(二四七)
八八、祿標……(二四九)
八九、勿禁帖……(二五一)
九〇、馬帖……(二五三)
九一、草料……(二五四)
九二、草料……(二五五)
九三、草料……(二五六)
九四、路文……(二五七)
九五、防僞私通……(二五八)
九六、古風……(二五九)
九七、行下……(二六〇)
九八、完文……(二六三)
九九、完文……(二六五)
一〇〇、立案……(二六八)
一〇一、立案……(二七〇)
一〇二、立案……(二七一)
一〇三、立案……(二七二)
一〇四、立旨……(二七六)
一〇五、立旨……(二七七)
一〇六、准戶口……(二八一)
一〇七、准戶口……(二八四)
一〇八、准戶口……(二八五)
一〇九、傳准……(二八九)
一一〇、贍給……(二九〇)
一一一、照訖帖……(二九四)
一一二、照訖帖……(二九五)
一一三、勿禁帖……(二九六)
一一四、告示……(二九七)
一一五、上疏草……(二九九)
一一六、上言……(三〇二)
一一七、所志……(三〇九)
一一八、所志……(三一〇)
一一九、所志……(三一二)
一二〇、等狀……(三一四)
一二一、等狀……(三一六)
一二二、單子……(三一八)
一二三、單子……(三一九)
一二四、原情……(三二〇)
一二五、議送……(三二三)
一二六、議送……(三二四)
一二七、議送……(三二五)
一二八、侤音……(三二六)
一二九、侤音……(三二七)
一三〇、戶口單子……(三二九)
一三一、戶口單子……(三三一)
一三二、戶口單子……(三三四)
一三三、立後成文……(三三九)
一三四、立後成文……(三四〇)
一三五、立後成文……(三四一)
一三六、和會文記……(三四三)
一三七、和會文記……(三四七)
一三八、和會衿給……(三四八)
一三九、分給文記……(三五二)
一四〇、分給文記……(三五八)
一四一、衿付文記……(三六〇)
一四二、衿付文記……(三六二)
一四三、別給文記……(三六三)

一四四、別給文記……………(三六四)
一四五、別給文記……………(三六七)
一四六、別給文記……………(三六九)
一四七、許與立案……………(三七一)
一四八、許與文記……………(三七三)
一四九、許與文記一括……(三七五)
一五〇、遺　書……………(三八四)
一五一、土地文記……………(三九〇)
一五二、土地文記……………(三九二)
一五三、土地文記……………(三九三)
一五四、土地文記……………(三九六)
一五五、土地文記……………(三九七)
一五六、土地文記……………(三九八)
一五七、土地文記付牌旨…(三九九)
一五八、家屋文記……………(四〇二)
一五九、家屋文記……………(四〇六)
一六〇、家屋文記……………(四〇七)
一六一、奴婢文記……………(四一〇)
一六二、奴婢文記……………(四一二)
一六三、奴婢文記……………(四一五)
一六四、漁場文記……………(四一七)
一六五、漁場文記……………(四一九)
一六六、鹽盆文記……………(四二一)
一六七、鹽盆文記……………(四二三)
一六八、船隻文記……………(四二三)
一六九、船隻文記……………(四二四)
一七〇、貢人文記……………(四二五)
一七一、貢人文記……………(四二七)
一七二、貢人文記……………(四二八)
一七三、貢人文記……………(四二九)
一七四、貢人文記……………(四二九)
一七五、貢人文記……………(四三〇)
一七六、貢人文記……………(四三二)
一七七、貢人文記……………(四三五)
一七八、其人文記……………(四三七)
一七九、京主人文記…………(四三九)
一八〇、京主人差帖…………(四四〇)
一八一、京主人文記…………(四四一)
一八二、京主人文記…………(四四二)
一八三、京主人文記…………(四四三)
一八四、旅客主人文記………(四四四)
一八五、旅客主人文記………(四四五)
一八六、旅客主人文記………(四四六)
一八七、旅客主人文記………(四四七)
一八八、商賈主人文記………(四五〇)
一八九、監官文記……………(四五二)
一九〇、監官文記……………(四五三)
一九一、導掌文記……………(四五五)
一九二、導掌文記……………(四五六)
一九三、導掌文記……………(四五七)
一九四、典當文記……………(四五八)
一九五、典當文記……………(四五九)
一九六、手　標……………(四六〇)
一九七、手　記……………(四六一)
一九八、手　記……………(四六二)
一九九、手　記……………(四六三)
二〇〇、贖身文記……………(四六四)
二〇一、贖良文記……………(四六七)
二〇二、贖良文記……………(四六九)
二〇三、自賣文記……………(四七一)
二〇四、自賣文記……………(四七二)
二〇五、自賣文記……………(四七四)
二〇六、完　議……………(四七六)
二〇七、立　議……………(四七八)
二〇八、簡　札……………(四八〇)
二〇九、簡　札……………(四八二)
二一〇、婚　書……………(四八三)
二一一、婚　書……………(四八四)
二一二、婚　書……………(四八四)
二一三、婚　書……………(四八五)
二一四、稟　目……………(四八八)
二一五、稟　目……………(四八九)
二一六、通　文……………(四九八)
二一七、通　文……………(五〇一)
二一八、帖　文……………(五〇二)
二一九、帖　文……………(五〇三)
二二〇、帖　文……………(五〇四)
二二一、帖　文……………(五〇五)
二二二、致祭文……………(五〇八)
二二三、致祭文……………(五〇九)

一、古文書의 槪念

古文書란 옛 文書를 指稱하는 말이다。그러면 文書란 무엇인가? 本書에서의 文書는 編纂·編輯된 書籍類, 日記나 備忘錄과 같은 記錄類, 著述類, 謄錄類, 帳簿類와는 구별되는 特定한 目的을 위하여 作成된 文獻이다。그러나 「文書」라는 用語는 古來로 多樣한 뜻으로 使用이 되어 왔기 때문에 古文書의 定義를 위하여 먼저 文書의 用例를 槪觀하도록 한다。

첫째, 文書는 書冊의 뜻으로 使用되었음을 알 수 있다。史記에

秦王懷貪鄙之心…禁**文書**而酷刑法(1)

라고 하였고, 三國史記에

夏四月 唐使臣邢璹 以老子道德經等**文書** 獻于王(2)

이라 했을 때의 文書는 書籍類를 指稱한 것이라 하겠다。

둘째, 漢書에

(1) 史記, 卷六, 秦始皇本紀六。
(2) 三國史記, 卷九, 新羅本紀九, 孝成王條。

其後姦猾巧法 轉相比況 禁罔寖密 律令凡三百五十九章 大辟四百九條 千八百八十二事 死罪決事比萬三千四百七十二事 文書盈於几閣 典者不能徧睹(3)

라고 한 경우의 文書는 刑律관계 書類、訊問記、陳述書 등 裁判관계 書類綴 등이라고 생각되며 앞서의 書册과는 구별되는 것으로 보인다。

세째、文書는 또한 記簿(帳簿)의 意味로도 使用되고 있다。즉

校理沈念祖啓言 臣以江都御史反庫時 訓將張志恒 謄送留營記簿 踏印手決 與留營成册 無所相左…敎曰將臣體重 有難反汗 而江華仙源庫記簿事 此等細事 何若是容意於踏印文書乎 緘辭從重推考(4)

라고 했을 때의 文書는 記簿였다。

네째、그러나 通文館志 卷三에서의 「行中擧行文書」、「文書封進」、「文書賫去總數」 등의 文書는 書籍이나 書類、帳簿가 아닌 本書에서의 取扱對象의 文書이며、典律通補 別編의 賀表에 대한 雙注에 「事大文書式 參用館志」、國書에 대한 注에 「交隣文書式 參用館志」라고 했을 때의 文書도 바로 그 文書를 의미한다。또 肅宗實錄에서

堤川縣監李眞儒上疏 極陳京外文書磨勘時 情債之弊 上答以欲保吾民 莫如先革此弊(5)

라고 한 것은 中央과 地方官署에서 文書를 發給하거나 接受할 때의 情債의 弊端에 관한 記事로서、여기서의 文書도 本書의 대상이 되는 바로 그 文書인 것이다。이처럼 文書라는 用語는 多樣하게 쓰이고 있었던 것이나 本書에서의 取扱對象은 네번째의 文書인 것이다。우리가 지금도 흔히 쓰고 있는、「땅문서」、「집문서」、「종문서」 등도 바로 그 文書인 것이다。

그런데 그 文書에 해당되는 用語는 여러가지가 있으니, 文券, 文契, 文記 등이 그것이다.

먼저 文券의 用例를 보면, 土地文書에 쓰이고 있다. 高麗史에 보면

凡加科受田 新作公文者 繳連原券 合爲一通 由得另作文券(6)

이라 하였는데 여기서의 文券은 土地文書로 볼 수 있겠다. 또 文券은 奴婢文書의 경우에 쓰고 있다. 高麗史 崔有渰傳에 李德守와 蔡宗璘간에 奴婢(臧獲)紛爭이 있었을 때 李德守는 元의 세력을 업고 宗璘의 奴婢文書를 빼앗으려 하였는데 이때에「欲奪宗璘文券」(7)이라 한 文券은 奴婢文書라고 하겠다. 世宗實錄에 野人들이 朝鮮으로 도망해 온 그들의 奴婢(中國人)의 返還을 要求할 때 提示한「文券」은 奴婢文書였다.(8) 成宗때에 前大司憲鄭佸等이 上疏하여 金碩孝의「文券僞造之罪」를 論했는데(9) 이때의 文券은 奴婢文書였다. 그러나「公家文券」(10)이라 하여 公文書를 指稱하는 경우도 드물게 볼 수 있고, 借用證書를 가리키는 경우도 있다.(11)

「儒胥必知」에서도 文券類에 家舍文券·田畓文券·奴婢文券·山地文券 등이 있는 것을 보면 家舍·田畓·奴婢·山地 등의 賣買文書(契約書)를 文券이라 한 것을 볼 수 있고,「新式儒胥必知」에는 文券類에 債用文券이 첨가되어 있어서 文券類는 叙上의 賣買文書와 借用證書類를 指稱한 것을 알 수 있다.

(3) 漢書, 卷二三, 刑法志三.
(4) 正祖實錄, 卷六, 正祖二年七月己酉條.
(5) 肅宗實錄 卷五〇, 肅宗三七年一二月丁巳條.
(6) 高麗史, 卷七八, 志三二, 食貨一.
(7) 高麗史, 卷一一〇, 傳二三, 崔有渰傳.
(8) 世宗實錄, 卷七六, 世宗一九年三月庚寅條.
(9) 成宗實錄, 卷一二七, 成宗一二年三月甲辰條.
(10) 高麗史, 卷一二六, 傳三九, 林堅味傳.
(11) 剪燈新話, 三山福地志,「以鄕黨 相處之厚 不問其文券 如數貸之」.

文契의 경우는 「借用證書」의 例를 많이 볼 수 있다。後漢書에서도

其素所假貸人間數百萬 遺令焚削文契(12)

라 하였는데、文契는 借用證書로 쓰인 것을 볼 수 있고、高麗史에서도

與者貸者俱沒 執傳傳文契 徵督族類者 官收文契 勿令徵給(13)

長利稱名 借貸平民 倒換文契 利中生利(14)

라 한것은 모두 借用文書라고 하겠고 世祖實錄에서도

徵承老宿債未償者 虛立文契 構侵萬端(15)

이라 했는데 이때의 文契도 借用文書였던 것이다。그러나 奴婢文書를 文契라 한 경우도 볼 수 있다。즉 高麗史에 보면、

近來壓良爲賤者甚多 其令有司劾 其無文契及詐僞者 罪之(16)

라 했을 경우의 文契는 奴婢文書를 意味한 것을 알 수 있다。그러므로 文券과 文契는 거의 비슷하게 쓰였던 것을 알 수 있다。이처럼 文券・文契 등은 中國이나 우리나라에서 모두 使用되고 있었고 대개 私文書(土地・奴婢文書・借用證書 등)의 경우였음을 알 수 있다。

文書를 「文記」라고 하는 경우는 中國이나 日本에서는 찾아 볼 수 없고 韓國的인 것이라 생각된다。中國에서는 文記를 文奏 즉 글로서 奏하는 것을 뜻하고 있다。(17) 그러나 經國大典 卷5 뒤에 揭載되어 있는 「奴婢決訟定限」에도 和會文記・奴婢

文記·官署文記 등이 보이고 있다. 여기서 官署文記는 官署의 文記라는 뜻이 아니라 官의 署를 받은 文記를 의미한다. 즉 奴婢관계·分財관계 文書를 文記라 하고 있다. 實錄에서도 文記의 用例는 多數 찾아 볼 수 있다. 그 例를 든면

① 傳旨掌隷院 壬戌年以前 父母祖父母外祖父母妻父母夫妻同生和會文記外 他餘贈給 白文勿用(18)

② 一家文記僞造者 猶且永不叙用 況… 依大典僞造文記例施行 甚當(19)

③ 上曰 予見爭訟之事 多起於兄弟之間 父母所成文記 謀欲毁之 骨肉之親 何可如是耶(20)

④ 護軍李耘正科出身 官爲堂上 而乃與其四寸等 訟其田民 而隻人所得文記 耘乃托以斜出(經官謂之斜出)而因奪不與(21)

위의 例에 의하면, 和會文記를 비롯하여 財産(土地·奴婢)의 贈給에 관한 文書를 대개 文記라는 用語를 쓰고 있음을 알 수 있다.

위에서 보았듯이 文書의 用語로서 文券·文契·文記 등은 대개 個人의 財産과 權利에 관계되는 文書에 使用되고 있음을 볼 수 있고, 官廳이나 公的인 立場에서 發給·受取하는 文書는 公文(22) 또는 官文書(23)라고 하였고, 앞에서 보았듯이 事大文書·交隣文書·封進文書·京外文書 등 「文書」라는 用語를 주로 쓰고 있는 것을 볼 수 있다. 따라서 公·私의 文書를 포

(12) 後漢書, 卷三一, 列傳二一, 樊宏傳.
(13) 高麗史, 卷八五, 志三九, 刑法二, 一五丁.
(14) 同上 一八丁.
(15) 世祖實錄 卷三四, 世祖一〇年一一月甲辰條.
(16) 高麗史, 卷八五, 志三九, 刑法二, 四三丁.
(17) 後漢書, 卷八〇上, 列傳七〇上, 葛龔傳에 「和帝時以善文記知名」이라 하였고 注에 龔善爲文奏라고 하였다.
(18) 成宗實錄, 卷一三四, 成宗一〇年一一月丙辰條.
(19) 成宗實錄, 卷一四六, 成宗一一年一〇月壬子條.
(20) 中宗實錄, 卷四〇, 中宗一五年一〇月壬寅條.
(21) 中宗實錄, 卷五一, 中宗一九年八月乙卯條.
(22) 三國志, 卷三三, 魏書三三, 趙儼傳에 輒白曹公 「公文下郡 絹綿悉以還民」이라 하였고, 宣祖實錄, 卷一八二, 宣祖三七年一二月戊申條에 「以譯李彦誠添書於政府公文」이라 하였고 同月壬子條 「政府公文」이란 用語가 나온다.
(23) 成宗實錄 卷一四六, 成宗一一年一〇月壬子條에 「盧思愼議 總將追改官文書而已 不可謂之僞造」라 하고 있다.

괄할 수 있는 것이 要求되는데, 그것을 「文券」이라 하기도, 「文契」라고 하기도, 「文記」라고 하기도 곤란한 것같다。日本에서 公文書니 私文書니 하여 「文書」라고 쓰는 것과 관계없이 우리의 公私文書를 포괄하는 것으로 「文書」라는 用語를 使用하는 것은 無難한 것으로 생각된다。

그러면 文書의 特性은 무엇이며 어떻게 定義할 수 있겠는가。

文書는 반드시 特定의 對象이 있어야 된다。甲이라는 主體의 意志가 그 目的을 달성하기 위하여 乙이라는 特定의 對象에게 傳達이 됨으로써 文書의 구실을 하게 된다。對象이 없이 主體의 意志의 一方的인 記述로 끝나는 것은 日記나 備忘錄 등의 記錄類에 속하게 된다。그러므로 文書는 이의 發給者와 受取者가 必須要件이며 兩者 사이에 文書를 授受하는 目的이 있어야 된다。그 目的의 內容은 命令·指示·建議·請願·陳情·告知·照會·契約·贈與 등등 多樣한 것이다。그리고 甲(主體)과 乙(對象)은 機關이나 團體일 수도 있고 個人일 수도 있다。이처럼 甲의 特定한 意志가 그 目的을 달성하기 위하여 乙에게 전달되는 글을 「文書」라고 定義할 수 있겠다。다시 말하면, 甲과 乙 사이에 어떤 目的을 가지고 授受(發受)되는 글을 文書라 할 수 있겠다。

우리는 대개 文書라 하면 종이에 쓰여진 것을 생각한다。그러나 文書의 內容을 담는 그릇은 반드시 종이어야 되는 것은 아니며, 文書로서의 要件만 갖추면 돌이건 金屬이건 木片·竹片이건 文書가 된다。

古文書란 文書로서 옛것을 일컬음은 再言할 필요도 없지만, 우리 韓國의 경우 그 時代를 어디까지 限定할 수 있겠는가? 우리나라는 아직 古文書學이 成立되지 않은 상태이기 때문에 學者에 따라서 그 見解의 差異가 있을 수 있다。筆者는 일단 一九一〇년 우리나라가 日帝에 倂呑되기 以前까지의 文書를 古文書로 잡고 本書에서의 取扱對象으로 삼도록 한다。勿論 甲午更張 이후에 公私의 書式이 新式으로 바뀐 것이 많았으나 政治體制나 社會體制의 根本的인 變化를 겪은 것이 아니었기 때문에 一九一〇년까지는 以前時代의 延長으로 취급해도 좋다고 생각되기 때문이다。

끝으로 「古文書學」에 대하여 간단히 살펴보도록 한다。

古文書學이란 再言할 필요도 없이 古文書를 硏究의 對象으로 삼는 學問이다。우리나라의 現存 古文書의 上限은 높지 못하다。壬申誓記石을 文書로서 본다면,(24) 學者에 따라 壬申年의 年代가 六〇年 또는 一二〇年의 差異를 나타낼 수 있는 것이지만, 新羅統一前後의 것이다。三國史記 卷一五, 百濟本紀三, 蓋鹵王 一八年條에 있는 魏에 보낸 表나 東文選 卷四四의 金富軾의 進三國史表와 같은 것은 처음에는 文書였으나 그 原形을 잃고 轉載됨으로써 이제는 文書가 아니라 資料 또는 謄錄의 一部가 된 것이다。그러므로 古文書로서 史書나 族譜·謄錄·文集 등에 轉載된 것은 古文書硏究의 對象은 아니지만 補助資料로서의 구실은 할 수 있다。하여간 우리 古文書로서 高麗時代의 것은 손으로 꼽을 정도이고 壬亂以前의 古文書도 그 數量이 많지 못한 實情이다。

그런데 이러한 古文書는 時代에 따라서 樣式과 內容의 變遷을 隨伴하기 때문에 그러한 古文書에 대한 知識을 整理하여 體系化시키는 學問이 必要한데, 그와 같은 學問을 「古文書學」이라 할 수 있겠다。따라서 古文書學에서의 對象은 ① 古文書의 種類, ② 古文書의 外形(材料·形態·封法·文字·書體와 墨色·署押·印章) ③ 古文書의 構成(內容·書式·作成의 手續과 方法) 등이 된다。이러한 古文書 自體에 대한 硏究를 통하여 古文書의 要件들이 時代에 따라 어떻게 變化했는가를 밝히게되고 나아가 古文書의 眞僞를 가려내는 일이 隨伴된다。그러므로 古文書學은 古文書를 史料로 利用함에 있어서 그 古文書의 史料價値를 명확히 해주는 學問이 되기도 한다。즉 古文書學은 歷史學의 補助學 또는 史料學의 性格을 함께 갖게 되는 것이라 생각된다。

(24) 壬申誓記石은 二人이 儒敎經典의 學修와 忠道執持·躬行實踐을 하늘에 誓約한 것이다。여기서는 對象이 天이지만 文書의 要件은 갖춘 셈이다。願書·다짐(侤音)·誓約書 등은 文書에 포함되며, 對象이 天이라고 볼때 「願文」에 속한다고 할수도 있겠다。

二、古文書의 史料 價値

歷史硏究의 必須要件은 史料이다。史料는 人類가 生活하는 가운데 創造해 놓은 有形・無形의 모든 것이 될 수 있다。無形의 史料에는 言語・民俗・口碑・思想 등이 있겠고、有形史料에는 遺物・遺蹟과 文獻 등이 있겠다。無形史料는 言語學이나 民俗學・人類學 등의 成果를 통하여 史料로서 또는 理論으로서 利用될 수 있겠으며 有形史料로서 遺物・遺蹟은 考古學의 成果를 通하여 史料로서 利用될 수 있는 것이지만 史料로서 利用하는 데에는 難點이 없지 않다。따라서 歷史學의 史料의 基本이 되는 것은 文獻史料일 수 밖에 없다。

文獻에는 ① 編纂・編輯類 ② 著述類(詩・文) ③ 記錄類(日記・備忘錄) ④ 帳簿類(帳籍・量案・帳記) ⑤ 謄錄類 ⑥ (古) 文書 등이 있겠다。그런데 ①의 경우 官撰・私撰의 史書가 포함되겠는데 이의 편찬・편집을 담당한 사람의 先入見이나 利害관계에 따라서 資料의 取捨選擇과 歪曲이 加해질 수 있으므로 史料批判이 必要하며 따라서 二次的인 資料일 수 밖에 없다。그러나 史實의 顚末을 알 수 있도록 體系的으로 整理되었다는 長點이 있다。

②의 경우에도 史料로서의 價値는 전혀 없는 것은 아니나 著述者의 主觀이 支配的인 것이 될 수 있으므로 史料로 利用하는데 愼重을 期하여야 함은 再言할 필요도 없다。

③의 경우는 主觀的인 立場의 글이지만 他人에게 어떠한 영향을 미치기 위한 글이 아니라 自身을 反省하거나 備忘하기 위한 글이므로 正直하게 記錄된 것으로 볼 수 있고、특히 日記의 경우는 계속적인 글이기 때문에 個人의 日常에 그치는 글이 아니라 當時의 政治와 社會에 깊은 연관 하에서 쓰여졌을 경우 史料로서 價値를 인정할 수 있다。

④의 경우도 體系的인 資料는 아니라도 그 時代의 社會・經濟的인 硏究에 重要한 資料일 수 있다。

⑤의 경우는 文書와 매우 관련있는 資料로서, 대개의 경우 그 機關에서 發受한 文書를 謄寫한 成冊이 되겠다。備邊司謄錄이 그러하며 各衙門의 謄錄이 그러하다。또 該機關에서 發受한 文書가 時期順으로 整理되어 있기 때문에 史料로서 利用하기 편리하고 價値도 매우 크다고 할 수 있다。그러나 文書와 다른 點은 文書의 原形을 잃었다는 것과 利害관계에 매일 수 있는 사람의 손을 한번 더 거쳤기 때문에 전혀 흠이 없는 자료라고 할 수는 없다。

⑥의 文書의 경우는 當時 숨을 쉬고 살던 사람과 사람 사이에서 授受된 것으로 그 모습과 內容을 그대로 간직하고 있는 것이기 때문에 史料로서는 再言할 필요도 없이 一等史料인 것이다。그러나 餘他의 文獻에서와 마찬가지로 古文書라하여 모두 史料로서의 價値가 있는 것은 아니다。

古文書의 史料로서의 問題點은 繼續的인 資料가 아니라 대개의 경우 一回的인 斷片的인 資料로 그친다는 點이다。勿論 斷片的이고 一回的인 文書라 하여 史料로서 가치가 없다는 것은 아니며, 오히려 그러한 文書가 歷史的인 事件을 해결하는데 決定的인 資料가 될 수도 있다。그러나 古文書가 史料로서 그 價値를 높이기 위하여는 斷片的인 散佚된 資料들이 모여 體系的이고 連續的인 것으로 整理되는 것이 必要하다。여기에 古文書의 蒐集·研究·整理 및 活字化事業이 古文書의 利用에 앞서서 이루어져야되는 까닭이 있는 것이다。

日本은 일찌기 古文書의 史料로서의 重要性을 認識하여 오래전부터 古文書의 活字化가 시작되었다。그들이 正倉院에 所藏된 一五,〇〇〇여通의 貴重한 古文書를 조심스럽게 整理하여 活字化를 시작한 것은 一九〇一년이었고, 그 事業은 一九四〇년에 二五冊으로 成冊되었다。이러한 日本 古文書의 整理와 活字化의 中心은 東京大 史料編纂所였으며 同編纂所에서는 現在까지 一六〇여冊의「大日本古文書」를 活字化하였고 또 그 事業은 계속되고 있다。또 同史料編纂所에는 日本全國의 重要한 古文書 二〇萬通을 影寫하여 保管하고 있어서 古文書研究者들이 日本歷代古文書를 一覽할 수 있도록 되어 있다 한다。또 地方의 古文書는 地方대로 整理가 되고 있다。이러한 古文書를 日本은 그들의 자랑스러운 文化遺産으로 간직하고 있으며, 日本史研究의 基本史料로서 活用하고 있음은 勿論이다。

우리나라에서 古文書의 史料로서의 利用은 오늘에서 비롯되고 문제된 것은 아니었다。아마도 三國이 各各 歷史를 편찬했을때 이미 古文書를 引用했을 것임을 推測할 수 있다。앞서 보았듯이 三國史記 百濟本紀에 揭載된 魏에 보낸 表文은 아마도 百濟의 「書記」를 편찬할 때 書記에서 再引用했을 가능성도 있다。또 三國遺事에도 많은 文書가 引用되고 있음을 알 수 있다。(25) 高麗史나 朝鮮王朝實錄에도 古文書의 直接 또는 再引用의 경우는 얼마든지 있으며 특히 承政院日記에는 承政院을 通하여 出納된 文書 또는 機密文書들이 거의 모두 謄寫 또는 抄寫되었고 備邊司謄錄도 古文書의 轉載 또는 抄錄으로 이루어진 것이라 하여도 無妨하며、日省錄의 경우도 上疏文・暗行御史書啓 등 많은 文書를 載錄하고 있음은 勿論이다。뿐만아니라 文集에도 敎書・諭書・啓辭・冊文・批答・疏箚・呈文・表箋・奏文・祝文・祭文・諡狀・狀啓 등등 많은 種類의 文書들이 載錄되어 있어서 文書의 原形은 잃었지만 그 內容을 알 수 있어 重要한 史料의 구실을 할 수 있는 것이다。즉 우리 祖上들은 오랜 옛날부터 古文書를 史料로서 또는 著述類로서 尊重해 왔음을 볼 수 있다。그러나 유감스러운 일은 이처럼 利用된 古文書의 대부분은 支配層과 관련되는、政治的인 性格의 것 뿐이고 일반民衆의 生活의 所產인 私人의 文書는 無視되었다는 點이다。그러면 몇몇의 古文書를 통하여 이의 史料로서의 重要性의 일단을 例示하고자 한다。

앞서 본바와 같이 우리가 史料로서 利用하는 資料가운데는 編纂・編輯・著述된 것이 많이 있으나 그러한 資料들은 상당한 批判을 加한 후에 利用해야 함은 周知하는 바이다。더러 實學者들의 著述은 거의 批判없이 마치 金科玉條처럼 利用하는 경향이 있으나 이는 매우 위험한 것으로 생각된다。茶山의 著述이라고 모두 그 時代의 모든 것을 하나도 틀림없이 傳해준다고 보기는 어렵다。때로는 說得力을 높이기 위하여 誇張하여 표현할 수도 있고、誇張되어 傳해진 것을 事實처럼 記述할 수도 있는 일이다。例를 들면、經世遺表에서 茶山은 이렇게 記述하고 있다。

臣又按 邸吏之弊 甚於鄕吏 臣幼時見 所謂營主人京主人 皆賤隸下卒趨走供役 蓋其時廩料貧薄 權力未盛 故卑者爲之 數十年來 世情大變 朝綱日頹 京主人賣買之價 或至五千兩 營主人賣買之價 或至一萬兩 蓋其役價日增 贏利甚多 其價百倍於前時也 其價百倍則其利之百倍可知也(26)

圖版 1 京主人文記 서울大, No. 70937

즉 ①「營主人이나 京主人은 茶山이 어렸을 때에는 役價도 薄하였고 勢力도 없어서 卑賤한 者들이 했다。② 數一〇년 후인 지금에는 京主人賣買價는 五、〇〇〇兩에 이르렀고、營主人賣買價는 一萬兩에 이르렀다。③ 그 賣買價格이 前時보다 百倍나 되었고、따라서 그 利도 百倍가 되었다」는 것이다。이 內容은 어딘가 誇張된 표현이 아닌가 하는 느낌을 준다。① 과연 茶山이 어렸을 때는 利가 없고 인기가 없었는가。② 京主人의 賣買價格이 五、〇〇〇兩에 이르렀다는 것은 과연 事實인가。③ 前時보다 그 價格이 百倍나 올랐다고 했는데 前時는 언제를 의미하며(그가 어렸을 때인지、또는 一〇〇년、二〇〇년 前을 뜻하는지) 百倍나 올랐다고 한 데에는 誇張이 없는 것인가。이렇게 그 資料를 批判하려 할 때、餘他의 史書나 官撰資料、또는 實學者들의 著述만을 갖고는 이 記述의 事實與否를 확인하기 困難하다。이 문제를 解決할 수 있는 절대적이고 最善의 資料는 茶山이 살던 그 時代의 京主人이나 營主人을 사고 팔은 文書인 것이다。그런데 그 文書 즉「京主人文記」가 서울大圖書館 所藏古文書에 있다。京主人文

(25) 崔南善、「三國遺事解題」引用書目 참조。
(26) 丁若鏞、經世遺表 卷二 秋官刑曹 第五 掌隸院條 참조。

記의 解說은 뒤의 各「古文書의 樣式과 實際」에서 다룰 것이므로 省略하기로 한다。

茶山은 一七六二년에 出生하여 一八三六년에 卒하였는데、經世遺表의 著述은 그가 一八一〇년 流配된 후 流配地에서 執筆하여 대개 一八一七년에 完成된 것으로 본다。(27) 그리고 위에서 引用한 것은 經世遺表의 앞의 部分인 卷二에 있는 것이므로 아마도 一八一五년을 전후한 時期의 記述이라고 볼 수 있다。그런데 서울大圖書館의 京主人文記는 바로 茶山이 살던 時期의 長湍京主人賣買에 관한 것이다。이제 京主人權이 賣買된 年代와 價格 및 文書番號를 提示하면 위의 表와 같다。

年度別 京主人權 價格表

次 例	年 度	價 格	古文書番號
a.	英祖 38年(1762)	600兩	No. 70955
b.	〃 47年(1771)	800兩	〃 70940
c.	〃 50年(1774)	750兩	〃 70952
d.	正祖 2年(1778)	1,000兩	〃 70949
e.	〃 4年(1780)	900兩	〃 70937
f.	〃 8年(1784)	1,000兩	〃 70950
g.	純祖 4年(1804)	1,700兩	〃 70946
h.	〃 8年(1808)	2,000兩	〃 70948
i.	〃 11年(1811)	1,700兩	〃 70856

위의 자료에 의하면 茶山이 出生한 해의 長湍京主人價는 六〇〇兩이었고 그의 幼年時節에 해당하는 一〇歲때에는 八〇〇兩、一三歲때에는 七五〇兩이었다。貨幣價値는 時代에 따라 變動하기 때문에 一律的으로 말할 수 없으며、그 時代의 土地·奴婢·布·米 등의 價格을 調査·比較해야할 문제이지만、대개 布 一匹은 錢 二兩 또는 米 六斗(可變)에 준한다고 할 때 八〇〇兩이란 布 四〇〇匹、米 二、四〇〇斗에 해당하는 莫大한 가격인 것이다。즉 茶山의 幼年에도 상당한 利權으로 莫大한 값으로 賣買되었다는 사실을 알 수 있다。②의 京主人의 價格이 五、〇〇〇兩에 이르렀다는 記述은、京主人에도 地域에 따라 價格의 差異가 있을 것이므로 절대적인 否定은 할 수 없는 일이지만、長湍의 경우 茶山이 流配가기 직전인 一八〇八년에 二、〇〇〇兩하던 것이 流配직후인 一八一一년에는 一、七〇〇兩으로 오히려 하락되고 있는 사실을 볼 때、茶山의 記述은 과장된 것이 아니면、극단적인 例가 아니겠는가 하는 느낌을 준다。그리고 ③의 前時보다 價格이 百倍나 올랐다는 記述은 납득이 안간다。前時가 언제를 두고 말하는 것인지 분명치 않고、價格이 폭등한 것으로 보기도 어렵다。a、b、c、d、e、f와 같이 가격이 昇降을 계속하면서 五〇年 동안에 六〇〇兩에서 一、七〇〇兩이 되었다면 三倍정도 밖에 오르지

않았고, f、g 사이에도 二〇年간에 一、〇〇〇兩에서 一、七〇〇兩으로 상승되어 있어서 物價上昇이나 貨幣價値의 下落의 폭을 감안한다면, 점진적인 상승 또는 안정세라고까지 할 수 있는 것이지, 결코 百倍나 올랐다는 것은 誇張된 표현이라고 밖에 볼 수 없다.

茶山이나 그밖의 實學者의 著述 또는 編纂書의 記錄이 틀림없는 史實 그대로라고 할지라도 古文書가 그 史實을 뒷받침해줄 때 그 記錄은 더욱 확실한 史料로서 歷史硏究에 利用될 수 있을 것이며 그러한 硏究結果는 더욱 生動과 說得力을 갖는 것이 될 것이다.

東學革命에 관한 史料는 대단히 많으나 東學創始 初期에서 崔濟愚가 死刑당하기 까지의 資料는 官撰·私撰을 막론하고 零星하기 그지없다. 그러한 資料를 통하여 지금 우리가 알고 있는 것은, 崔濟愚가 創始한 東學이 무서운 기세로 慶尙道一圓에 傳播되매, 이를 염려한 官에서 惑世誣民의 罪目을 붙여 逮捕·處刑시킨 것으로 되어 있다. 慶尙道는 周知하는 바와 같이 儒林의 本據地로서 朱子學·道學을 崇尙하고 그밖의 宗敎나 學問·思想은 排斥되어 왔고, 儒林들의 根據地인 書院의 勢力이 대단한 고장이었다. 그러한 慶尙道에서 東學이 일어나 急速히 擴散하고 있을때, 書院을 中心으로 한 儒林들이 그러한 狀況을 방관하고만 있지는 않았을 것이다. 그런데 承政院日記·備邊司謄錄·日省錄·朝鮮王朝實錄 등 官撰書는 勿論 文集이나 個人著述에도 書院이나 儒林세력의 東學排斥의 구체적인 資料는 발견되고 있지 않은 것으로 보인다. 歷史敍述이나 硏究는 根據資料 없이 推測이나 傳聞에 의해서 이루어질 수 없다. 그렇기 때문에 資料의 발굴이 歷史學의 重要한 課題가 된다. 그런데 筆者가 蒐集하여 保管하고 있는 古文書가운데 바로 이 관계의 文書가 있다. 그 文書는 東學을 排斥하고 斯文을 지키기 위한 通文으로서, 東學이 慶尙道 北部에까지 무섭게 傳播되어가고 있고 아직 崔濟愚는 官에 逮捕되기 이전인 癸亥年(哲宗 一四年、一八六三) 九月 一三日에 愚山書院의 儒林 一六名이 連名하여 道南書院에 보낸 東學排斥通文과 이를 받은 道南書院에서는 東學을 排斥해야되는 名分과 方法을 더욱 發展시켜 癸亥年 一二月 初一日에 二五名의 儒林들의 連名으로 玉成書院에 通文하고 있다. 道南書院의 通文에 連名한 儒林 가운데는 前參判柳厚祚(高宗 三年에 右議政)의 이름이 보이고 있

(27) 洪以燮、丁若鏞의 政治經濟思想硏究(韓國硏究圖書館、一九五九)。李佑成、增補與猶堂全書、解題 참조。

으며, 崔濟愚가 官에 逮捕된 것은 癸亥年 一二月 九日이었다. 이 通文들은 尙州地方의 書院들의 것이지만 崔濟愚가 逮捕되기 이전에 여러 지방의 여러 書院에서 東學排斥을 위한 輿論을 일으켰을 것이며, 그러한 輿論의 자극을 받아 官의 逮捕令이 施行된 것으로 보는 것이 마땅하다. 그러므로 筆者가 所持하고 있는 通文 이외에도 그런 類의 通文이나 記錄이 나올 수 있으며, 이러한 資料들이 발굴되어야 當時의 歷史的인 事實을 올바로 파악할 수 있을 것이다. 通文의 內容은 뒤에 제시하기로 한다.

身分制度의 實際를 규명하는 일은 그 社會의 性格을 밝히는 作業가운데 중요한 하나이다. 그러나 朝鮮時代에 있어서도 身分制度에 관한 研究는 만족할만한 수준에 이르지 못하고 있다. 그 原因은 實錄과 같은 官撰史書나 實學者들의 著述이 그 中心史料로 利用되고 있는데, 그러한 史料의 限界性때문이다. 兩班에 관한 것은 그러한 資料로도 어느정도 그 研究의 成果를 거둘수 있는 것이지만 中人이나 常民·賤民에 관한 것은 만족할만한 成果를 거두기 어려운 것으로 생각된다. 結局 그들에 관한 資料의 발굴이 절실히 요구되는 것이다. 그들에 관한 구체적인 記錄이나 그들이 남긴 記錄 또는 그들이 生活하면서 남긴 文書類 등이 이들 身分層에 관한 研究에 기본적인 자료가 될 것이다. 그런데 常民이나 賤民은 그러한 記錄이나 文書를 남길만한 社會的·經濟的·知的 能力이 缺如되어 있었기 때문에 크게 기대하기 어려운 실정이지만 中人·鄕吏층은 그들의 記錄이나 文書를 남길 충분한 능력을 가졌다고 생각된다. 그럼에도 불구하고 中人·鄕吏층은 兩班에 비하여 상대가 되지 않을 정도로 그들이 남겨놓은 것은 빈약하기 그지없다. 그까닭은, 그들은 그 나름대로 有力者였기 때문에 그 身分에 대하여 自負心을 갖고 지낼 수 있었으나, 一九一〇년 이후 朝鮮傳統社會의 모든 것이 무너지면서 그들의 後裔들은 그들의 先祖가 兩班이 못되고 中人이었다는데 수치심을 갖게되고,

圖版 2 東學排斥通文 著者

圖版 3 鄕吏戶口單子 著者

그들이 남긴 記錄이나 文書를 더 이상 간직할 必要를 느끼지 않았기 때문에 그 모든 資料를 破棄하기에 이르른 것으로 생각된다. 지금이라도 남아있는 資料가 散佚되지 않도록 調査整理하는 일이 요청된다.

다행히 著者는 두 세 鄕吏家門의 一括文書를 入手할 수 있었다. 그 하나는 南海에서 鄕吏로 世居했던 晋陽鄭氏로서 韓末까지 一三代의 來歷을 연결해주는 戶口單子·準戶口와 鄕吏差帖 등 數種의 文書로 되어 있고, 다른 하나는 草溪의 草溪卞氏 鄕吏家의 準戶口와 鄕吏差帖 등의 文書이다. 이러한 資料들이 계속 발굴되고 利用되어야만 이 方面의 硏究成果도 만족할 만한 것이 될 수 있을 것이다.

이처럼 古文書는 경우에 따라서는 歷史的 事實을 규명하는데 있어서 절대적인 또는 決定的인 史料가 될 수 있으며, 경우에 따라서는 編纂書·著述書의 誤錯된 것이나 缺如된 것을 矯正·補充할 수 있는 資料가 될 것이다.

二、古文書의 傳來와 그 保存狀態

1、古文書傳來의 諸要因

1) 文書의 作成과 原·草·寫文書

文書는 主體者(發給者)에 의하여 作成되어 對象者(受取者)에게 傳達됨으로써 目的은 成就된다。이 때에 授受되는 文書는 물론 原本의 文書이다。그런데 原文書가 作成되기 이전에 대개 草本이 作成되는 것이 일반적인 例가 될 것이다。勿論 간단한 牒書나 證文類는 草本이 없이 바로 原文書를 作成하여 效力을 發生할 수도 있다。그러나 訴狀(所志類)이나 上疏文 또는 財產이 많은 分財記와 같이 長文의 內容을 要하는 文書의 경우에는 原文書를 바로 作成할 수 없을 뿐 아니라 一、二次의 草文書를 作成한 뒤에 이를 淨書하여 原文書가 作成된다。대개의 경우 原文書는 一件(單文書)이 일반적인 것이지만 경우에 따라서는 二件以上의 原文書를 作成하는 수도 있다。例를 들면 中·外에 내리는 敎書·綸音이라든가 衆人에게 알리는 告示 또는 和會文記 등은 單文書가 아니라 똑같은 內容의 文書를 여러벌 作成하는 複文書에 해당하는 것이다。또 表·箋은 모두 正本과 副本이 있다。

또 文書가운데는 原本을 謄寫한 寫本이 있다。이 경우 原文書와 같은 效果를 발휘하는 것은 아니고 參考資料로서의 구실을 하는 경우가 있다。例를 들면 訴訟事件이 있을때 이에 관계되는 文書를 謄寫하여 添付하는 경우도 있겠고、後考次 그러

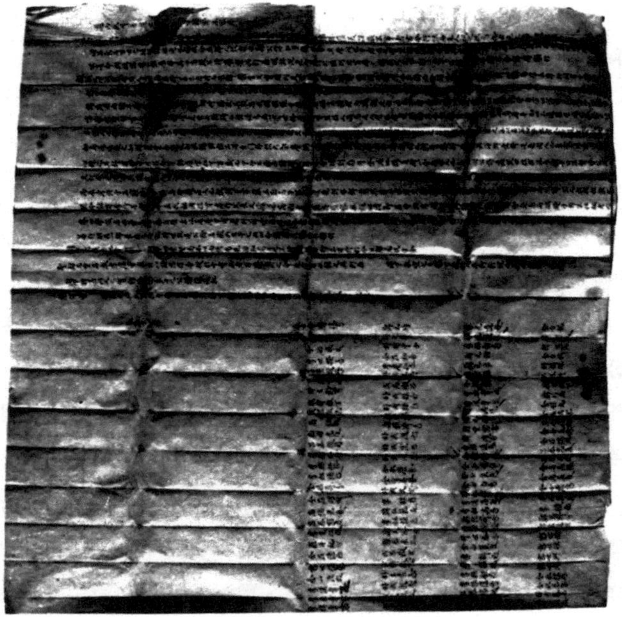

圖版 4 等狀　　著者

한 文書들을 謄寫한 경우도 있겠고, 原文書를 喪失했을 경우 原文書의 內容을 謄寫하여 官에 認定을 받은 문서도 있다.(28)

또 文書가운데는 不發文書가 있다. 文書作成過程은 모두 거쳤으나 文書로서의 目的을 達成하지못한 즉 受取者에게 傳達되지 못한 文書이다. 筆者所持의 文書 가운데도 그러한 文書가 더러 있는데 그중 하나의 例로는 學行贈職을 위하여 巡察使에게 올리려던 等狀(圖版, 四)이 不發로 그친것을 볼 수 있다.(29)

原文書 즉 發給者와 受取者간에 授受되어 그 目的을 達成한 것이 엄밀한 意味의 文書이고 史料로서도 확실한 것이라고 할 수 있다. 이런 類의 古文書가 古文書의 主流를 이루고 있다. 그러나 原文書는 流失되고 草本(初草 또는 正草)만 남은 경우가 있다. 대개 草本은 原本을 作

(28) 著者는 一九七八년에 서울의 某古書店에서 朝鮮의 開國功臣錄券(閔汝翼)을 보았다. 그런데 그것은 原錄券이 아니었고, 原錄券을 잃은 後孫들이 原錄券의 內容을 謄書하여 官印을 받은 것이었다. 錄券의 內容은 餘他 開國功臣錄券에 의거하여 謄書했을 것이다.

(29) 一七一五年으로 推定되는 乙未年에 處士 鄭弘量(號月峯)의 學行贈職을 위하여 忠淸道沃川居 進士李齊沆 등 一一六名의 連名(그중 九八名이 手決)으로 巡相에게 等狀을 하려던 것인데, 題辭가 없는 것으로 보아 不發文書로 본다. 그러나 九八名의 手決이 있는 것으로 보아 寫文書는 아니다. (縱 一一五㎝·横 一一七㎝)

成하면 없애는 것이 일반이지만 著述을 重히 여기던 그 時代에는 文集刊行 등에 利用하기 위하여 또는 參考하기 위하여 草本을 保管하는 경우를 볼 수 있다。草本은 엄밀한 意味의 文書는 아니나 草本만이 전해지는 경우 原本에 못지 않는 史料로서의 價値를 갖는다고 본다。특히 上疏草와 같은 경우 原上疏文은 대개 없어졌으나 草文은 흔히 볼 수 있다。그 중에는 實錄·承政院日記·日省錄·文集 등에는 보이지 않는 重要한 內容의 上疏草를 볼 수 있고(30) 實錄에는 二行 정도로 略記되어 있으나 重要한 內容의 劄子草도 찾아볼 수 있다。(31) 이러한 上疏草 등은 때로는 官撰史書의 歪曲이나 未洽을 補完할 수 있는 資料도 된다。

寫文書의 경우도 엄밀한 意味의 文書는 아니나 대개 原文書는 逸失되고 寫文書만 傳來된 경우이기 때문에 原文書에 비하면 資料로서 흠이 있는 것이지만, 資料批判을 거쳐 史料로써 利用할 수 있는 것이다。(32)

不發文書의 경우도 文書로서의 구실을 다하지 못한 文書이지만, 그것이 僞造된 不發文書가 아니라고 판정될 때 史料로서의 價値를 가진 것이라 본다。

이처럼 文書는 그 作成과 通用함에 있어서 原文書·草文書·寫文書·不發文書 등이 있게 되며, 이러한 各樣의 文書들이 古文書로서 傳來되고 있는 것이다。

2) 文書效力의 持續性

文書는 發受됨으로써 그 效力을 發生하게 된다。그러나 文書의 效力은 그 發受와 同時에 終結되는 것과, 一定한 時間 동안만 有效한 一時的인 것이 있고, 그 效力이 長期的·永續的인 것이 있다。一時的 效力을 가진 文書로는 疏箚·啓本·啓目·狀啓·草記 등 上申文書와 關·牒呈·書目·甘結 등 官府文書와 通文과 같은 것이 있겠는데, 이러한 文書들은 發受되어 그 目的을 達成하게 되면 文書로서의 效力은 終結되고 文書臺帳에 接受處理되거나 謄錄되고 原文書는 대개 일정한 期間이 지나면 廢棄處分되는 것이다。

그러나 文書가운데는 그 效力이 持續的・永續的인 것이 있다。長期的인 法的 拘束力을 갖는 王命(33)이나 賜牌 또는 完文・立案・題音 등의 官給文書、財産相續이나 分執관계의 文記(分財記類)、土地・奴婢 등의 賣買文記 또는 貢物主人・旅閣主人・京主人・商賈主人 등의 營業權(權利)을 賣買하는 文記 등은 그 效力이 持續的인 것이다。寺刹에 土地・奴婢 등을 寄進하였다면 그 寄進文書도 持續的인 效力을 갖는 文書가 된다。즉 官에서 私人에게 財産이나 權利에 대한 特典 또는 保障、私人의 財産・權利에 대한 賣買・讓與・寄進 등의 行爲는 그 效力이 持續的인 것이 된다。土地・奴婢 등의 財産과 權利를 賣買할 경우에는 새로이 賣買文書를 作成하여 買受者에게 줄뿐아니라 그 이전의 賣買에서 作成된 文書(本文記)도 新文記와 아울러 新買者에게 넘겨주게 된다。즉 數次 轉賣되면서 作成된 文書까지도 계속 文書로서의 效力을 持續하게 된다。그리하여 現存하는 土地文記 가운데도 本文記(舊文記) 新文記 등 該土地의 前後의 賣買文記가 많은 경우 一〇通 以上의 一括文記가 보인다。서울大所藏古文書 가운데 土地賣買에 관한 文書가 六九%(三二、四三〇件)(34)에 달하는 것은 土地關係文書의 持續的인 效力과 이에 따른 新舊文記의 一括 傳來에 基因하는 것이다。

持續的인 效力을 가졌기 때문에 多數 傳來된 文書중에 所志類(訟狀・陳情書・請願書)도 있다。所志・白活・等狀・議送 등이 所志類에 속하는 文書로서、이러한 上申文書가 該當官員에게 올라가면 該當官員은 그 上申文書(所志類)를 보고 이에 대한 處決文(題音・題辭)을 上申文書의 左邊下端餘白에(餘白이 不足하면 文書後面까지 계속하거나 別紙에 連書한) 써주게 되는데、

(30) 一八七九年(己卯) 一二月 二八日에 藍浦儒生白樂寬・白樂兌・金達鉉의 上疏草로 强力한 斥倭上疏(衛正斥邪)이다。이 上疏文은 王에게 正式으로 올라가지 못하고 右捕將金箕錫이 草記로 올렸고 이에 대한 批答은 「三人之無事投狀 極爲駭惋 詳査得情」이라 後記되어 있다。이 上疏草도 著者所藏으로 一行 一六字、九五行으로 두루마리이다。

(31) 著者所藏의、一六六九年(顯宗 一〇) 四月에 副校理 李敏叙・李端夏 등이 올린 玉堂箚子草로서、二、七〇〇여字의 비교적 長文이고 內容도 重要하다。그러나 顯宗實錄 卷 一六、顯宗 一〇年 四月 甲子條에 보면、「副校理李敏叙等 因日食 上箚 極陳灾異之疊見 請加修省敬天之道 以盡扶揚抑陰之義 又論罪言官近侍之失當 晋接延訪之曠罕 上答曰箚辭無非誠誨至意 予甚欣悅 而末端之語 情義未孚 疑之太過 心誠愧歎矣」라고 하여 箚子의 內容을 구체적으로 알 수 없게 되어 있다。

(32) 安東에 世居하는 光山金氏家(金俊植氏宅)에 世傳하는 大德 五年(一三〇一)의 金璉의 準戶口는 原本의 準戶口가 아니라 그후 언제인가 原文書에서 謄寫한 寫本으로 보인다。그러나 高大圖書館 景華堂文庫에 있는 「光山金氏世系」에 轉寫된 것보다는 先行된 것으로 보이며 資料로서도 優先하는 것으로 본다。

(33) 圖版 六에서와 같이 「各宮房買得田畓 勿許免稅」라고 한 御筆敎命은 長期的으로 效力을 갖는 文書이다。

(34) 奎章閣圖書管理室、古文書懇談會參考資料 (一九七九년 七월 一〇일)

이와같이 官員의 題音·題辭를 받은 上申文書는 處決文의 効力이 持續的인 것이기 때문에 該家門에서 所重히 保存되었고 따라서 多數가 傳來되고 있다. 所志類는 당시의 社會相을 그대로 傳해주는 資料라고 하겠는데 특히 많은 것은 山訟관계의 所志이다. 山訟은 數一〇年 또는 數代를 걸쳐서 계속되는 경우가 많기 때문에 前後의 山訟所志는 重疊되고 또 訴訟의 證憑資料로서 그 家門에서 保存하기 마련이다. 서울大圖書館 古文書 가운데 一〇%(四、七〇〇件)(35)가 所志類인데 그 가운데 太半이 山訟文書인 것은 우연한 일이 아니다.

이처럼 文書가운데는 그 効力이 持續的인 것이 있어서 그러한 것이 保存되었고, 傳存될 수 있었던 要因 중의 하나임을 알 수 있다.

3) 家門의 尊重

東西를 막론하고 前近代社會에 있어서는 身分制度가 그 社會를 지탱하는 중요한 支柱였다. 支配身分과 被支配身分간에는 넘을 수 없는 장벽이 가로막혀 있었고, 支配身分간에도 家門에 따라 優劣이 심하였던 것이다. 따라서 家門이라는 것은 東西를 막론하고 尊重되었던 것이다.

新羅時代의 骨品制度라는 것도 결국은 聖骨·眞骨이 될 수 있는 家門과 六頭品·五頭品·四頭品이 될 수 있는 家門의 區別이라고 할 수 있다. 高麗時代의 貴族도 신라의 六頭品 계통의 家門과 地方에서 勢力을 갖고 있던 家門(豪族家門)이 中心이 되었음을 알 수 있다. 그러나 高麗의 貴族家門은 武人執政時에 대개 消滅되었고, 蒙古의 支配下에서 새로운 貴族인 所謂 權門勢族이 登場하였다. 權門勢族도 새로 政界에 進出한 地方세력인 士大夫 세력에 공격을 받았고, 士大夫세력의 勝利는 결국 權門勢族의 破滅을 意味한다. 朝鮮社會는 그러한 士大夫계층을 支配階層으로 한 兩班社會이다. 朝鮮初期의 兩班家門은 그 淵源을 거슬러 올라가면 고려末의 有力한 鄕吏層에 도달할 수 있고, 더 소급하면 羅末麗初의 豪族에까지 이를지 모르나 그 家門이라는 것이 대단한 것은 못되었다.

朝鮮初 政治에 參與한 開國功臣·官學派·勳舊派 등도 그 나름대로 家門을 이룬 경우를 볼 수 있으나 두 차례의 王子의 亂, 死六臣事件 그리고 네 차례의 士禍를 거치는 동안에 대개 消滅되어 버렸다。그러므로 朝鮮中期以後 兩班社會의 主流를 이루는 것은 高麗末以後 地方의 勢力을 갖고 내려온 畿湖와 嶺南地方의 士大夫家門이라고 하겠다。특히 嶺南地方의 士大夫(所謂士林)들은 成宗以後 政界에 進出했다가 士禍로 受難을 받았으나 그들의 根據地는 如前하였으며, 勳舊세력은 점차 사라지고 明宗以後는 士林의 世界가 되었다。

士林들은 性理學(朱子學)·道學·禮學을 그들의 學問으로 삼고, 그밖의 學問·思想은 排擊하였다。그들은 學統과 門人관계를 重히 여겼고 특히 家門을 所重히 여겼다。朝鮮中期以後 黨爭의 主役들이긴 했지만, 儒敎思想에 敎化되어있는 그들은 祖先에 대한 奉祀를 後孫의 가장 큰 任務로 알았고, 훌륭한 祖上을 가진 傳統있는 家門임을 긍지로 삼았으며, 그 家門을 지키고 誇示하는 것을 後孫의 義務로 여겼다。따라서 家門의 榮譽와 관련있는 著述·遺物·文書 등을 所重히 保管하였다。따라서 家門의 榮譽와 관련있는 古文書가 士大夫家에 世傳되게 되었고, 오늘에도 多數 傳해지고 있는 것이다。

兩班家門에서 所重히 保管해온 文書 가운데 中心이 되는 것은, 國王으로부터 그 家門의 祖先에게 내려준 각종의 文書이다。例하면, 錄券·敎書·諭書·有旨·賜牌·批答 등은 王權에 近接한 높은 家門임을 誇示하는 資料가 되겠다。試券·白牌·紅牌·告身(辭令狀) 追贈敎旨·贈諡敎旨 등은 그 家門의 祖先의 仕官經歷과 높은 仕宦家門임을 드러내는 資料가 되는 것이다。그리하여 옛날 兩班家門에 傳來되는 古文書가운데 敎旨類가 상당한 분량을 차지하고 있는 것은 당연한 현상이다。서울大所藏古文書 가운데 敎旨類가 全體의 一·三%(六三〇件) 정도이나 이 數量은 兩班家門에서 世傳되는 古文書에서 敎旨類가 차지하는 比率보다는 훨씬 낮은 것이다。

또 兩班家門의 榮譽와 관련있는 文書로서 準戶口가 있다。準戶口에는 그 家門에서 거느리는 奴婢가 記載되어 있으므로 그 家門의 財產과도 관련있는 文書가 되지만, 奴婢를 많이 거느렸다는 것부터 그 家門의 勢力을 誇示하는 資料일 뿐 아니라, 그 家門의 祖先들의 仕宦來歷과 通婚家門의 來歷 등 그 家門의 勢力을 구체적으로 나타내주는 자료인 것이다。따라서

(35) 앞과 같은 資料。

兩班家門의 世傳文書 가운데는 상당수의 準戶口·戶口單子가 있는 것을 볼 수 있다. 서울大 所藏文書 가운데 一%(九四〇件)가 準戶口와 戶口單子이지만, 이 比率은 兩班家門의 文書에서 準戶口·戶口單子가 차지하는 비율에 비하여 훨씬 낮은 것이다.

簡札(書簡)도 當代의 名儒와의 往復한 것이라면 그 家門을 誇示하는 資料로서 所重히 保管되어 世傳하는 것을 볼 수 있다.

그러나 대단한 家門은 못되어도 常民과는 區別되는 兩班이라는 것을 지키기 위하여, 準戶口·戶口單子上의 幼學이라는 身分의 표시를 소중히 간직한 모습도 볼 수 있다. 貧弱한 兩班에게 있어서 準戶口나 戶口單子는 兩班으로서의 마지막 표시이며, 免役의 證據이기 때문에 그들은 이 文書를 固守해왔던 것이다.

何如間 한국古文書가 傳來하게 된 重要한 原因가운데 하나는 兩班社會에서 家門을 尊重했던 風潮에 둘 수 있을 것이다.

4) 官府의 保藏

文書의 發給者와 受取者간에 文書가 授受되어 그 效力이 發生하면 文書로서의 使命은 完遂하게 된 것이다. 文書의 效力은 一時的인 것과 持續的인 것이 있다고 하였으나, 持續的인 것은 물론 一時的인 것까지도 文書의 性格上 廢棄할 수 없는 것이 있을 수 있다. 例를 들면 玉冊·竹冊·諡冊·冊寶 등 왕과 王室에 관한 文書나 詔·勅·咨文 등 中國의 皇帝가 朝鮮國王에게, 또는 禮部가 朝鮮國王에게 보낸 文書라든가 日本 등 交隣國에서 보낸 國書·書契 등은 文書의 效力의 持續性與否에 관계없이 秘府와 關係官府에 秘藏되는 文書로 보겠다. 또 表箋文·狀啓 등도 관계 官府에 상당기간 保管되는 文書라고 하겠다.

또 官府간의 關文·移文·牒呈·甘結·書目·解由文書 등은 그 效力은 一時的인 것이지만 文書庫에 保管하는 것으로 보인다. 秋官志에 보면

南廊 樓上庫八間八房久遠文書藏置官封 樓下庫八間八房擧行文書藏置…詳覆房二間啓覆文書藏置(36)

라고 하였다。이 記事를 보면、刑曹에는 文書의 效力의 持續與否와 文書의 內容에 따라 文書庫가 따로 設置되어 있었음을 알 수 있다。久遠文書는 效力이 지났거나 時期가 오래된 文書로서 官封하여 保管하고 있고、擧行文書는 現在 效力을 持續하고 있고 事務處理에 관계되는 文書라고 보겠다。또 啓覆文書를 保管하는 書庫가 있는 것을 알 수 있다。刑律・訴訟관계 文書나 結案・判例 등은 그 事件이 解決된 以後까지도 保管할 必要가 있는 文書이기 때문에 文書庫를 만들어 藏置하고 있음을 알 수 있다。

이처럼 秘府나 官府에 保管되어오던 文書들은 一九一〇년 日帝의 韓國倂呑과 더불어 散佚되었으나、그 一部分을 朝鮮總督府 取調局에서 接受하였고、一九一二년부터는 同參事官室에서 引受하고 계속 古圖書・記錄・古文書 등을 蒐集・整理作業을 계속하였고、그것이 同學務局으로、다시 京城帝國大學圖書館으로 移管되어 奎章閣圖書와 더불어 現在 서울大學校圖書館에 傳存될 수 있었다。(37)

이처럼 文書가운데는 一定期間이 지나면 廢棄되는 것도 있지만 또 상당한 文書들은 秘府와 官府의 文書庫에 保管되었음을 알 수 있다。

5) 其他 要因

우리 民族은 祖上崇拜의 精神이 강하였기 때문에 祖上이 남긴 墨蹟이나 祖上과 관계있는 墨蹟은 없애지 않고 代代로 간직하는 習慣이 있다。慶尙道地方의 世家에는 一〇여 상자의 祖上이 남긴 手紙를 간직하고 있는 경우를 볼 수 있다。그 가

(36) 秋館志、第一編、館舍、本衙條(朝鮮總督府中樞院刊)

(37) 東亞文化硏究所刊、奎章閣圖書韓國本總目錄(一九六五) 內의 奎章閣圖書韓國本沿革 참조。

운데는 簡札·詩文이나 戶口單子片 또는 習字한 것 등도 볼 수 있다. 그 중에도 중요한 記錄이나 文書가 섞여 있을 수 있다. 또 書簡이나 通文 혹은 詩·文 등을 받는대로 쓰는대로 노끈으로 綴하여 걸어두는 경우도 볼 수 있다. 이러한 현상은 墨蹟을 尊重하는 習慣과 관계있는 것이라 하겠다.

家門이나 祖上을 尊重하는 경향과도 관계있는 것이지만, 文集刊行은 兩班家門의 큰 榮譽로 생각하는 바인데, 文集刊行을 위하여도 祖先이 남긴 著述·記錄·文書(上疏草 등) 등을 所重히 간직할 필요가 있었다.

그밖에 古文書가 紙物로 利用됨으로써 우연히 傳來되는 경우도 볼 수 있다. 옛날에는 紙物은 매우 貴하였으므로 文書로서 그 効力을 상실한 것은 다시 사용하는 경우는 흔한 일이었다. 裏面이 白紙인 古文書(効力을 상실한)로써 空册을 만들어 씀으로써 帳簿册 또는 筆寫本의 상태로 傳來되는 경우를 볼 수 있다. 또는 병풍을 만들 때 병풍 속을 바르는 종이로 사용함으로써 우연히 古文書片이 오늘에 傳해지는 경우도 볼 수 있다.(38) 또 粧册에 紙物로 使用되는 경우도 있다. 正倉院에서 발견된 新羅民政文書(帳籍)도 粧册의 紙物로 使用됨으로써 傳來된 것임을 알 수 있다. 또는 古家의 初褙紙로 使用되어 傳來되는 경우도 있다.(39)

이처럼 古文書가 現在까지 傳來될 수 있었던 데에는 여러가지 要因이 있음을 알 수 있겠다.

2、保存狀態

1) 保存處와 그 內容

우리나라 古文書 全般에 대하여는 調査가 되어있지 않기 때문에, 傳存하는 古文書의 所藏處와 分量·內容 등을 파악할 수 없다. 嶺南·湖南·湖西地方의 世家가운데는 상당한 數量의 古文書를 所藏하고 있는 家門이 많으나 이를 公開하기를 꺼리고 있고, 또 古文書도 整理되지 못한채 櫃 속에 잠자고 있다. 筆者가 踏査해본 嶺南地方의 여러 家門에서도 公開하기를 꺼리고 있었고, 櫃 속에 未整理狀態로 放置되고 있는 것을 보았다. 그러한 家門所藏의 古文書는 家門들의 古文書에 대한 認識도 바꿔지고 國家的인 次元의 調査·整理事業이 이루어져야 그 規模와 內容을 알 수 있게 될 것이다.

古文書 가운데는 個人 收藏家의 손에 들어간 것도 상당수에 이르고 있는 것을 알고 있다. 그 가운데는 매우 중요한 文書가 多數 있는 것으로 보인다. 그런데 個人收藏 古文書도 이를 公開하기를 꺼리고 있는 경향이다. 그러한 文書도 早速히 整理되어 活字化되어야 할 것이다.

大刹 가운데에도 寺社관계의 古文書를 秘藏하고 있는 곳이 상당히 있을 것이다. 個人의 힘으로는 이를 閱覽하기 어려운 일이고, 國家的인 次元에서 調査·整理·活字化하는 事業을 推進해야 될 것이다. 書院가운데도 秘藏文書가 더러 있을 수 있는데 그것도 寺刹경우와 함께 해야 될 것이다.

國公立圖書館가운데도 古文書를 收藏한 경우를 볼 수 있다. 國立中央圖書館에서는 一九七二·一九七三年度에 고문서해제 I·II를 發刊하여 그 規模와 內容을 알 수 있으나 그밖의 國公立圖書館의 경우는 아직 파악할 수 없다. 國立中央圖書館의 경우 收藏古文書는 一三, 四六四件이 되며 그 內容은

① 敎旨	二, 七二五件	② 戶籍(戶口單子, 準戶口)	一, 九六一件
③ 所志	一, 九〇八件	④ 土地文記	三, 九一九件
⑤ 奴婢文記	五九件	⑥ 貢人文記	三五九件
⑦ 試劵	三一六件	⑧ 書簡	四四九件
⑨ 祭文	二九六件	⑩ 詩文	二七五件

(38) 年前에 어떤 商人이 晋州地方에서 나왔노라하면서 오래 묵은 병풍 속에서 뜯어낸 종이뭉치를 著者에게 갖고 왔다. 그것은 壬辰倭亂當時의 帳簿片과 文書片들이었다. 지나치게 高價를 요구하고 狀態도 劣惡한 것이기 때문에 返還해버렸지만, 資料로서 약간의 價値는 있는 것으로 생각되었다.

(39) 著者는 安東댐 水沒地域의 古家의 土壁에서 뜯어낸 몇점의 帳簿片과 古文書를 갖고 있다.

⑪ 雜文 五九一件 ⑫ 咨文 六〇六件

등으로 되어 있다。分類・配列方式은 再考할 필요가 있겠고、再整理하여 活字化하는 作業을 계속하는 것이 必要하다。

大學의 圖書館・博物館의 收藏古文書도 상당한 數量을 차지하고 있다。그러나 아직 利用할 수 있도록 整理되지 못하고 있고、어떤 경우는 入手・購入할때 묶어 놓은대로 放置되어 있다。그 原因은 整理費用과 整理要員의 不足과 古文書에 대한 認識의 缺如에 있다고 생각된다。

서울大學校 中央圖書館에 收藏된 古文書는 四七、〇〇〇餘件에 달하는 방대한 것으로、文書의 種類도 多樣하다。筆者의 이 作業도 서울大學의 古文書 없이는 생각할 수도 없는 실정이다。서울大學의 古文書는 同大學附設、東亞文化研究所에서 一九六四年度에 整理카드作成 作業에 着手했으나 費用問題와 學者들의 認識不足으로 약 三九、〇〇〇件의 카드作成으로 中斷되었고、最近에 다시 整理카드作成과 더불어 脫草作業을 하고 있으나 學者들이 利用할 수 있도록 整理되고 活字化되기에는 아직도 기다려야 될 것으로 생각된다。著者가 이 作業에서 活用한 古文書는 거의 서울大學의 것에 의한 것이므로、서울大學古文書의 內容分類는 略하고 그 數量에서 主流를 이루고 있는 것을 紹介하면 다음과 같다。

土地文記類	六九%(三二、四三〇件)
所志類	一〇%(四、七〇〇件)
戶口單子、準戶口	二%(九四〇件)
敎旨	一・三%(六三〇件)
其他	一七・七%(八、三〇〇件)

嶺南大學校 博物館에도 四、〇〇〇여件의 古文書가 있는데(一九七八、一二、現在、博物館調査、古文書目錄一覽表) 그 內容을

보면,

① 教旨類	一八四件	② 完文	二二件
③ 戶口類	二三三件	④ 所志類	四三六件
⑤ 土地文記類	五〇九件	⑥ 奴婢文記類	四二件
⑦ 分財記類	三三件	⑧ 通文類	三五
⑨ 書簡類	一、九一七	⑩ 其他	

등으로 되어 있다。

延世大學校의 圖書館에도 약 一八、〇〇〇件이 있으나 아직 정리가 되지 못하여 그 內容을 알 수 없으며、高麗大學校에도 약 五、〇〇〇여件이 있으며 現在 整理中이다。國民大學校에도 三、〇〇〇여件이 있으나 아직 利用할 수 있도록 整理되지는 못한 것 같다。

이밖의 大學에도 多少間 古文書를 收藏하고 있는 것으로 알고 있으나 整理되지 못한 것으로 보인다。

이처럼 우리나라 古文書는 그 所藏處도 알려지지 않은 것이 대부분이고 알려진 곳에는 整理되지 못한 狀態가 一般的이다。現在 우리나라에 傳存되는 古文書는 적어도 數一〇萬件이 될 것이며、그러한 古文書의 調査・整理・活字化事業과 그 保全은 今後의 課題이다。

2) 保全의 問題

日帝下에서, 또한 光復과 六·二五를 거치는 중에, 또 그 以後에도 韓國의 古文書는 무더기로 湮滅되어 갔다. 앞에서 보았듯이 初褙紙로도 쓰여졌고, 休紙로 化하기도 했다. 과수원의 과일봉지로도 썼고, 물에 불려 이겨서 장판으로 사용하기도 했다. 筆者는 두꺼운 紅牌 二장을 맞붙여 電氣장판으로 썼던 紅牌를 갖고 있다. 紅牌 한면에 電線을 配線한 후 다른 紅牌를 맞붙이고 주변은 教旨로 붙여서 電氣장판으로 使用했던 모양이다. 더러는 불쏘시개로도 없어졌겠고, 六·二五事變 중에는 兵火로, 또는 無知로 廢棄된 것도 수없이 많을 것이다. 또한 日本人이나 外國人의 손에 流出된 古文書도 적지 않을 것으로 생각된다. 古文書를 表具하여 장식용으로 쓰는 것도 문제이다. 古書店이나 골동상을 통해서 뭉텅씩 이리저리 흩어지는 것도 문제이다. 하여간 現在 傳해지고 있는 古文書나마 이 이상 湮滅되지 않도록 하는 일이 急先務이다.

다음은 現在 收藏·所藏되고 있는 古文書에도 保全策이 강구되어야 한다. 家門傳來의 古文書도 대개 창고 같은 곳에 궤짝이나 뭉치로 放置되어 먼지와 濕氣는 물론 빗물과 虫鼠의 害를 입는 경우가 많으며, 대부분의 大學의 圖書館이나 博物館의 경우도 防濕·防虫 등 保全處理가 제대로 되어 있지 못한 것으로 보인다. 古文書의 調査·整理·活字化事業이 時急함은 勿論이나 現存 古文書의 湮滅·流失을 막고 保全에 萬全을 期하는 것이 現今 韓國古文書의 課題중의 중요한 하나라고 하겠다.

四、古文書의 分類

古文書의 分類는 그 基準에 따라서 多樣하게 나타날 수 있다。時代를 基準으로 할 경우에는 古代文書、中世文書、近世文書 등으로 區分할 수 있겠고、發給者의 身分을 基準으로 할 경우에는 國王(皇帝) 文書、官府文書、武家文書、私人文書 등으로 區分할 수도 있겠고、公·私를 基準으로 할 경우에는 公文書、準公文書·私文書 등으로 區分될 수 있다。또 文書의 內容이나 性格을 基準으로 할 경우 王이나 官府에서 내린 文書、王이나 官府에서 往復한 文書、上申하는 文書、書簡形文書、證文類文書 등으로 區分될 수 있을 것이다。이처럼 分類基準에 따라서 古文書의 分類는 多樣하게 나타나게 된다。

그러면 우리나라와 日本의 경우 古文書의 分類의 實例를 들어 살펴보자。古文書學은 日本이 韓國보다 먼저 시작하였으므로 日本의 몇 例를 먼저보면、日本古文書學提要(伊地知鐵男編著)에서는 時代를 基準으로 古代의 文書、中世의 文書、近世의 文書로 區分하고、古代의 文書를 ① 公文書 ② 社寺文書로、中世의 文書를 ① 武家文書 ② 公文書 ③ 社寺文書로、近世의 文書를 ① 武家文書 ② 公家文書 ③ 社寺文書 ④ 地方文書로 區分하고 있다。勿論 그 안에서 또 細分되게 되는데、例를 들면 中世文書의 公文書의 경우는 ⓐ 內文書 ⓑ 院宮文書 ⓒ 官文書 ⓓ 公家文書 등으로 區分되고 있다。日本의 경우 時代에 따라 文書의 樣式도 크게 변하고 있고 政治·社會的 構造도 變貌하여 매우 多樣하고 複雜한 文書가 이루어지고 있음을 볼 수 있고、따라서 文書의 分類도 學者에 따라 多樣하게 나타날 수 밖에 없는 것으로 보인다。

相田二郎의 「日本の古文書」에서는 ① 公式樣文書 ② 平安時代以來의 文書 ③ 書札樣文書 ④ 印判狀 ⑤ 上申文書 ⑥ 神佛에 奉하는 文書 ⑦ 諸證文 등으로 區分하고 있다。이 경우 古文書 分類기준은 時代·內容(性格)이 混淆된 것임을 알 수 있다。

佐藤進一의「古文書學入門」에서는 ① 公式樣文書 ② 公家樣文書 ③ 武家樣文書 ④ 上申文書 ⑤ 證文類 등으로 區分하고 있어서 위의 相田二郎의 경우와 비슷하게 時代와 內容(性格) 등이 기준으로 된 것을 볼 수 있고, 또 公家·武家·上申 등 發給者(機關)의 身分(地位)에 따른 區分이 함께 하고 있음을 알 수 있다.

吉村茂樹의「古文書學」은, 小冊子이지만, ① 公文書 ② 準公文書 ③ 私文書로 區分하고, 公文書는 a、皇室文書 b、諸官府文書 c、武家文書로, 準公文書는 a、社寺 b、僧綱 c、攝關家 d、本所·領家로, 私文書는 a、對神佛文書 b、對公文書 c、對私文書로 區分하고 있다. 이 경우 分類基準은 發給者(機關)의 性格(公·準公·私)과 身分(地位)을 기준으로 삼고 있음을 알 수 있다.

金約瑟氏는 古文書論考에서 公文書、私文書、準公文書、事大交隣文書로 區分하고 있어 吉村氏의 區分에 準하고 있음을 볼 수 있고, 金東旭氏는「李朝古文書의 分類에 대하여」(古文書集眞所載)에서 一、國王文書 二、宮家文書 三、官民逮上國王文書 四、官相互授受文書 五、官對民文書 六、民對官文書 七、民對民文書 八、神·巫·佛·儒家文書 九、結社文書 一〇、外交文書 一一、國末文書로 區分하고 있어서, 그 分類基準에 多樣한 요소들이 內包되어 있다.

이처럼 古文書의 分類는 學者에 따라 그 內容이 다양하게 나타나고 있고, 한 學者의 分類 內에서도 그 基準이 統一되어 있지 못하고 여러가지 요소가 混淆하여 있는 것을 볼 수 있다. 이와 같은 현상은 古文書分類가 合理性·體系性이 缺如되어 있는 所以라고밖에 볼 수 없다. 學者에 따라서 그 分類가 多樣하게 나타나는 것은 그 基準 如何에 따라서 不可避한 것이며 問題될 것이 없으나, 一貫된 基準이 없는 分類는 合理的인 것일 수 없다.

하나의 試案이 되겠으나 筆者는 韓國古文書를 다음과 같이 區分해 보고자 한다.

첫째, 크게는 國內文書와 外交文書로 區分되겠다. 國內文書는 文書의 發給과 受取가 主로 國內의 韓國人간에 이루어진 文書이고, 外交文書는 韓國과 外國(主로 中國과 日本)간의 外交關係文書가 되겠다. 그러나 國外와 國內간의 往復文書라도 發受가 한국인 사이에 이루어진 경우, 例하면 外國에 있는 韓國人(例, 使臣、審陽의 紹顯世子)과 本國(王·朝廷)간에 왕래한 文書는 國內文書가 되겠고, 國內에서 發受된 文書라도 外國使節 또는 外國公館과 往來한 文書는 外交文書에 속하게 되겠다.

둘째, 國內文書는 發給者 또는 發給機關을 基準으로 하여 다음과 같이 區分해 보았다。

① 國王文書
② 王室文書
③ 官府(官吏)文書
④ 私人文書
⑤ 寺社文書
⑥ 書院文書
⑦ 道觀文書
⑧ 結社文書
⑨ 奉神佛文書

①은 國王이 發給한 것으로 되어 있는 모든 종류의 文書이며, ②는 王室・宮房에서 發給한 모든 文書가 되겠다。 ③은 官府에서 또는 官・吏가 公的인 立場에서 發給한 모든 종류의 文書가 되겠다。 ④는 私人으로서 發給하는 文書이며, 官員・吏胥도 公的인 立場이 아니라 私的인 立場에 있을때 私人이고, 벼슬하지 아니하는 士庶도 私人이고, 賤民(奴婢)도 私人이다。 公的인 立場이 아니라 私私로운 立場에서 私人으로서 發給하는 文書를 私人文書라 하려한다。 ⑤는 寺社(佛寺)에서 發給한 文書이고 ⑥은 書院・鄕賢祠 등에서 發給한 文書이다。 佛寺(佛教)와 書院(儒教)은 當時 여러모로 至大한 영향을 끼쳤으므로 따로 分類할 수 있을 것이다。 道教의 역할이나 영향은 별로 규명된 바 없고 文書의 有無도 未知數이나 ⑦도 設定할 수 있겠다。 ⑧은 褓負商・광대・남사당・社會團體・會社・組合 등 모든 結社에서 發給한 文書이다。 ⑨는 모든 身分(王・王族・官吏・兩班・中人・平民・賤民)의 사람이 神・佛에게 올리는 文書로서 일반 文書와는 區別되는 것이므로 별도로 구분해서 좋을 것이

다。그러나 文書의 受取者가 人間이 아니고 神佛이므로 文書를 직접 受取할 수는 없는 일이고, 祭文·祈告文·願文 등 宗教的인 것으로서 果然 奉神佛文書로서 취급하여 마땅할 것인가에는 의문이 없지 않다。

國內文書를 발급자를 기준으로 위와같이 區分했지만 그러한 文書들은 對象(受取者)에 따라 다시 細分되게 된다。이제 著者의 試案에 따라 韓國古文書를 分類하면 다음과 같이 나타낼 수 있겠다。

1、國內文書

1) 國王文書

(1) 對王室; ① 玉册 ② 竹册 ③ 諡册 ④ 教命 ⑤ 遺教

(2) 對官府(官吏); ① 教(命) ② 教書 ③ 諭書 ④ 有旨 ⑤ 密教 ⑥ 教旨(告身·紅牌·白牌·追贈·贈諡·賜牌 등) ⑦ 教牒 ⑧ 祿牌 ⑨ 封書 ⑩ 錄券 ⑪ 批答 ⑫ 宣牌 ⑬ 下膳狀

(3) 對私人; ① 教書 ② 綸音

(4) 對寺社·書院·道觀·結社; ① 賜牌 ② 賜額 ③ 教旨 ④ 教書

2) 王室(宮房)文書

(1) 對國王

(2) 對王室(宮房); ① 箋文

(3) 對官府(官吏); ① 內旨 ② 慈旨 ③ 徽旨 ④ 懿旨 ⑤ 令書 ⑥ 令旨 ⑦ 手本 ⑧ 璿源錄世系單子 ⑨ 敎寧單子 ⑩ 下答 ⑫ 圖署牌子

(4) 對私人; ① 導掌許給文

3) 官府(官吏)文書

(1) 對國王; ① 冊寶 ② 箋文 ③ 上疏 ④ 箚子 ⑤ 啓(文) ⑥ 草記 ⑦ 啓本 ⑧ 啓目 ⑨ 狀啓 ⑩ 書啓 ⑪ 呈辭 ⑫ 薦單子 ⑬ 進上單子 ⑭ 下直單子 ⑮ 謝恩單子 ⑯ 六行單子 ⑰ 問安單子 ⑱ 祗受單子 ⑲ 處女單子

(2) 對王室; ① 上書 ② 申本 ③ 申目 ④ 狀達 ⑤ 玉冊 ⑥ 箋文

(3) 對官府(官吏); ① 關 ② 牒呈 ③ 帖(差帖) ④ 立法出依牒 ⑤ 起復出依牒 ⑥ 解由(關・牒) ⑦ 書目 ⑧ 手本 ⑨ 甘結 ⑩ 京外官推考發緘・緘答 ⑪ 署經單子 ⑫ 諡號望單子・署經單子 ⑬ 褒貶同議單子 ⑭ 問安物種單子 ⑮ 尺文 ⑯ 陳省 ⑰ 論報 ⑱ 文狀 ⑲ 文狀書目 ⑳ 告目 ㉑ 稟告 ㉒ 馳通 ㉓ 回通 ㉔ 通諭 ㉕ 望記 ㉖ 朝報 ㉗ 邸報 ㉘ 赴擧狀 ㉙ 軍令狀 ㉚ 祿標 ㉛ 勿禁帖 ㉜ 馬帖 ㉝ 草料 ㉞ 路文 ㉟ 路引 ㊱ 行狀 ㊲ 傳令 ㊳ 古風 ㊴ 行下

(4) 對私人; ① 完文 ② 空名帖 ③ 立案 ④ 立旨 ⑤ 題音・題辭 ⑥ 準戶口 ⑦ 傳准 ⑧ 謄給 ⑨ 照訖帖 ⑩ 勿禁帖 ⑪ 告示

(5) 對寺社・書院・道觀・結社; ① 完文 ② 帖文

4) 私人文書

(1) 對國王; ① 上疏 ② 上言 ③ 原情 ④ 試券

(2) 對官府；① 所志(白活) ② 等狀 ③ 原情 ④ 上書 ⑤ 議送 ⑥ 侤音 ⑦ 戶口單子 ⑧ 陳告狀 ⑨ 陳試狀 ⑩ 功臣子孫世系單子 ⑪ 照律時功議單子

(3) 對私人；① 立後成交 ② 和會文記 ③ 分給文記 ④ 衿給文記 ⑤ 別給文記 ⑥ 許與(許給)文記 ⑦ 遺書 ⑧ 土地文記 ⑨ 家舍文記 ⑩ 奴婢文記 ⑪ 漁場文記 ⑫ 鹽盆文記 ⑬ 船隻文記 ⑭ 貢人文記 ⑮ 其人文記 ⑯ 京主人文記 ⑰ 旅閣主人文記 ⑱ 商賈主人文記 ⑲ 監官文記 ⑳ 導掌文記 ㉑ 典當文記 ㉒ 手標・手記・不忘記 ㉓ 贖身・贖良文記 ㉔ 自賣文記 ㉕ 完議 ㉖ 立議 ㉗ 祭需單子 ㉘ 賻儀單子 ㉙簡札(書狀) ㉚ 婚書

(4) 對寺社・書院・道觀・結社

5) 寺社文書

(1) 對國王；① 上疏

(2) 對官府

(3) 對私人；① 募緣文

(4) 對寺社

6) 書院文書

(1) 對國王；① 上疏

(2) 對官府；① 稟目

(3) 對私人；① 墨牌 ② 通文

(4) 對書院；① 通文

7) 道觀文書

(1) 對國王；① 上疏

(2) 對官府；① 所志

(3) 對私人

(4) 對道觀

8) 結社文書

(1) 對國王；① 上疏

(2) 對官府；① 所志 ② 等狀

(3) 對私人；① 通文 ② 回文 ③ 傳令 ④ 差定 ⑤ 帖文(貢人)

(4) 對結社；① 通文

9) 奉神佛文書

(1) 國王對神佛(文書)；① 祭文 ② 祈告文 ③ 祝文

(2) 王室對神佛(文書)；① 祭文 ② 祝文 ③ 祈告文 ④ 願文

(3) 官府對神佛(文書); ① 祭文 ② 祝文 ③ 祈告文

(4) 私人對神佛(文書); ① 祭文 ② 祝文 ③ 願文 ④ 祈告文 ⑤ 靑詞 ⑥ 哀詞

(5) 寺社對神佛(文書); ① 願文 ② 請文

(6) 書院對儒賢(文書); ① 祭文 ② 祝文

(7) 道觀對三淸(文書); ① 靑詞

2、外交文書

1) 韓國對 中國文書

① 賀表 ② 方物表 ③ 賀箋 ④ 方物箋 ⑤ 年貢奏本 ⑥ 禮物摠單 ⑦ 謝恩表·箋 ⑧ 進賀表·箋 ⑨ 陳慰表·箋 ⑩ 進香祭文 ⑪ 祭物單子 ⑫ 起居表 ⑬ 告訃表 ⑭ 告訃奏本 ⑮ 奏請奏本 ⑯ 方物奏本 ⑰ 方物啓本 ⑱ 方物單子 ⑲ 咨文 ⑳ 方物咨文 ㉑ 申文 ㉒ 呈文 ㉓ 照會

2) 韓國對 日本等 交隣國文書

① 國書 ② 書契 ③ 照會

3) 中國對 韓國文書

① 詔 ② 勅 ③ 咨文 ④ 誥命 ⑤ 照會

4) 日本等 對 韓國文書

① 國書 ② 書契 ③ 照會

위에서 韓國古文書를 筆者나름으로 分類를 하고 該當文書들을 列擧하여 보았다. 그러나 이 分類는 하나의 試案일 수밖에 없고, 異議의 餘地가 없을 수 없다.

위에서 列擧한 古文書 가운데는 筆者가 直接 接할 수 있었던 文書와 筆者가 所持한 文書와 複寫·映寫하여 蒐集한 文書들도 있으나, 著者로서도 아직 찾아보지 못한 것도 많이 있다. 그것은 아직 韓國古文書에 대한 硏究나 整理가 이루어지지 못하고 있기 때문에 不可避한 事情이며, 언제인가 全國的으로 古文書가 整理, 活字化되는 때에는 찾아 볼 수 있게 될 것으로 믿는다.

그러나 古文書가운데는 전혀 湮滅된 種類도 있을 수 있고, 철저한 調査·整理事業이 이루어지면 文書名도 傳하지 않던 새로운 種類의 古文書가 發掘될 수도 있는 일이다. 오늘의 實情은 文書名도 찾지 못한 文書도 상당히 있을 것으로 생각되며, 文書의 이름만 文獻에 의하여 傳해지고 있는 것도 있고, 文獻調査에 의하여 알려지지 않던 文書가 찾아질 수도 있다. 또 實際文書는 아직 찾아 볼 수 없으나 文書式만이 文獻을 通해 傳해지고 있는 경우도 있고, 文書는 없으나 그 文書의 內容이 文獻에 轉載되어 傳해지는 경우도 있다.

이와같은 實情에서 筆者가 이제 利用할 수 있는 資料로서는 筆者가 所持한 古文書와 筆者가 大學圖書館 또는 所藏家에게서 複寫·映寫하여 蒐集한 資料와 지금까지 影印되어 소개된 資料가 중심이 되겠고, 各種文獻에서 보이는 文書式과 古文書가 轉載되어 있는 文獻 및 관계 記錄 등이 參考되겠다。

外交文書관계는 實際文書로 現在로는 接할 수 있는 것이 制限되어 있고 著者의 能力이 미치기도 어려워 다루지 않기로 하였다。 위의 分類에서 列擧한 外交文書의 書式은 典律通補 別編에서 參考할 수 있다。

五, 古文書의 樣式과 그 實際

古文書의 樣式이란 古文書의 構造·骨格에 관한 것이다. 즉 文書로서 成立되기 위하여 갖추어야 되는 格式인 것이다. 이 樣式에서 반드시 갖추어야 될 要素는 ① 文書의 發給者와 受取者 ② 文書發受의 目的 ③ 文書發受의 時期(年, 月, 日) ④ 文書發受와 관계되는 地名 ⑤ 文書發受의 效果 등이 되겠다. 이러한 要素를 갖춘 格式(書式)이 文書마다 정해져 있다. 그러므로 古文書의 理解를 위하여 또는 古文書를 資料(史料)로 利用하기 위하여는 文書樣式의 正確한 理解가 必要하게 된다.

같은 種類(內容)의 文書라도 時代에 따라 樣式의 變化가 있을 수 있다. 日本의 경우는 時代에 따라 古文書의 樣式이 크게 變化하고 있기 때문에 時代에 따른 文書樣式의 硏究가 이루어지고 있고, 그것은 古文書의 眞僞鑑定에 直結되는 硏究이기도 하다. 그러나 우리나라는 아직 時代에 따른 古文書樣式의 變化는 硏究되지 못하고 있고, 또 高麗時代 以前의 古文書란 한 손으로 헤아릴 정도밖에 되지 못하기 때문에 時代에 따른 古文書樣式의 變化與否는 硏究할 수도 없는 實情이다.

文書樣式의 比較硏究가 可能한 時期는, 麗末鮮初와 經國大典編纂 以後의 것이 되겠으나 經國大典編纂 以前의 文書는 種類나 數量이 너무 貧弱한 것이기 때문에 극히 制限됨을 면치 못한다. 그러나 經國大典編纂 前後 文書의 樣式에 관한 比較硏究는 韓國古文書에 대한 理解와 文書의 眞僞를 辨別하는데 도움이 될 것이다.

本冊에서는 著者가 蒐集한 資料의 限界性 때문에 該當古文書의 最古·最善의 것을 利用하지 못하고 있음은 不可避한 事情이며 後日 補完될 기회가 있을 것이다.

文書는 文書로서 갖추어야 되는 外形的 格式이 엄격히 정해져 있다. 특히 外交文書, 官府文書, 上奏文書 등은 一行, 一字에도 엄격한 격식이 있어서 이를 遵守하지 않으면 큰 문제가 되었다. 즉 ① 紙物의 厚薄과 長廣 ② 每行의 字數 ③ 字

樣, ④ 擡頭法(존엄한 존재는 行을 바꿔 平行보다 높여 쓰는 법), 各行의 첫字(首字)의 高低 ⑤ 間字(예거 尊貴를 나타내는 文字앞에 一字 以上의 자리를 비워둠) ⑥ 作帖 ⑦ 皮封 등의 格式이 지켜졌다. 이러한 外形的 格式은 古文書學에서는 重要한 硏究對象이 되는 것이지만 그러한 要件 등은 實際의 文書를 가지고 論及될 문제이고 抄寫나 寫眞, 또는 活字化된 資料를 가지고 言及할 이 冊에서는 古文書의 文字와 內容을 理解하고 이를 史料(資料)로 利用하는데 重點을 둔 것이므로 古文書의 外形的인 格式은 說得力을 갖지 못하게 된다. 따라서 式에서는 위의 要件 가운데 ④, ⑤만을 書式에서나 文書例에서 따르게 될 것이다.

古文書에 있어서 各行의 첫字(首字)의 高低는 外交文書나 上奏文書에 있어서는 尊貴의 程度를 鋭敏하게 나타내는 것이므로 差誤도 큰 問題가 되었으므로 그 規式을 아는 것이 古文書를 理解하는데 도움이 될 것이다. 文書를 作成함에 있어서 各行의 首字로써 基準이 되는 字行(자리)을 平行이라고 하는데, 外交文書가운데 ① 對中國文書는 四行(네번째字)이 平行이고, ② 對交隣國文書와 ③ 國內文書(奏御文書)는 三行(세번째字)이 平行이 된다. 一行(가장 높이 쓰는 字)을 擡行이라 하고, ①의 경우는 擡行(一行), 二行, 三行, 平行(四行)이 되고, ②, ③의 경우는 一行(擡行), 二行, 平行(三行)이 된다. 平行에서 一字 낮추는 것을 低一字, 二字 낮추는 것을 低二字, 三字 낮추는 것을 低三字라고 한다. 또 各行 안에서도 尊貴를 나타내는 文字 위에 一字 또는 二字 등의 자리를 비워놓는 경우가 있는데 이를 間字라고 하며, 一字 비워놓는 것을 間一字, 二字를 間二字라고 한다. 이와같은 規式을 朝鮮朝의 奏御文書가운데 進箋式을 例로 하면,

具(行)銜臣姓名恭(行)遇年號幾年某月某日正(二行)朝令節謹奉箋(二行)稱賀(二行)者臣名誠懽誠忭稽首稽首上(二行)言伏以(隔)恭惟(擡行)主上殿下(隔)(隔)臣伏念(隔)(隔)臣無任望天(二行)仰聖(二行)激切屛營之至謹奉箋(二行)稱賀(二行)以聞(二行)年(行)號幾年某月某日具銜臣姓名謹(二)上箋(二)(典律通補 別編, 進箋式)

위를 行字規式에 의하여 정리하면 다음의 正朝進箋式과 같다.

本章에서는 前章에서 分類하고 列擧한 古文書의 順으로 整理한 것이며, 各文書에 대하여는 ① 文書의 性格과 作成・發受節次, 史料價値 등을 解說하고 ② 文書式을 提示하고 ③ 文書의 實例를 들고 이에 註解와 要旨를 달아주는 順으로 敍述

正朝進箋式

具銜臣姓名
恭遇年號幾年某月某日
正朝令節謹奉
箋稱
賀者臣名誠懽誠忭稽首稽首
上言伏以長句短句恭惟
尊號主上殿下短句長句短句臣伏念短句長句臣無任望
天仰
聖激切屛營之至謹奉
箋稱
賀以
聞
年號幾年某月某日具銜臣姓名　謹上　箋

되겠다。史料로 重要하다고 認定되는 古文書는 그 例를 時代順으로 數個 提示하도록 하고、吏讀는 옆줄을 그어 표시하기로 한다。

1、國王文書

1）對王室(文書)

(1) 玉册(文)

國王과 王妃 그리고 大妃・王大妃・大王大妃의 尊號를 加上하는 文書이다。尊號를 올릴 때에는 頌德文을 새긴 玉册과 尊號를 새긴 玉寶를 올리는 鄭重한 儀式이 있고、(40) 玉册과 玉寶는 搨本・安寶하여 作帖(册)하여 보관 하였다。 여기서의 册寶文은 國王이 發給하는 것이므로、國王이 大王大妃・王大妃・大妃의 尊號를 加上하는 文書가 되겠다。史料로서의 價値는 높지 못하나 當時 該當人物들에 대하여 어떠한 評價를 하고 있는지、그러한 評價(頌德)가 마땅한 것인지、참고할 수 있는 자료로 생각된다。서울大學校圖書館에 翼宗妃趙氏、憲宗繼妃洪氏、哲宗妃金氏 등에게 高宗一〇年(癸酉)에 國王이 尊號를 올린 册寶文이 있다。王妃를 册封할 때에도 册(玉册)과 寶(玉寶)가 있다。(41)

(40) 國朝續五禮儀、卷二、嘉禮、上尊號册寶儀、大王大妃上尊號册寶儀、王妃上尊號册寶儀、王大妃册寶親傳儀 등 참조。
(41) 國朝五禮儀、卷三、嘉禮、册妃儀 참조。

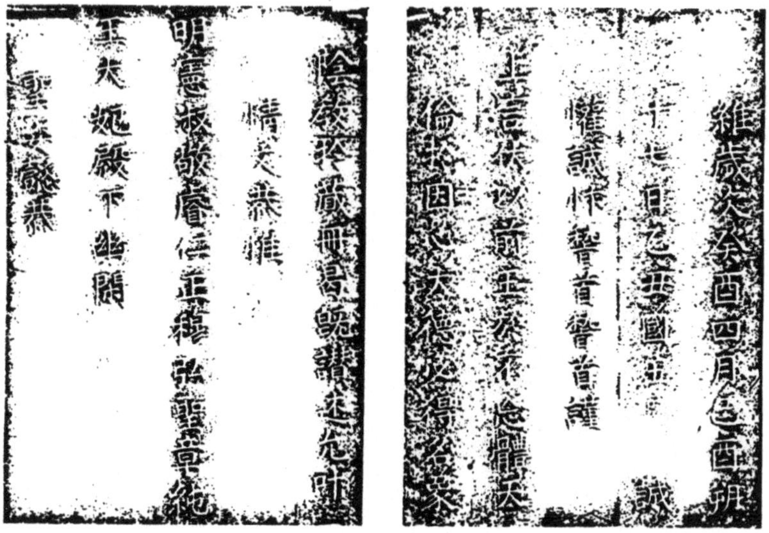

圖版 5-1 玉册文(部分)　　서울大, 奎, 27385

〈玉册、例〉(서울大、奎、二七三八五)

維歲次癸①酉四月己酉朔十七日乙丑國②王臣諱③誠懽誠忭稽首稽首謹

上言伏以前王於不忘體天倫於因心大德必得名象

陰教於藏册曷既讚述允叶倩文恭惟

明④憲淑敬睿仁正穆弘聖章純

王⑤大妃殿下幽閑

聖姿懿恭

令聞赫世篤忠之訓肇帨服箴京室嗣音之譽珩璜昭度佐

憲廟而治隮熙洽

教令不出乎闈門奉

長樂而色必婉愉和氣常溢於宮壼肆

淑範聖不自有猗

顯號加而彌尊自

哲宗繼統之初遵熙典而颺美亦小子仰庇以後遇慶會而效忱

柔化已臻於邦休猶豫戒大淵衷乃爭於至懇每回謙冲逮涼德勉循羣情伊微誠

思闡

丕懿顧大庭祈請之擧縱愧忸於此心仰三紀覆壽之仁擬報答於今日稽舊章

而增曜敉

芳烈而荐揚列序次而倂隆永享一堂歡樂備物采而祇奉不盡二字形容豈敢

曰繪日摹天庸以蘄南山北斗謹奉

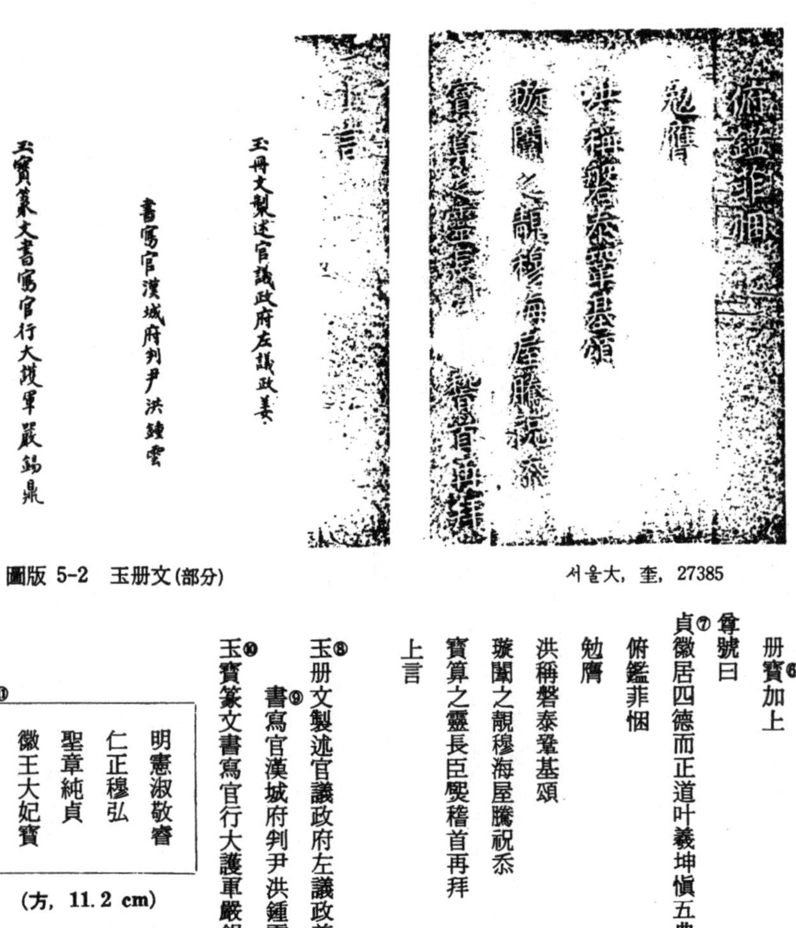

圖版 5-2 玉册文(部分)　　서울大, 奎, 27385

冊寶⑥加上
尊號曰
貞⑦徽居四德而正道叶義坤愼五典而克從功娓虞汭伏惟
俯鑑非悃
勉膺
洪稱磐泰鞏基頌
璇闈之靚穆海屋騰祝忝
寶算之靈長臣煚稽首再拜
上言
玉⑧册文製述官議政府左議政姜
書⑨寫官漢城府判尹洪鍾雲
玉⑩寶篆文書寫官行大護軍嚴錫鼎

⑪
明憲淑敬睿
仁正穆弘
聖章純貞
徽王大妃寶

(方, 11.2 cm)

(註解) ① 癸酉, 高宗一〇年(一八七三)이다. ② 國王, 朝鮮 高宗. ③ 諱, 高宗의 諱 수 뜻. ④ 明憲淑敬睿仁正穆弘聖章純, 高宗一〇年以前의 憲宗繼妃洪氏의 尊號로서, 哲宗二年(一八五一)에 「明憲」이라 尊號를 올린 이후 五차례의 尊號가 加上된 것이다. ⑤ 王大妃, 哲宗八年(一八五七) 八月 九日에 憲宗繼妃 洪氏에게 進號된 것으로 高宗도 그대로 號稱하고 있다. ⑥ 加上尊號, 註解④의 尊號를 가진 憲宗繼妃洪氏에게 尊號를 加上하는 일. ⑦ 貞徽, 이 冊寶文에서 加上되는 尊號이다. ⑧ 玉冊文을 올리는 것은 國王(高宗)이나 이를 製述한 當時 左議政이었던 姜渚이다. ⑨ 姜渚가 製述한 玉冊文을 書寫한 사람. ⑩ 玉寶의 篆文을 書寫한 사람. ⑪ 貞徽라는 尊號를 加上하여 「明憲淑敬睿仁正穆弘聖章純貞徽王大妃寶」라 篆刻한 玉寶를 安한 玉寶文.

(要旨) 高宗一〇年(一八七三) 四月 一七日에 國王(高宗)이 憲宗繼妃洪氏의 德을 稱頌하여 洪氏에게 尊號를 加上하는 冊寶文이다.

(2) 竹 冊

조선시대에 王世子와 王世子嬪을 冊封할 때 敎命과 冊印이 있다.(42) 이때의 冊封文書인 冊은 대쪽(竹片)을 평평하게 깎아 여러개를 한데 꿰어맨든 簡冊으로 竹冊이라 하며 그 글을 竹冊文(43)이라 한다. 竹冊文에는 「褒美勸戒」하는 뜻을 싣게 된다.(44) 竹冊文의 原本은 찾아보기 어려우나 寫本으로서는 景宗元年(一七二一)에 王世弟로 冊封된 延礽君(후의 英祖)의 王世弟竹冊文(大提學李觀命製進)과 延礽君의 妻를 王世弟嬪으로 冊封할 때 내린 竹冊文(行都承旨洪啓迪製進)이 전해지고 있어 참고할 수 있다. (奎章閣圖書, 封世弟敎命竹冊文, 九八一五) 王世孫을 冊封할 때에도 竹冊이 있다. (奎, №, 一二九七三) 竹冊文의 書式은 「王若曰」(起頭)로 시작하여 「故玆敎示 想宜知悉」(結辭)로 맺어 敎書의 그것과 같으나 그 文體를 騈儷文으로 쓰는 것이 다르다.

(3) 諡 冊

昇遐한 國王과 王妃에 諡號를 올리는 冊이다. 諡號를 올릴 때에는 冊과 寶가 있는데, 冊은 玉冊이며 寶는 錫으로 鑄造

하여 黃金은 鍍金한 金寶이다.(45) 諡冊을 올리기 위하여 諡號都監이 설치되고 都提調·提調·都廳·郎廳 등 有司가 임명되며 그 밖에 수십명의 官員·衙前·匠人들이 일을 맡게 되며, 諡冊寶를 올리는 儀式은 嚴重한 것이었다.(46) 諡冊의 書式은 玉冊의 書式과 같으나 尊號가 아니라 諡號를 올리는 것이다. 諡冊으로서 현재 전해지고 있는 것은 찾아보기 어렵고, 그 內容이 轉載된 것으로는 奎章閣圖書 가운데 「諡號都監儀軌」가 여러 책이 있어 참고할 수 있으며 諡冊을 올릴 때까지의 제반 과정을 알 수 있다.

(4) 敎　命

王妃·王世子·王世子嬪·世孫(47)을 冊封할 때 내리는 訓諭文書이다. 王妃를 冊封할 때에는 敎命과 冊寶를, 王世子와 王世子嬪을 冊封할 때에는 敎命과 冊印이 내려진다.(48) 敎命에는 「施命之寶」를 安한다. 敎命文의 原本은 찾아보기 어려우나 寫本으로서는 景宗元年(一七二一)에 王世弟로 冊封된 延礽君(후의 英祖)에게 내려준 王世弟敎命文(左賓客宋相琦製進)과 王世弟嬪으로 冊封된 延礽君의 妻에게 내린 敎命文(禮曹判書, 李宜顯製進)이 전해지고 있어 참고할 수 있다. (奎章閣圖書, 封世弟敎命竹冊文, 九八一五) 敎命文의 書式은 「王若曰」로 시작하여 「故玆敎示 想宜知悉」로 맺는 것은 敎書의 서식과 같으나 王世弟嬪에게 내린 敎命文은 騈儷文으로 쓰고 있다. 冊封儀式에 관해서는 「國朝五禮儀」를 비롯하여 奎章閣圖書 중에 「冊禮都監儀軌」가 많이 있다.

(5) 遺　敎

國王의 遺書이다. 國王이 昇遐하면 領議政과 左議政이 遺敎와 大寶를 嗣位할 王(嗣王)에게 傳達하게 된다.(49) 國王이 운명하기 전에 王世子와 宰執大臣 및 近臣을 불러 遺言하는 것을 顧命이라 하며, 顧命을 받고 大臣 등은 물러나와 傳位

遺敎를 作成하게 된다.(世宗實錄 卷一三四, 五禮, 凶禮儀式, 顧命條 참조)「遺敎」는 嗣王에게 내리는 것이고 公開되지 않고 王室에서 비밀히 보관했던 것이므로 原本을 찾아보기 어렵고 따라서 그 書式이 있었는지 與否도 확인할 수 없다.

(42) 國朝五禮儀, 卷四, 嘉禮, 冊王世子儀, 冊王世子嬪儀 참조.
(43) 世宗實錄 卷三五, 世宗九年 一月 庚午條에 「藝文應敎鄭麟趾製進王世子嬪竹冊文 其辭曰 云云」하였고, 六典條例 卷二, 吏典, 承政院, 儀節條에 「王世子敎命文竹冊文內入時云云」하고 있다.
(44) 世宗實錄, 卷一一九, 世宗三〇年 三月 壬寅條에 「我國 東宮及嬪之誥命 皆無制詞 然褒美勸戒之意 有竹冊以載之」라 하였다. 註(四三)의 鄭麟趾가 製進한 竹冊文의 辭를 참조.
(45) 國朝五禮儀, 卷七, 凶禮, 請諡宗廟儀條의 「令工曹製冊及寶」라 하고 挾註에 「冊簡用南陽靑玉 長九寸七分 廣一寸二分 厚六分 簡數隨文之多少 寶鑄以銀鍍黃金 方三寸五分 厚八分 龜高一寸五分 並用造禮器尺」이라 하였다.
(46) 國朝五禮儀, 卷七, 凶禮, 請諡宗廟儀, 上諡冊寶儀 참조.
(47) 世宗實錄, 卷一一九, 世宗三〇年 三月 壬寅條에 보면 世孫을 冊封하는데 敎命을 내린 것으로 되어 있다.
(48) 國朝五禮儀, 卷三, 嘉禮, 冊妃儀, 同書 卷四, 嘉禮, 冊王世子儀, 冊王世子嬪儀 참조.
(49) 國朝五禮儀, 卷七, 凶禮, 嗣位條 참조.

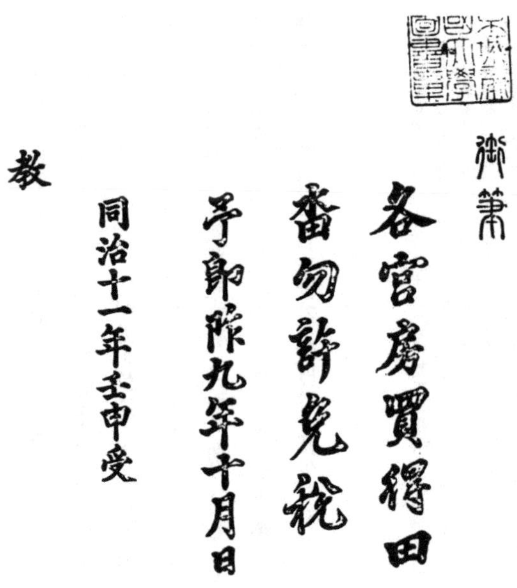

御筆

各宮房買得田

畓勿許免稅

予卽阼九年十月日

同治十一年壬申受

敎

圖版 6 敎(受敎)　　서울大, 133121

2) 對官府(官吏)

(1) 敎(受敎)

王命을 敎라 하고 王命을 받은 것을 受敎라 한다。受敎를 모아 엮어 놓은 것이 受敎輯錄이다。王命은 承旨를 통해 말로하는 경우도 있고 왕이 친히 써서 내리는 경우도 있다(御筆)。내려진 王命은 해당 衙門에서 받아 施行하게 된다。

〈敎命、例〉(서울大、№一三三一二一)

御①筆
各②宮房買得田畓勿許免稅
予③即阼九年十月日
同④治十一年壬申受
敎

(註解) ① 御筆、王의 親筆 ② 各宮房買得田畓 勿許免稅、敎(命)의 內容 ③ 予는 高宗 自身을 가르키며、高宗卽位 九年 一〇月 二日(50)에 發한 敎(命)임을 나타냄。④ 이 敎(命)를 받은 해를 淸의 年號로 표시한 것이고、敎의 受取者는 戶曹가 되겠다。

(要旨) 高宗九年(一八七二) 一〇月 二日에 高宗이 親筆로 내린 「各宮房에서 買得한 田畓에 대하여 免稅를 許諾하지 않는다」는 內容의 敎(命)이다. 이 문서는 御筆의 王命을 받아 板刻하여 걸어 놓은 것이다.

(2) 敎 書

國王이 發하는 命令書·訓諭書·宣布文이다. 皇帝가 發할 경우는 詔書라고 한다. 元의 支配下에 들기 이전의 高麗와 大韓帝國 時代에는 詔書라고 썼다. 敎書를 發하는 경우는 매우 多樣한데, 例를 들면, 卽位敎書,(51) 求言敎書,(52) 功臣錄勳敎書, 配享敎書,(53) 文廟從祀敎書,(54) 頒赦敎書,(55) 賜與敎書,(56) 勸農敎書,(57) 使命訓諭敎書,(58) 封爵敎書,(59) 冊封敎書,(60) 其他 嘉禮, 納徵, 褒獎, 宥敎 등등의 敎書가 있다. 그런데 그러한 敎書 또는 詔書는 대개 文臣의 製進에 의한 것이며, 頒賜된 敎書는 原文書 그대로 傳存되는 경우도 있지만 그러한 文書의 數爻는 극히 少數에 지나지 못하며, 製進, 頒賜된 敎書의 內容은 官撰史書나 文集 등에 轉載되어 現在에도 그 內容을 알 수 있는 것이 상당수가 있다. 그러나 일단 轉寫·轉載된 것은 古文書가 아니다. 稀少하지만 傳存되는 敎書가운데는 官撰史書나 文集類 등에 轉載되지 않은 것이 있을 수 있고, 또 그 原文書로서의 敎書가 그 當時의 歷史를 研究하는데 重要한 端緖가 될 수도 있다. 胡亂 直後인 一六三八

(50) 高宗實錄, 卷九, 高宗九年 一〇月 初二日條에 보면, 「命各宮房買得田畓勿許免稅 仍書下 使之揭板于戶曹」라 하여 一〇月 初二日의 敎(命)임을 알겠고, 그 敎(命)를 書下한 것이 바로 이 文書임을 확인할 수 있다. 그리고 그 敎(命)를 戶曹에 揭板하여 施行하게 하였음을 알 수 있다.
(51) 太祖實錄, 卷一, 太祖元年 七月 丁未條.
(52) 春亭集, 卷八, 求言敎書와 潛谷集, 卷九, 因旱災求言敎書 및 東文選, 卷二四, 因災求言敎書 참조.
(53) 東國李相國集, 卷三三, 故參知政事鄭克溫配享神宗大王敎書 참조.
(54) 서울大圖書館 古文書 No.七一四一六(宋浚吉) No.七一四一七(宋時烈) 참조.
(55) 愚伏集(鄭經世) 卷二, 皇太子誕生頒赦敎中外書 참조.
(56) 東文選, 卷二三, 降使金富軾賜第敎書, 六典條例, 卷五, 禮曹, 賜與, 賜几杖敎書 참조.
(57) 東文選, 卷二三, 勸勉農桑敎書 참조.
(58) 서울大 古文書 No.一九〇八八二 敎守忠淸道觀察使兼兵馬水軍節度使巡察使金堉書 및 河回 永慕閣 所藏 敎都體察使豊原府院君柳成龍書 등 참조.
(59) 東國李相國集, 卷三四, 始興伯侑爲淮安公敎書.
(60) 春亭集, 卷八, 冊世子敎, 東國李相國集 卷三三, 太子冊封敎書 참조.

年 七月에 忠淸道觀察使兼兵馬節度使巡察使에 任命된 金堉에게 내려진 敎書에는 忠淸의 地理的 重要性과 當面한 問題點을 提示하고 그 使命을 훌륭히 遂行할 것을 訓諭하고 있는데(61) 이러한 文書도 훌륭한 史料가 된다。

現存하는 敎書로서 오래된 것으로는 太宗元年(一四〇一)에 馬天牧에게 내려진 佐命功臣賞勳敎書(朝鮮史料集眞續第二輯)、世祖一三年(一四六七)에 許琮에게 내려진 敵愾功臣賞勳敎書(朝鮮史料集眞續第二輯)、世祖一三年에 張末孫에게 내려진 敵愾功臣賞勳敎書(寶物六〇四號)、成宗三年(一四七二)에 李崇元에게 내려진 佐理功臣賞勳敎書(朝鮮史料集眞第一輯)、中宗二年(一五〇七)에 辛殷尹에게 내려진 靖國功臣賞勳敎書(朝鮮史料集眞續第二輯) 등이 있다。

敎書式

> 敎(具銜姓名・對衆人則某某人等)書
> 王若曰云云故玆敎示想宜知悉
> 年號幾年某月某日
> 또는 求言敎書일 경우
> 王若曰云云咨爾政府體予至意布敎中外
> 咸使聞知 또는 咨爾臣僚體予至懷

〈敎書、例一〉(朝鮮史料集眞續第二輯)

敎翊戴佐命功臣折衝將軍雄武侍衛司上將軍馬天牧
王若曰不遇盤根何以試利器不賴良士無以定國亂維爾蘊不羈之才秉難奪之節力可以扼虎勇可以兼人通變適用徇義忘身服勞
王家夙著成績且精於射藝發而必中所謂熊羆之士爪牙之才者也當逆臣朴苞等陰挾宗親煽亂之日社稷之危間不容髮爾乃不愛軀命以徇
大義奮臂而羣兇擲伏長呼而大憝克淸扶
社稷於累卵之危措國家於大山之安予用嘉之曰篤不忘仍命有司繪形立閣紀績鐫碑兼錫土田臧獲銀帶一腰表裏一套廐馬一疋至可領也
於戲膺玆異數懋昭乃勳對揚鴻休無替成命故玆
敎示想宜知悉
建文三年二月 日

〈要旨〉 太宗元年(一四〇一)二月에 馬天牧(一三五八~一四三一)에게 내린 佐命功臣敎書이다。佐命功臣은 第二次 王子의 亂을 平定하고 芳遠(太宗)이 即位하는데 공이 있는 臣下에게 내린 功臣號이다。朝鮮初의 開國·定社·佐命 三功臣에게는 功臣敎書와 함께 錄券을 내려주었다。現存하는 功臣敎書로서는 李濟에게 내린 開國功臣敎書가 가장 오래된 것으로 보인다。王若曰(起頭)로 시작하여 「故玆敎示想宜知悉」(結辭)로 맺은 이 敎書의 書式은 조선시대 全時期에 계속되고 있다。내용에는 第二次 王子의 亂 때의 馬天牧의 공을 칭찬하고 이에 대한 恩典으로서 초상화를 그리고(繪形) 閣을 세우고 業績을 碑에 새기며 아울러 土地·奴婢·銀帶一腰·表裏一套·廐馬一匹을 내리고 있다。「朝鮮王寶」를 찍었다。(縱三三·五 橫九〇㎝)

〈敎書、例二〉 (서울大、№ 一四三七六二)

敎輔國崇祿大夫領敦寧府事永安府院君金祖淳

王若曰卿之女孝友恭儉實維母儀宜奉

宗廟永承

天祚以玄纁乘馬以章典禮今使議政府左議政李時秀漢城府判尹李敬一以禮納徵故玆敎示想宜知悉

嘉慶七年九月二十日

(施命之寶)

〈要旨〉 純祖二年(一八〇二) 九月 二〇日에 永安府院君金祖淳의 女를 純祖妃로 맞아들이기 위하여 左議政李時秀、漢城府判尹李敬一로 하여금 納徵한다는 敎書이다。

〈敎書、例三〉 (河回、永慕閣、寶物一六〇號)

敎

朝鮮史料集眞續二

圖版 7 敎書

諭①忠翼謨光國忠勤貞亮効節協策扈聖功臣大匡輔國崇祿大夫豊原府院君柳成龍書

王②若曰忘身徇國克著弘濟之功報德酬勞崇奬之典爰稽雲臺故事庸載③鐵劵新盟惟卿金玉之精氷蘗其操才稱王佐早許稷卨之身學爲儒宗夙負山斗之望乃攸服則孝悌忠信衆所推者道德文章自蜚英於筍班蔚有聲華之藉甚暨篤棐於棘府更見功業之裒如人皆謂漢代仲舒予則曰宋朝君實頃遭島夷之猖獗遽罹國步之播遷留鎭都城雖闕宗澤之守周旋詞令必待趙衰之文孰從我而同歸聊與子而偕作瞻四方而靡騁慨百僚之如遺一馬渡江予未堪乎多難五虵從野卿獨奮其孤忠洒涕淚而登舟温嶠之義氣感發負羈紲以奔命狐偃之劬勞備嘗乃心益勵於始終此誠寧間於進退老富指畫十三策誓雪君父之羞小范胷議百萬兵身兼將相之責迺睠韓忠獻之總衆俾專蕭相國之轉漕漢將之威武丕揚寔賴餽餉之不絶周原冠盖相屬亦由擯接之得宜矧當國事之搶攘自任戎務之塡委陶侃之裁決明敏應之如流陸贄之奏對懇勤知無不告玆協

天兵而克勳以致王業之重恢

宗社之獲返舊都伊誰之力國家之得保今日惟乃之休既共患於艱危敢相背於安樂鞠躬效一節諸葛之忠貞式彰投壁擔羣臣晉文之歸賞當急肆策勳爲扈聖功臣二等圖形垂後超二階爵其父母妻子亦超二階無子則甥姪女胥超一階嫡長世襲不失其祿宥及永世仍賜伴倘六人奴婢九口丘史四名田八十結銀子七兩表裏一段內廐馬一匹至可領也於戯卿固有興周之績予何忘在莒之心地之察天之明敢要質於神鬼山若礪河若帶期勿替於子孫故玆④教示想宜知悉

一等

李恒福　鄭崐壽

二等

珝　琈　李元翼

尹斗壽　沈友勝　李好閔

尹根壽　柳成龍　金應南　(以下 功臣名 省略)

(61) 서울大圖書館、古文書 No.一九〇八八二 참조。

圖版 8 敎書　　河回 永慕閣(寶物 160호)

萬曆 三十二年 十月 日
(施命之寶)

〈註解〉① 輸忠翼謨光國忠勤貞亮効節協策扈聖、柳成龍의 功臣號이다。「輸忠翼謨光國」의 功臣號는 宣祖二三年(一五九〇)에 宗系辨誣의 功으로 받았고、「忠勤貞亮効節協策扈聖」의 功臣號는 宣祖三七年(一六〇四)에、壬辰亂중 宣祖를 扈從한 功으로 받은 것이다。② 王若曰、敎書의 「起頭」式이다。③ 鐵券、功臣錄券이다。④ 故玆敎示想宜知悉、敎書의 「結辭」式이다。

〈要旨〉 宣祖三七年(一六〇四) 一〇月에 柳成龍에게 忠勤貞亮効節協策扈聖功臣 二等으로 錄勳하는 敎書이다。이때 一等에 李恒福과 鄭崐壽、二等 三一名、三等 五三名 등 八六名을 錄勳했다。扈聖功臣 二等에 대한 賞賜는 本人에게 二階를 超授하고、封爵하며、父母妻子도 二階를 超授하고 無子일 경우에는 甥姪·女壻에게 一階를 超授하고 嫡長子는 世襲하여 그 祿을 잃지 않게하고 永世토록 宥가 미치게하고 있으며、같은 二等功臣이라도 一六〇三년에 死亡한 崔興源에게는 앞의 特典과 奴婢 九口、田 八〇結、銀子 七兩、表裏 一段、廐馬 一匹을 賞賜하고 있는데(서울大、古文書 №二九四五七二) 柳成龍에게는 거기에 伴倘 六人、丘史 四名이 더하고 있다。이 功臣敎書는 韓石峰의 글씨이다。

〈敎書、例四〉 (河回、永慕閣、寶物一六〇號)

敎都體察使豊原府院君柳成龍書

王若曰亂靡有定歲律奄迫於新年斷則乃成倚任特專於舊相是

徇中外之望非借名位之尊第念制敵之方不出命將之外周王薄伐實賴元老之壯猷唐宗削平必用裴度之同志非其人則不可膺是寄者
蓋難惟關西幅員之偏寔今日根本之地行朝草創久駐三邊
廟祧崎嶇胡爲中路一有寸步之或蹶四無尺土之可容千里封彊既作豺虎之窟三京宮闕變爲灰燼之墟是萬世必報之讐痛一天共載之久國
勢莫保於朝夕兇謀益深於覬覦據有箕都再經天時之變作爲土窟又兼地利之便實無難於長驅孰能爲之沮遏但此引日而不發蓋欲乘
春而直衝地凍江氷正是我軍用武之會蓄精養銳潛爲他日肆毒之圖乞貢求和無非狡獪之說晝往夜返盡是詭詐之謀惟當決戰於背城
豈宜玩寇於對壘既命都元巡察非曰統制之無人又勅三縣江東亦云防禦之有將令當出一雖戒輿尸之凶耆定爾功必待文人之吉惟卿
儀表玉立器宇山凝讀古人書既盡爲己之學識當世務又抱救時之材曾因奉使之行已下專制之命嚴軍律勵士卒不忘攻戰之心備器械
築城池致念防守之具願乘機會屢形於措語之間逆探奸謀多見於行事之際但無名號之正何以責成不有委任之專難可收效玆授卿以
都體察使凡屬軍機一任處決事適其可則不必具稟位在卿下者皆當自裁毋泥常規便宜從事絶塞風雪之苦惟卿所知故國霜露之悲尙
予何說宜審進取之大計亟奏遏劉之膚公國之存亡決於此擧軍之進退斷自乃心予之望卿實多卿之報予宜速況
天兵十萬勢若風雷彼島夷累千視如枯朽太白所照蓋殲敵之有期彼蒼者天豈悔禍之無日毋失急擊之會用成收復之勳於戲汛掃腥膻佇見
社稷山河帶礪庶幾圖像於丹靑故玆敎示想宜知悉

受報於

萬曆[二十年]十二月二十三日

(施命之寶)

〈要旨〉 宣祖二五年(一五九二) 壬辰年 一二月에 柳成龍을 都體察使에 任命하고 상당한 大權을 부여하면서, 倭軍을 殲滅・驅逐하는데 功을 세울 것을 訓諭하는 敎書이다.

諭守慶尙道兵馬節
度使金誠一
卿受委一方體任非
輕凡發兵應機安民
制敵一應常事自有
舊章慮或有予與卿
獨斷處置事非密符
莫可施爲且意外姦
謀不可不預防如有
非常之命合符無疑
然後當就命故賜押
第二十六符卿其受
之故諭
萬曆二十年四月十一日

安東 金時寅氏宅

圖版 9 諭書

(3) 諭 書

觀察使·節度使·防禦使·留守 등 一方의 軍事權을 가진 官員이 王命이 없이 自意로 軍士를 發動하거나, 奸謀에 의한 動兵을 미연에 방지하기 위하여 密符의 制가 있다。 諭書는 王이 各地方으로 赴任하는 觀察使·節度使·防禦使·留守 등에게 王과 該官員만이 아는 密符를 該官員에게 내리면서 함께 발급하는 命令書이다。 符는 第一符에서 第四十五符까지 있어서, 非常한 命令이 있으면 符를 合해 보아 疑心할 바가 없을 때에 命令 대로 擧行하도록 하는 것이다。 朝鮮前期의 發兵符는 그 形體가 둥글고, 一面에 發兵이라 쓰고 一面에는 某道觀察使·節度使라고 쓰며, 諸鎭은 鎭號를 쓰고, 中分하여 右符는 해당 觀察使·節度使 및 諸鎭에 주고 左符는 大內에 保管하였다。 만약 徵兵하려면 左符와 敎書를 내리고 符를 合驗한 후에 徵兵에 應하게 된다。(62) 朝鮮中後期의 密符의 形體는 圓形인데 一面에는 第幾符라 쓰고 다른 一面에 御押하고, 中分하여 右편은 該當觀察使·統制使·守禦使·留守·節度使·防禦使 등에게 주고 左편은 大內에 보관하게 되며, 무릇 發兵·應機 등의 일이 있으면 合符하여 奸謀를 防止하는 것은 모두 諭書에 의해서 거행하도록 하고 있다。(63) 諭書에는 「諭書之寶」를 찍는다。

〈諭書式〉

諭具銜姓名
卿受委一方體任非輕凡發兵應機安民制敵一應常事自有舊章慮或有予與卿獨斷處置

事非密符莫可施爲且意外姦謀不可不預防如有非常之命合符無疑然後當就命故賜押第幾符卿其受之故諭

年號寶幾年某月某日

(典律通補、別編)

〈諭書、例一〉(慶北奉化、權橃宗宅)

諭慶尙道觀察使兼兵馬水軍節度使權橃

卿受委一方　體任非輕　凡發兵應機　安民制敵　一應常事　自有舊章　慮或有予與卿獨斷處置事　非密符　莫可施爲　故賜
押第十九符　卿其受之　故諭

嘉靖十七年三月初三日

(要旨) 中宗三三年(一五三八) 三月三日에 慶尙道觀察使兼兵馬水軍節度使 權橃(一四七八—一五四八、號、冲齋)에게 密符 第一九符를 내리면서 내린 諭書이다。

〈諭書　例二〉(安東、金時寅氏宅)

諭守慶尙右道兵馬節度使金誠一

卿受委一方體任非輕凡發兵應機安民制敵一應常事自有舊章慮或有予與卿獨斷處置事非密符莫可施爲且意外姦謀不可不預防如有
非常之命合符無疑然後當就命故賜押第二十六符卿其受之故諭

萬曆二十年四月　十一日

(諭書之寶)

(要旨) 宣祖二五年(一五九二) 四月 倭軍의 侵略이 있기 三日前인 四月 一一日에 金誠一을 慶尙右道兵馬節度使로 임명하고 密符 第二十六

符를 내리는 諭書이다。諭書는 諭書式에 當該官員의 職銜과 姓名 그리고 年月日만 記入하면 된다。그러나 諭書式을 따르지 않은 경우도 있다。宣祖二九年(一五九六) 二月 一六日에 四道都體察使로 任命된 柳成龍에게 내린 諭書는 一方에 대한 책임을 부여한 것이 아니므로 諭書式과는 약간 다르다。즉「卿體察四道 責任甚重 凡節制策應等事 自有敎書 慮或有予與卿獨斷處置事 非密符 莫可施爲 故賜押第三符 卿其受之 故諭」(64)라 하여 省略된 부분과 變形된 부분이 있는 것을 볼 수 있다。그러나 正祖二四年(一八〇〇) 二月 二七日에 黃海道 兵馬節度使 李性默에게 내린 諭書(서울大、古文書 No.六五七七一)와 高宗七年(一八七〇) 三月 一八日에 行水原留守 李載元에게 내린 諭書(서울大、古文書 No.二五二七六三) 등은 모두 諭書式을 그대로 따르고 있다。

(62) 經國大典、卷四、兵典、符信條 참조。
(63) 大典會通 卷四、兵典、符信條 참조。
(64) 政院傳敎(朝鮮總督府刊)所載

議政府領議政開拆

行都承旨 柳[illegible]

令聞
天使以
宣諭事近將出來凡事不
可不議處亦於接待
之時當備體貌卿其
乗馹來諸事有
旨
萬曆二十年八月十九日

서울大, 294571

圖版 10 有旨

(4) 有 旨

承政院의 擔當承旨가 王命을 받아 그 內容을 직접 作成·書寫하여 被命者에게 傳達하는 王命書이다。「敎書」는 대개 文臣(知製敎)이 製進하고 寫員이 書寫하여 安寶·送付하지만、「有旨」는 擔當 承旨가 王으로부터 직접 命을 받아 그 內容을 자신이 作成·書寫하고、擔當承旨의 職銜과 姓을 쓰고 手決을 하여 被命者에게 送付되는 중요한 王命書이다。따라서 有旨의 傳達過程에서의 失錯은 重罪로 써 다스렸다。(65) 또한 有旨는 實錄 등 官撰史書나 謄錄類에도 轉載되지 않은 것이 대부분이고、歷史的으로 重要한 事件과 관계있는 有旨가 있을 수 있으므로 史料로서도 重要한 價値를 갖는 文書일 수 있다。현재 전해지고 있는 「有旨」로는 서울大學校 古文書중에 壬亂 당시의 것이 二六매 정도와 조선후기의 것 약간이 있으며、지방에도 壬亂을 前後로 하여 柳成龍·權應銖 등에게 내린 것을 위시하여 약간의 「유지」가 전해지고 있다。「有旨」에는 「承政院印」을 찍었고、成帖한 表面(合襟右편)에는 被命者의 具銜姓을 쓰고 「開拆」이라 하였다。壬亂중 柳成龍에게 내린 有旨는 朝鮮總督府刊 「政院傳敎」에 影印·整理되어 있다。

〈有旨式〉

具銜(姓某)開拆
承旨職銜姓　押

云云事有

旨

年號寶幾年某月某日

〈有旨、例一〉(慶北奉化、權橃宗宅)

司憲掌令權橃　開拆(合襟右측)

左承旨李(手決)

以爾爲司憲掌令　斯速乘馹上來事　有

旨

正德十二年十月二十一日
(承政院印)

(要旨) 中宗一二年(一五一七) 一〇月二一日에 左承旨李를 통하여 司憲掌令 權橃(一四七八—一五四八、號 冲齋)에게 보낸 有旨이다。속히 上京하라는 王命이다。

〈有旨、例二〉(서울大、№二九四五七一)

①議政府領議政②開拆

行都承旨[③]柳(手決)[④]

今[⑤]聞

天使以

宣諭事近將出來凡事不可不議處亦於接待之時當備體貌卿其乘馹來詣事有

旨

萬曆二十年八月十九日

(註解) ① 議政府領議政、有旨를 받는 사람의 官職名이다。당시 領議政은 崔興源이었다。議政(政丞)에게 보내는 경우에는 姓을 쓰지 않는다。② 開拆、「열어보라」는 뜻。③ 行都承旨柳、이 有旨를 作成・書寫한 擔當承旨、④ 手決、押 또는 花押이라고도 하는데、오늘날의 싸인과 같은 것이다。그러나 手決은 兩班官僚、士大夫(兩班)만이 쓸 수 있었고、平民이나 賤民 그리고 모든 女子는 쓰지 못하였다。⑤ 今聞에서 乘馹來詣事까지는 王命의 內容이다。

(要旨) 宣祖二五년(一五九二) 八월 一九일에 行都承旨柳某를 통하여 領議政崔興源에게 보내는 有旨이다。당시 宣祖는 義州에 蒙塵하여 있었고、領議政은 行在所를 떠나 成川에 있었다。(宣祖實錄 卷三〇、宣祖二五年九月辛酉) 明使가 곧 도착할 것이라는 소식을 듣고 이에 대비하여 領議政을 불러들이는 有旨이다。서울大圖書館古文書 가운데 一五九二년~一五九九년간의 有旨가 二四매 정도 있다。

〈有旨、例三〉(서울大、№一三八四七〇)

京畿觀察使金開拆 [①]

左副承旨洪(手決)

(65) 大典會通、卷五、刑典、推斷條에 「擬卒棄置有旨者 以一律論 當該守令拿處」라 하였다。

水原府三色軍支放之需②即

③園行時駕前所用雖非動駕之時長立官門豈有如許苦役須有米三百石錢六百餘緡可以拮据④云雖無似此所重爲支放區劃大同既多久例與近例況漁夫米⑤之爲水原一邑民切苦之瘼曾所熟聞一包之容優過數十斗其弊何異於近來餉饋及此得以息肩豈非水民之幸乎以每年本府所納漁夫米名色全屬支放條不足之數以大同中除留以準三百之數如是之後漁米之捧也若不盡革廚院⑥侵虐之弊則其可曰一擧兩得乎藉弊固知不難爲水民更此申申卿與地方官知悉各別申飭錢條則本府事體豈比統閫⑦關防則彼有許施之例況本府乎本府納漁鹽船稅條特爲劃屬本府以補支放事有

旨

乾隆[五十五]年四月十七日

(註解) ① 被命者의 표시로, 이 有旨의 背面, 成帖時 표면 合襟處에 記載됨。 ② 支放, 捧給을 支給하는 것。 ③ 園行, 正祖가 그의 父親인 莊獻世子의 墓인 顯隆園(後의 隆陵)에의 行幸。 ④ 拮据, 甲이 乙에게 받을 돈을 丙에게 넘겨 줌。 즉 朝廷이 水原府에서 받아들일 稅金을 三色軍支放條로 넘겨 줌。 ⑤ 漁夫米, 漁夫에게 부담시키는 稅로, 均役法實施 以後 漁鹽船稅의 漁稅에 해당함。 ⑥ 厨院, 御膳과 闕內의 供饋 등의 일을 맡은 司饔院의 別稱。 ⑦ 統閫, 統制使의 別稱。

(要旨) 正祖 一四年(一七九〇) 四月 一七日에 王이 京畿觀察使 金에게 내린 有旨。 正祖가 그의 生父인 莊獻世子의 墓인 顯隆園(華城所在)에의 行幸時에 쓰이는 水原府三色軍에게 지급되는 비용으로 米 三〇〇石과 錢 六〇〇여緡을 拮据한다는 命令인데, 米 三〇〇石은 每年 水原府에서 納付하는 漁夫米로써 하되 不足한 수는 大同米중 除留(留置米?)로써 채우고, 錢六〇〇여 緡은 水原府에서 納付하는 漁鹽船稅(均役法의 海稅)를 本府에 劃屬시켜 補充케 한다는 내용이다。「承政院印」 一三개를 찍었다。

(5) 密 敎

國王이 秘密히 내리는 命令書, 또는 宗親·重臣(66)에게 비밀히 뒷일을 부탁하기 위하여 내리는 命令書로서 敎書의 一種으로 취급될 수 있다.

(6) 敎 旨

國王이 臣下에게 官職·官爵·資格·諡號·土地·奴婢·特典 등을 내려줄 때 쓰는 文書이다. 官僚에게 官爵·官職을 내리는 敎旨는 告身(辭令狀)이고, 文武科 及第者에게 내리는 敎旨는 紅牌이고, 生員·進士試의 合格者에게 내리는 敎旨는 白牌이고, 죽은 사람의 官爵을 올려주는 것은 追贈敎旨이며, 鄕吏의 免役을 認定하는 賜牌, 土地와 奴婢를 내려주는 賜牌, 죽은 臣下에게 諡號를 내려주는 賜諡敎旨 등 敎旨의 內容은 多樣하다. 告身은 고려시대에는 制書라 하였고, 朝鮮初期에는 王旨·官敎라고도 하였고, 大韓帝國시대에는 勅命이라고 하였다. 敎旨는 國王의 臣下에 대한 權威의 상징이며 封建的 官僚政

〈敎旨式〉

·文武官四品以上告身式

敎旨

某爲某階某職者

年寶月 日

·堂上官妻告身式

敎旨

具官某妻某氏爲某夫人者

年寶月 日

·紅牌式

敎旨

具官某文科武科則稱武科某科稱甲乙丙第幾人及第出身者

年寶月 日

·白牌式

敎旨

(66) 明宗實錄, 卷四, 明宗元年 九月 己未條에 自上密敎 其可下諸政院乎(中略) 密敎若下於婦寺 則謂之不正可也 下於大臣 有下不可 云云하였다.

治의 遺物이기도 하다。告身으로서 오래된 것으로는 高麗 高宗三年(一二一六)에 惠諶에게 내린 大禪師制書가 있다。(國寶、第四三號、高麗高宗制書) 王旨(告身)로서 오래된 것은 一三九三年(太祖二)·一三九四年·一三九五年·一三九七年에 都膺에게 내려진 것(寶物七二四號、星州都氏宗中文書)·一三九五年·一三九七年에 金懷鍊에게 내린 것(寶物四三八號、朝鮮太祖 四年 및 六年王旨)·一三

圖版 11 王旨　　寶物438호

具官某生員(進士則稱進士)幾等幾人入格者

年寶月　日

·追贈式

敎旨

具官某考(祖考曾祖考同)具官某贈某階某職者(妣則稱具官某妣某氏贈某夫人者妻則稱具官某妻某氏)

年寶月　日

·奴婢土田賜牌式

敎旨

惟爾某有某功將臧獲幾口土田幾結特賜賞爾可傳永世者(只賜己身則可傳永世者改爾其受之)

年寶月　日

·鄕吏免役賜牌式

敎旨

惟爾某道某邑鄕吏某有某功特命爾免役以及永世者

年寶月　日

(經國大典、禮典)

九五年에 康舜龍에게 내린 것(서울大、一二六六七)・一四一〇年(太宗二)에 成石璘에게 내린 것(寶物、七四六、成石璘佐命功臣王旨) 一四一〇年(太宗一〇)에 金摯에게 내린 것(朝鮮史料集眞續第二輯) 등이 있다。外命婦告身도 朝鮮初와 經國大典 以後는 그 書式이 변하였다。科擧及第證書인 紅牌・白牌도 고려시대의 書式과 朝鮮時代의 書式은 相異하며、賜牌도 朝鮮初에는 王旨라 했고 世宗朝頃부터는 教旨라고 쓰고 있다。寶印은 太祖・定宗代의 王旨에는 「朝鮮王寶」를、太宗代에는 「朝鮮國王之印」을、世宗二五年부터는 「施命之寶」를 찍었으며 紅牌・白牌에는 「科擧之寶」를 찍었다。

圖版 12 教旨 安東 金俊植氏宅

〈教旨、例一、告身〉(井邑、金麟基氏宅、寶物四三八호)

王旨

金懷鍊爲通政大夫公州牧使兼管內勸農防禦使者

洪武 [二十] 八年二月初二日

(要旨) 一三九五年(太祖四) 二月 二日에 金懷鍊에게 通政大夫公州牧使兼管內勸農防禦使의 品職을 내리는 王旨(教旨)이다。

〈教旨、例二、告身〉(安東、金俊植氏宅)

教旨

金緣爲通訓大夫星州牧使者

嘉靖 [十七] 年八月初六日

(要旨) 金緣(一四八七~一五四四)에게 中宗三三年(一五三八)八月 六日에 通訓大夫星州牧使를 任命하는 教旨。

〈敎旨、例三、告身〉(安東 金時寅氏宅)

敎旨

金誠一爲嘉善大夫慶尙右道觀察使者

萬曆 二十 年十月二十七日

(要旨) 宣祖二五年(一五九二) 一〇月 二七日에 金誠一(一五三八~一五九三)에게 嘉善大夫慶尙右道觀察使를 任命하는 敎旨。

〈敎旨、例四、告身〉(서울大、№ 一二〇九七七)

敎旨

金堉爲資憲大夫行司憲府大司憲者

順治 六年 八月二十八日

(要旨) 孝宗即位年(一六四九) 八月 二八日에 金堉(一五八〇~一六五八)에게 資憲大夫行司憲府大司憲을 任命하는 敎旨。

圖版 13 王旨　　서울大, 126667

〈敎旨、例五、封爵〉(서울大、№ 一二六六六七)

王旨

康舜龍爲特進輔國崇祿大夫載寧伯者

洪武二十八年十二月廿二日
(朝鮮王寶)

(要旨) 朝鮮初에는 敎旨를 王旨라고 하였다。 太祖四年(一三九五) 一二月 二二日에 康舜龍에게 正一品階인 特進輔國崇祿大夫와 載寧伯으로 封爵하는 王旨이다。

〈敎旨、例六、封爵〉(서울大、№二五二七二三)

敎旨

球爲承憲大夫南延君者

嘉慶 二十 五年七月二十九日

敍用事承

傳

(要旨) 純祖二〇年(一八二〇) 七月 二九日에 興宣大院君 是應의 父인 李球(?~一八二二)를 承憲大夫南延君으로 封하는 敎旨。

圖版 14 紅牌 寶物725호

〈敎旨、例七、封爵〉(서울大、№二五二六五六)

敎旨

金氏爲商山郡夫人者

康熙 四十 六年二月初八日

延齡君昍妻依法典從夫職

(要旨) 肅宗三三年(一七〇七) 二月 八日에 延齡君昍의 妻 金氏에게 法典에 의하여 夫職을 따라서 商山郡夫人을 封하는 敎旨이다。

〈敎旨、例八、老人職〉(67)(서울大、№六五六三九)

圖版 15 紅牌　安東 金俊植氏宅

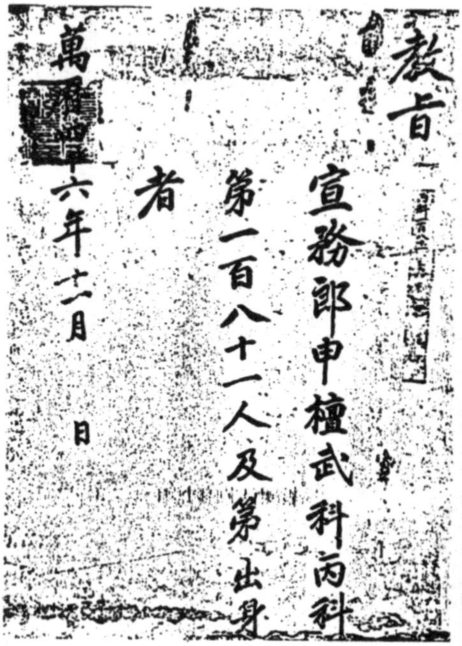

圖版 16 紅牌　서울大, 171472

教旨
柳興門爲通政大夫者
康熙 二十九 年十月十三日
年八十陞堂上事上言
判下

(要旨) 年八〇된 사람은 堂上으로 올릴 것을 上奏한 것이 判下되어, 肅宗一六年(一六九〇) 一〇月 一三日에 柳興門에게 通政大夫의 老人職(品階)을 내리는 敎旨。

〈教旨、例九、紅牌〉(寶物七二五、南原楊氏宗中文書)

王命賜准　成均養正齋生楊　以時
同進士出身者
至正十五年二月　日
同知貢擧將仕郞遼陽等處行中書省照磨
奉翊大夫密直使寶文閣大提學同知春
秋館事上護軍安(手決)
知貢擧征東行中書省左右司都事三重大匡益山
君李(手決)

(67) 經國大典、吏典、老人職條에 보면、「나이 八〇以上된 사람은 良賤을 勿論하고 一階를 除授하고 元來 階가 있는 者는 또 一階를 加해 준다。堂上官階는 王命이 있으면 除授한다」고 하였다。

〈敎旨、例一〇、紅牌〉(安東、金俊植氏宅)

敎旨

成均進士金緣文科乙科第四人及第出身者

正德 [十四] 年三月二十五日

(要旨) 中宗一四年(一五一九) 三月 二五日、成均進士 金緣이 文科 乙科 第四人으로 及第하였음을 證明하는 紅牌이다。 文科는 甲科 三人、乙科 七人、丙科 二三人이므로 이 紅牌는 三三人중 七位의 成績으로 合格한 것이다。

〈敎旨、例一一、武科紅牌〉(서울大、No 一七一四七二)

敎旨

宣務郞申檀武科丙科第一百八十一人及第出身者

萬曆 [四十] 六年十一月 日

(要旨) 光海君一〇年(一六一八) 一一月 宣務郞(從六品) 申檀이 武科 丙科 第一八一人으로 及第하였음을 證明하는 紅牌이다。 經國大典에는 甲科 三人、乙科 五人、丙科 二〇人으로 되어 있으나、壬亂以後 武科及第는 濫發되고 있다。

〈敎旨、例一二、白牌〉(榮州、張師植氏宅、寶物 五〇一호)

敎旨

成均幼學張末孫進士二等第七人入格者

景泰 [四年] 二月十二日

(要旨) 一四五三年(端宗元) 二月 一二日에 幼學張末孫이 進士試에 二等 第七人으로 合格했음을 證明하는 白牌이다。

〈敎旨、例一三、生員白牌〉(서울大、№一六七二四五)

敎旨

幼學姜鶴年生員三等第三十四人入格者

萬曆 [三十] 七年九月　日

(要旨) 光海君元年(一六〇九) 九月、幼學姜鶴年(一五八五~一六四七)이 生員試에 三等 第三十四人으로 合格했음을 證明하는 白牌이다。成績은 合格者 一〇〇名을 크게 一、二、三等으로 區分하고 그 가운데서 또 順位가 決定된다。이 白牌는 三等에서 三十四位가 되겠다。

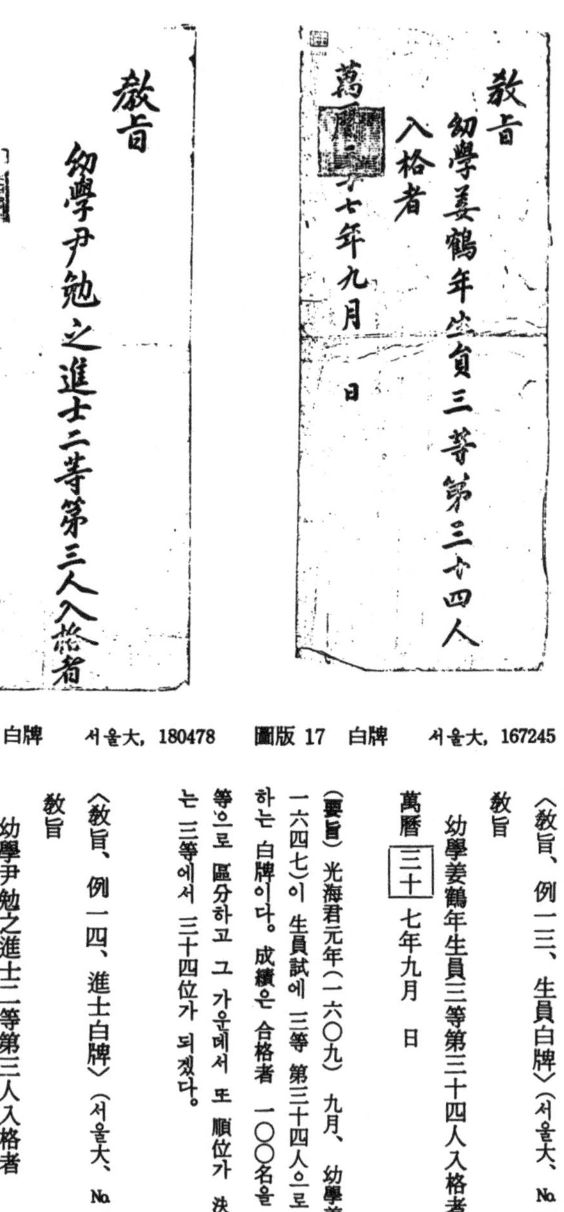

圖版 17　白牌　서울大, 167245

圖版 18　白牌　서울大, 180478

〈敎旨、例一四、進士白牌〉(서울大、№一八〇四七四)

敎旨

幼學尹勉之進士二等第三人入格者

萬曆 [四十] 年七月十六日

(要旨) 光海君四年(一六一二) 七月 一六日、幼學 尹勉之가 進士試에 二等 第三人으로 合格하였음을 證明하는 白牌이다。

〈敎旨、例一五、雜科白牌〉(서울大、№一七二八九八)

禮曹奉

敎啓功郎前觀象監直長皮尙五陰陽科三等第七人出身者

嘉慶 十年 十一月 日 (禮曹之印)

兼判書臣韓(押) 參判 參議 正郎 佐郎

(要旨) 純祖五年(一八〇五) 一一月、啓功郎(從七品) 前觀象監直長 皮尙五가 陰陽科 三等 第七人으로 合格했음을 證明하는 白牌이다。雜科白牌는 禮曹에서 王命을 받들어 發給하는 것이므로 敎旨가 아니지만、편의상 여기에서 취급했다。

〈敎旨、例一六、追贈〉(서울大、№一七一五六七)

敎旨

通德郞申毅漢贈通政大夫戶曹參議者

乾 隆十 年八月十七日

嘉善大夫同知中樞府事申德淵祖考依法典追

贈

(要旨) 英祖二一年(一七四五) 五月 一七日、申德淵이 嘉善大夫(從二品) 同知中樞府事職에 이르렀으므로 그의 祖考通德郞(正五品) 申毅漢을 法典에 의거하여 通政大夫(正三品堂上) 戶曹參議로 追贈하는 敎旨이다。

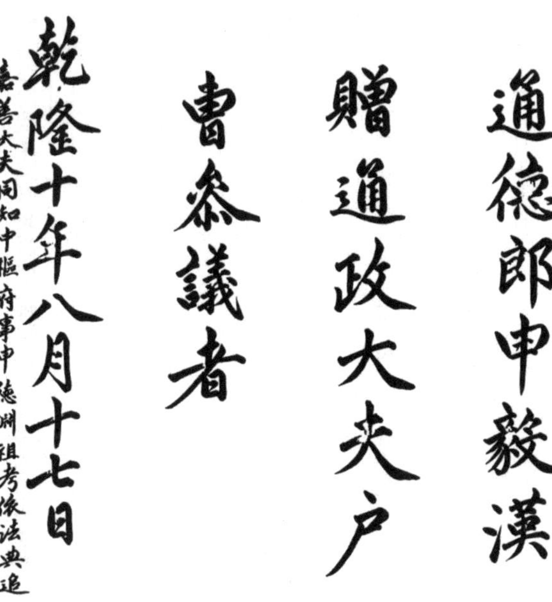
敎旨
通德郎申發漢
贈通政大夫戶曹參議者
乾隆十年八月十七日
嘉善大夫同知中樞府事申德淵祖考依法典追
贈

圖版 19 追贈敎旨 서울大, 171467

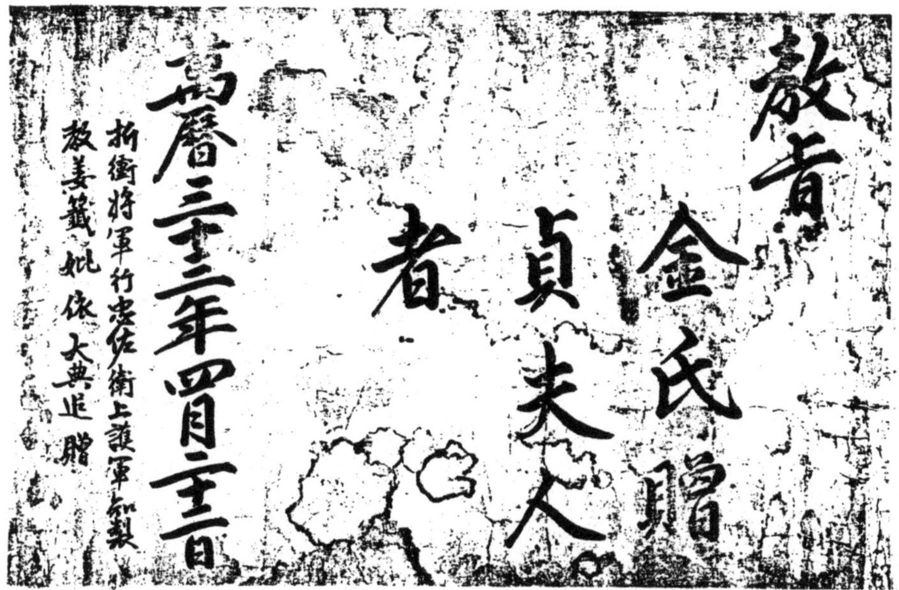
敎旨
金氏贈貞夫人者
萬曆三十三年四月二十三日
折衝將軍行忠佐衛上護軍知製
敎姜籤妣依大典追贈

圖版 20 追贈敎旨 서울大, 167242

〈敎旨、例一七、追贈〉(서울大、№一六七二四二)

敎旨

金氏贈貞夫人者

萬曆 三十 三年四月二十二日

折衝將軍行忠佐衛上護軍知製敎姜籤妣依大典追 贈

著 者

圖版 21 贈職敎旨

(要旨) 宣祖三八年(一六〇五) 四月 二二日、姜籤이 折衝將軍(正三品堂上)에 이르러 그의 妣 金氏를 貞夫人으로 追贈하는 敎旨。

〈敎旨、例一八、贈職〉(著者)

敎旨

學生崔承煒贈司憲府掌令朝散大夫者

光緖 七年 四月 日

學生崔承煒學行卓異依法典承

傳

(要旨) 高宗一八年(一八八一) 四月、이미 죽은(學生) 崔承煒은 學行이 卓異했으므로 法典에 의거해서 그에게 司憲府掌令 朝散大夫(從四品)을 贈職하는 敎旨이다。學行贈職敎旨、이에 따라서 죽은 崔承煒의 살아있는 妻 李氏에게 夫職을 따라서(法典에 의거해서) 令人(四階)의 敎旨가 내려진다。(著者所藏)

〈敎旨、例一九、贈諡〉(河回、永慕閣)

敎旨

輸忠翼謨光國忠勤貞亮効節協策扈聖功臣大匡輔國崇祿大夫議政府領議政兼領經筵弘文館藝文館春秋館觀象監事世子師豊原府院君柳成龍贈諡文忠公者

天啓 [七年] 七月二十日

(要旨) 仁祖五年(一六二七) 七月 二〇日에 柳成龍에게 文忠公의 諡號를 贈하는 敎旨이다。

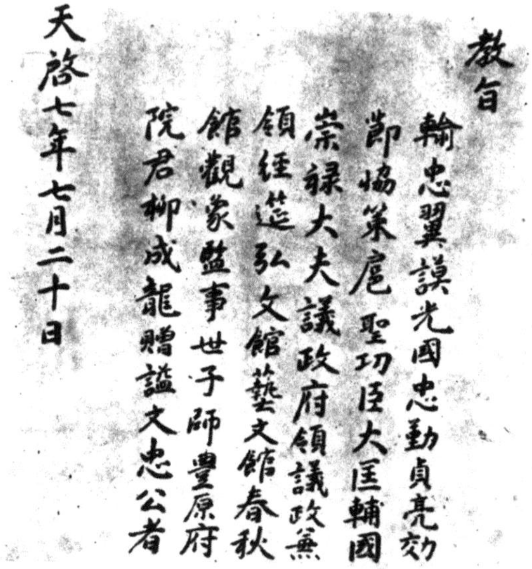

敎旨
輸忠翼謨光國忠勤貞亮効
節協策扈聖功臣大匡輔國
崇祿大夫議政府領議政兼
領經筵弘文館藝文館春秋
館觀象監事世子師豊原府
院君柳成龍贈諡文忠公者
天啓七年七月二十日

圖版 22 贈諡敎旨 河回 永慕閣

〈敎旨、例二〇、贈諡〉(서울大、№三〇〇七六七)

敎旨

姜碩期爲大匡輔國崇祿大夫議政府右議政兼領經筵事春秋館事世子傅贈諡文貞公者

康[熙五]十六年五月十九日

復官事□(承)

傳

(要旨) 姜碩期(一五八〇~一六四三)는 죽은 후에 그의 딸(昭顯世子嬪)이 賜死되면서 官爵이 追奪되었으나, 肅宗四三年(一七一七) 五月 一九日에 復官하고 文貞公의 諡號를 贈하는 敎旨。

〈敎旨、例二一、賜牌〉(韓國精神文化研究院圖書館)

王旨

推忠協贊開國定社功臣資憲大夫商議門
下府事同判都評議使司事義興軍府左
軍同知節制使漢川君趙温
卿矣段推誠協謀定難反正載安
宗社①爲乎功勞重大可賞②是去有等以功臣錄券
付楊州府土古漢陽業字(今彩)丁伍結肆束古
見州土文字(今積福寶)丁拾陸結參拾參負參束人
字丁拾結肆拾貳負玖束交河土習字(今志員)丁
拾結開城留後司土古開城第肆位字(今長)丁
肆結拾肆負廣州土簾字(今見機朝)丁貳拾結壹束
招字丁內始面拾結壹負柒束延安府土
草字(今長)丁拾結參拾肆負玖束利川土禍字(今閑處)
(沉)丁拾伍結江華土歲字丁拾肆結玖拾貳負參束瑞原地皇字(原不今願持)丁拾結厤田土月字(今盈)丁伍結捌負伍束盈字丁伍結玖負玖束水原任內永
新土臣字(今甲帳對)丁拾結水原任內松莊土張字(今罪伐)丁伍結合田畓并壹百伍拾壹結參拾捌負乙賜與③爲臥乎事是等子孫傳持鎭長喫持④是良於
爲敎
建文元年貳月初八日伏奉
王旨安印

圖版 23 敎旨　韓國精神文化研究院圖書館

都承旨通政大夫經筵參贊官兼尙瑞尹修文殿直學士知製敎充藝文春秋館修撰官知吏曹事臣李(手決)

(註解) ① 爲乎, 하온。 뜻:—한, —하온。 ② 是去有等以, 이거이신들로。 뜻:—이었은 줄로, —이었은 바로。 ③ 爲臥乎事是等, 하누온일이든。 뜻:—하는 일이거든。 ④ 是良於爲敎, 이어며 하신? 뜻:—이라고 하신, —하라고 하시니。

(要旨) 一三九九年(定宗一)二月에 定社功臣 趙溫(一三四七～一四一七)에게 土地(田畓) 一五一結 三八負를 내려주는 賜牌이다。朝鮮初 功臣田의 賜與形態를 보여주는 좋은 史料이다。王旨安印이라고 쓴 밑에 「朝鮮王寶」를 三個 安寶하였고, 起頭에 王旨라고 쓴 위에도 「朝鮮王寶」를 찍었다。끝에 이 賜牌 發給에 관여한 擔當承旨의 職銜과 姓·手決이 있다。이 賜牌王旨는 經國大典 禮典의 「奴婢土田賜牌式」과 그 書式이 약간 差異가 있음을 볼 수 있다。

〈敎旨, 例二二, 賜牌〉(서울大, №一八三三三一一)

敎旨

惟卿晉原君柳根有扈聖二等功臣將仁川官奴象伊水原義盈庫奴國伊水原訓鍊院奴德春□□官□□□槐山官婢愛仁槐山官婢玉只
等特賜賞卿可傳永世者
萬曆三十三年正月初八日

(要旨) 宣祖三八年(一六〇五) 正月 八日에 扈聖二等 功臣 柳根(一五四九～一六二七)에게 官奴 三名, 官婢 二名을 賞賜하여 永世토록 傳하게 하는 賜牌(敎旨)이다。

〈敎旨, 例二三, 賜牌〉(서울大, №二五二七一八)

敎旨

惟承憲大夫南延君球卿以
園所守
園官外居奴婢六口田五十結賜給卿其可傳永世者
嘉慶二十二年十二月十七日
行左承旨嘉善大夫兼經筵參贊官臣徐(手決)

(要旨) 純祖一七年(一八一七) 一二月 一七日에 承憲大夫(宗親正二品階) 南延君球는 守園官(華城, 顯隆園의 守園官?)으로서, 그에게 奴婢 六口, 田 五〇結을 賜給하는 賜牌이다. 그런데 이 文書는 賜牌式과 書式이 다르고, 文書의 行도 格式에 맞지 않게 작성되어 있다. 담당 承旨의 記載는 앞의 趙溫에게 내린 賜牌의 例와 같다. 「施命之寶」를 세곳에 찍었다.

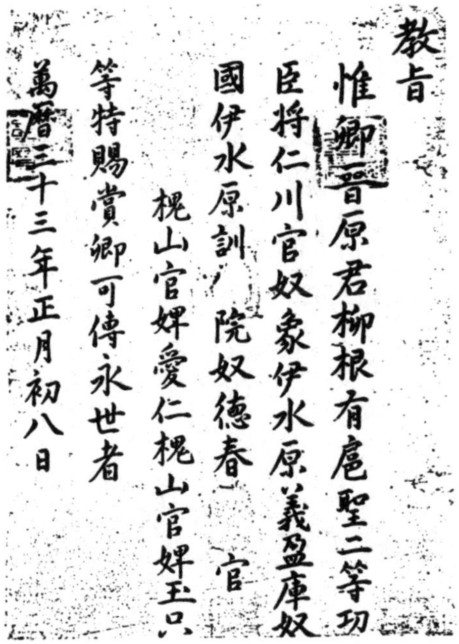

敎旨
惟卿晉原君柳根有扈聖二等功
臣將仁川官奴象伊水原義盈庫奴
國伊水原訓 院奴德春 官
槐山官婢愛仁槐山官婢玉只
等特賜賞卿可傳永世者
萬曆三十三年正月初八日

圖版 24 賜牌敎旨 서울大, 183321

〈敎旨, 例二四, 其他〉 (寶物七二九, 醴泉龍門寺敎旨)

敎旨
慶尙道醴泉地龍門寺乙良監司守令曾下傳旨更審尤加完
護雜役減除者
國王(御押)
天順元年八月十四日

(要旨) 一四五七年(世祖三)에 世祖가 慶尙道醴泉에 있는 龍門寺에 내린 敎旨로서, 寺刹(佛敎)에 대한 保護와 雜役의 減除를 命令한 것이다. 이에 앞서 同年七月二十九日에도 京畿道安城에 있는 石南寺에도 똑같은 내용의 敎旨가 내려왔음을 확인할 수 있다. (朝鮮寺刹史

料)이 敎旨에는 國王(世祖)이 직접 手決(御押)을 한 것이 다른 敎旨에서 볼 수 없는 것이며, 이와같은 敎旨는 世祖의 佛敎保護施策과 관련이 있는 것임을 알 수 있다.

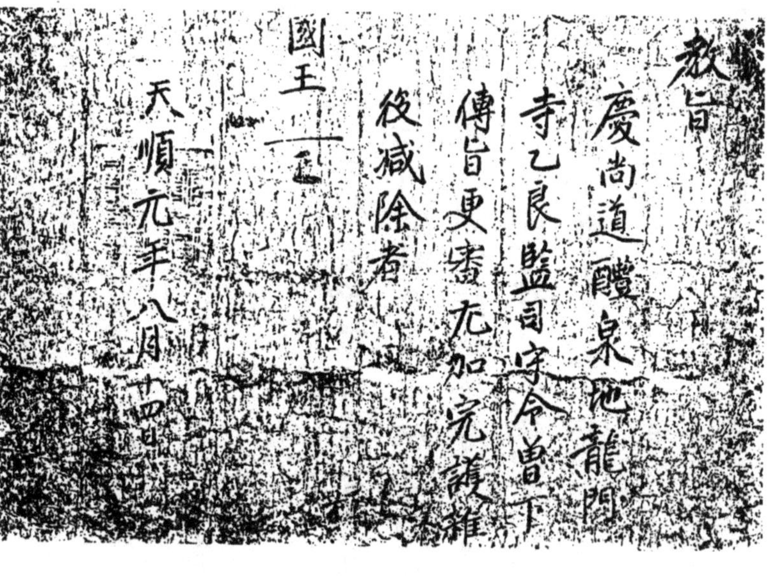

敎旨
慶尙道醴泉地龍門
寺乙良監司守令曽下
傳旨更審尤加完護雜
役减除者
國王
天順元年八月 日

圖版 25 敎旨　　寶物729호

(7) 敎牒(五品以下 告身)

朝鮮時代의 文武官員의 辭令(任命)에 있어서, 四品以上은 臺諫의 署經이 없이 王命으로 發令하여 官敎라 하고 敎旨(王旨)를 發給하였으며, 五品以下는 臺諫의 署經이 있고, 吏·兵曹에서 王命을 받들어 發令하니 敎牒(68)이라고 하였다. 文武官 三品以下의 妻의 告身도 王命을 받들어 吏曹에서 發給하였다. 이 文書는 吏·兵曹發給이지만 王命에 의한(奉敎) 것이므로 國王의 發給文書로 다뤄도 좋을 것 같다. 經國大典에는 三品以下妻의 告身은 敎牒으로 되어있으나 朝鮮初에는 一品妻의 告身도 敎牒을 發給한 것을 볼 수 있다. 年號 위에는 敎牒을 발급하는 曹의 官印 즉 「吏曹之印」 또는 「兵曹之印」을 찍었다. 署押(手決)은 그 曹의 堂上一人과 郎官一人만 하였다. 그런데 五品以下의 告身(敎牒)에는 代加(69)와 蔭加(70)의 制가 있는데 이는 朝鮮兩班社會의 貴族社會的 性格을 나타

(68) 太祖實錄, 卷二, 太祖元年 一〇月 癸酉條 改告身式 一品至四品 賜王旨 曰官敎 五品至九品 門下府奉敎給牒 曰敎牒。

내는 制度로서 兩班社會·身分制度의 研究에 좋은 資料가 될 수 있다。

圖版 26 敎牒　　安東 金俊植氏宅

〈敎牒式〉

○五品以下告身式

某曹年號幾年某月某日奉

敎具銜姓名爲某階某職者

年號印幾年某月某日

判書臣某　參判臣某　參議臣某　正郎臣某

佐郎臣某

○三品以下妻告身式

吏曹奉

敎具官某妻某氏爲某人者

年印月　日

判書臣某　參判臣某　參議臣某　正郎臣某

佐郎臣某

(經國大典·典律通補別編)

〈敎牒、例一〉(安東、金俊植氏宅)

吏曹成化十七年六月二十日奉

敎生員金孝盧爲將仕郎者

成化 十七 年九月　日

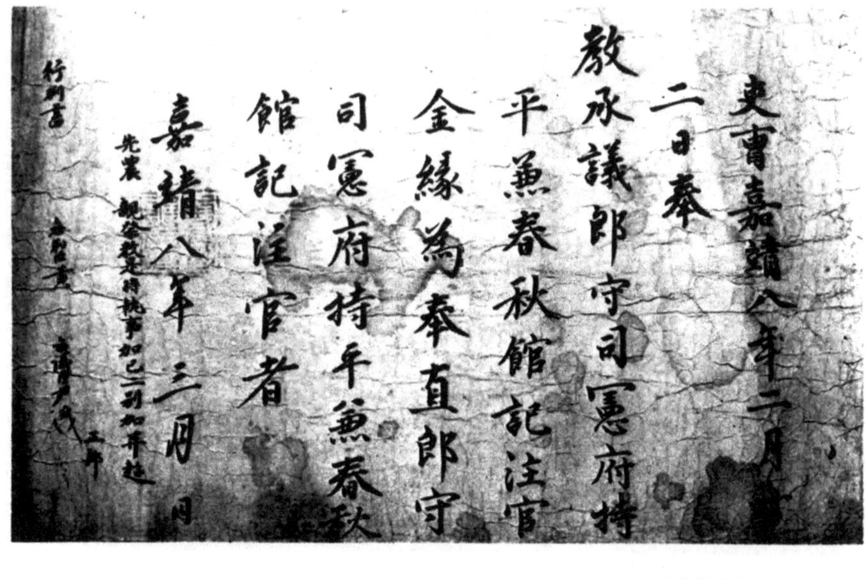
吏曹嘉靖八年二月
二日奉
敎承議郞守司憲府持
平兼春秋館記注官
金緣爲奉直郞守
司憲府持平兼春秋
館記注官者
嘉靖八年三月　日

圖版 27　敎牒　　安東 金俊植氏宅

妻父司纂寺主簿李持資窮辛五別加代加

判書　參判　參議臣金　(押)　正郞臣

佐郞臣李

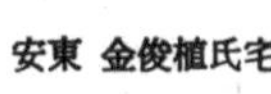
(押)□

(要旨) 吏曹에서 王命을 받들어 生員 金孝盧를 將仕郞(從九品)으로 任命하는 敎牒인데, 王命을 받은 것은 成宗一二年(一四八一) 六月 二〇日이고, 이에 의하여 吏曹에서 敎牒을 發給한 것은 同年 九月이다. 將仕郞으로 任命하는 事由는, 金孝盧의 妻父李持가 司纂寺主簿로서 資窮하여 辛丑年(一四八一) 五月에 別加할 것을 壻인 金孝盧에게 代加하는 것이고, 參議金과 佐郞 李가 押(手決)하여 發給하고 있다. 代加는 品階가 오를 사람이 경우에 따라 自己 대신 自己의 子·壻·弟·姪로 하여금 品階를 받게 하는 것으로써, 代加는 通德郞(正五品)까지를 限界로 하며, 將仕郞(從九品) 以上 一四階를 次次로 代加하되 越階는 할 수 없다。

〈敎牒, 例二〉(安東, 金俊植氏宅)

吏曹嘉靖八年二月十二日奉

(69) 大典會通, 卷一, 吏典, 除授條에「代加者 以通德爲限」이라 하고, 그 挾註에「將仕以上十四階 次次代加 毋得越階 止於通德」이라 하여 代加로써 通德郞(正五品)까지 오를 수 있음을 보여 주고 있다。代加의 範圍는 典律通補 別編, 五品以下告身式 挾註에 의하면, 父가 子에게, 三寸叔이 侄에게, 同生兄이 同生弟에게, 妻父가 婿에게 代加시킬 수 있는 것으로 되어 있다。

(70) 蔭加는 典律通補 別編, 五品以下告身式의 挾註에 보면, 功臣의 子, 孫, 兄弟, 三寸侄, 婿, 甥姪에게 加資하도록 되어 있다。

敎承議郎守司憲府持平兼春秋館記注官金緣爲奉直郎守司憲府持平兼春秋館記注官者

嘉靖 八年 三月 日

先農 親祭敎是時執事加己二別加幷超

行判書 參判臣黃 參議臣尹(押) 正郎 佐郎臣李(押)

(**註解**) 「先農 親祭敎是時執事加己二別加幷超」에서 「敎是」는 吏讀로 이신·이샨으로 발음되고、이 문서에서의 뜻은 ―하신、―하옵신。「執事加」는 執事함으로써 加資했다는 뜻。「己二別加」己丑年(一五二九) 二月에 別加(資)의 뜻。「幷超」는 加(資)와 別加가 모두 超授라는 뜻。즉 「先農親祭하옵신 때에 執事하여 加資하고、己丑年二月에 別加하니 아울러 超授이다」는 뜻이다。

(**要旨**) 守司憲府持平兼春秋館記注官金緣을 承議郎(正六品)에서 奉直郎(從五品)으로 品階를 올려주는 敎牒으로 中宗二四年(一五二九)에 王命을 받들어 同年 三月에 吏曹에서 參議와 佐郎이 押(手決)하여 發給하고 있다。超授하는 事由는 先農親祭時의 執事함으로써이다。

〈敎牒、例三〉(서울大、№一八三三二四)

吏曺萬曆三十一年七月初四日奉

敎從仕郎柳時輔爲通仕郎者

萬曆 三十 一年七月 日

同生兄戶曺正郎柳時會龍川郡守時壬三壬七別代加幷超

判書 參判 參議臣朴(押) 正郎 佐郎臣成(押)

(要旨) 戶曹正郎柳時會가 龍川郡守時인 壬寅(一六〇二) 三月과 壬寅 七月의 別加를 同生弟柳時輔에게 代加하게 하여 從仕郎(正九品)을 通仕郎(正八品)으로 超陞하게 하는 敎牒이다。

〈敎牒、例四〉 (서울大、No. 一四一八八〇)

兵曹萬曆二十七年六月初四日奉

敎勵節校尉忠武衛左部將金錡爲敦勇校尉者

軍功丙七戊十二別加幷超

萬曆 二十 七年六月 日

判書 參議

參知臣宋(押) 佐郎臣閔(押)

(要旨) 金錡를 軍功으로 丙申(一五九六) 七月과 戊戌(一五九八) 一二月에 別加하여 勵節校尉(從六品)에서 敦勇校尉(正六品)로 超陞하는 敎牒인데、文官敎牒은 그 事由를 年號左旁에 쓰며、武官敎牒은 右旁에 쓰는 것이 다르다。

〈敎牒、例五、外命婦告身〉 (朝鮮史四編一卷)

吏曹牒

故嘉善大夫工曹典書李和尙妻李氏年三十七籍東平

父前奉善大夫司宰副令 崇祖

外祖推封推忠佐理功臣[三]大重大匡門下贊成事判版圖司事上護軍行興威衛保勝散員金瑞龍 本靈光

本曹所申洪武貳拾玖年伍月貳拾貳日都承旨閔汝翼啓奉

朝鮮史 4編

圖版 28 敎牒

王旨一品已下正妻仰吏曹封爵給牒敬此可封淑人者

故牒

洪武三十一年十二月初六日牒

玄字捌拾柒號　佐郎承議郎考功佐郎閔(押)

佐郎

正郎

正郎通德郎　尹(押)

議郎奉正大夫　鄭(押)

議郎

知曹事

典書嘉善大夫集賢殿直學士經筵侍講官全(押)

典書嘉善大夫　河(押)

判事

(要旨) 一三九八年(定宗即位) 一二月에 吏曹에서 王命에 따라 故嘉善大夫吏曹典書李和尙의 妻李氏를 淑人으로 封爵하는 敎牒이다. 이와 같은 外命婦의 封爵은 이 문서에서 보면, 一三九六年(太祖五)五月에 吏曹에서 上申한 바에 따라(都承旨閔汝翼擔當)「一品已下의 正妻는 吏曹에서 封爵給牒하라」는 王命을 받은데 근거한 것이었다. 이와 같은 敎牒式은 經國大典에서 세련되게 정리되어 堂上官妻의 告身은 敎旨를 쓰고 三品以下 妻의 告身은 敎牒으로 쓰게 되었다. 「吏曹之印」을 찍었다.

〈敎牒、例六、外命婦告身〉(朝鮮史料集眞第一輯)

吏曹奉

朝鮮史料集眞

圖版 29 敎牒

敎通訓大夫行善山都護府使金宗直妻令人曺氏爲淑人者

成化十二年八月初三日

行正郞

行判書　參判　參議臣成(押)

行佐郞金(押)

(要旨) 一四七六年(成宗七)八月에 吏曹에서 王命을 받들어 通訓大夫行善山都護府使 金宗直(一四三一~一四九二)의 妻 令人曺氏를 淑人으로 임명하는 敎牒이다。이 敎牒은 成宗一六年(一四八五)乙巳 大典(經國大典)이 반포되기 一〇年前에 발급된 것이지만 經國大典의 三品以下妻告身式을 그대로 따르고 있는 것을 볼 수 있다。

(8) 祿　牌

吏·兵曹에서 王命을 받들어 宗親·文武官員에게 祿科를 정하여 내려주는 祿科證書이다。祿科는 第一科로부터 第一八科로 區分되어 있어 科에 따라 祿俸에 差異가 있다。朝鮮初에는 三司에서 王命을 따라 祿牌를 발급했으나 經國大典 前後에는 吏·兵曹에서 발급했다。經國大典에는 一年에 四차례 祿俸을 支給하도록 되어 있으나(71) 一六七一年(현종一二)부터는 每月 支給하였다。(72) 祿俸은 官僚制的 政治體制에 있어서 基本이 되는 것이며、朝鮮時代 祿制의 實態를 파악하는 일은 朝鮮時代 政治의 性格을 理解하는데 중요한 문제의 하나가 될 것이다. 그리고 經國大典 等의 法典에서의 祿科의 規定과 實際가 一致하는 것이었는가를 검토하는 作業에는 祿牌와 頒祿時의 小片紙는 귀중한 史料가 될 것이다.

〈祿牌, 例一〉(寶物七二四, 星州都氏宗中文書)

王命 宣節將軍興威衛左領將軍都 膺

今甲戌年祿第玖科壹百柒拾石給京倉者

洪武貳拾柒年拾月 日 奉正大夫三司右咨議 朴(押)

(要旨) 一三九四年(太祖三) 一〇月에 宣節將軍興威衛左領將軍都膺에게 甲戌年(一三九四) 第九科祿으로써 一七〇石을 京倉에서 支給한다는 祿牌이다. 祿牌 發給에 관여(담당)한 三司의 右咨議 朴의 手決(押)이 있다. 祿牌 세곳에 「宣賜之印」을 찍었다. 이와 같은 祿牌는 뒤에 정리되어 經國大典 禮典의 祿牌式으로 확정되었고, 朝鮮後期까지 계속되었다.

〈祿牌, 例二〉(河回, 永慕閣)

吏曹奉

敎賜祿①忠翼謙光國忠勤貞亮効節協策扈聖功臣大匡輔國崇祿大夫豊原府院君柳成龍

今丙午年第壹科祿者

萬曆三十四年正月 日

(官印)

判書 參判 參議臣宋(押) 正郞

佐郞臣蔡(押)

②

丙午秋等	
大米五石	
小米壹石	
太 貳 石	行安東府使金(押)

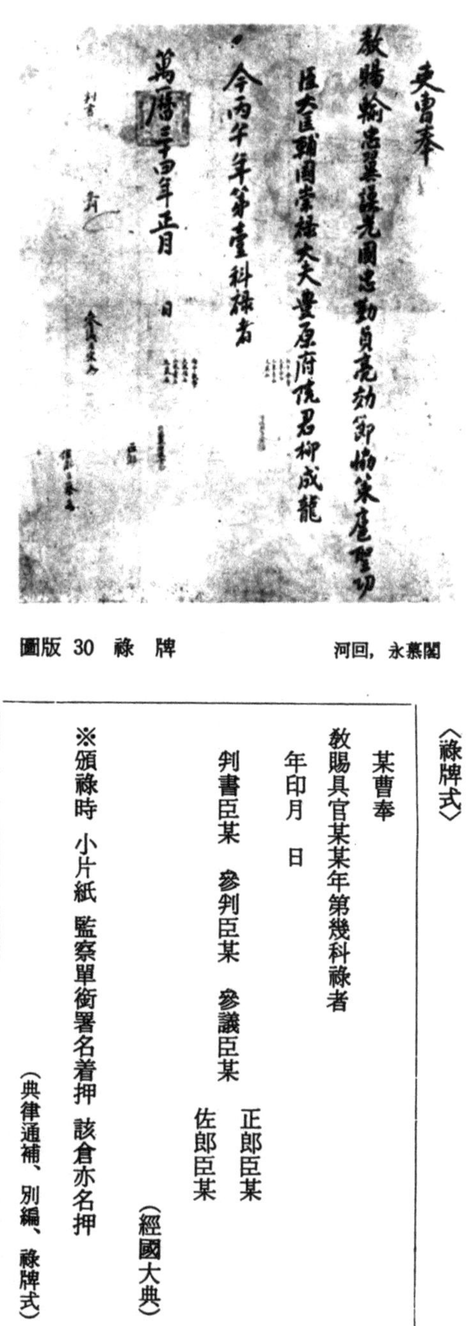

圖版 30 祿 牌　　河回, 永慕閣

〈祿牌式〉

某曹奉
教賜具官某某年第幾科祿者
年印月　日
判書臣某　參判臣某　參議臣某
正郎臣某
佐郎臣某
（經國大典）
※頒祿時　小片紙　監察單銜署名着押　該倉亦名押
（典律通補、別編、祿牌式）

(註解) ① 輸忠…扈聖功臣、一五九〇年의 光國功臣、一六〇四年의 扈聖功臣등 二차례 받은 柳成龍의 功臣號。② 頒祿時에 小片紙에 臨檢한 監察 및 該倉의 確認을 표시하는 押(手決)과 頒祿의 內容(數量)이 表示되게 되어 있는데、여기서는 安東府使가 確認하여 頒祿하고 있다。「丙午秋等」은 丙午(一六〇六)年、秋等(年 四等으로、春·夏·秋·冬等 四차례 頒祿함)으로、大米五石、小米一石、太二石이 頒祿되고 있다。그런데 第一科祿으로는 經國大典 規定의 數量에 크게 못미치고 있음을 볼 수 있다。(73)

(要旨) 宣祖三九年(一六〇六) 正月에 王命을 받들어 吏曹에서 柳成龍에게 第一科祿을 내리는 祿牌인데、當時 柳成龍은 實職에서 물러나 鄕里에 隱居하고 있던 때였다。

(71) 經國大典、卷二、戶典、祿科條에 「各科祿從實職 四孟朔頒賜」라 하였다。
(72) 續大典、卷二、戶典、祿科條에 「各科祿 分作每朔散料 前月頒賜」라 하였다。
(73) 經國大典、卷二、戶典、祿科條 참조。

〈祿牌、例三〉(서울大、№ 一二六六五一)

吏曹奉

教賜輔國崇祿大夫領敦寧府事慶恩府院君金柱臣①

今癸巳年第一科祿者

康熙 五十 二年正月 日

(官印)

正郎

判書 參判 參議臣李(押) 佐郎

假郎廳臣金

②

癸巳十一月二十五日

正一品十二月料米二石十斗太一石一斗

監察(押)

廣興倉(押)

(註解) ① 金柱臣、一六六一年(현종二)~一七二一年(경종一)。肅宗의 舅。一七〇二年에 順安縣令으로 딸이 肅宗繼妃가 됨으로써 領敦寧府事가 되었고 慶恩府院君에 封해짐。② 頒祿時에 주는 確認證으로、經國大典에서는 年 四等 즉 春·夏·秋·冬의 四차례 頒祿하던 것이 肅宗二七年(一七〇一)에는 月俸制로 바뀌었다。이 小片紙에 의하면 一二月 二五日에 一二月의 俸給이 지급되고 있음을 알 수 있고, 月俸이 米二石一〇斗、太一石一斗로서、續大典의 第一科 正一品의 月料(米二石八斗、黃豆一石五斗)와는 약간 차이가 나고 있음을 볼 수 있다。이 祿牌에는 癸巳年 正月料부터 一二月料까지 一二枚의 小片紙가 붙어 있다。監察과 廣興倉의 押(手決)이 있음은 典律通補 別編의 規定과 같다。

兵曹奉

教賜折衝將軍僉知中樞府事姜命達

今戊申年第 科祿者

乾隆五十三年正月 日

圖版 31 祿 牌 서울大, 300749

(要旨) 肅宗三九年(一七一三) 正月에 吏曹에서 王命에 의하여 金柱臣에게 第一科祿을 내리는 祿牌이다。祿俸을 年四等으로 頒祿하던 制度가 月俸으로 바뀐지 一三年밖에 안된 祿牌로서 祿俸制 研究에 중요한 자료가 될 것이다。

〈祿牌、例四〉(서울大、№三〇〇七四九)

兵曹奉

教賜折衝將軍僉知中樞府事姜命達 ①

今戊申年第□科祿者

乾隆[五十]三年正月 日　　由無洪(押)

(官印)　　越無李(押)

判書　參判　　參議臣宋(押)　正郎

參知　　佐郎

(註解) ① 折衝將軍、武班階로서、正三品 堂上官。② 小片紙로서、月料支給 確認證。戊申(一七八八)年 正月二五日에 二月給料가 支給되고 있고、正三品 堂上官의 月料가 米一石九斗 太一石五斗가 지급되고 있음은 續大典의 第五科 正三品 堂上官의 祿과 一致하고 있다。

(要旨) 正祖一二年(一七八八) 正月에 吏曹에서 王命을 받들어 姜命達에게 祿을 내리는 祿牌로서、第□科祿者에 數字가 闕字된 것은 「五」로 채우면 될 것이다。

②

戊申正月二十五日
堂上三品二月料米一石九斗太一石五斗
監察(押)
廣興倉(押)

〈祿牌、例五〉(서울大、№二五二七一五)

吏曹奉

教賜興祿大夫南延君球

今甲午年第壹科祿者

道光[十四]年正月 日

(官印)

甲午十一月二十五日
正一品十二月朔祿米二石六斗太一石五斗
廣興倉(押)

圖版 32-1 封 書(앞부분)

서울大

行判書 參判臣金(押) 參議 正郞
佐郞

(要旨) 純祖三四年(一八三四) 正月에 吏曹에서 王命을 받들어 興祿大夫(宗親正一品階) 南延君球에게 第一科祿을 내리는 祿牌이다。그리고 小片紙에 의하면 甲午年(一八三四) 一二月의 月俸이 米二石八斗、太一石五斗로서、續大典의 規定을 그대로 따르고 있음을 알 수 있다。南延君球는 興宣大院君 李是應의 父이다。

(9) 封 書

國王이 宗親이나 近臣에게 내리는 私書이다。王妃가 친정에 보내는 私書도 封書라 한다。특히 封書로서 중요한 것은 暗行御史에게 내리는 것인데、그 封書의 겉에 「到아무門外開拆」이라 써서 아무門밖에서 開封하도록 하였고、즉시 對象地方으로 出發하도록 되어 있었다。封書로서 原本이 전해지고 있는 것은 극히 드물다。「封書」에는 暗行御史가 監察할 대상 지방의 諸般 問題가 제시되고 그 일을 원만히 수행하여 보고할 것을 부탁하는 내용과 그 일을 수행하는데 준칙이 되는 事目 또는 節目과 馬牌·鍮尺을 내려준다는 내용이 있게 된다。大韓帝國時代의 封書는 外形上 약간의 차이는 있겠으나 그 以前의 封書에 準했을 것으로 생각된다。

秋偵減於春節物之不齊物之情也吏亦民耳一當貿
易之役逃散相續畢竟害及鄰屋雖有補役濟民等庠
法久弊生政宜釐洗
嗚旨島煮鹽自廸營主管謂之公鹽運致洛江發賣之
後始許私賣專為公鹽之區處而然也在前則公鹽之價太
無限節故上流一帶之民瘵皆呼冤前後綱措與民顧
非止一再間以多不過七兩為定近界遵守而無越乎茲亦
無滯而民不患艱乎閭之沿路自可得實
進獻魚物之捧納也營屬無難預備物種高價防納畢竟
弊歸海民此卽海弊之一端須與道伯相議嚴飭
右沿漁稅之還屬統營已為數年營校誅求反有甚於
邑吏雖不可遙議其續、鎖剝為弊柱弊之端詳探
以聞
驛弊無道不有而嶺南為甚其弊有五奴婢之納賂放良也
位土之恣意潛賣也各邑之侵責軍役也本驛之剝割
外驛也營闔之立待退托也況邑屬之視驛民無異於
盜賊與譽佩驛民之弊告訴無處尋以及時顧恤者剋
卽決給為條理道之政亦不可靠首吏張隨意見登聞
税木捧上時操縱多端情債無節及其上納也換以麁劣
俗所稱清義慈彥之兩端音條亦皆幻美該曹所捧皆非
寒女之出民亦蒙患更緣為奸亦宜另發嚴處使今年
嶺民皆曰繡行在道
漕倉許多弊瘼每由於都沙工差出之不以勞勤而專以干
囑之致各別查出照法嚴繩該件一體論勘至若捧上之
濫雜廳下之通融豈但該件之罪亦道伯不飭之失為
繡衣者不可不知此

서울大

圖版 32-2 封　書(뒷부분)

〈封書、例一〉(서울大、No、七一三三一七)

慶尙道暗行御史迎日縣監鄭晩錫

(皮封)

今以爾爲嶺南暗行御史朝家之視嶺南先於八路而嶺南之爲弊局最於八路今玆歲儉民窮之時賑事方張而實惠未究險大嶺方千餘里民生疾苦吏績臧否宵然如隔異域以至公私賑諸邑立本勸分換錄等諸般犯科難以毛擧如統還也倭供也奴貢也海稅也楮竹之培植也牛松之申禁也人才之搜訪也亦將因爾衣繡之行而採摭則爾之責任顧不重歟前後繡行辱朝廷多矣俾小民知持斧之威汚吏懷解綬之心將於爾行卜之恒言曰人固畏虎虎亦畏人此言雖小可以喩大尙亦知畏毋負委寄(雖有實去事目可合按廉者錄之左方)

栍邑(列錄五邑特假領隣近諸邑及往來沿路諸邑他道沿路諸邑并當一例按廉)

晋州　巨濟　昆陽　機張　熊川

各邑民庫雖非朝家所置民之休戚實在於此而用度歲增在在枵然而官不顧助吏事椎剝其勢不得不加斂於民間一戶所斂多至四五兩而民無以即辨則鞭扑隨至此不可不另行矯革

本道穀物自來饑荒昨年捧還則都是空殼今春設賑時至於石石稱量取其稍重者而排巡計給名曰賑資如是苟充使彼洗鼎待炊之民皺揚溲淅不滿升合劃即採探論勘而極意精擇之賑資猶尙如此彼還民勢將食其賑餘之粃糠則種粮又將何賴乎

忠淸南北道容逋藪甸控拖湖嶺寔爲藩
蔽之綦重而一自經擾以後結簿之積弊未
納民隱之抱寃難伸指不勝僂至於觀察守
宰之專事玩愒因循營私非徒國計之艱
絀且係民業之難遂故賜爾以事目一件馬
牌一面鍮尺二件體朕巡行列郡積年道帳
査簿剔刷俾速上納水陸諸瘼条規設法裁
宜以副民望府郡治績臧否另加摘發貪汚
不法之官先罷後聞各項可合修廢者隨即
採摭登奏也
光武三年四月 日
勑命忠淸南北道暗行視察御史臣尹憲燮

圖版 33 暗行御史 封書

서울大, 71316

各邑貿易之規價與物太不相當假領有春産而秋貴者秋價減於春節物之不齊物之情也吏亦民耳一當貿易之役逃散相續畢竟害及蔀屋雖有補役濟民等庫法久弊生政宜釐洗

嗚旨島煮鹽自巡營主管謂之公鹽運致洛江發賣之後始許私賣專爲公鹽之區處而然也在前則公鹽之價太無限節故上流一帶之民擧皆呼寃前後繡啓與民籲非止一再間以多不過七兩爲定近果遵守而無越乎鹽亦無滯而民不患艱乎聞之沿路自可得實

進獻魚物之捧納也營屬點退而預備物種高價防納畢竟弊歸海尺此即海弊之一端須與道伯相議嚴飭

右沿漁稅之還屬統營已爲數年營校誅求反有甚於邑吏雖不可遽議其續續銷刻爲弊祛弊之端詳探以聞

驛弊無道不有而嶺南爲甚其弊有五奴婢之納賂放良也位土之恣意潛賣也各邑之侵責軍役也本驛之剝割外驛也營關之立待退托也況邑屬之視驛民無異於盜賊與讐仇驛民之弊告訴無處苟可以及時顧恤者劃即決給苟係變通之政亦不可率爾更張隨意見登聞

嚴處使今年嶺民皆曰繡行在道

稅木捧上時操縱多端情債無節及其上納也換以麁劣俗所稱淸義慈彦之兩端靑絲亦皆幻弄該曹所捧皆非寒女之出民未蒙惠吏緣爲奸亦宜另嚴

漕倉許多弊瘼每由於都沙工差出之不以勞勩而專以干囑之致各別査出照法嚴繩該倅一體論勘至若捧上之濫雜應下之消融豈但該倅之罪亦道

伯不飭之失爲繡衣者不可不知此

(要旨) 一七九八年(正祖二二) 慶尙道暗行御史로 임명된 迎日縣監 鄭晩錫에게 내린 封書로서 慶尙道地方의 諸般問題·弊瘼을 調査·報告할 것을 부탁하는 문서이다. 특히 晋州·巨濟·昆陽·機張·熊川을 중심으로 各邑의 民瘼·還上·貿易(吉凶 물품의 구매)·公鹽·魚物進上·漁稅·驛弊·稅木收納·漕倉을 위요한 폐단을 調査·報告하되 隣近 諸邑과 沿路 諸邑도 아울러 按廉할 것을 명령하고 있다.

〈封書, 例二〉(서울大, 한七一三一六)

忠淸南北道密邇畿甸控扼湖嶺寔爲藩蔽之要重而一自①經擾以後②結摧之積弊未紓民③隱之抱直難伸指不勝僂至於觀察守宰之事事玩愒因循營私非徒國計之艱絀且係民業之難遂故賜爾以④事目一件馬牌一面鍮尺二件爾其巡行列郡積年⑤逋帳査覈⑥剔刷俾速上納水陸諸般條規設法裁宜以副民望府郡治蹟臧否另加⑦櫛覈貪汚不法之官⑧先罷後聞各項可合修擧者隨卽採探登奏也

光武三年四月 日

⑨

勅命忠淸南北道暗行視察御史臣尹憲燮

(註釋) ① 經擾以後, 東學革命以後. ② 結摧, 結稅를 징수하는 것. ③ 民隱, 백성의 괴로움. ④ 事目은 암행어사의 職務를 규정한 세이며, 馬牌는 驛馬와 驛卒을 利用할 수 있는 證明이며, 鍮尺은 檢屍할 때 쓰는 놋쇠로 만든 자이다. ⑤ 逋帳, 久逋한 帳簿. ⑥ 剔刷, 철저히 색출함. ⑦ 櫛覈, 빗질하듯 철저히 조사함. ⑧ 先罷後聞, 먼저 罷職시키고 뒤에 上奏함. ⑨ 이 封書는 봉한 封套. 勅命으로 尹憲燮을 忠淸南北道의 暗行御史로 任命하고 있음을 보여준다. 書式에는 「敦化門外開拆」 또는 「南大門外開拆」이라 皮封에 書하던 것이 약간 바뀐 것을 알 수 있다.

(要旨) 一八九九年 四月에 尹憲燮을 忠淸南北道 暗行御史로 任命하면서, 忠淸道地方의 諸般問題點을 提示하고, 이의 是正을 위하여 列邑

의 治績과 不正與否를 철저히 조사·보고하고 貪汚不法한 官吏는 先罷後聞할 것이며, 修正할 일, 廢止해야 될 일을 수집·보고할 것을 命한 封書이다.

(10) 錄 券

功臣都監에서 왕명을 받아 각 공신에게 발급한 功臣으로서의 證書이다. 高麗初에는 錄券만을 주었으나 末期의 中興功臣에게는 錄券과 功臣敎書를 주었다. 朝鮮初期에 있어서는 開國·定社·佐命 三功臣의 正功臣에 한하여 敎書와 錄券을 아울러 주었으며, 原從功臣에게는 錄券만 주었다. 그러나 靖難功臣 以後는 正功臣에게는 敎書만 주고 錄券은 原從功臣에게만 주었다.

朝鮮初 開國原從功臣錄券 중에는 筆書한 것도 있으나,(寶物四三七號 金懷鍊功臣錄券, 一三九六 참조) 沈之伯에게 내린 開國原從功臣錄券은 木活字로 印出하고 이름을 記入한 것이다.(國寶六九호 참조) 그 以後 朝鮮時代의 原從功臣錄券은 鑄印冊子本으로 적어 頒給한 것이 常例이다. 原從功臣은 대개 數百名 또는 數千名에 이르렀으므로 印出하는 것이 편리했기 때문으로 보인다. 간혹 功臣敎書와 錄券을 混同하는 경우가 있으나 敎書와 錄券은 엄연히 구별되는 것이니, 敎書는 王이 직접 내리는 文書이고 錄券은 王命을 받들어 功臣都監에서 發給하는 것이다. 따라서 錄券은 엄격한 의미로는 國王文書는 아니지만 王命을 받아서 發給하는 것이므로 便宜上 國王文書에서 취급하였다. 그리고 文化財大觀 寶物篇(下) 安東柳氏文書中 扈聖功臣錄券과 光國功臣錄券은 錄券이 아니라 功臣敎書의 錯誤이며, 古文書集眞(金東旭編)의 功臣錄券은 功臣敎書로 보아야 할 것이다. 朝鮮初期의 錄券으로서 현재 알려진 것으로는 李和開國功臣錄券(一三九二, 국보, 二三二호), 鄭津開國原從功臣錄券(一三九五, 朝鮮史料集眞, 一), 張寬原從功臣錄券(一三九五, 寶物七一六), 金天理開國原從功臣錄券(一三九五, 成均館大博物館), 韓奴介開國原從功臣錄券(一三九五), (不明人)開國原從功臣錄券(一三九五, 誠庵古書博物館), 金懷鍊開國原從功臣錄券(一三九六, 寶物, 四三七), 沈之伯開國原從功臣錄券(一三九七, 國寶六九), 馬天牧佐命功臣錄券(一四〇一, 朝鮮史料集眞續二), 李崇元佐理功臣錄券(一四七一, 寶物六五二), 金吉通佐理功臣錄券(一四七一, 寶物七一六)등이 있다.

圖版 34 錄券 (부분) 國寶 232호

〈錄券、例一〉(국보二三二호、李和開國功臣錄券)

功臣都監

純忠佐命開國功臣崇祿大夫商議門下府事兼判義興親軍衛事義安伯李和①
右員乙開國功臣錄券良中②奇是③臥乎事叱段當使與別監同議申言洪武貳拾伍年月日都評議使
司出納內④　洪武貳拾伍年八月貳拾日右承旨韓尙敬次知⑤　口傳
王旨前朝君位自恭愍王無子薨逝妖僧辛旽之子禑乘間窃據荒淫無道恣行殺戮戊辰年間妄興師旅
將犯上國之境而諸將擧義廻軍禑乃自知其罪傳位子昌王氏已絶者十有六年矣猶尙擇于宗親
以定昌府院君瑤權署國事而乃昏迷不法忘經遠之大體見目前之小利知其有私不知有公田制
惡其經界之正公廉竭於子壻之用凡爲正人君子則不惟忌憚必欲加罪讒諂面諛則不惟親昵曲
加任用賞罰無章以毁國法用度無節以傷民財其禹玄寶李穡等乘間窃弄誣陷功臣以及忠良潛
遣私人請兵上國社稷生民幾至滅亡諫官憲司屢上封章請正其罪惟聽姻婭婦寺之言曲法赦之
讒言之士皆放黜之民怨神怒妖孽屢作禍亂之幾日生不已門下左侍中克廉門下右侍中趙浚門
下侍郞贊成事士衙道傳興安君李濟義安伯李和參贊門下府事熙啓之蘭判中樞院事南誾知中
樞院事思吉簽書中樞院事鄭摠中樞院副使仁沃中樞院學士南在禮曹典書趙璞大將軍蒙乙鄭
擢等識天命之去就人心之向背以民社大義決疑定策推戴
寡躬共成大業其功甚大帶礪難忘判三司事尹虎工曹典書敏道大將軍朴苞禮曹典書英珪知中樞院
事趙胖平壤尹趙溫同知中樞院事趙琦左副承旨吉敀成均大司成劉敬判司僕寺事龍壽判軍資
監事張湛等參謀與議推戴
寡躬其功亦大都承旨景恭中樞院副使金稛前漢陽尹爰廷前知中事李稷左承旨李懃戶曹典書思忠
刑曹典書李舒判殿中寺事英茂前禮曹判書伯由判奉常寺事李敷上將軍金輅興宗司憲中丞孝

生典醫監高呂校書監至和開城少尹傅霖等在前朝亂政之時注意
寡躬以至今日固守不變其功可尙將上項人等以次賜功臣之號其褒賞之典有司擧行⑥爲良如敎是齊同日右承旨韓尙敬次知　口傳
王旨中樞院使仁贊段犯斤由⑦爲置⑧有亦門下左侍中克廉等以民社大義決疑定策推戴
寡躬以成大業之時同心⑨使內乎其功甚大帶礪難忘是去有等⑩以向前⑪仁贊⑫乙良功臣克廉例良中并以⑬啓使內良⑭於爲敎⑮右良如敎⑯事是去有等
以
王旨內事意⑰乙用良⑱啓使內乎向事出納⑲是置有亦
王旨內思審⑳是白內乎矣右㉑事叱段前朝恭愍王薨逝之後辛旽之子禑乘間竊據荒淫殺戮妄興師旅將犯遼陽于時
殿下統率諸將擧義廻軍禑知其罪傳位子昌王氏已絶十有六年猶尙擇于王氏以權國事而又昏迷田制惡其經界之正公廩竭於子婿之奉正人
君子則必欲加罪讒諂面諛則曲加寵任至於禹玄寶李穡等誣陷功臣以及忠良潛遣私人請兵上國則不用臺諫請罪之奏惟聽姻婭請赦
之言讖言之士皆放黜之神人共憤妖孽屢作禍亂之幾日生不已㉒爲去有乙門下左侍中裴克廉門下右侍中趙浚門下侍郎贊成事金士衡
鄭道傳興安君李濟義安伯李和參贊門下府事鄭熙啓李之蘭判中樞院事南誾知中樞院事張思吉簽書中樞院事鄭摠中樞院副使趙仁
沃中樞院學士南在禮曹典書趙璞大將軍吳蒙乙鄭擢等灼知天命人心之所在決疑定策推戴
殿下以成大業是雖我
聖德神功應天順人所致㉓白敎是乃命世之臣盡忠奮義佐命開國㉔爲白乎所
王旨內㉕皃如其功甚大帶礪難忘㉖是去有良厼右員等乙良一等功臣
稱下立閣圖形立碑紀功封爵錫土父母妻超三等封贈直子乙良超三等蔭職無直子則甥姪女婿超二等田地幾結奴婢幾口丘史七名眞拜把
領十名許初入仕嫡長世襲不失其祿子孫乙良政案良中開國一等功臣某之子孫是如施行雖有罪犯宥及永世爲等如褒賞令是良如敎
是齊判三司事尹虎工曹典書李敏道大將軍朴苞禮曹典書趙英珪知中樞院事趙胖平壤尹趙溫同知中樞院事趙琦左副承旨洪吉旼成
均大司成劉敬判司僕寺事鄭龍壽判軍資監事張湛等叱段上項功臣佐
命開國之際參謀與議推戴

殿下爲白乎所
王旨內皃如其功亦大爲去有良厼右員等乙良二等功臣
稱下立閣畵形立碑紀功父母妻超二等封贈直子超二等蔭職無直子則甥姪女婿超等田地幾結奴婢幾口丘史五名眞拜把領八名許初入
仕嫡長世襲不失其祿子孫乙良政案良中開國二等功臣某之子孫是如施行雖有罪犯宥及永世[27]爲等如褒賞令[28]是良如教是齊都承旨安
景恭中樞院副使金稛前漢陽尹柳爰廷前知申事李稷左承旨李懃戶曹典書吳思忠刑曹典書李舒判殿中寺事趙英茂前禮曹判書李伯
由判奉常寺事李敷上將軍金輅孫興宗司憲中丞沈孝生典醫監高呂校書監張至和開城少尹咸傅霖等叱段在前朝亂政之時注意
殿下以至今日固守不變爲白乎所
王旨內皃如其功可尙是去有良厼右員等乙良三等功臣
稱下立閣畵形立碑紀功父母妻超等封贈直子超等蔭職無直子則甥姪女婿錄用田地幾結奴婢幾口丘史三名眞拜把領六名許初入仕嫡
長世襲不失其祿子孫乙良政案良中開國三等功臣某之子孫是如施行雖有罪犯宥及永世爲等如褒賞令是良如教是齊并以
王旨稱下教中樞院使金仁贊叱段犯斤由爲置有亦門下左待中裵克廉等以民社大義決疑定策推戴
殿下以成大業之時同心使內白乎所
王旨內皃如其功甚大帶礪難忘是去有良厼右員乙良一等功臣
稱下立閣畵形立碑紀功父母妻超三等封贈直子超三等蔭職無直子則甥姪女壻超二等田地幾結奴婢幾口丘史七名眞拜把領十名許初
入仕嫡長世襲不失其祿子孫乙良政案良中開國一等功臣某之子孫[29]是如施行雖有罪犯宥及永世爲等如褒賞令是良如教是齊爲等如
[30]科科以錄券成給[31]爲遣立碑立閣乙良繕工監畵形乙良畵書院紀功乙良藝文春秋館父母妻封爵子孫蔭職嫡長世襲子孫政案施行乙良
吏曹賜給田地丁號申
聞乙良戶曹奴婢花名申
聞乙良都官殿中寺丘史把領及入仕乙良兵曹爲等如使內向事出納各掌官[32]爲良如教喩乃謹錄申
聞[33]爲白乎亦中洪武貳拾伍年玖月拾陸日右承旨通政大夫經筵參贊官兼尙瑞尹知製教知戶曹事臣韓尙敬伏奉

王旨依申敎矣[34]一等功臣裴克廉趙浚等乙良食邑一千戶食實封三百戶田貳佰伍拾結奴婢參拾口金士衡鄭道傳南誾等乙良田貳佰結奴婢
貳拾伍口李濟李和鄭熙啓李之蘭張思吉趙仁沃南在趙璞鄭擢等乙良田壹百柒拾結奴婢貳拾口鄭摠吳蒙乙金仁贊等乙良田壹佰伍
拾結奴婢拾伍口式以[35]
賜給爲齊二等功臣乙良並[36]只田壹佰結奴婢拾口三等功臣乙良並只田柒拾結奴婢柒口爲等如各各
賜給爲良如敎右如敎事是去有良尒錄券施行

洪武貳拾伍年九月　日

錄事都評議錄事李　(押)

錄事權知都評議錄事敦勇副尉備巡衛中領別將景　(押)

判官承議郎兵曹佐郎知製敎李　(押)

判官承議郎吏曹佐郎朴　(押)

副使朝散大夫禮賓少卿權　(押)

副使奉正大夫吏曹議郎柳　(押)

使中訓大夫殿中卿直修文殿曺　(押)

使通訓大夫判校書監事宋　(押)

判事嘉靖大夫藝文春秋館學士朴　(押)

判事嘉靖大夫藝文春秋館學士兼禮曹典書韓　(押)

判事崇政大夫政堂文學同判都評議使司事集賢殿大學士權　(押)

都監員

佐郎承議郎考功佐郎李　(押)

佐郎

正郎通德郎考功正郎申 (押)

正郎通德郎兼尙瑞丞朴 (押)

議郎

議郎奉正大夫李 (押)

知曹事

典書嘉善大夫修文殿直學士柳 (押)

典書嘉善大夫經筵講讀官鄭 (押)

兼典書

判事

吏曹員

別監

通政大夫中樞院右副承旨經筵參贊官知工曹事崔 (押)

果毅將軍神虎衛上將軍鄭 (押)

奉正大夫司憲侍史慶 (押)

(「吏曹之印」九個處押)

(註解) ① 李和, 太祖李成桂의 庶弟, 開國一等功臣·定社一等功臣·佐命二等功臣。 ② 良中, 아해。 뜻;에。 ③ 是臥乎事叱段, 이누온일딴。 뜻;―이온 일은。 奇是臥乎事叱段, 기록하는(올리는, 알리는)일은 ④ 出納, 太宗初부터 關(關文)으로 고쳐 썼다。 官府文書로 同等以下에 보내는 文書樣式。 ⑤ 次知, 차지。 뜻;담당, 담당자。 ⑥ 爲良如敎是齊, 하여다이샨이졔。 뜻;―하라고 하옵십입니다。 ⑦ 犯斤, 버금。 뜻; 버금, 다음。 ⑧ 爲置有亦, 하두이신이여。 뜻;―한다고 하였으므로, ―하기도 하였기에。 ⑨ 使內乎, 부리온, 뜻;―하온。 ⑩ 是去有等以, 이거이신들로, 뜻;―이였은 바로。 ⑪ 向前, 안젼。 뜻;전의, 앞의, 앞서。 ⑫ 乙良, 으랑 뜻;―은。 ⑬ 幷以, 아오로。 뜻;아울러, 함

게. ⑭ 使內良於爲敎、부리어려하이샨. 뜻:행하게 하라고 하심. ⑮ 右良如、이미여、右良、右如. 뜻:위와 같이. ⑯ 敎事是去有等以、이샨일이거이신들로. 뜻:-하옵신 일이었던 바로. ⑰ 乙用良、울쓰아. 뜻:으로써. ⑱ 使內乎向事、부리온안일. 뜻:시킬 일, 시행할 일. ⑲ 是置有亦、이두이신이여. 뜻:-이라고 하였어요, -이라고 하였으므로. ⑳ 是白內乎矣、이사올되. 뜻:-이사옵되. ㉑ 事叱段、일딴. 뜻:일은. ㉒ 爲去有乙、爲有去乙의 誤記로 보임, 하잇거늘. 뜻:-하였거늘. ㉓ 白敎是乃、욻이시나. 뜻:-이옵시나. ㉔ 爲白乎所、하사온바. 뜻:-하옵신바. ㉕ 皃如、가로혀、뜻:-같이、-대로. ㉖ 是去有良尒、이거이시아곰、뜻:-이었은만큼、-이었기에. ㉗ 爲等如、하트러. 뜻:통틀어、모두. ㉘ 令是良如敎是齊、시기여다이샨이졔. 뜻:시키라고 하옵십니다. ㉙ 是如、이다. 뜻:-이다. -이라고. ㉚ 科科以、차차로. 뜻:낱낱이、일일히. ㉛ 爲遣、하고. 뜻:-하고. ㉜ 爲良如敎喩乃、하여다이샨지나. 뜻:-하라고 하옵신 것이나. ㉝ 爲白乎亦中、하사온여해. 뜻:-하온 때에. ㉞ 敎矣、이시되. 뜻:-이옵시되、-하옵시되. ㉟ 式以、식으로、뜻:써으로. ㊱ 並只、다무기. 뜻:모두.

(要旨) 一三九二年(太祖元) 九月에 功臣都監에서 王命을 받들어 開國一等功臣 李和에게 내려준 開國功臣錄券이다. 이 錄券을 통해 開國功臣과 그 等級이 결정되는 과정과 그들에게 내려진 土地·奴婢의 규모, 特典의 정도를 볼 수 있다. 功臣錄券發給에 관여한 官員은 都監員으로서 錄事二人、判官二人、副使二人、使二人、判事三人 등 一一名, 吏曹의 官員으로 佐郞一、正郞二、議郞一、典書二 등 六名, 別監三名 등 二〇名이 手決(押)을 하고 있다.

〈錄券、例二〉(國寶六九、東亞大博物館)

功臣都監

功臣前朝奉大夫司宰副令沈之伯本貫靑松

右員乙原從功臣錄券□□①(良中)奇是臥乎事叱段②度度都許議使司③出納內洪武二十七年二月十二日左承旨崔遠次知口傳④王旨黃州牧使崔系溶

前司宰監金天奇等一百六十七員等矣段⑤亘予在潛邸久勞捍衛前署郞□(副)正金寶前書雲正成乞等功臣稱下之際偶失不錄其褒賞之典有司

並宜擧行爲良如敎是齊⑥洪武二十六年七月二十五日右承旨李懃次知口傳王旨前書雲正李芳原前副令金原等九十六員等⑦乙良原從功臣

良中

稱下爲良如敎是齊洪武二十六年七月二十九日左承旨李懃次知口傳

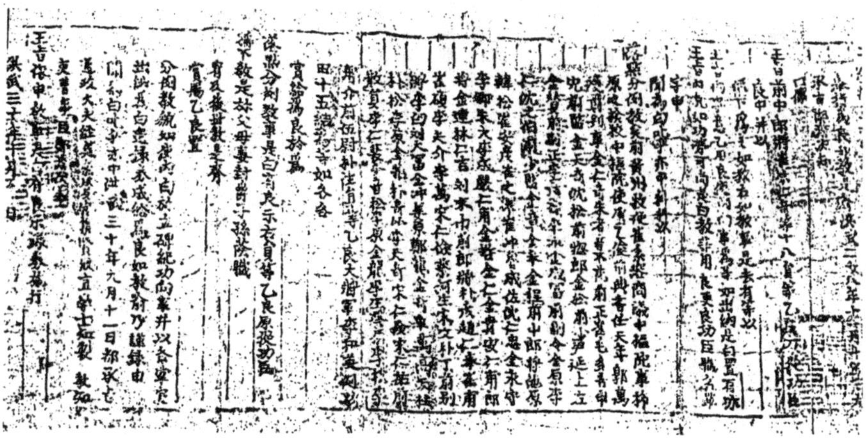

圖版 35 錄券 國寶 69호

王旨紀功行賞古有令典矧當創始之初是宜先擧其功奉常卿張伯自辛氏竊位亂極
思治之際而安危注意於 予喩德宣譽馴致今日功亦不細矣其褒賞之典有司擧
行爲良如敎是齊洪武二十八年十一月十五日右承旨鄭澹次知口傳
王旨前中郎將崔原仁奇等十八員等乙良原從功臣良中幷以
稱下爲良如敎右⑧如敎事是去有等以
王旨內事意⑨乙用良使內向事爲等如出納⑩是白置有亦
王旨內⑪貌如功勞可尙⑫是白敎等用⑬良更良功臣職名單字申
聞⑭爲白叱乎亦中科⑮科以 落點分例敎⑯矣前黃州牧使崔系溶商議中樞院事柳原之檢
校中樞院使盧乙俊前典書任天年郭萬慶前判事金仁奇朱者音不花前正崔毛
多吾申完前監金天奇沈松前摠郎金松前小尹延上左金贇前副正李長壽李冲
金成富前副令金原李仁沈之伯前少監金章金奉金程前中郎將池原韓松崔安
彦崔之澤崔冲魯成佐沈仁忠金永守李卿朱大李成嚴仁甫金哲金仁金貴安仁
甫郎將金連林仁吉劉末巾前郎將朴彦趙仁奉崔甫崔碩李夫介李萬宋仁儉蔡
河生宋文朴丁前別將李白劉大富金沖姜原鄭龍金奇車萬高天柱朴松李原金
哲朴奇嚴李天奇宋仁儉宋仁祐前散員李仁裴今音松李原金龍李生蔡原李松
李甫介前伍尉朴生員等乙良大將軍李和英例以田十五結爲等如各各
賞給爲良於⑰爲 落點分例敎事⑱是白有良尒右員等乙良原從功臣
稱下敎是旀父⑲母妻封⑳爵子孫蔭職有及後世敎是齊
賞賜乙良置分例敎貌如使內白旀立碑紀功向事㉑幷以各掌官出納㉒爲白遣錄券成給
㉓爲良如敎喩乃謹錄申

聞爲白叱乎亦中洪武三十年九月十一日都承旨通政大夫經筵參贊官集賢殿直學士知製教知吏曹事臣鄭濬伏奉
王旨依申教事是白有良尒錄券施行
洪武三十年十月　日

錄事
錄事權知都評議錄事前左右衛保勝別將　韓(押)
判官宣教郎閤門通贊舍人　朴(押)
判官前通德郎右補闕知製教　尹(押)
副使前朝奉大夫校書少監　崔(押)
副使奉正大夫閤門引進使　原(押)
使中直大夫軍資監　崔
使前通訓大夫判軍器監事　林(押)
判事推忠協贊開國功臣嘉靖大夫簽書中樞院事都評議使司寶文閣學士兼成均大司成　劉(押)
判事資憲大夫三司右僕射同判都評議使司事　李(押)
吏曹
佐郎承議郎考功佐郎知製教兼尙瑞直長　李
佐郎
正郎通德郎考功正郎　金(押)
正郎通德郎　李(押)
議郎奉正大夫　李(押)
議郎奉正大夫　李(押)
知曹事

典書

典書 嘉善大夫 崔(押)

兼典書

判事

別監

通政大夫中樞院都承旨經筵參贊官集賢殿直學士知製敎知吏曹事 鄭(押)

中直大夫司憲中丞 權

保義將軍雄武侍衛司大將軍 兪(押)

(吏曹之印數個處)

※본문중「 」표시는 擡行으로 行바꿈한 곳임。

(註解) ① □□(良中)、조선초의 다른 錄券에서 良中으로 쓰고 있다。아해、뜻:─에。② 奇是臥乎事叱段、기이누온 일딴。뜻:올리는(記錄하는) 일은。③ 出納、太宗 이후부터는 關으로 쓴다。종래 出納을「審議決定」으로 解釋한 것은 잘못된 것이다。(南豊鉉、一三世紀 奴婢文書의 吏讀、檀大論文集八、一九七四) 一四〇一年(太宗一)에 馬天牧에게 발급한 佐命功臣錄券(朝鮮史料集眞續一)에는「出納」을「關」으로 쓰고 있다。즉 同等以下에 보내는 官府文書이다。④ 次知、차지。뜻:담당、담당자。⑤ 矣段、의딴。뜻:그 사람들은。⑥ 爲良如敎是齊、하어다이샨이제。뜻:─하라고 하옵신입니다。⑦ 乙良、으란。뜻:─은、─인즉。⑧ 右如敎事是去有等以、이며 이샨일이거이신돌로。뜻:위와 같이 하옵신일 이었던 바로。⑨ 乙用良使內向事、을쓰아 부리안일。뜻:─으로써 시행할 일。⑩ 是白置有亦、이삷두이신이여。뜻:─이시 다하니。⑪ 貌如、가로혀、굿다히。뜻:─같이、─처럼。⑫ 是白敎等用良、이삷이신든쓰아。뜻:─이옵신줄로써、─이옵신바로써。⑬ 更良、가세아。뜻:다시。⑭ 爲白叱乎亦中、하삽온여해。뜻:하온때에、하온 경우에。⑮ 科科以、차차로。뜻:낱낱이。⑯ 敎矣、이샤되。뜻:─이옵시되、─하옵시되。⑰ 爲良於爲、하아며하야。뜻:─하려고 하여。⑱ 敎事是白有良尒、이샨일이삷이시아곰。뜻:이온일이옵셨기에、─하옵신일이옵셨기에。⑲ 敎貌如、이샨굿다히。뜻:─하신같이。⑳ 使內白於、부리숩며。뜻:시키오며、행하오며。㉑ 幷以、아오로。뜻:아울러 ㉒ 爲白遣、하삷고。뜻:하옵고 ㉓ 爲良如敎喩乃、하여다이샨지나。뜻:─하라고 하옵신 것이나。

(要旨) 一三九七年(太祖六)一〇月에 功臣都監에서 沈之伯에게 내려준 開國原從功臣錄券이다。 개국원종공신은 開國功臣에 들지 못한 사람

중에서 그 다음가는 공이 있는 사람을 뽑아 봉하였는데 一三九二年부터 一三九七年까지 십여차례에 걸쳐 천사백여 명이 봉해졌다。一三九七年 沈之伯이 녹권을 받을 때에도 七四名이 받았다。이들 原從功臣에게는 田一五結을 내렸고、父・母・妻에게는 封爵하고 子孫에게는 蔭職을 주며、宥가 후세에 미치도록 恩典을 내렸다。功臣都監의 構成을 錄事・判官・副使・使・判事와 別監등으로 된 것을 볼 수 있고 錄券의 발급에는 吏曹官員들이 참여하고 「吏曹之印」을 찍었다。이 錄券은 木活字로 印出한 것이 특징이다。

(11) 功臣會盟文

王世子・王子・功臣・功臣子 및 嫡長孫 등이 모여서 同盟을 서약할 때 作成하는 글이다。그 내용은 대개 功臣과 그 子孫에게 내려준 나라의 恩惠를 잊지 말고 同心協力하여 國恩을 갚기에 힘쓸 것과 國王에게 충성을 다하고 功臣子孫간에도 단결하고 협력할 것을 天地神明에게 盟誓하는 것이다。會盟文 뒤에는 會盟에 참가한 사람의 君號・功臣號・職銜・姓名・手決이 있다。이 會盟文은 會盟에 참가한 사람들에게 一部씩 頒布하게 되는데、朝鮮初期에는 일일히 筆寫하여 配布하였고 中後期에는 그 數가 많아 印出成冊하여 一部씩 配布하였다。현존하는 會盟文으로서 가장 오래된 것으로는 국립중앙박물관에 三功臣會盟文(一四〇四)이 있고、五功臣會盟文(一四五六)이 서울大學校와 全羅道谷城의 馬天牧 宗孫家에 전해지는 것으로 알려져 있다。

〈功臣會盟錄、例〉(서울大、古八七二〇九)

維歲次丙子(世祖二年)十一月朔庚子十四日庚辰王世子臣暲・開國・定社・佐命・靖難・佐翼功臣及子孫等敢昭告于天地宗廟社稷山川之靈周有功載之規漢有帶礪之盟非特酬功於一時蓋欲子孫萬世與國同其休戚也受玆寵命享其厚報可不世篤忠貞以夾輔王室乎今臣等或在祖父之時或親於其身遭遇聖明攀附鱗翼能除禍亂以開王業能剪姦兇以定宗社佐大命於危疑之際靖內難於淆亂之時以至翼戴聖上化家爲國功載盟書賞延後裔皆極褒崇之典以全終始之恩凡我五功臣唯當仰體國家之至意無替祖父之舊德同心協力捐軀殉節圖報國恩斃而後已是用諏日齊沐上與王世子質諸神明申結前好以固其心旣盟之後其各策勵相親如骨肉相信如金石毋疑於人之間言毋介

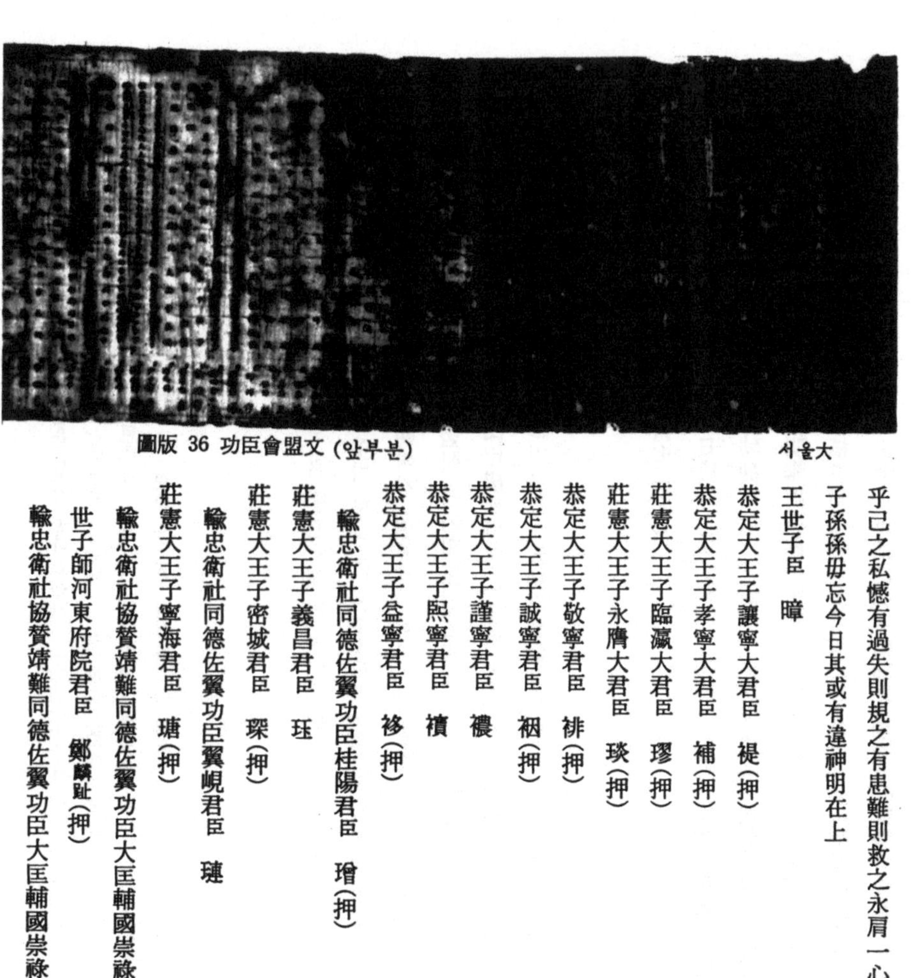

圖版 36 功臣會盟文 (앞부분)　서울大

乎己之私憾有過失則規之有患難則救之永肩一心終始不怠上以盡忠於一人下以匹休於萬世子
子孫孫毋忘今日其或有違神明在上
王世子臣 暲
恭定大王子讓寧大君臣 禔(押)
恭定大王子孝寧大君臣 補(押)
莊憲大王子臨瀛大君臣 璆(押)
莊憲大王子永膺大君臣 琰(押)
恭定大王子敬寧君臣 裶(押)
恭定大王子誠寧君臣 䄄(押)
恭定大王子謹寧君臣 襛
恭定大王子熙寧君臣 襀
恭定大王子益寧君臣 袳(押)
輸忠衛社同德佐翼功臣桂陽君臣 璔(押)
莊憲大王子義昌君臣 玒
莊憲大王子密城君臣 琛(押)
輸忠衛社同德佐翼功臣翼峴君臣 璭
莊憲大王子寧海君臣 瑭(押)
輸忠衛社協贊靖難同德佐翼功臣大匡輔國崇祿大夫領議政府事領經筵藝文春秋館書雲觀事
世子師河東府院君臣 鄭麟趾(押)
輸忠衛社協贊靖難同德佐翼功臣大匡輔國崇祿大夫議政府左議政領經筵事監春秋館事世子

傅甄城府院君臣　李思哲

輸忠勁節佐翼功臣大匡輔國崇祿大夫議政府右議政領經筵事監春秋館事世子貳師蓬原府院君臣　鄭昌孫

輸忠衛社協贊靖難功臣綏祿大夫雲城府院君臣　朴從愚(押)

輸忠衛社同德佐翼功臣大匡輔國崇祿大夫領中樞院事兼判吏曹事鈴川府院君臣　尹師路(押)

輸忠勁節佐翼功臣光德大夫坡平君臣　尹巖(押)

輸忠勁節佐翼功臣崇祿大夫議政府左贊成寶文閣大提學兼判戶曹事世子左客賓晋山君臣　姜孟卿(押)

輸忠衛社協贊靖難佐翼功臣崇祿大夫前判中樞院事集賢殿大提學知春秋館事兼判兵曹事成均大司成世子貳師韓城君臣　李季甸

推忠佐翼功臣崇祿大夫判中樞院事梁山君臣　李澄石(押)

佐命功臣子崇政大夫前判中樞院事臣　趙惠

推忠佐翼功臣崇德大夫花川君臣　權恭(押)

靖難佐翼功臣子崇德大夫河城尉臣　鄭顯祖(押)

輸忠協策靖難同德佐翼功臣崇政大夫議政府右贊成寶文閣大提學兼判兵曹事高靈君臣　申叔舟(押)

(以下省略)

(要旨) 一四五六年(世祖二) 一一月一四日에 王世子、大君、君、開國・定社・佐命・靖難・佐翼功臣 및 그 親子・嫡長孫등이 北壇에 모여 同盟할때 作成한 五功臣會盟文이다。(世祖實錄、世祖二年一一月 庚辰條 참조) 그 내용은 五功臣과 그 子孫에게 내려준 나라의 은혜를 잊지 말고 同心協力하여 國恩을 갚기에 힘쓸 것과 王에게 忠誠을 다하고 功臣子孫間에도 단결・협력 할것을 神明에 맹세하는 것이다。 서울大所藏本은 앞부분이 많이 毁損되었으나 馬氏宗家所藏本(朝鮮史料集眞續二)에 의해 확인할 수 있다。 서울大所藏本에는 會盟者 二二六名이 記載되어 있고 그 중 一七八名이 手決을 하고 있다。 當時 五功臣과 그 子孫들의 動向을 알 수 있는 重要한 資料로서 寶物로 指定할 가치를 가진 文書이다。

(12) 批 答

上疏에 대한 君王의 下答을 批答이라 한다。 批答가운데 가장 많은 것은 辭職疏에 대한 不允批答으로 東國李相國集(74)·東文選(75)을 비롯하여 많은 文集에서 찾아볼 수 있다。 그러나 依允批答도 드물게 볼 수 있고(76) 王에 대한 疏請에 不允하는 批答도 있다。(77) 이러한 批答은 文集이나 書册에 轉載됨으로써 文書로서의 價値는 상실된 것이다。 또 批答은 敎書와 같은 書式을 갖고 있기 때문에 不允批答은 不允敎書(78)라고 쓰기도 한다。

〈批答、例〉(서울大、No. 一九〇八七八)

議政府左議政金堉身病再度呈辭 不允

批答

王若曰 疾病非至於進退 一已甚 其可再乎 分義有判於公私 百爾思請擇二者 卿不强起 予將疇依 言念國家之興衰 實由輔弼之去
就 覧武侯之傳 皆本於鞠躬盡瘁之誠 讀君奭之篇 尤切於在家不知之說 然後得眞宰相 體於此 見古君子心 矧卿以安危所係之
身 暨予有休戚與同之義 初專於爲己之學 文章乃其緖 餘及出而應世之需 經綸素所蓄積 歷試內外眷注 盖自於
先朝 圖惟始終 展布有待於今日 玆予之委股肱羽翼 有事則敷心腹腎腸 宋璟之知無不爲 而主於尚法 蕭何之較若畫一 而去其深
文 郎僕射竊識之 出入不失尺寸 士庶人相謂曰 施設皆出尋常 位至肩輿 不變勤苦之志 年踰授杖 每軫勞瘁之憂 頃聞下堂而
致傷 謂可臥閤而論道 誰知引疾之劄 轉作求退之章 愷悌賴神明 庶見勿藥有喜 平生仗忠信 胡寧棄予如遺 況此時何等時耶
所可言有難言者
東朝稱壽 禮不容已 而或慮以時屈 擧贏內輔 均田政所當先 而適値於歲歉 民困雖於勉勵之下 有司者存 至於裁處之間 非卿不可
此特目前近務 宜思日後遠猷 於戱 若大水其無津涯 唯以未濟爲急 如喬岳不見運動 遑恤无妄之灾 亟回若浼之心 以副如渴

之望 所辭宜不允 故玆敎示 想宜知悉

順治 十年 九月初三日

(施命之寶)

(要旨) 一六五三年(孝宗四) 九月 三日에 國王이 左議政金堉에게 내린 不允批答으로, 金堉이 身病으로 二次呈辭한데 대하여 國王이 간곡히 만류하는 批答이다.

(13) 宣 牌

國王이 官吏를 불러들일때 쓰는 牌를 宣牌라 한다.(79) 牌는 朱塗를 하였고 表面에 「命」字, 그 裏面에 불러들이는 臣下의 姓名을 記錄하며 承政院下隷로 하여금 送達하게 하는데 이를 牌招라고 한다.(80) 承政院에서 牌招를 청하게 되는데 이를 請하게 되는 경우는 六典條例에 具體的으로 나타나 있다.(81) 宣牌는 外形上으로 文書로서의 要件을 갖추지 못한 것 같으나, 發給者는 明記하지 않았으되 王인 것이며, 受取者의 姓名은 明記되어 있고, 「命」字는 文書의 內容으로서, 곧 入闕하라는 王命이다. 그러므로 文書로서의 要件을 갖추었다고 생각된다. 宣牌의 實物은 구해보지 못하였다.

庚戌選抄啓文臣尹行直

蘓魚藍一級

鰣魚鹽一尾

乙卯四月

圖版 37 下膳狀　　서울大, 229914

(14) 下饍狀

國王이 때로 臣下에게 魚物 등 반찬(饍)을 내릴때 내리는 文書이다.

〈下饍狀, 例〉 (서울大, №二三九九一四)

庚戌選抄①啓文臣尹行直
　　蘇②魚鹽一級
　　鰣③魚鹽一尾
　　　　乙卯四月　日

(註解) ① 抄啓文臣, 堂下의 弘文館員과 文名이 있는 사람을 뽑아서 매달 製述을 課하게 되는데 그 뽑힌 文臣을 抄啓文臣이라 한다.[82] ② 蘇魚鹽一級, 蘇魚는 밴댕이, 鹽은 젓, 一級은 한 두름(물고기 二〇마리를 엮은 것을 두름). 그러므로 여기서는 젓갈이 아니고 소금에 절인 밴댕이로 보는 것이 타당하다. 즉 자반 밴댕이 한두름. ③ 鰣魚는 준치, 즉 자반 준치 한마리.

(要旨) 庚戌(正祖一四년, 一七九〇년)에 抄啓文臣으로 뽑힌 尹行直에게 一七九五年(正祖一九) 四月에 자반밴댕이와 자반준치를 下賜하는 文書이다.

(74) 東國李相國集, 卷三三, 敎書, 批答 참조.
(75) 東文選, 卷一九, 批答 참조.
(76) 東國李相國集, 卷三三, 敎書 批答 가운데 樞密副使朴文珪乞退三度 依允敎書 참조.
(77) 東文選, 卷一九, 批答, 가운데 宰臣請御正殿聽政 不允批答 참조.
(78) 東國李相國集, 卷三三, 敎書, 批答 중에 門下平章上將軍金允義乞致仕 不允敎書등 참조.
(79) 大典會通, 卷三, 禮典, 朝儀에 「大小員人 道遇香祝·敎書·諭書·宣醞·宣牌之類 下馬鞠躬」이라 하였다.

3) 對私人

(1) 教 書

百姓(私人)에게까지 미치는 教書이다. 百姓에 限하는 것은 아니지만, 李太祖의 即位教書는「教中外大小臣僚閑良耆老軍民」(83)이라 하여 兩班官僚로부터 民에 이르는 온 國民에 미치는 것이었고, 壬亂 勃發直後에 宣祖가「中外大小臣僚閑良耆老軍民等」에게 發한 教書(84)도 一般百姓(私人)에게까지 미치는 것이었다. 이런 경우 教書는 數通을 作成해서 各道에 傳해지고 道에서는 列邑에 轉傳하여 知悉하게 한다.

(2) 綸 音

國王이 官吏나 國民에게 내리는 訓諭하는 文書이다. 綸音의 내용도 勸農·斥邪·褒忠·教恤·養老·督役 등 다양하고, 대상도 官僚로부터 民庶에 이르는 온 國民, 또는 一定한 地域의 觀察使·守令, 또는 一定한 地域의 大小民人等(士大夫民庶 또는 民人)등 隨時로 必要에 따라 다른것은 勿論이다.(85) 그리고 綸音은 많은 사람(百姓)에게 널리 알릴 필요가 있는 것이기 때문에 鑄字로 印刊하여 廣布하는 경우가 많았고, 한글로써(諺解) 印刊하여 頒布하는 경우도 있었다.(86) 많은 部數를 印刊·成冊하여 廣布한 綸音은 원통(原文書)만 作成되어 發給되는 文書와는 그 性格을 달리하는 것이지만, 文書로서의 要件은 갖춘 것이다.

(80) 大典會通, 卷一, 吏典, 雜令 참조.
(81) 六典條例, 卷一, 承政院, 請牌條 참조.
(82) 大典會通, 卷三, 禮典, 奬勵條 참조.
(83) 太祖實錄, 卷一, 太祖元年 七月 丁未條.
(84) 宣祖實錄, 卷二六, 宣祖二五年 四月 條 및 瑣尾錄(吳希文) 上, (國編刊) P, 一六 참조.
(85) 奎章閣圖書, 綸音, №二九七五, 四七六七, 一一四〇八, 五一六六, 一一三四二 등 참조.

諭諸道道臣綸音
綸音若曰今朝即
予誕彌之辰也仰
而祝慶是年愈深
俯而祈永是日愈
摯是日是年惓惓
於爲生民懷保之心
爲愈切焉者何者諸
路穡事七月旱八月
風勃然者靡然近
海门數十里地水之
所蕩潴禾稼綿絮
皆爲之鹹鹺望哺

圖版 38 綸音(앞부분)　　서울大

〈綸音、例〉(서울大、九四二六七)

諭諸道道臣綸音

綸音若曰今朝即」予誕彌之辰也仰」而祝慶是年愈深」俯而祈永是日愈」摯是日是年惓惓」於爲生民懷保之心」爲愈切焉者何者諸」路穡事七月旱八月」風勃然者靡然近」海門數十里地水之」所蕩潴禾稼綿絮」皆爲之鹹鹺望哺」之民情不待收穫」庶能領略自是以後」其謂予食甘而寢安」否耶予爲民父母於」其拯之濟之救之活」之又從以安奠之策」昕夕念玆跬步念」玆紓吾民力裕吾」民財之諸般云爲方」寸之間憧憧徃來誠」之所到且透金石氓」雖蚩蚩亦孔之神意」者一點靈犀照遍八」方然朝廷自有格例」擬待道伯之分等陳」聞將有以措處而近」聞於筵臣諸路道臣」以明年之異於他年」不敢議到於購賑二」字云何其昧於道理」乃爾明年即朝家千」載一値之無前慶會」也凡所以與吾民同其」樂者顧何如也爲我」殿宮呼嵩而稱慶進」號而闡美奉觴而上」壽當是時也使彼上」所謂望哺之百萬生」靈不飢不寒回嚬伊」笑欣欣然相慶於遠」邇蔀屋之下然後」昔年賦德豐」慈覆陰功始可曰一分」宣揚亦可以有說於」親心爲心邦本爲本之」至意也祝慶在此祈永」在此此理皎然明甚天」保九如之詩古人所以」頌祝君父者而必曰羣」黎百姓徧爲爾德」鄒聖之責難於君亦」必曰獨樂樂孰如與衆」樂樂而今之引君」當道何如是一切相反」也若使彼說得行不」能盡力於備豫之道」致有匹夫匹婦之失」所瑣尾焉用方伯守」宰爲哉諸路道臣」咸須諦悉詳加聽察」於民情緩急苟其至」窮無依莫之自活者」冬而計口抄飢春而」發倉賑乏其各準」式而爲雖然賑之不」以道是不賑也竊覩」年來賑規太半是料」販將無作有有似乎」幹局而考其中則」流毒平

民貧富俱」困予則曰料販之害」甚於歉荒今番則」賑績雖冠於一路其」跡絲毫涉於料販」而舞弄者該邑守」宰不問多少當從」臟汚之律懸法象」魏罔敢或干勸與不」勸犯與不犯欲使衣」繡之虎分路執斧而」行勉之哉日前以毋」或諱灾另飭諸道」而餘意亘中又此」申申還穀身布之」不得不停退者不得」不代捧者細量民勢」分等啓聞此畺爾界」之區分莫要於抄戶」矧在明年尤合均施」預令當賑處小大民」人知此切勿抱携之」四以待賙賑之期含」哺如樂歲同我太平」民之不飢是予之飽」民之不寒亦予之煖」民之不飢不寒是之」謂上瑞朝將承安於」殿宮整衣待曙先敷」十行於卿等」

乾隆五十九年九」月二十二日

(奎章之寶 15개)

(要旨) 一七九四年(正祖一八) 九月二二日 正祖는 그의 誕辰日을 당하여, 지난 七·八月에 旱魃과 颱風·海溢 등으로 被害가 심하여 百姓의 어려움이 심하므로 賑恤에 힘쓸 것을 各道道臣에게 訓諭하는 綸音이다. 綸音은 대개 鑄印頒布되는 것이 일반적이나 이 綸音은 縱五六㎝·横一〇六五㎝의 周紙에 활달한 筆致로 쓴 보기드문 文書이다.

4) 對寺社·書院·道觀·結社

寺社·書院 등에 國王이 내린 「賜牌」나 그밖의 文書가 있을 것으로 생각되나 著者로서는 아직 推尋치 못하였다.

松廣寺에 僧侶에게 내린 敎旨가 있으므로 여기에 紹介하면,

敎旨

全羅道摠攝釋熙玉 南漢山築城時 董率緇徒 盡心完役 其有功於國家至重 極爲可嘉 爲報恩善教融妙都大禪師 特爲賜衣鉢者

天啓六年十月 日

즉 一六二六年(仁祖、四) 一〇月에 全羅道摠攝 釋熙玉에게 내린 敎旨로 南漢山城을 修築할때에 僧徒들을 거느리고 役事에 功이 크므로 「報恩善敎融妙都大禪師」로 임명하고 衣鉢을 내리는 敎旨이다。

2、王室(宮房)文書

1) 對國王

2) 對王室

(1) 箋　文

吉事·凶事·慶事 또는 節日에 王妃·大妃·大王大妃 등에게 王室(宗親)에서 올리는 四六體의 文書이다。(뒤의 官府文書、對國王、「箋文」 참조) 箋文으로서 原本상태로 전해지는 것은 많지 않으나 文集 등에 轉載된 것은 매우 많다。그리고 그 일에 따라 用語가 다르게 되는 것은 물론이다。

〈箋文、例〉(서울大、No.一一二六六三九)

世弟臣昑

恭遇康熙陸拾壹年玖月初壹日

惠順慈敬王大妃殿下顒膺

徽號備擧

册寶縟儀臣不勝慶抃之至謹奉

(86) 奎章閣圖書、No.一一三七四。어뎨왕셰즈칙녜후자도신군포졀반탕감륜음 참조。

箋稱
賀者臣昑誠歡誠忭稽首稽首
上言伏以
顯號斯加咸仰尊親之
聖孝彝章克擧聿覩稱慶之
縟儀喜溢
宮闈歡均臣庶恭惟
惠順慈敬王大妃殿下
姿禀温惠
德著柔嘉
坤位早臨
陰功旣普
慈極光御
懿範采彰玆當致
隆之辰庸伸獻賀之悃伏念臣獲忝
主鬯恒懷奉盈繁抃在
庭共千官而蹈舞雞鳴問
寢祝
萬壽於岡陵臣無任望
天仰

聖激切屛營之至謹奉

箋稱

賀以

聞

康熙 陸拾 壹年玖月初壹日世弟臣昑謹上箋

(印)

(要旨) 一七二二年(景宗二) 九月 一日에 王世弟昑(後 英祖)이 肅宗繼妃金氏(金柱臣의 女)에게 「慈敎」이란 尊號가 加上된 것을 祝賀하여 올린 箋文이다.

3) 對官府(官吏)

(1) 內 旨

王妃의 命令書이다. 國王이 行在所에 있고 東宮이 隨駕했을 경우에 王妃의 命令(內旨)으로써 擧行할 수 있다.(87)

(2) 慈 旨

大妃殿의 傳敎이다. 慈敎라고도 한다. 內旨와 같은 경우 또는 國王이 有故時에 慈旨로써 擧行할 수 있다.

(87) 大典會通, 卷四, 兵典, 符信條에 보면, 「王世孫慈旨」 挾註에 「若値行幸 有軍國重事 未及稟達於行在所 則先取東宮徽旨擧行 或東宮隨駕 則以內旨擧行」이라 하였다.

(3) 徽 旨

東宮(王世子)의 命令書이다。 國王이 行幸중이고 軍國重大事를 行在所에 稟達하지 못했을 경우에 東宮의 徽旨를 받아서 擧行하게 된다。(88)

(4) 懿 旨

王世孫의 命令書이다。

(5) 令 書

王世子가 發하는 訓諭·命令書이다。 王世子가 代理聽政할 때 내리는 文書의 하나로 王의 敎書에 해당한다。(89) 書式도 敎書와 같으나 用語가 다르다。 즉 王若曰은 王世子若曰로、 結辭에 故玆敎示는 故玆令示로 바뀌었다。 寶印은 「王世子印」을 찍었다。 조선시대에 王世子로서 代理聽政을 한 경우는 文宗·景宗·莊獻世子 등 수명에 지나지 않으므로 「令書」도 많이 전해지지 않는다。

〈令書、例〉(서울大、No.一二一九三五〇)

令京畿觀察使兼兵馬水軍節度使開城府留守江華府留守廣州府留守巡察使鄭光忠書

王世子若曰 余惟屛藩莫重於近畿 嚮用必先於歷試 肆輟讞獄摠旅之任 俾奏宣化承流之功 惟卿有戇直風 無偏陂習 早擅譽於詞苑 庶不忝名祖遺聲 晩通籍於榮塗 常自期素門平進 遇事鋒發 不以燥濕 險夷爲避趍 持論衡平 獨於陰陽淑慝 務嚴峻 始置之蘭臺石室 旣淸要之遍膺 暫盛以玉署金華 惜啓沃之未及 間者帳殿之面對 足見恒日之血忱 惟鷹鸇逐鳥雀之心 固其蓄積之有素

以口舌代鈇鉞之討 凜然辭氣之動人 接揩章而抗聲孤 忠自許卬 殿陛 而沫血重瞳屢回 槩闡義與有其功 故簡心曰篤 不忘平生之大節 已著寵符 李君錫之賜名 淸朝之進塗 方亨榮邁 貿太中之超秩 掌出納於通列 旋上諫坡 仗忠信於殊邦 已次卿月 豈通才投冗散 而利器可別錯盤 睠玆百里之邦 畿實惟八方之都會 翼神都於左右 所以壯關防而鞏本根 覲 仙寢於春秋 抑亦仍掃灑而省耕斂 蓋近京征徭之偏重 政賴董飭之有方 況比歲饑癘之荐臻 常患接濟之無術 蠲減之 詔屢下 而實惠尠及於小民 關節之禁甚嚴 而私政或行於列邑 非剛鍊素著 望實而旬宣 曷膺揀掄 玆 授卿以京畿觀察使兼兵馬水軍節度使開城府留守江華府留守廣州府留守巡察使 卿其祗服余言 往率乃職惟寬 可以御衆惟靜 可以制煩 勿以摘發 而爲神明規模 務存大體 勿以剛柔 而爲吐茹 黜陟必循輿情 政纔報於秋 官勉卒公淸之譽 惠可推於湖邑 佇殫撫綏之誠 他餘稟裁 厥有故例 於戲 聖上之眷注 方摯欲試卿之爲治 方岳之責任不輕 宜與我而共理 故玆令示 想宜知悉

乾隆 [二十] 一年八月二十七日

(王世子印)

(要旨) 英祖三二年(一七五六) 八月二七日에 王世子(莊獻世子)가 鄭光忠에게 京畿觀察使兼兵馬水軍節度使開城府留守江華府留守廣州府留守巡察使의 職을 除授하면서, 그 職責을 훌륭히 遂行할 것을 訓諭하는 令書이다. 當時 王世子는 代理聽政을 하고 있었다.

(「王世子印」一七個)

(6) 令 旨

王世子가 發하는 告身(辭令狀)이다. 王의 敎旨에 해당한다. 王世子가 代理聽政時에 令旨를 發給할 수 있다. 令旨는 徽旨라고도 하며(90) 敎旨의 書式과 같으나 敎旨를 令旨로 쓰고 「王世子印」을 찍는 것이 다르다. 朝鮮時代에 王世子로서 代理聽政한 경우는 文宗·景宗·莊獻世子 등 수명에 지나지 않고 그 기간도 길지 않기 때문에 令旨의 수효도 많지 못하다.

(88) 同上條。
(89) 六典條例 上, 卷二, 承政院, 「儀節」內의 代理節目에 보면 「敎旨稱徽旨 敎書稱令書」라 하였다。
(90) 同上條에 「敎書稱徽旨」라 하였다。

〈令旨、例〉(서울大、№七六六一九)

令旨

兪岦爲朝奉大夫行內資寺主簿者

康熙 五十 八年十一月十六日

(王世子印)

(要旨) 肅宗四五年(一七一九) 一一月一六日에 代理聽政하던 王世子(後의 景宗)가 兪岦에게 朝奉大夫(從四品) 內資寺主簿를 任命하는 告身(任命狀)이다。

圖版 39 令 旨

서울大, 76619

(7) 下 答

世子가 代理聽政할때에 官僚들이 世子에게 올린 上書에 대하여 世子가 答하는 문서를 「下答」이라 한다。王世子의 「下答」은 王의 「批答」에 비교된다。朝鮮時代에 代理聽政한 王世子는 몇명되지 않고 그 기간도 길지 못하여 「下答」의 原文書는 찾아보기 어려우나 그 내용은 「朝鮮王朝實錄」이나 「承政院日記」등에 轉載된 것을 찾아볼 수 있다。그 書式은 「令書」의 경우와 같은 것으로 추정된다。

(8) 手 本

公的인 일로써 掌務官이 上司 또는 관계 官署에 보고하는 문서이다. ① 宮房의 掌務官이 宮房의 일로써 內需司에 報告 또는 請願하는 手本도 있고, ② 使行時에도 掌務官이 吏·戶·兵曹에 보내는 手本도 있는데 그 書式이 약간 차이가 있다. 漕運時에도 京江初面管領이 戶曹 및 해당 衙門에 手本을 올린다. ②의 경우도 吏曹에 보내는 手本과 戶曹에 보내는 手本은 그 用語에 차이가 있다.

〈手本式〉

某宮手本
云云爲白只爲
行下向敎是事
年號 年 月 日 掌務官姓名(手決)

〈手本、例〉(서울大、No.七六〇四六)

延齡君房 手本

宮亦①② 丁未年分 以慶尙道金海大山屯田畓 相換於糧餉廳屬全羅道康津縣靑山島屯田畓 仍爲入 啓免稅 而永作宮屯之定稅 昭載於續大典矣 同宮大小香火之需 凡百酬應之道專靠於此是白如乎③ 自丁未至于今 作者輩無弊納稅者 殆至三十年之久 而常年則依例收稅爲白遣④ 凶歲則導掌外別遣宮監 詳細看坪 從實給災 從實捧稅是白去乙⑤ 至於今年 本邑奸吏崔彦衡與島民金善秋權得中崔昌直丁時成等 表裏符同 敢生分利之計 年事凶荒是如⑥ 搆成等狀 謂之 辛酉年不待宮差之下來 直自本官有報營門 送官差踏驗之事

圖版 40 手 本

서울大, 76046

⑦
謄以 瞞過本官 一邊報營門 一邊定監色 入島中私自踏驗爲白乎矣⑧
實摠畓爲六十五結 而只以八結執實 其餘五十七結段 灾頃是如 修報
成冊於營門云云爲白臥乎所⑨ 揆以事理 六十五結入於一島之漂沒 全
無田形云爾 則容或可信 而旣無全一島漂沒之患 則一島之內一宮之畓
旣爲六十五結 而安有只實八結 全灾五十七結之理耶 萬萬無此理 而
自前或値灾年 則作者輩必待宮送摘奸 而眼同踏驗 以明其灾實者 良
由⑩瓜田納履之嫌⑪不喩 旣是永作宮屯免稅處 則一土一木 莫非宮物
而非本官之所可擅便者是白去乙 今因一奸吏數三作者之符同瞞訴 瞭
然見欺 自本官不待宮監 任情直行 獨自踏驗於在京宮監不覩不聞之
中 而元摠畓六十五結之內八結𫝆執實云者 萬萬無理是白遣⑫ 尤可痛
駭者 稱以難於蓋草及牛馬之喂養是如 盡刈穀物 只存草根 使不得
分別其灾實者 其事雖巧 其計反拙 而此乃通八路所無之變悻是白在⑬
如中 如此奸猾之漢 若不嚴防 其作奸之路 則賜與之宮家大庄 終爲
一奸吏之舞弄 將無收拾之勢⑭是白置 其蔑視 王子宮 從中用奸色吏崔
彥衡及首倡作者金善秋等 拿致營門 依律重勘 懲一礪百⑮爲白乎旀 初
不落種 分明陳廢處外 十目所視 宛然刈食處段⑯ 酌量給灾 餘皆收稅
以補祭需萬一事 卽爲入啓 移報該曺 行⑰關本道 知⑱委本官之地爲⑲白
只爲
⑳行下㉑向教是事

乙㉒亥 十一月 二十一日戶㉓

(內需司印)

乾隆二十年十一月 日 掌㉔務嚴廷碩(手決)

(**註解**) ① 亦, 여, 이여。뜻 ; 이(主格助詞) ② 丁未年 ; 英祖三年(一七二七)。③ 是白如乎, 이삷다온, 이삽다온。뜻 ; ―이옵더니。④ 爲白遣, 하삷고, 하삽고。뜻 ; ―하옵고。⑤ 是白去乙, 이삷거늘, 이삽거늘。뜻 ; ―이옵거늘。⑥ 是如, 이다。뜻 ; ―이다, ―이라고。⑦ 樣以, 양으로, 뜻 ; ―양으로, ―모양으로。⑧ 爲白乎矣, 하삷오되, 하사오되。뜻 ; ―하옵되。⑨ 爲白臥乎所, 하삷누온바, 하삽누온바。뜻 ; ―하옵는바。⑩ 瓜田納履之嫌, 도둑의 嫌疑。외밭에서 구부리고 신을 신으면 오이를 따는 (오이도둑) 혐의를 받는다는 뜻。⑪ 叱不喩, 뿐안인지, 뿐아닌지 ; ―뿐아니라 ⑫ 是白遣, 이삷고, 이삽고。뜻 ; 이옵고。⑬ 是白在如中, 이삷견다해, 이삽견다해。뜻 ; ―이옵건대。⑭ 是白置, 이삷두, 이삽두。뜻 ; ―이옵니다。⑮ 爲白乎於, 하삷오며, 하사오며。뜻 ; 하옵시며。⑯ 段, 딴, 뜻 ; ―는, ―인즉。⑰ 行關, 關(文)을 보냄。官府文書의 「關」 참조。⑱ 知委, 명령을 내려 알려줌。⑲ 爲白只爲, 하삷기암, 하삽기암。뜻 ; ―하옵도록。⑳ 行下, 명령, 위층으로부터 아래층에 내리는 지시。㉑ 向敎是事, 아이샨일, 아이산일。뜻 ; ―하옵실일。㉒ 乙亥十一月二十一日戶, 手本을 接受한 年月日, 乙亥는 英祖三一年(一七五五)。㉓ 戶, 內需司의 戶房, 手本을 接受한 사람。㉔ 掌務, 手本作成의 책임을 맡은 사람。

(**要旨**) 延齡君(名, 昍, 肅宗의 王子, 禖嬪朴氏所生)房의 掌務가 英祖三一年(一七五五) 一一月에 內需司(?)에 올린 手本으로, 康津縣 靑山島에 있는 該房의 收稅地에 대한 收稅를 康津縣의 奸吏崔彦衡과 몇명의 耕作者가 結託하여 六五結가운데 八結만 收穫을 보았고, 나머지 五五結은 災害로 免稅라 操作하였으니, 이 일을 바로 잡아 該房에서 收稅·補用할 수 있도록 入啓, 措處하여 줄것을 要請하는 內容이다。

(9) 璿源錄世系單子

璿源錄을 修撰하기 위하여 王室의 諸派의 子孫들이 譜廳에 報告하는 世系單子이다。璿源譜牒을 撰錄하는 일은 宗簿寺에서 管掌하였으나, 後에 宗簿寺는 宗親府에 合屬되었다。(91) 璿源錄의 修撰은 宗簿寺 提調와 郎廳이 春秋館과 더불어 管掌하여 纂錄하였으며(92) 每式年에 一次 改修되었다。(93)

但, 內外孫은 代數를 限하지 않고 並書한다。衆兄弟派를 合錄할 경우 먼저 兄派를 쓰고 뒤에 弟派를 쓰되 그 昭穆에 따라서 가지런히 行書한다。外方인 경우에는 年號에 踏印하고 月日 밑에 地方官의 具銜姓署名(手決)을 하고 間字하여 三人의

鄕所任員의 姓名과 署名을 列書하고 鄕所任員 右旁에 一人의 保證人의 具銜姓名署名과 門長의 名과 署名을 列書하도록 되어 있다。(94)

〈璿源錄世系單子式〉

璿源錄世系單子

大王

第幾男某大君 (或某君)

第幾子某君 (以下倣此)

年號幾年某月 日某君名署名

(典律通補、別編)

(10) 敎寧單子

敎寧(王親·外戚)의 譜牒을 修正하기 위하여 申告하는 單子이다。 敎寧譜牒은每式年에 修整하도록 되어 있다。(95)

但、兄弟派를 쓰는 순서와 外方에서 單子를 올리는 경우는 앞의 璿源錄單子와 같이 한다。(96)

〈敎寧單子式〉

敎寧單子

大王

第幾男名某君 (女稱第幾女某公主或某翁主下續某尉姓名)

子名某君 (以下倣此公翁主子則某職 ○女稱女適某書其父姓名某)

(某職次行低一字書 子名某職以下倣此)

年號幾年某月 日某職姓名 (家長) 署名

王后某氏

考名某職府院君

子名某職 (以下倣此 ○女及外孫及年號以下同上)

(典律通補、別編)

(11) 圖署牌旨

宮房의 圖署(印章)가 찍힌 牌旨이다。 牌子는 비즈라고 하며 牌旨라고도 쓴다。宮房에서 그 庄土·漁場·鹽盆 其他에서의 收入과 利權을 維持·確保하는데 필요한 일을 委任할때 委任받는 사람에게 宮房의 圖署를 찍어 발급하는

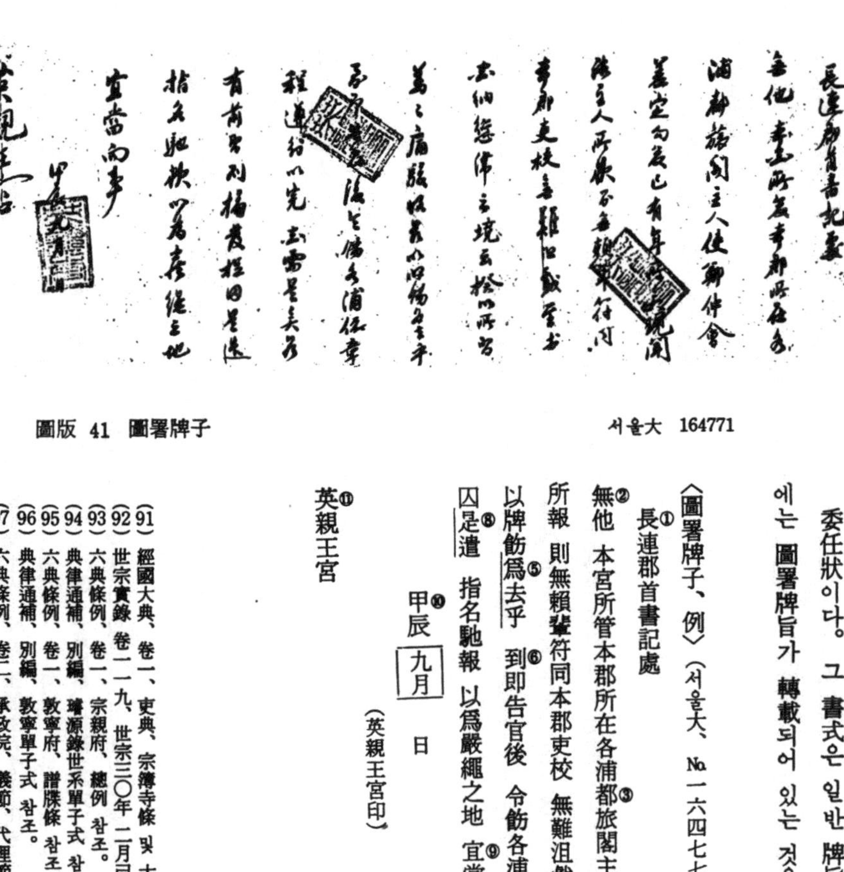

圖版 41 圖署牌子　　서울大 164771

委任狀이다。 그 書式은 일반 牌旨와 같다。「龍洞宮謄錄」과 같은 宮房의 謄錄에는 圖署牌旨가 轉載되어 있는 것을 볼 수 있다。

〈圖署牌子、例〉（서울大、№ 一六四七七一）

長連郡首書記處①

無他②　本宮所管本郡所在各浦都旅閣主人③　使鄭仲會差定句管④　已有年所矣　現聞該主人所報　則無賴輩符同本郡吏校　無難沮戲　至於宮納愆滯之境云　揆以所習　萬萬痛駭　故玆以牌飭爲去乎⑤　到即告官後⑥　令飭各浦　依章程遵行　以完宮需是矣⑦　若有前習　則摘發捉囚是遣⑧　指名馳報　以爲嚴繩之地　宜當向事⑨

甲辰⑩ 九月 日

（英親王宮印）

英親王宮⑪

(91) 經國大典、卷一、吏典、宗簿寺條 및 大典會通、卷一、吏典、宗簿寺條 참조。
(92) 世宗實錄 卷一一九、世宗三〇年 二月己巳條。
(93) 六典條例、卷一、宗親府、總例 참조。
(94) 典律通補、別編、璿源錄世系單子式 참조。
(95) 六典條例、卷一、敦寧府、譜牒條 참조。
(96) 典律通補、別編、敦寧單子式 참조。
(97) 六典條例、卷二、承政院、儀節、代理節目에「批答稱下答」이라 하였다。
(98) 金容燮、司宮庄土의 管理、(史學硏究、一八、一九六四) 참조。

(註解) ① 長連郡首書記處, 이 牌旨를 받는 사람, 牌旨에서는 委任을 받는 사람 뒤에 —處 또는 —處付 또는 —處牌子 등으로 쓴다. ② 無他, 牌子의 起頭(序頭套), 다름아니라. ③ 都旅閣主人, 여러 旅閣主人중에 代表者, 旅閣主人은 旅閣을 경영하는 사람. ④ 差定句管, 任命(差定)하여 맡아 다스리게 함. ⑤ 爲去乎, 하거온, 뜻: —하니, —하므로. ⑥ 到卽告官, 牌旨가 도착한 즉시 官에 告하다. ⑦ 是矣, 이되, 뜻: —이되. ⑧ 是遣, 이고, 뜻: —이고, ⑨ 宜當向事, 結辭(套式)의 당안일, 뜻: 의당한 일. ⑩ 甲辰九月日, 이 牌子가 發給된 年月. ⑪ 英親王宮, 이 牌子의 發給者의 押(手決)이 있으나, 이 문서는 圖署를 찍고, 手決은 없다.

(要旨) 一九〇四年(甲辰) 九月에 英親王宮에서 長連郡首書記에게 내린 牌旨로, 英親王宮所管의 長連郡 所在 各浦旅閣主人으로부터의 徵收를 規定대로 하기 위하여 이에 관한 責任을 위촉하는 文書이다.

4) 對私人

(1) 導掌許給文

宮房庄土의 導掌의 權利를 許給하는 文書이다. 導掌은 宮房庄土의 收稅 및 운영권을 위임받은 者로서, 宮房으로부터 帖文이나 完文을 받아 임명되기도 하고 그 權利를 買收할 수도 있다.(98) 여기에서의 導掌許給文은 宮房으로부터 宮房에 功勞가 있는 者에게 일종의 特惠로서 導掌의 權利를 給與하는 文書가 되겠다.

〈導掌許給文例〉 (서울大, №一七〇五六八)

李春輝[①]

宮亦因別 判下 忠勳府屬慶尙道金海屯田畓移屬同宮時 汝矣身多有居間功勞[②]乙仍于[③] 不可不酬賞是如乎[④] 上項屯一百結內二十結導掌 汝矣身處 特爲許給爲去乎[⑤] 汝亦[⑥]永世執持[⑦] 任意區處向事[⑧]

李春輝
宮亦因別判下忠勳府屬
慶尙道金海屯田畓移屬同
宮時汝矣身多有居間功勞
乙仍于不可不酬賞是如乎上項
屯一百結內二十結導掌汝矣身
處特爲許給爲去乎汝亦永世
執持任意區處向事
乙亥八月 日
寧嬪房

서울大, 170568

圖版 42 導掌許給文

乙亥八月 日

寧⑨嬪房

(註解) ① 李春輝, 導掌權을 許給받는 사람。 ② 汝矣身, 너의몸, 뜻 ; 너, 네몸, 너본인。 ③ 乙仍于, 을지즈로, 뜻 ; —을 말미암아, —을 따라。 ④ 是如乎, 이다온, 뜻 ; —이라고 하므로, —이라고 하기에。 ⑤ 爲去乎, 하거온, 뜻 ; —하고는, 하니。 ⑥ 汝亦, 네가, 뜻 ; 네가。 ⑦ 永世執持, 代代로 所有(相續)함。 ⑧ 任意區處, 임의로 처분함。 賣渡・讓與를 任意로 함。 ⑨ 寧嬪房, 이 文書의 發給者(處)。

(要旨) 乙亥(一七五五?) 八月에, 寧嬪房에서 李春輝에게 發給한 導掌許給文이다。 別判下로 因하여 忠勳府屬 慶尙道金海屯土를 寧嬪房에 移屬할 때 李春輝가 居間의 功이 있으므로, 이에 그 代價로 二〇結에 대한 導掌權을 許給하는 文書이다。

3、官府文書

1) 對國王

(1) 玉 冊

臣下(官僚)가 國王에게 尊號를 올리는 文書이다。(國王文書、對王室、「玉冊」 참조)

〈玉冊、例〉(서울大、奎、二七三八五)

維歲次癸酉四月己酉朔十七日乙丑大匡輔國崇祿大夫議政府領議政兼領經筵弘文館藝文館春秋館觀象監事臣洪淳穆等誠懽誠
忭稽首稽首謹
上言伏以景鑠誕膺
駿命純嘏爾常
懿光宜闡
鴻名大德必得秪切愛戴曷旣揄揚恭惟
主上殿下
功侔二儀
道接千聖奉

太母之定弘策命哲自詒宅
先人之遺丕基繼序不忘至日中不遑暇文王之文率天下以從仁大舜有大放諸四海準孝事
親奉
先之盡其誠無一二日曠官簡修進良之列于位
睿工克懋於時敃
至化丕應於風行學有緝熙光明常親方策發爲政令施措動合典謨防卂無憂戎務備於陰雨氣祲永靖義理嚴於秋霜染屨春田禮行吉亥
之載秬薦幣星壇制倣太乙之祈靈廼營百堵之皆興實基萬世之不拔大寢小寢路寢之重建左有別殿右有別堂
宗宮
閟宮泮宮之增修外而公衙內而公署斯
聖情匪棘其欲伊
宏規惟懷永圖麗陵修禋稽古禮於崇德法殿救蝕篤
宸誠於弭灾
園墓遵舊定之覩戒存廣占祠院申壘設之禁弊軫末流發帑庫之儲胥以濟西北之極備飭宮房之科歛更蠲百五之常供矧惟立愛始親實
推敬宗收族堯墻寓慕王斗珠衡周廟闡徽金繩玳檢修宗人之府開譜牒之局籍疏銀潢貤封爵之誥縻冠冕之榮光騰銑樹
文貞詩禮
忠正孝友長發其祥
聖祖謨訓
寧王圖功休美攸受善繼善述燕翼啓顯承之圖爾籃爾從麟趾行仁厚之應猗歟衆善之皆備懿哉百志之惟熙肆宗臣騰颺烈之章在我邦稽
彝獻之典
盛德巍蕩縱難萬一分形容群情顒乎遂至二十次籲啓爰致庭議之轉激幸承淵衷之勉回萬物資始於易元政屈隆盛之運五星建用於箕

範克明敦叙之倫臣等不勝大願謹奉

冊寶上

尊號曰

統天隆運肇極敦倫伏惟丕受

顯稱式迓嘉貺繼

列朝已行之禮于古有光答上天申用之休維新其命臣淳穆等誠懽誠忭稽首稽首

上言

玉冊文製述官行判中樞府事李

書寫官宗正卿李載冕

玉寶篆文書寫官議政府右議政韓

寶 (統天隆運肇極敦倫之寶)

(要旨) 領議政洪淳穆等이 高宗一〇年(一八七三) 四月一七日에 國王(高宗)에게 「統天隆運肇極敦倫」이라는 尊號를 올리는 冊寶文(玉冊·玉寶文)이다。

新衛將軍公忠道水軍節度使臣任尙準恭遇同治伍年拾壹月拾陸日
冬至令節謹奉
箋稱
賀者臣尙準誠歡誠忭稽首稽首
上言伏以運調
玉燭
凝祉泰來之
微陽運黃鍾聿迓
履長之
慶子夜之半中休自
天恭惟
誕膺
百祿鼎至之
休伏念臣跡達
萬班職忝制閫値千一有作之
運欣睹日南至之
祥頌德萬無彊之基祇效星
北拱之悃臣無任望
天仰
聖激切屛營之至謹奉
箋稱
賀以
聞
同治伍年… 將軍公忠道水軍節度使臣任尙準謹上箋

서울大, 76653

圖版 43 箋 文(部分)

(2) 箋 文

國家(王室)에 吉事·凶事·慶事·令節 등에 臣僚가 國王(또는 大妃·王大妃·大王大妃)에게 올리는 四六體의 글이다. 箋文은 文集에 轉載되어 있는것을 흔히 볼 수 있다.(99) 그리고 令節·誕辰·慶事·慰事·內喪 등 일에 따라서 用語가 다르다.(100)

〈進箋式〉

具銜臣姓名
恭遇年號幾年某月某日
正朝令節謹奉
箋稱
賀者臣名誠懽誠忭稽首稽首
上言伏以長句短句恭惟
尊號主上殿下短句長句短句○或長句長句又短句隨宜 臣伏念短句長句臣無任望
天仰
聖激切屛營之至謹奉
箋稱
賀以
聞
年號幾年某月某日具銜臣姓名謹 上箋

(典律通補、別編)

〈箋文、例〉(서울大、No.七六六六五三)

折衝將軍公忠道水軍節度使臣任商準恭遇同治五年拾壹月拾陸日

冬至令節謹奉

箋稱

賀者臣商準誠歡誠忭稽首稽首

上言伏以運調

玉燭

誕撫泰來之

徵陽返黃鍾聿迓

履長之

慶子夜之半申休自

天恭惟

主上殿下

七政

克齊

一心

對越

(99) 例를 들면, 眞逸遺稿(成侃) 卷四、「賀誅叛臣箋」 愚伏集(鄭經世)、卷一六、「謝賜兒馬粧箋」、「謝錄勳恩例箋」、「冬至賀箋」、「誕日賀箋」「慰國哀箋」、「中殿慰箋」、「賀即位箋」 등 많은 文集에 여러 事例의 箋文이 轉載되어 있다。

(100) 典律通補、別編、進箋式 참조。

推陰陽衍曆之數
敬授人時
體乾坤生成之
仁首出庶物玆當一陽復來之日
誕膺
百祿鼎至之
休伏念臣跡違
嵩班職忝制閫値千一有作之
運欣瞻日南至之
祥頌億萬無疆之基粗效星
北拱之悃臣無任望
天仰
聖激切屛營之至謹奉
箋稱
賀以
聞

（公忠道水軍節度使印）
同治 五年 拾壹月初參日折衝將軍公忠道水軍節度使臣任商準謹 上箋

(要旨) 高宗三年(一八六六) 一一月三日에, 公忠道水軍節度使任商準이 高宗에게 올린 冬至令節(同年 一一月 一六日)을 稱賀하는 箋文이다。

(3) 上　疏

臣下가 國王에게 올리는 글로서, 대개 建議·請願·陳情 등의 內容이며, 封章·奏疏·陳疏·章疏 등으로도 稱한다。上疏文은 文集에 轉載된 것을 흔히 볼 수 있으나 때로는 載錄되지 못한 것도 있고, 文集에 없는 경우도 있고 修正·加筆된 것도 없지 않다。實錄이나 承政院日記·日省錄 등 官纂史料에도 上疏文이 있으나 대개 그 내용만 간략히 載錄되어 있고, 경우에 따라서는 歪曲되게 표현한 것도 있으며, 아예 記錄도 없는 경우도 있다。그러므로 上疏文의 原本 즉 疏本이 있다면 官纂史料나 文集類에 載錄된 上疏文의 眞實與否를 가릴 수 있는 중요한 資料가 되겠으나 疏本이 傳來되는 경우는 극히 드물다。그러나 上疏 草本 즉 疏草는 더러 古文書가운데서 찾아 볼 수 있으며, 疏本보다는 못하나 史料로서의 가치는 그대로 認定할 수 있다。疏本이나 疏草는 그 內容이 官纂書나 文集 등에 揭載되어 있을 경우에도 그러한 史料를 批判하는데 資料가 될 수 있다。

〈上疏式〉

某銜臣姓名誠惶誠恐頓首頓首謹百拜 上言于
尊號主上殿下伏以云云臣無任屛營祈懇之至謹昧死以聞

年號幾年某月某日 單 銜臣姓署名

(典律通補, 別編)

〈上疏, 例〉(서울大)

侍罪臣 崔益鉉誠惶誠恐頓首頓首謹百拜
上言于
大君主陛下 伏以 皇天不弔 我
大行王后 奄遭慜凶 八方民庶 罔有小大 皆莫不痛哭呼寃 誓不
欲與逆賊共生於覆載之間 況如臣無狀 曾荷 天地父母再造之
恩 得以保全性命 延至今日者 又豈不欲捨十族而復大讐哉 顧

待罪臣崔益鉉誠惶誠恐頓首頓首謹百拜
上言于
大君主陛下伏以皇天不弔我
大行王后奄遭慝凶八方民庶罔有小大皆莫不痛哭呼寃誓不欲與逆賊共生
於覆載之間況如臣無狀曾荷　天地父母再造之恩得以保全性命延至
今日者又豈不欲捨十放而復大讐哉顧臣才微力薄旣不能興翟義討莽之師又
不能辨張良報韓之椎只願速死爲厲鬼掃滅逆賊以報此生未雪之寃而已繼而賊
徒到底肆凶勒迫上下至有毁形之禍而欲以易一國之俗臣於此尤恨其死之遲而不
忍見　宗社生民淪於糞壤之中矣乃於去歲十二月被逮於逆賊滯囚踰月適値
國家討賊之會始得放釋而歸臣雖生還故里偃仰自在然上念　鑾輿離宮宵
旰未弛下念民徒義起同類相殺臣非木石何以爲心方勞悴成病苦苦叫死之際
忽本地守臣奉傳十行　綸音俾臣宣諭于諸郡義衆臣○雙擎拜讀雖其文字體

是本旨　聖上之赤子而驅此殺彼豈仁人之所爲哉此無策也用中策
則臣雖老頹猶當爲王師前驅而死所不辭也如不得已而用下策則朝廷
之上老成宿望自有其人不須以臣醜差苟充莫重使事之任也今不出此兩
策而徒欲使臣奔走道路則臣寧伏違傲　君命之罪而誠不敢強冒其
不可解者以受萬口之嗤也臣旣不敢聞　命登途又不敢隱然在家謹
玆出伏路次恭俟斧鉞之誅惟　聖明財察焉臣無任祈懇屛營之
至謹昧死以
聞
丙申正月　日　臣崔

서울大

圖版 44 上疏(앞·뒷부분)

臣才微力薄 既不能興翟義討莽之師 又不能辨張良報韓之椎 只願速死爲厲鬼 掃滅逆賊 以報此生未雪之寃而已 繼而賊徒 到底肆凶 勒迫上下 至有毁形之禍 而欲以易一國之俗 臣於此尤恨其死之遲 而不忍見 宗社生民 淪於糞壤之中矣 乃於去歲十二月 被逮於逆賊 滯囚踰月 適値國家討賊之會 始得放釋而歸 臣雖生還故里 偃仰自在 然上念 鑾輿離宮 宵旰未弛 下念民徒義起 同類相殺 臣非木石 何以爲心 方勞悴成病 苦苦叫死之際 忽本地守臣 奉傳十行 綸音 俾臣宣諭于諸郡義衆 臣雙擎拜讀(略五〇行)今不出此兩策 而徒欲使臣奔走道路 則臣寧伏違傲 君命之罪 而誠不敢强冒其不可解者 以受萬口之嗤也 臣既不敢聞 命登途 又不敢隱然在家 謹玆出伏路次 恭俟斧鉞之誅 惟 聖明財察焉臣無任祈懇屛營之至謹昧死以

聞

丙申正月日

臣崔(手決)

(要旨) 이 上疏는 勉菴 崔益鉉(一八三三—一九〇六)이 丙申(一八九六)正月에 올린 上疏原本이다。 乙未事變 이후 各地에서 일어난 義兵을 宣諭하여 解散시키라는 高宗의 王命(綸音)을 받은 崔益鉉이 그 王命을 받아들일 수 없음을 開陳하고 待罪하는 上疏이다。

崔益鉉은 이 上疏에서 그의 용서받을 수 없는 세가지 죄로써, 첫째, 丙子條約 初頭에 비록 上疏를 올렸으나 主上의 마음을 움직이지 못하여 이를 막지 못한 죄, 둘째, 간악한 무리(開化派)들이 政事를 어지렵혔으나 제 몸만을 지키고 아는 바를 과감히 上言하지 못하여 忘君負國한 죄, 셋째, 壬午軍亂·甲申政變·甲午更張·乙未事變 등 國變이 연이었으나 忘身捨命하여 討賊救主하지 못한 죄 등을 들었다. 이러한 죄를 지은 그가 名分이 당당한 義兵앞에서 얼굴을 들고 散歸하라는 王命은 전달할 수 없음을 개진하고 있다. 또한 그로서 이해되지 않는 세가지 일로써, 첫째, 逆魁 金弘集·鄭秉夏는 살해 당했으나 趙義淵·兪吉濬 이하 諸賊(開化派)은 모두 도망하였는데 이들과 이들 家族에 대한 철저한 懲討를 하지 않는 점, 둘째, 國母를 시해하고 國政을 어지럽게 하고 開化派人士를 숨겨주고 있는 倭賊에 대한 問罪도 하지 않고 倭賊의 討伐을 名分으로 내세운 義兵들을 벌할 수 없다는 점, 셋째, 倭賊의 지휘를 받아 이룩한 여러가지 變革, 그 중에도 斷髮令(剃髮)의 철폐 없이 義兵의 해산을 설득하라는 점 등을 들었다. 義兵을 解散시킬 方策으로는, 倭賊의 違法背約之罪를 軍隊를 정연히 하여 東瀛(日本)에 나아가 問罪하는 것이 中策이고, 우리 나라의 典禮와 文物을 회복하고 政令으로서 急遽變革한 것을 모두 철파하고 다시 悔改의 뜻을 밝히는 詔書를 내리는 것이 下策이요, 그러하지 못하여 官軍으로 義兵을 진압하는 것은 無策이라고 하였다.

勉菴은 倭賊과 開化派人士에 대한 懲討와 斷髮令의 철폐 없이는 義兵의 散歸를 설득할 수 없음을 밝히고 있는 것이다. 勉菴集에도 이 上疏文이 轉載되어 있기 때문에 앞 몇부분만 소개하였다.

이 上疏에 대한 批答이 建陽元年(一八九六) 二月二十五日에 다음과 같이 내렸다.

「省疏具悉 事有緩急 此時急務 莫先於安民 卿於此任 義不可辭 即往宣諭」. 批答 위에는 「大君主寶」가 찍혀있다.

(4) 箚 子

간단한 書式의 上疏文이다. 箚子를 쓰기 시작한 것은 成宗四年(一四七三) 正月, 徐居正의 啓言에 의한 것으로서, 上疏보다는 그 書式이 簡易하면서 말하고자 하는 것은 모두 표현할 수 있는 利點이 있는 것이다.[四] 특히 言論을 그 職責으로 하는 臺諫과 弘文館에서 箚子를 흔히 사용하고 있다. 箚子의 경우도 上疏文과 같이 原本은 없으나 草本(箚草)이 남아있는 경우를 볼 수 있고, 또 그 내용이 實錄 등 官纂史料나 文集에 轉載되어 있지 않은 경우, 또는 實錄 등에 歪曲되어 載錄되었거나 一, 二行정도로 疎略하게 소개된 경우에 그 箚草는 官纂史料에 대한 批判的 史料로서의 가치를 갖는다. 文集에는 上疏文과 함께 箚子를 「疏箚」로서 同類로 區分하고 있음을 볼 수 있다.

〈箚子式〉

具銜臣姓名伏以云云取
進止
年號幾年某月某日

(典律通補, 別編)

圖版 45 劄子草(玉堂)　　著者

〈劄子草、例〉(著者)

①玉堂 ②劄子 ③李敏叙李端夏兪命胤等

④「伏以」日者衆陽之▨(宗) 人君之象 眚痾暈祲 皆可以徵人事[ ]道之得失 而日變之中 無如薄蝕之大 是以春秋丁寧於天人之[ ]必▨(書)以著其災咎 蓋皆出於衰亂之世 而其象爲陰 盛陽[ ]將作之兆 故詩曰 日有食之 亦(孔之醜)[ ]今此下民 亦孔之哀 朱子傳[ ]者 修德行政 用賢去奸 能使陽盛 足以勝陰 陰衰不能傷陽 則日月之行 雖或當食 而月常避日 故當食而不食 若國無▨(政不)用善使 臣子背君 妾婦乘其夫 小人陵君子 夷狄侵中國 陰盛陽微 當食必食 故雖曰行有常度 實爲非常之變矣 夫春秋之所謹書 詩人之所深憂 先儒之所極論 此可見日食之爲大異 而非他灾之爲比矣 向者虹貫之變 疊見於數朔之內 此爲莫大之變 而 聖上所以應天者無其實 修省者無其效 求言而下不應 恤民而民益病 朝綱日益廢壞 言路日漸杜塞 國勢陵夷 有朝夕土崩之患 士氣鬱塞 無天地交泰之象 泄泄沓沓 大小恬嬉 以致民怨益深 天怒益震 乃於六月之朔 復有日食之變 而臣等亦目見其薄蝕之狀 與史無異 太陽自喪光明之體 而萬象皆入於昏陰之域 凡在仰覩 莫不心警而色沮 天之警告若是明著 豈非大可懼哉 成形之禍 月浸委深 不救之灾 日以迫切 臣等愚昧

(101) 成宗實錄、卷二六、成宗四年正月壬子條에 의하면, 「御經筵 講訖 大司憲徐居正啓曰 諸司啓事 或用啓目 或用單子 例也 本府啓事 則令下官進言 或失本意 有所增減 又承旨以其言 言于宦官 使轉啓之 未免有失誤 考古制 宋時有劄子 簡易可行 凡所欲言 無不備載矣 上問左右曰 此言何如 領事曹錫文對曰 用劄子所懷盡達 而後考亦有據矣 上曰 自今用劄子可也」라 하였고, 그 二日후인 甲寅에 徐居正이 처음으로 劄子를 올리고 있다.

竊未曉何樣禍咎 伏於冥冥 而自古及今 未有有其災無其應者 則雖有遲疾變不虛生 而上下恬視 曾無動容易色之慮 臣等未知殿下亦以爲適然 而莫之省歟 抑狃於天之屢告 而褻其威怒耶 或以時世之難爲 而付之於無可奈何之地 此臣等抑鬱而寒心者也 前後進戒之言 雖有緩急淺深之不同 聖明若採擇 未必無補於應天救民之實 而言者瀆而聖聽愈迟 變咎衆而時事益慮 臣等欲勿言 則負殿下論思之責 欲言乎 則犯古人斯疎之戒 臣等至此 不知所以爲言 然區區之忠 亦不能自外 敢陳一二 若得少挽於 聖心 則豈獨臣等之私幸也 臣等竊觀今日之時勢 與夫 聖明宅心制治之方 誠有大相違戾者 何以言之 今我國家 如老病之人 元氣旣敗 百病交侵 榮衛枯竭 四肢不擧 如百年大廈 樑柱內蠹 風雨外侵 一材一木 無不受病 良醫治之 則必須調和血脈 補養眞元 飮食而扶其衰 藥石而攻其病 然後可享全安之福 良工言之 則必須去其腐材 易其毁瓦 得大木補其缺 仍舊址而致新 然後可免顚覆之憂 今之國勢 大相類此 委靡廢壞 有朝夕不保之形 必須君臣上下 夙夜淬磨 整頓其綱維 綜理其庶務 立 聖志以明副應 開言路以廣聰明 擧賢才以授職任 革弊政以安民生 然後可免危亡之患 而竊恐 聖志所存 務爲偷安姑息之計 政事則樂因循而憚改作 用捨則好便佞而疎忠直 罕接臣僚 泰安於九重之內 厭薄諫諍 拒人於千里之外 革弊之論視爲文具 流俗之談守若法令 號令則朝行而夕輟 施措則東扶而西顚 非不揔攬權綱 而有陵替之漸 非不修明刑賞 而有私撓之患 以致上無道揆 下無法守 大官持祿保位 無誠心體國之人 小官積日求遷 爲自便營私之計 廉耻都喪 義理晦塞忠志之士 潛懷憤嘆 軟眉之輩 自謂得時 以此氣象 豈有一毫振作之望 只得如水益下載胥及溺而已 此由於殿下一念不能奮發自强 徒爲安坐守文之圖 而不覺其漸趨於危亡之域 臣等竊以爲過矣 古所謂守文者 如漢之文帝 承高帝創業之後 席天下富安之基淸淨無爲 與民休息者也 然賈生猶以不及 今定經制爲憂 董子猶以改倚更張爲請 況今國勢之危弱如何 民生之困弊如何 而可以逶迤徐步 不動聲氣 坐享太平乎 此恐殿下誤慮也 古人有畫一而告其君者 臣等雖無快 其欲效忠於君父 則不下於古人 臣等亦請畫一而告殿下 志者萬事根抵 啚王啚覇 皆由此出 匹夫之凝 猶曰有志者事功成 況王者處大寶之位 操萬化之柄 苟其志之所向 衆趨而群擧 亦何爲而不成 何功之不立哉 今以殿下聰明仁聖之資 果然先立其志 以啚非常之功 何聖主之不若哉 伏願聖明堅竪此志 勿爲私欲之所撓奪 勿爲時勢之所阨塞 必以積弊俱祛 民生樂業 國勢鞏固 祈天永命爲期焉 開筵之請 本館前後屢以爲言 聖明亦以俯許 而尙未一番開講 此無非臣等誠意淺薄之罪也 然王者進德 出治之本源 捨此無他術焉 即今雖以盛暑停 當暑開筵 有古帝王之盛節 況朝夕燕閑之頃 暫時講論 安有大妨於起居之便 伏願聖明 或朝或暮 暑氣未盛之際 頻賜

召對 討論經史 商確古今 則想必大有所益 而於治心養氣之方 亦豈少補也哉 紀綱者所以維持國家之具也 所謂紀綱 非必嚴刑峻法而可立也 唯在於擧措得宜 刑賞得中 君子畏義 小人畏法 法義不廢 紀綱乃立 其本在於人主大公無私之德 明臨於上 使任職之吏奉法之官 得以補察 而執持之也 今者公私之道 旣制上下之勢 相奪弛張 左右一出 於纏繞相牽之私 是以下人步步非度 恣行私意貴臣多賂章之譏 士夫有征利之汚 人心不服 世道日敗者 乃自古亡國之謬習 而非淸朝之美事也 至於國朝最嚴治贓之律 而債帥之輩 貨巨寶者 與夫自己奸贓之狼籍者 俱從容貸利 正典法使曰 方聞之 有輕侮朝廷之心 贓吏自恣 無畏憚刑章之意 若是則紀綱何由而可立乎 古人曰 善計天下者 不視天下之安危 察紀綱之理亂而已矣 蓋人主所恃而爲治者 專在於此 臣等敢以立紀綱爲請焉 命令者人主之所 以敎化一世之權也 人主命令 比之風雷 朝發於戶庭之間 夕被於四封之遠 發施之際 必謹必審 旣發之後 必信必果先王執此之 命 堅如金石 行此之令 信如四時 若使人主命令旣褻 而威格反汚而不行 則雖有良法美令 無補於國事矣 今也德政不擧 威刑不肅 命令之發 旣不能審度於其始 又不能堅持於其終 官吏任其廢閣而不憚 細民知其難久而不畏 衆政由是而不立 古所論令出惟行 不惟反者 不如是也 試以近事言念之 則殿下旣令罷柴場矣 而柴場如故 旣令罷鹽盆漁箭矣 而鹽盆漁箭如故 旣令禁奢侈 而奢侈如故 旣令訪民隱 而民隱不聞 旣令擧賢才 而賢才不登 若此之類 難以枚擧 書曰 屢省厥成 欽哉 今殿下 或因群臣之請勉强而從之 不復修省厥成於其終 此萬事所以墮也 臣等敢以信命令爲請焉 言路者所以決壅蔽 廣忠益也 百官有司 各有分職而惟三司之官 則以言議爲職 不係尊卑 勿論大少 上自上躬闕遺 下至時議得失 皆可得言 此古人所謂卑行其言者也 今殿下不察其言之是非 惟以官職之尊卑 輒示取舍 使宰相當國政 而不恤公議 臺閣任言責 而不敢盡言 輕重之勢 不能相維 可否之道 不能相濟方今雖朝廷淸明 未有?奸之禍 而設使異時不如今日 有大奸慝 掩蔽主聰 威福自用者 而言路日閉 無一人敢言 則未知國家危亡將何以捄之哉 此蘇軾所謂聖人深慮流俗不知者 欲開言路 則君相必須優獎 不爲摧辱 而臺閣終歲苦口之爭 或有牢拒不從 一二陳啓之言 或被情外之嚴斥 此卽聖明旣不能優獎矣 近日筵中大臣 陳臺論之失實 而至於混斥臺官 公肆詆罵 以爲臺閣不可信 夫國家之置臺官 所以尊耳目也 其人不合 則退其人 其事不是 則改其事可也 至以一時之事 指臺閣以爲不可信 彼旣不能無失 則此亦豈故爲欺罔者乎 是啓聖上輕視之漸 而爲臺閣無窮之羞 非大臣所以告君之體也 此則相臣摧辱之矣 如是而可望言路不閉乎 陳論或暗 則得失不聞 聰明或蔽 則下情未達 臣等敢以開言路爲請焉 程子曰 生民之理已窮 聖王之政可改 況今立國數百年 流弊已極 民

窮財竭 一至於此 如公賦之偏苦 良役之不均 軍政之紊亂 宮家之專利 衙門之橫斂 言者已悉 聖明想已洞燭 一切釐正 只在聖明一擧措之間 此等众弊不革 雖聖明憂勞於上 群臣奔走於下 終無益於國家敗亡之數也 臣等敢以革弊政爲請焉 臣等此言 雖皆出於陳腐掇拾之餘 今日進德保民之策 亦無出於是者 伏願 聖明 勿以人廢言 [?][?]察納焉 且念臺閣之臣 所宜自重其身 而掌令李東稷先發閔點之論 被斥大臣之後 引避之辭 語不別白焉 若推與於他人 大失臺閣風采 亦可見言路委靡之甚也 請掌令李東稷遞差 籌司提調爲任極重 苟非識量謀猷 爲众所推者 莫宜居之 今者新差之員 俱不愜人望 請備邊司堂上金始振南 龍翼改差

(**註解**) 顯宗實錄, 卷一六, 顯宗一○年四月甲子條에 「副校理李敏叙等 因日食上箚 極陳灾異之疊見 請加修省敬天之道 以盡扶陽抑陰之義 又論罪言官近侍之失當 晋按延訪之曠罕」이라 한 것이 바로 이 箚子의 內容을 要約·載錄한 것으로 생각된다. 그러나 위의 箚子草의 內容을 읽어보면, 實錄의 記錄은 實際의 箚子의 內容을 誠實하고 정확하게 전달하지 못하고 있음을 볼 수 있다. 물론 箚子草가 正本으로 淨書될 때 그 내용이나 用語의 일부가 바뀔수도 있겠으나, 箚子草는 그대로 史料로서의 가치를 갖는 것이라 본다. ① 玉堂箚子 ; 弘文館에서 올리는 箚子 ② 李敏叙 ; 一六三三(仁祖一一)~一六八八(肅宗一四), 號는 西河, 本貫은 全州, 領議政 敬輿의 子, 宋時烈의 門人, 이 箚子를 올린 一六六九年(현종一○)에는 弘文館副校理, 뒤에 大司諫·大提學·江華留守·禮曹·戶曹·吏曹判書를 역임, 文章과 글씨에 뛰어났, 諡號는 文簡. ③ 李端夏 ; 一六二五(仁祖三)~一六八九(肅宗一五), 호는 畏齋·松磵, 本貫은 德水, 判書 植의 子. 宋時烈의 門人, 一六六九년 당시는 弘文館校理, 一六八六년 右議政, 一六八七년 左議政, 文名이 높았다. 諡號는 文忠. ④ 伏以 ; 上疏草에는 이 部分이 毁脫되어 箚子式에 의하면 「伏以」가 있을 자리이다.

(**要旨**) 一六六九年(현종一○) 四月에 弘文館의 官員인 李敏叙·李端夏·兪命胤等이 日蝕을 구실로 하여, 王政의 反省을 촉구하고, 當世에 대한 신랄한 批判을 가하고, 政治上의 改善點을 請하는 箚子이다. 그들은 올바른 政治를 위하여 필요한 要素로서, 王者의 政治的인 識見과 德을 쌓기 위하여 經筵에 힘쓸 것을 강조했고, 上下로 모두 무너진 紀綱을 바로 세울것, 王의 命令의 權威와 信用을 지킬것, 言論의 길을 열어 줄것, 諸般 弊政을 改革할 것 등을 청하고 있다.

※ 啓(文)

臣下가 政務에 관하여 國王에게 上奏하는 文書이다. 啓(文)에는 啓를 올리는 官員·官府·事務의 種類에 따라서 그 稱하는 것이 다르다。즉 二品衙門이나 中外諸將・承政院・掌隷院・司諫院・宗簿寺 등에서 직접 上奏하는 「直啓」、(102) 奉命官이나 暗行御史의 上奏인 「書啓」、司憲府와 司諫院의 啓辭인 「臺啓」、兩司 또는 三司의 合同啓辭인 「合啓」、그밖에 「密啓」、「回啓」、「抄啓」、「傳啓」、「啓覆」 등이 그것이다。啓는 大事에는 啓本을 쓰고 小事에는 啓目을 쓰게 되는데 外方에서는 啓目은 쓸 수 없다。(103) 그러나 啓가운데는 啓本이나 啓目의 格式을 쓰지 않고 上奏의 內容을 간단히 써서 承旨를 통하여 올려서 允許를 받는 草記도 있다。

(5) 草 記

중앙의 중요한 官衙에서 政務上 重大하지 않은 事項을 事實만 간단히 적어 國王에게 올리는 문서。

草記가 擔當承旨에 의해서 國王에게 올려지면 국왕은 이를 검토하고 判下(處分)하여 관계관아에 下達된다。

承文院官員以都提調意
啓曰通信使入送緣由咨及宣川漂漢人入送咨順付於節使之意自廟堂草記
允下矣兩道咨文正書安
寶後也禁軍騎撥下送于使行所到處以爲賚傳之地何如
允

圖版 46 草 記　　서울大, 197912

(102) 經國大典、卷三、禮典、「用文字式」참조。

(103) 위와 같은 條 및 典律通補、別編、「京司啓本式」참조。

(104) 取旨하는 일이 아니면 「伏候」 以下 六字는 쓰지 않으며、現在官員만 職銜과 署名(手決)을 하고、現在 設置되어 있는 官員位는 모두 표시하되 모든 官員이 署名(手決)할 필요는 없다。(經國大典、禮典、啓本式 참조) 典律通補、別編의 「京司啓本式」도 經國大典과 같으나 年月日 뒤의 署名하는데 대해서 說明이 添加되어 있다。

〈草記式〉

某司 或郎廳以提調意
啓曰云云何如

（典律通補、別編）

司譯院官員以都提調提調意
啓曰云云何如

（通文館志、卷二、勸奬）

〈草記例〉（서울大、№一九七九一二）

行右
承文院官員以都提調意
啓曰通信使入送緣由咨 及宣川漂漢人入送咨 順付於節使之意 自廟堂草記
允下矣 兩道咨文 正書安
寶後 定禁軍騎撥下送于使行所到處 以爲賚傳之地 何如
允
下 兵曹

(**要旨**) 承文院의 官員이 都提調의 뜻을 받들어 草記를 올리고 있다. 行右承旨를 통하여 上達되었고, 允許를 받고, 兵曹에도 그 內容을 下達하게 하고 있다. 啓의 內容은 「通信使入送緣由의 咨文과 宣川에 漂流한 漢人의 入送에 관한 咨文을 節使(聖節使?冬至·正朝使?)편에 붙여 보낼 것을 廟堂에서 草記하여 允下를 받은 바인데, 兩件의 咨文을 正書·安寶한 후에 禁軍을 정하여 使行이 到着한 곳에 騎撥下送해서 이를 가져다 淸의 禮部에 傳하도록 하는 것이 어떠하겠는가」라는 草記이다.

이 草記의 경우 年月日을 記載하지 않았다.

〈啓本式〉(104)

某衙門某職某臣謹
啓爲某事云云謹具啓
聞　伏候
敎旨謹啓
年　月　日某職臣某　某職臣某

(經國大典, 禮典)

(6) 啓 本

啓가운데 大事는 啓本으로 한다.

但, 末行의 署名뒤에 「成册」이 있으면 「列錄于後」라 하고, 만약 「歲饌」이 있으면 邑名은 低一字하고, 人名은 平行, 物種은 低二字하여 列書한다.(105) 「外方啓本」으로 대표적인 것을 하나 든다면, 비록 轉載된 것이지만, 忠武公全書內의 壬亂中의 七○여件의 啓本을 빼어 놓을 수 없다. 그러나 이 啓本은 文集에 轉載됨으로써 文書의 原形을 상실하였을 뿐아니라 啓本內의 吏讀도 없애버렸다. 이 「啓本」을 同全書에서 「狀啓」라 한 것은 錯誤이며, 「壬辰狀草」라는 표현도 옳지 못하다. 오히려 「壬辰啓本(謄錄)」이라 하는 것이 마땅할 것 같다.

〈外方啓本式〉

單銜臣姓名謹
啓爲某事云云爲白只爲(或爲白遣)謹具啓
聞
年號幾年某月某日單銜臣姓署名

(典律通補, 別編)

(105) 典律通補, 別編, 「外方啓本式」 참조.

圖版 47 啓本

서울大

〈啓本、例〉(서울大、奎、二六二一七)

公忠道水軍節度使臣　李志鼎謹

啓爲相考事　平薪鎭倉宅面東洞介浦後洋　温陽郡田稅船　沈沒情節　拯穀數爻　待其具格報
來　更爲陳聞計料緣由　已爲馳　啓爲白有在果①　節到付平薪僉使田重民牒呈內②　敗船色吏
沙格等處　致敗情節　嚴覈取招爲如乎③　推考次　丁卯三月初三日　騎船色吏貢生李周玄年
五十二　船主兼沙工閑良魯致化年五十一　格軍良人金巡甫年五十三　良人金京化年四十
三　良人李石伊年二十一　良人李石哲年二十三　並④只⑤白等⑥汝矣等　以何處居生之人　持何
許船隻　何樣穀物幾許石　何月日逢載發船　何月日到何處　緣何故致敗是隱喩⑦　這間情節
人命死生　他物添載有無　色吏實假監官不騎船委折⑧　陳省勘合　居住號牌并以⑨　一一現告
亦⑩　推問敎是臥乎在亦⑪　色吏李周玄　矣身段居生于本郡郡內　而實色吏李宗楨　即矣身六
寸兄也　看檢上納次　持陳省由陸上去　監官段　本郡田稅　分載五隻船　故領騎他船是乎於⑫
船主兼沙工魯致化　格軍金巡甫　矣等段⑬居生于新昌縣長口浦　而持船隻　二月初三日　適
往牙山巨崖浦矣　被捉於温陽郡　該郡丙寅條田稅米二百九十石　自倉浦初四日爲始　流音⑭
出載　十三日至　分載各船是乎所　豊儲倉納米八十五石三斗六升三合二夕　別營納三手粮
米一百十四石十一斗四升六合八夕　廣興倉納太三十九石四斗六升四合四夕四利　軍資監
納太二石十斗三升五合五夕六利　浮價米二十三石十一斗八升　船價米二十石　船價太四
石三斗一升　合米二百四十三石十一斗九升　合太四十六石三斗一升　都合米太二百九十
石　裝載此船之意　入錄於報營成册中　而太四十六石三斗一升　不以本色裝載　以米換載
待各船齊到京江後　區別上納之意　有實色吏之言　故矣等則只知如斯　而依其言　逢載是
乎於　所載米雜費中　二石倉主人例給　二石船粮米用　實載米爲二百八十六石　而十四日

以破日之故有俗 忌不得發船 十五日始爲行船 到牙山牛坪浦 留宿 十六日到本鎭倉宅面介浦前洋留宿 十七日以風勢不順
逆流於介浦後洋 留待風靜矣 至十九日夜 大風連吹 波濤接天 船體簸盪 花板柱木 頃刻動退 水滿船中 仍爲沈沒是乎所 矣等
精神昏迷 制護無術 且無從船自分必死矣 該郡田稅所載第四船 先爲來到 留碇同洋 故急呼活我 則該船主魯明元 擧碇來救人
命 幸免渰死 他物果無添載 號牌玆以現納是乎於 米太換載事 實色吏今既來待 推問可燭是去乎 相考處置教味白齊⑮ 同日實色
吏貢生李宗植年五十六 白等 上納法意 本自嚴重 汝矣既爲實色吏 則法當領騎上納 而取便由陸 已是無嚴 報營裝發成冊中
太四十六石三斗一升 同載此船之意 既爲入錄 則固當以太裝發 而何爲以米換載是於 此船裝發 在於二月初三日 則其間優可
到京 而至十五日 始爲發船者 這間必有奸情而然 一一直告亦 推問教是臥乎在亦 矣身身爲稅色 既知上納之攸重 焉敢取便而
由陸乎 去月初 見孫女之慽 有俗忌之端 不得騎船 以六寸弟周玄 代騎以送 而上納之節 ⑯矣身不得不看檢 故果爲由陸上京矣
聞此臭載之報 今玆持陳省來待是乎於 裝發之稽滯 米太之換載 悚惶之極 無辭可達 而發船日子 先期擇定 預報營門 自是邑例
也 本郡丙寅條田稅米太船雜費 并合爲九百三十三石 而量穀稱載 已於正月初 牙山縣中房浦居金成實柳成文兩漢船隻執定以置
同月二十四日 自官庭捧侤於兩船主 待潮生 流音裝載次 運致穀物於中房浦 以二月初三日裝發之意 先報營門 又經稷山官點
閱後 方將流音之際 牙山縣首校首吏 多率浦民 奪去其兩隻船 曰我邑地土船 當載我邑稅穀 不關於温陽云 而主客懸殊 畢竟
見奪 更爲四求船隻 初三日艱得朴化實船一隻 初四五兩日 又得魯致化裵先一魯明元李致先等四隻船 留泊於巨崖浦 自中房浦
連續流音之際 風日不調 又致潮減 始於十三日畢裝載 十五日發船後 矣身則仍即上京是乎於 上納米太較量分載之時 勘合成
冊與陳省文書 則不得不依格例分錄 故米二百四十三石十一斗九升 太四十六石三斗一升 合米太二百九十石 裝載此船之意
果爲修報營門 而及其五隻船分載之際 細計區別 不無難便 豊儲倉納米八十五石三斗六升三合二夕 別營納三手粮米一百二
十九石一斗七升三合六夕四利 鄭房納米三十九石五斗六升一合六夕 船浮價米三十六石四斗一合五夕六利 合米二百九十石
果爲裝載此船矣 至於此境 不幸莫甚是乎於 各衙門納各船所載穀名石數 成件記錄上是去乎 相考處置教味白齊 同日騎船
色吏貢生李周玄年 船主兼沙工閑良魯致化年 格軍良人金巡甫年 良人金京化年 良人李石伊年 良人李石哲年 並只更推 白
等 伊日風浪雖爲大作 苟能着意制護 擇地安泊 則豈至於臭載之境是於 此非致敗 只是沈沒 則必無一石不完之理 而不完之數

亦爲不少 誠甚疑恠是遣 及其逢風沈沒之時 旣因他船之來救 而生出云 處在同洋之內 宜無彼此之別 而彼船何以得全 此船何
以見敗乎 急於圖生 任其敗沒 明若覰火 萬萬痛駭 無敢隱諱 [17]更良從實直告亦 嚴刑究問敎是臥乎在亦 當日刑問各一次 訊杖
三十度 並只更招 白等 矣等所懷已悉前招 而矣等旣爲色吏沙格 則上納一款 矣等之擔當也 焉敢一毫放過乎 伊日風浪 挽近
所無 怒濤衝撞 船隻簸盪 至於動拆 水沈之境 則沙格五名 雖欲力救 其勢末由是乎旀 他船之來救人命者 即是先爲來到 避風
安泊 則果是幸不幸存焉是乎旀 船隻傾側於深港 屢經潮水之進退 則石子之拆裂 穀物之漂散 勢所不免 所以不完之 至於此數
初無奸情於其間是去乎 相考處置敎味白齊 同日實色吏貢生李宗植年 更推 白等 汝矣以實色吏 稱托私故 不爲領騎 已是痛駭
而米太之換載 發船之稽滯 張皇納招 無非粧撰 若無奸情 豈有是理 所犯情節 無敢如前漫漶 更良從實直告亦 嚴刑究問敎是
臥乎在亦 當日刑問一次 訊杖三十度 矣身所懷 已悉前招 而不為領騎 即緣俗忌 果不取便是乎旀 裝發之稽滯 出於事勢之不
得不然 米太之換載 只是臨時通變 有何奸情於其間乎 他船所載之穀數 自在其中 則可以洞燭是去乎 相考處置敎味白齊 同日
護送監官閑良金士直年六十五 色吏假吏廉思健年三十五 並只白等 稅船護送 法意嚴重 而今此溫陽稅船致敗 旣在於汝矣護
送掌內 苟能着意指護 豈至此境乎 其委折 從實直告亦 嚴刑究問敎是臥乎在亦 當日刑問各一次 訊杖三十度 矣等身為護送監
色 稅船指護 豈敢或忽 而今此致敗處 自護送境 相距為近千里 初無護送監色定置之例 故果不得指護 而事出境內 只切悚惶是
去乎 相考處置敎味 [18]為等如各人等招辭是置有亦 敗船色吏沙格等及實色吏 嚴刑具格取招 護送監色 亦為嚴刑取招牒報為在果
風浪縱出不意 制護何患無術 而各自圖生 任其沈沒者 究其所爲 已極痛駭 穀物雖幸準御 不完至於此多 事涉疑恠 在所當覈
[19]乙仍于 同敗船色吏沙格及實色吏 並爲嚴囚於本鎭獄 以待處分爲乎旀 實載米元上納并雜費二百八十六石 準數拯御 而完米爲
一百五十五石 不完米一百三十一石 作完爲九十一石 縮爲四十石是如乎 作完縮例歸未拯 則未拯米爲四十石是乎旀 完米一百
五十五石 作完米九十一石 合完米二百四十六石 視其穀形 從時價發賣 錢數穀數通同磨鍊 則米每石價一兩二戔七分 合錢爲
三百十二兩四戔二分是乎旀 致敗船隻申飭逢授於該里任處緣由 [20]并以牒報爲臥乎所 牒呈及各人等招辭[21]是白置有亦 溫陽郡丙寅
條田稅 元上納并船浮價 合米二百九十石內 米二石倉主人例給 米二石船粮米用 實在米二百八十六石 所載船一隻 二月十九
日夜 逢風沈沒於平薪鎭倉宅面東洞介浦後洋 完米一百五十五石 不完米一百三十一石 準御而不完米一百三十一石 作完爲九

十一石 縮爲四十石是白如乎 同完米及作完米合二百四十六石 依新頒定式 從時價發賣作錢爲白在果 作完縮例歸未拯 今以完米二百四十六石 較諸實載米二百八十六石 則未拯米爲四十石 此則當依法分徵於騎船色吏沙格等處是白遣 倉主人處例給米二石 以本色還徵上納之意 嚴飭於穀主邑 船人犯用米二石 法當還徵 以本色爲先徵捧 拯米發賣代錢三百十二兩四戔二分 亦爲收捧 並即上納事 ㉒關飭於平薪僉使處爲白乎所 始旣不能擇地而安泊 終又任其漂盪而沈沒者 究其所爲 已極痛駭 穀旣準卸 情無可覈而不完之數 亦云不少 跡涉疑恠 在所當覈是白乎於 裝載官溫陽郡守全光錫段 色吏之代送 監官之不騎 米太之換載 發船之遲滯 俱係法外 難免其責是白乎矣 實緣事勢之所使 初無他端之可執是白遣 護送地方鎭平薪僉使田重民段 今此稅船 逢風逆流轉漂於護送掌內近千里之外 則實是意慮之所不及 固不當以不善指護論斷是白如乎 裝載官及地方鎭僉使論罪一款 恐合参恕是白乎於 敗船色吏沙格等及實色吏 勘處報于巡察使擧行 致敗船隻申飭逢授之意 並只題送緣由 并以馳 ㉓啓爲白臥乎事是良尒 謹具啓

聞

同治六年三月二十日節度使臣 李

(公忠道水軍節度使印)

㉔ 啓 ㉕

同治六年三月二十日

啓下戶曹

(註解) ① 爲白有在果, 하삽잇견과。 뜻 : 하였삽거니와。 ② 節到付, 지위 도부。 뜻 : 이번에 도착한。 ③ 爲如乎, 하다온。 뜻 : ―한다는。 ④ 並只, 다무기。 뜻 : 모두, 함께。 ⑤ 白等, 살든, 삷든。 뜻 : 사뢰오되, 진술하기를。 ⑥ 汝矣等, 너의들。 뜻 : 너희들。 ⑦ 是隱喩, 인지。 뜻 : ―인지。 ⑧ 陳省, 여기서는 田稅를 上納할 때 地方에서 戶曹에 올리는 報告書이다。 陳省에는 稅貢數量・所納司名・發程日時・貢吏 姓名 등이 記載되어 있다。 ⑨ 并以, 아오로。 뜻 : 아울러, 모두。 ⑩ 亦, 여。 뜻 : ―하라, ―여라。 現告亦 : 現告하라。 ⑪ 敎是臥乎在亦, 이

시누온견이여。뜻：—하옵시는 것이어요。⑫ 是乎於、이오며。뜻：이오며。⑬ 矣等段、의들딴。뜻：우리들은、저희들은。⑭ 流音、흘님。뜻：稅色吏가 稅元帳에서 베껴낸 草記를 흘림이라 한다。⑮ 敎味白齊、이샨맛삷제。뜻：—하옵신 뜻으로 아뢰니다。⑯ 矣身、의몸。뜻：나、저、본인。⑰ 更良、가새아。뜻：다시。⑱ 爲等如、하트러。뜻：통틀어、모두。⑲ 乙仍于、을지즈로。뜻：—을 말미암아、—이기에。⑳ 爲臥乎所、하누온바。뜻：—하는바。㉑ 是白置有亦、이삽두이신이여。뜻：—이옵다고 하였어요。㉒ 關飭、關文으로 申飭함。㉓ 爲白臥乎事是良尒、하삽누온일이아곰。뜻：—하옵는 일이므로。㉔ 啓、啓印、啓下印。啓下할때 찍는도장。㉕ 同治六年三月二十日 啓下戶曹。이 啓本을 啓下한 日字와 戶曹에 啓下한다는 표시。담당承旨가 記錄한 것으로 보임。

(要旨) 一八六七年(高宗四)三月에 溫陽郡田稅船이 平薪鎭 倉宅面 東洞 介浦 後洋에서 침몰한 事件의 調査・處理한 顚末을 公忠道水軍節度使 李志鼎이 國王에게 報告하는 啓本이다。이 啓本은 戶曹에 啓下하여 處理하게 하였다。朝鮮後期 漕運船의 빈번한 致敗와 그 原因・處理過程등을 알 수 있는 資料이다。

(7) 啓目

小事를 啓할 때 啓目으로 한다。啓目의 내용과 관계되는 屬司의 牒呈・手本은 啓目에 粘連(添付)한다。

〈啓目式〉

> 某衙門
> 啓目云云何如
> 年[印]月 日某職臣某 某職臣某

(經國大典、禮典)

> 某司啓目今某事據云云何如
> 年號某月某日判書臣某姓着銜 郞廳臣姓某着銜

(百憲摠要、卷二)

> 某司
> 啓目節呈粘連稱粘連牒呈是白有亦向前 某事云云向前粘連否
> 云云何如
> 年號幾年某月某日單銜臣姓署名(堂上) 單銜臣姓署名(郎廳)

(典律通補、別編)

> 刑曹
> 啓目今某月某日某事云云上裁(或令本道更詳後稟處 或

圖版 48 啓 目　　서울大, 93333

禮曹
啓目粘連牒呈是白有亦向前物膳所封各果中紅柿子當爲封
進而今非當節依前例以乾柿子封
進亦爲白有卧乎所在前如此之時已有代封之例今亦依所報封
進事分付何如
光緒十年十二月初四日判書臣李 (押) 正郎臣高
啓依允
光緒十年十二月初四日
同副承旨臣李 (押)

刑推得情　或加刑得情　或自本曹考律勘處) 何如
年號幾年某月某日判書臣某　郎官臣某着銜
(秋官志、雜儀、啓目式)

〈啓目、例一〉(서울大、№九三三三三)

禮曹
啓目　粘連牒呈是①白有亦　向②前物膳所封各果中紅柿子　當爲封
進　而今非當節　依前例　以乾柿子封
進③亦爲白有卧乎所　在前如此之時　已有代封之例　今亦依所報
封
進事分付　何如
光④緒 十年 十二月初四日判書臣李(押)　正郎臣高(押)
(禮曹之印)
啓⑤
光⑥緒十年十二月初四日
啓依允
同⑦副承旨臣李 (押)

(**註解**) ① 是白有亦、이삽이신이여、뜻; —이었사와요。② 向前、아젼、안젼、뜻; 전에、전번에、앞서。③ 亦爲白有臥乎所、여하삽이시누온바、뜻; —하라고 하옵셨는바。④ 啓目을 올린 時期와 官員。⑤「啓」字印、啓下印이다。즉 啓한데 對하여 國王의 裁可(允許)를 받았음을 표시하는 印章이다。⑥ 啓下를 받은 時期、啓目을 올린 그 날에 啓下를 받았다。⑦ 啓目을 國王(高宗)에게 올린 擔當承旨。

(**要旨**) 一八八四年(高宗二一) 一二月四日에 禮曹에서 올린 啓目으로、同日 同副承旨에 의하여 올라갔고、啓下(允許)를 받았다。그 내용을 解釋하면、「牒呈을 粘連(添付)하였사와요。전번에 物膳所封 各果實 중에 紅柿子(홍시)를 封進함이 마땅하나 지금은 當節이 아니므로 前例에 의하여 乾柿子(곶감)를 封進하라고 하옵셨는바、전에 이와같은 때에는 이미 代封한 例가 있으므로 지금 역시 報告한 바에 의하여 封進할 것을 分付하는 것이 어떠하겠읍니까」라고 되겠다。즉 홍시 대신 곶감을 封進하기 위한 것이다。

서울大, 76010

圖版 49 啓 目

〈啓目、例二〉(서울大、№七六〇一〇)

內需司

粘連①延齡君房手本②是白有亦③ 宮屬漁場與田畓 在於慶尙道長鬐縣 而自宮祭

祀之需 專靠於此收稅是白如乎④ 不意今者 自

朝家 因年事之不實 諸宮家各樣漁稅以 補賑濟事 旣已

啓下爲白有臥乎所⑤ 莫重

廟堂定奪⑥ 雖不敢更議 而自宮若非此等稅錢 則大小祭祀 無路拮据 將不成貌

樣之道是白置⑦ 上項長鬐各樣漁稅段⑧ 令本官別定監色與下去宮差⑨ 眼同⑩ 一一

收捧 以補賑資爲白乎矣⑪ 所謂奮田在於標內 其所刈取之節 必在五六月之間是白乎所⑫ 以此計之 則奮稅段 似在於賑恤之後 而空
歸於本官之濫稅是白在如中⑬ 同奮稅段 切勿混入於自本官收稅爲白乎旀⑭ 各樣漁稅段 其數爻別件成冊上送 其代令該廳⑮磨鍊 收送
同宮 以爲前頭大小祭祀補用之意 入
啓施行爲白良結⑯ 呈手本爲白有昆⑰ 依手本施行事 報該曹 行移本道 何如

雍正 九年 八月 日別提⑱臣金(押)

(內需司印)

啓 雍正九年九月初一日⑲

(啓下印)

啓依允

(註解) ① 延齡君、이름 昍、肅宗의 六男、禖嬪朴氏出。② 手本、自筆의 報告書、또는 公事에 관하여 上官(上部官署)에게 올리는 報告書。③ 是白有亦、이삽이신이여、뜻;―이었사와요。④ 是白如乎、이삽다온、뜻; 이옵더니。⑤ 爲白有臥乎所、하삽이시누온바、뜻;―하였삽는바。⑥ 定奪、國王의 裁決。⑦ 是白置、이삽두、뜻;―이옵니다。⑧ 段、딴、뜻; 는。⑨ 宮差、宮家에서 파견하여 보내는 員役(吏胥)。⑩ 眼同、合同。⑪ 爲白乎矣、하삽오되、하사오되、뜻;―하옵되、하옵시되。⑫ 是白乎所、이삽온바、이사온바、뜻;―이사온바。⑬ 是白在如中、이삽견다해。뜻; 이옵건대。⑭ 爲白乎旀、하삽오며 하사오며、뜻;―하자오며、―하옵시며。⑮ 該廳、宣惠廳。⑯ 爲白良結、하삽아져、뜻;―하옵고자。⑰ 爲白有昆、하삽잇곤、뜻;―하였사오니。⑱ 別提、內需司의 正六品 벼슬。⑲ 이 啓目이 王의 允許(啓下)를 받은 時期。

(要旨) 一七三一年(英祖七) 八月에 內需司에서 英祖에게 올려 九月一日에 允許(啓下)를 받은 啓目이다。 參考로 이 文書를 번역하면 다음과 같다。「延齡君房의 手本을 粘連(添付)하였사와요。延齡君房에 屬한 漁場과 田畓이 慶尙道長鬐縣에 있어、宮房의 祭祀之需를 오로지 이곳의 收稅에 맡기옵더니 뜻밖에 이번에 朝家에서 凶年으로 因하여 諸宮家의 各樣漁稅로써 賑濟에 補充할 일을 이미 啓下 하였삽는바 莫重한 廟堂의 定奪(廟堂에서 王의 裁可를 받음)을 비록 감히 更議할 수 없으나 宮은 만약 이러한 稅錢이 아니면 大小의 祭祀를 계속할 길이 없으며 장차 형편을 이룰 길이 없사옵니다。上項長鬐의 各樣 漁稅는 本官(長鬐縣監)이 別定한 監色과 宮差로 하여금 合同하여

一一히 收捧하여 賑資에 補充케 하옵시되 標內(境界內)에 있는 蘆田은 刈取하는 節期가 五·六月間에 있사온바 이로써 헤아리면 蘆稅는 賑恤 뒤에 있을 것이므로, 헛되이 本官의 濫稅에 붙아갈 것이옵건대, 同 蘆稅는 전대로 本官收稅에 混入되지 말게 하옵시며, 各樣 漁稅는 그 수효를 따로 成冊·上送하여 그 代價를 宣惠廳으로 하여금 마련하게 하여 同宮에 보내어 大小의 祭祀에 補用할 뜻으로 入啓하여, 施行하옵고자 手本을 올렸사오니, 手本에 의하여 施行할 것을 該曹(戶曹)에 報告하고 本道에 行移(行文移牒)하는 것이 어떠하겠읍니까」

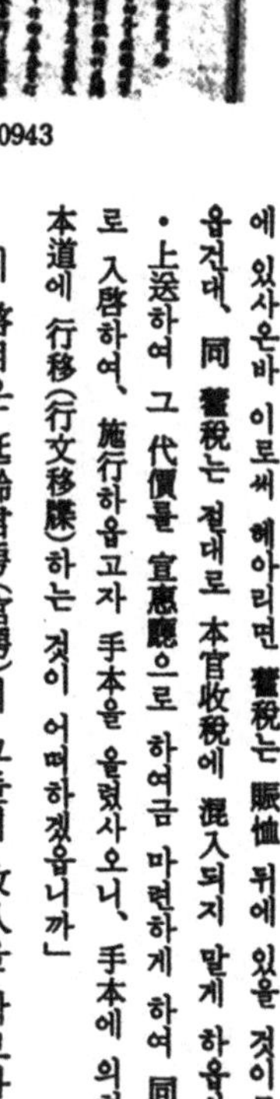

이 啓目은 延齡君房(宮房)이 그들의 收入을 확보하기 위한 目的에서 나온것이고, 또 國王의 允許를 받고 있음을 볼 수 있다.

(8) 狀 啓

觀察使·兵使·水使 등 王命을 받들고 外方에 있는 臣下가 그 地域의 중요한 일을 國王에게 報告하거나 請하는 文書이다. 따라서 그 內容은 官撰史料에 소개된 것도 있고 文集 등에 轉載된 것도 있다. 文集에서는 대개 狀啓를 書狀이라 하였다.(105) 狀啓는 그 時代, 그 地方의 重要한 일에 대한 報告나 請願이므로 史料로서 重要한 價値가 있음은 물론이다.

狀啓는 뒤에서부터 접어 合襟된 우편에 「承政院 開拆」이라 쓰고 아래쪽에 「臣(押)謹封」이라 쓴다. 狀啓는 承政院에서 열어보고 擔當承旨가 이를 왕에게 올려서 왕의 裁可를 받은 후 啓下印을 찍고 그 狀啓의 내용과 관계있는 官署에 내리게 된다.

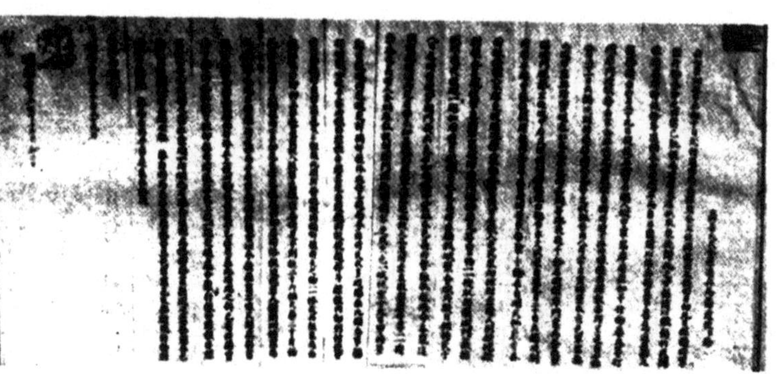

圖版 50 狀 啓(部分) 서울大, 80943

〈狀啓式〉

具銜臣姓署名
某事云云爲白臥乎事是良尔(或爲白 只爲) 詮次
善啓向教是事
年號幾年某月某日

(典律通補、別編)

〈狀啓、例一〉(서울大、No.八〇九四三)

嘉善大夫全羅道兵馬節度使臣徐①

去②七月初五日出初十日到付 道內茂長縣監金五鉉牒報內 本縣③四月初九日經擾時 軍器什物見奪之由 前已馳報爲④有在果 屢伏承東徒歸化之甘飭 隨以飜飭於民間 惟待其所持銃鎗等還納各官之趂早 而自日前 謂以倭兵將至 事甚急迫是如⑤ 又復騷擾 去六月二十九日 彼徒五六百名 攔入城中 軍器庫所在 如⑥干什物藥丸等 打破庫門 沒數奪去 言念法意 尤極駭瞠 自顧所遭 不勝惶懍 緣由牒報亦⑦牒呈是白乎於⑧ 八月二十一日出 鱗⑨次到付 南原府公兄等文狀馳告內⑩ 八月二十日寅時量 本府邑軍器與山城軍器 與陽寶城泰仁本邑山東坊釜洞等地 東徒千餘名 破鎖庫門 盡爲奪取 堅閉城門 砲聲不絶 城中居民 惶惶罔措 故緣由馳告亦文狀是白遣⑪ 九月二十日出 鱗次到付 樂安郡守張教駿牒報內 九月十五日戌時量 東學輩千餘名 自順天仙巖寺 各持銃鎗 攔入本郡吏校廳 砲聲震動 餘黨幾百名 散入吏民家 劫掠財産 逢人則欲砲欲刺 擧皆失魂 彼輩直向軍器 破碎庫門 銃鎗藥丸等緊物 一一搜取 仍鎖城門 簇擁城頭 連夜放砲 一郡如沸 翌日曉頭 自本邑義所 亦欲救城 聚會城外 數日相持矣 十八日未時量 彼輩開門殺出 矢石如雨 喊聲震地 本邑義所 勢難抵敵 逃命各竄 這間被砲被刺而死者 姑未知其數 而彼輩追仍逐北 放火各里 財産衣服 與農牛等 一一搜奪 本邑義所人金炯洙執捉 到閉門樓 斬頭懸竿 吏民失色 一城統空 十九日申時量 放火軍器庫 通開西門 多衆還向仙巖寺 來路而去 餘黨散入各村 姑未知被禍多小矣 仄聞 或稱順天接 或稱高山接 或稱南原接 或稱泰仁接 或稱金溝接 變幻其號 聚散諸黨 肆行不義之大變 郡守赴任不過一朔 遭此患難 失職之責 有所難逭是乎於⑫ 軍器如干所遺什物 還爲收入 被燒家舍 死人姓名 次第摘奸 修報計料爲乎於 緣由牒報亦牒呈是白乎於 鱗次到付 同郡守牒報內 九月十五日 東學輩千餘名 攔入本郡 搶奪軍器 殺害人命 放火各里 刼掠財産之由 已爲馳報爲有在果 蕞爾小局 自夏徂秋 屢經患難 荐値歉荒 成樣末由 況此今番酷禍 邑村蕭索 自顧失職 實無以抗顏臨民是乎於 十九日 彼輩出去後 郡中各廳各面里 被死人命 被燒家舍 見奪財産等 次第摘奸是在如中⑬ 校⑭宮何等尊嚴之地 而彼輩敢爲攔入 破碎庫門 書冊器皿等 無難搜去 毆打校任九員 至於死境是乎乙遣⑮ 吏校廳牕壁 盡爲打破 各

(106) 西厓文集、卷六、書狀 및 潛谷全集、卷六、書狀 등 참조。

項文蹟 隨輒燒火 吏民家刼掠財産衣服等 服箱牛馬者 爲五十餘駄 捉人勒擔者 爲四十餘負 論以其價 則不知幾十萬是乎旀 被死人爲三名 被燒家舍爲一百四十九戶 見奪農牛爲五十五隻 其外被傷垂死者 至爲數十名 而吏民渙散 人烟幾絶 果未知將何以爲邑是乎乙喩⑯ 悶迫緣由 牒報亦牒呈是白遣 金溝縣綾州牧兩邑段 轉聞 見奪軍器於彼徒云 而終不報來 故嚴辭論關 摘奸次 茂長金溝等兩邑 發遣臣營將校金幸五 南原樂安綾州等三邑 發遣臣營將校明奉權是白加尼⑰ 東徒盤據於各州郡 千百爲黨 道路枳塞今玆摘奸以來是如是白乎旀 金溝縣令鄭海遠牒報內 即到付使關內⑱ 節該本縣軍器⑲ 更詳摘奸次 營校更送 見失之物 一一詳細眼⑳同摘奸後 修成册 倍道馳報㉑向事亦是乎所 本縣素是偏小之邑 難敵東徒攔入之勢 所重軍器什物 初失於四月二十六日 追奪於六月十一日之由 前官遽當罷職 吏民盡爲迯散 未及修報是乎隱喩㉒ 縣令莅任未幾 不能周察是乎乃㉓ 躬審軍器 則破碎門隻 所餘什物 散四折去 滿目愁慘 故如干餘存什物 無論破傷 一一收拾後 方營修報是乎乙加尼㉔ 至伏承關敎之鄭重 故眼同來校 更詳摘奸後 修成册上使爲乎旀㉕ 所失太多 破傷無比 顧念事體 極切寒心是乎等以㉖ 緣由牒報亦牒呈是白遣 綾州牧使趙存斗牒報內 即到付使甘㉗結內 節該所重軍器 見失不報 致此漠然 營校眼同摘奸後 所失之物 一一修成册報來爲旀 該監色亦即押上亦敎是置㉘ 捉入該監色嚴査委折是乎則㉙ 銃二十六柄 火藥二十斤 鉛丸三百箇 環刀三柄 果爲七月初見失於東徒處 而即其時修報次 成草入鑑 則以姑置爲敎 故在下之地 不得擧行是如爲乎所㉚ 事雖係於前官 以今新莅 寧不悚仄 到底躬審後 所失什物 別具成册兩件 修正上使 以備叅量是乎乙在果 盖此漫漶之科 已有所歸 實非下人之所犯 玆敢冒悚仰報 所謂該監色上使一欵更族處分擧行 緣由牒報亦牒呈是㉛白乎所 彼類之愈往愈熾 一向梗化 不勝忿惡 隨處掩捕 務盡剿滅之意 發關各邑鎭是白遣 嗣後形止 鱗次馳 啓計料爲白乎旀㉜ 茂長等五邑軍器見失 與被燒什物 別成册子 玆以馳 啓㉝爲白臥乎事是良厼㉞ 詮次

善啓向敎是事㉟

開國五百三年十月二十九日㊱

啓　(啓下印)

開國五百三年十二月初二日㊲

啓下

(註解) ① 狀啓를 올린 官員。② 去七月初五日出初十日到付道內茂長縣監金五鉉牒報內、지난 七月五日에 發送하여 一〇日에 到着한 道內茂長縣監金五鉉의 牒報內에 ③ 本縣～緣由牒報、茂長縣監金五鉉의 牒報內容。④ 爲有在果 하잇견과、뜻；—하였거니와。⑤ 是如、이다。뜻；—이라고。⑥ 如干、어지간한、웬만한。⑦ 亦、여、뜻；— 라는。⑧ 是白乎於、이삷오며、이사오며、뜻；—이사오며、⑨ 鱗次到付、곧이어 도착한。⑩ 公兄、三公兄 즉 地方官衙의 戶長·吏房·首刑吏。⑪ 是白遣、이삷고、뜻；—이사옵고、—이옵고。⑫ 是乎於、이오며、뜻；—이오며。⑬ 是在如中、이견다해、뜻；—이건대。⑭ 校宮、鄕校。⑮ 是乎乙遣、이올고、뜻；—이옵고。⑯ 是乎乙喩、이올지、뜻；—이올지。⑰ 是白加尼、이삷더니、뜻；—이옵더니。⑱ 使關、兵馬節度使의 關(文)。⑲ 節該、졀해、뜻；요약하면 ⑳ 眼同摘奸、合同調査。㉑ 向事亦是乎所、안일여이온바、뜻；—할일이라고 함이온바。㉒ 是乎隱喩、이온지、뜻；—인지、—이온지。㉓ 是乎乃、이오나、뜻；—이나、—이오나。㉔ 是乎乙加尼、이올더니、뜻；—이옵더니。㉕ 爲乎於、하오며、뜻；—하오며、—하며。㉖ 是乎等以、이온들로、뜻；—이온줄로。㉗ 使甘結、兵使의 甘結。㉘ 亦教是置、여이시두、뜻；—라고 (말씀)하십니다。—라고하시다。㉙ 是乎則、이온 즉、뜻；—이온즉。㉚ 是如爲乎所、이다하온바、뜻；—이라고 하온바。㉛ 是白乎所、이삷온바、이사온바、뜻；—이사온바、—이온바。㉜ 爲白乎於、하삷오며、뜻；하사오며、—하오며。㉝ 爲白臥乎事是良厼、하삷누온일이아곰、뜻；—하옵는 일이니만큼、—하옵는 일이므로。㉞ 詮次、젼차、뜻；까닭으로、연유로。㉟ 向教是事、아이샨일、뜻；—하올일、—하온일。㊱ 狀啓를 作成·上送한 日字。㊲ 이 狀啓를 (議政府에) 啓下한 日字。

(要旨) 一八九四年(高宗三一) 一〇月二九日에 全羅道 兵馬節度使가 全羅道 각 郡縣의 東學軍에 의한 被害를 각 地方官으로부터 報告받고、이를 종합하여 國王에게 報告하는 狀啓이다。이러한 狀啓는 東學革命 當時 東學軍의 活動을 연구하는데 중요한 史料가 된다。

〈狀啓、例二〉(서울大、No.八〇九三二)

正憲大夫行慶尙道觀察使兼兵馬水軍節度使都巡察使大丘都護府使 親軍南營外使 趙

道內晋州等地猖獗東徒剿捕次 承外務衙門電飭 討捕使大丘判官池錫永 已令登程 向往南路是白在果 連接各邑所報與文狀 則南
海縣令李圭豊牒呈內 今月十一日 湖南東徒十九名 突入本縣 設座于吏廳 脅勒監獄刑鎖 在囚匪類十六名 任意放出 稱以邑弊矯
捄 聚會亂類 出沒邑村 作弊非常矣 十六日 厥徒二百餘名 稱云 倡道於晋州 出往昆陽等地是如是白遣 泗川縣三公兄文狀內 今
月十三日 東徒數十名 稱有査問事 捉去戶長與吏房 厥徒數百名 放砲一聲 自南門直入東軒 恐動本官 止竟破碎軍庫 掠取軍物
故本官多般曉諭 仍爲還推納庫 則厥徒濫索錢財 勒受錢標以去矣 十七日 自其接所 稱以泗川倅嶺湖共知之良吏 標紙還送于

官矣 十八日 湖南東徒百餘名 又爲突入 留宿於作廳 十九日 轉向南海次 盡爲散去 二十日 各處東徒八百餘名 各持銃劒 攔
入邑底 若見官屬 則拔劒恐嚇 仍爲宿食于各公廨後 燒毁下吏黃鍾羽黃台淵家舍 如干什物 一一攫取 遍行村閭 牛馬衣服產物
惟意奪去 二十二日 轉向固城次 并爲退去是如是白遣 昆陽郡守宋徽老牒呈內 今十五日 河東東徒數千名 聚會于本郡多率寺
光陽順天東徒數千名 建旗吹角 放砲吶喊 直入城內 或爲留宿 或爲午飯而去 謂以向往晋州次入來云矣 方今合勢於晋州接界浣
沙等地 而過去本郡時 邑丁之肆習鳥銃二十柄 威脅奪去是如是白遣 固城府使申慶均牒呈內 府使營門延 命回路 聞邑隷來告 則
東徒六百餘名 各持鈒戟 空官時來到本邑 破碎倉庫 沁營納砲糧米數十石 任意出去 派給近洞 炊飯分食 晝夜間砲聲不絕 浮浪
雜類 誘入其徒 捉去饒民 討索無常 方爲逗遛邑底是如是白遣 晋州牧使柳瓆牒呈內 今十四日 本州代如村民人等 謂以矯弊 發
文各面 聚黨入邑 而曉諭不聽 大設帳幕於場市 燒毁人家 攔入東軒 語多威逼 撞打獄門 擅放罪囚 千百爲羣向往玉泉寺 佛
宇僧舍 一併燒燼 擧措叵測矣 十七日 東徒數千名 自河東來到本州 故兵使與牧使 同時出郭 一邊備禦 一邊飭諭則夥數徒黨 乘
勢攔入 設所於各公廨 而所謂都統領鄭運昇 率數百人 中軍將率四五百名 河東包率七八百名 右先鋒率五六百名後軍將率四
五百名 都統察率百餘名 外他丹城包 南原包 涉川包 上平包 吾山包 求禮包 散處邑底 其數不可勝計 十八日 嶺湖大接主金仁
培 率千餘名 入處城內吏廳 鳴鑼擊鼓 砲聲如雷 銃槍劒戟 極其利鋭 建一大紅旗於陣前 而大書輔國安民四字 討索酒飯 莫可
堪當 官屬邑民 擧皆逃竄 故屢加曉諭 則邑底之黨 十九日 始爲退去 中軍將二十一日率數百名 出往召村驛 網打一村 攫取產
物多民驚散 一郵空虛 二十二日 轉向代如村龍湯洞 盡奪財產 連燒三十戶 居民之槍劒受傷者夥多 二十四日 城中之黨并爲
退去 然餘黨出沒閭里 而營州官屬 擧皆逃散 目下事勢 警備沒策是如是白遣 右兵使閔俊鎬牒呈內辭緣 與該牧使所報 一樣
是白置有亦 今此五邑出沒之亂類 始自湖南而越嶺 仍犯河東而駕海 徒衆從以滋蔓 沿境次第侵索 公穀之偷出 獄囚之擅放 軍物
之刼掠 官長之脅制 家舍之燒毁 財產之攫奪 俱係痛惋 渠所謂統領中軍等名目 尤極兇獰 甚至於建旗鳴鼓 攔入州城者 即一無
前之變怪 而尙此逗遛於濱海近境 聚散無常 情形莫測 沿邑擧懷驚惕 吏民不得安接 似此駭悖之習 不容一向息撫 而剿捕之節
晷刻難緩 故業已秘移于統制使 又爲別關于討捕使 連加題飭於各該營邑 使之隨機應變 合力掩捉是白在果 河府猖獗之徒 晋邑
約會之事 陰謀預洩 先機入聞 故自臣營別遣耳目 密加偵探 則當初州民擾嚷 不無彼黨慫慂 而兇鋒踵入 官屬驚散 平時警備 非

不嚴密 當下事勢 寡衆難敵 雖因營牧之苦心曉諭 致令徒衆之無事退散是白乎乃 所謂官屬之不思捍禦 臨難逃避者 誠極駭歎 故
該營州將吏頭領 方爲別般科治 嗣後形止 鱗次登 聞 緣
由并以馳
啓爲白臥乎事是良尒 詮次
善啓向教是事
開國五百三年九月三十日

啓

開國五百三年十月十三日
啓下議政府

서울大, 159173

圖版 51 書 啓

(9) 書 啓

暗行御史와 같은 奉命官의 復命書를 書啓라 한다。暗行御史는 復命時에 書啓와 別單을 올린다。紳士遊覽團의 委員들도 東萊府暗行御史로 任命되어 派日되었으므로 그들이 復命하면서 올린「日本見聞事件」「視察書啓」등은 書啓와 別單에 該當한다。書啓는 日省錄 등 官纂史書나 文集에 轉載된 것을 볼 수 있다。魚允中의 從政年表에 있는 書啓와 別單은 좋은 例가 되겠고,(107) 日省錄에는

(107) 魚允中, 從政年表二, 戊寅年(高宗, 一五) 六月一六日「復命納書啓」참조。魚允中은 前年(高宗一四, 一八七七)에 全羅右道 暗行御史로 任命되었고, 九個月에 걸친 使命을 마치고 復命하면서 書啓와 別單을 올리고 있다。

書啓와 別單을 모두 轉載하고 있다.(108) 原本은 아니나 暗行御史들의 書啓를 輯錄한 「書啓輯錄」(奎、一五〇八四)도 참고할 수 있는 자료이다.

〈書啓、例〉(서울大 No. 一五九一七三)

忠淸左道報恩郡鎭川縣永同縣延豊縣暗行御史宣略將軍行龍驤衛副司果中學

臣 於本年四月十六日 祇受 封書一度 雙擎納懷 亟就靜僻處 盥手開緘是白乎則① 以臣爲忠淸左道暗行御史 兼下馬牌②一鍮尺③一是④白乎所 第伏念 直指重任也 徃役臣分也 不敢宿命 登時俶裝 蚤夜憂懼 罔或敢懈是白乎矣⑤ 暗行易於露跡 密探殊於顯査 緊叩則疑以不答 漫提則怱以泛應 崮氓之言模糊 難領其要 猾吏辭隱 暎而不輸以實 落訟者犯情當屈 而必稱其寃 懷惠者法理雖枉 而例誦其德 財穀偸弄 則蔑痛彌縫 必作可欺之方 貨賂結托 則暗地授受 初無應執之契 臆逆而斷定 或恐其跡同情異耳 剽而裁量 亦多有言浮實爽是白乎等以⑥ 始自村野之動靜 以觀其大綱 兼因場市之都會 以聽其與論 終至於邑底 以探其肯綮 然後始乃露蹤 先從大不法者 封閉倉庫是白遣⑦ 四邑守令之政治得失 從實條列是白乎於⑧ 至若沿路邑段⑨ 旣未承特敎 隣邑段臣之在境時別無事端 益不擧論是白遣 邑弊民瘼之可合矯捄而無以擅便者 謹具別單 庸塵乙覽是白在果⑩ 臣即一眇末新進耳 姿性魯莽 閱歷淺尠 識不足以綜察事務 才不足以鉤鉅隱微 曷嘗有句幹重畀一毫承當之望 而 特簡之下 感戴居先 惟 命之從夷

忠淸左道暗行御史宣略將軍行龍驤衛副司果

特簡之下 感戴居先惟 命之從夷險 向⑪前即臣臨發時 自矢于中者 階前萬里 焉敢誣也 而其奈信心直行 自歸謏陋之科 殫誠竭力 竟蔑對揚之效 仰以孤 九重若恫之念 俯以招羣性失望之譏 僨誤不職之罪 恭俟 嚴譴 尤不勝惶悚悸慄之至是白齊⑫

(註解) ① 是白乎則、이삷온즉、이사온즉、뜻 ; ―이사온즉。② 馬牌、大小의 官員이 公事로 지방에 나갈때 驛馬를 徵發하는 표、暗行御史가 任務를 수행하는데 필요했고、馬牌를 印章으로 代用하였다。暗行御史로 任命할때는 반드시 馬牌를 내려주었다。③ 鍮尺、놋쇠로 만든 자、暗行御史가 檢屍할 때에 쓰도록 내려주었다。馬牌와 鍮尺은 暗行御史의 상징이기도 하다。④ 是白乎所、이삷온바、이사온바、

뜻：—이사온바, —이온바。⑤ 是白乎矣, 이삷오되, 이사오되, 뜻：—이사오되。⑥ 是白乎等以, 이삷온들로, 이사온들로, 뜻：—이사온줄로。⑦ 是白遣, 이삷고, 뜻：—이옵고。⑧ 是白乎旀, 이사오며, 뜻：—이사오며。⑨ 段, 딴, 뜻：은—딴은。⑩ 是白在果, 이삷견과, 뜻：—이삽거니와。⑪ 向前, 아젼, 안젼, 뜻：젼에, 젼번에。⑫ 是白齊, 이삷제, 뜻：—이옵니다。

(**要旨**) 年代未詳에 忠淸左道暗行御史로 任命된 龍驤衛副司果 中學(名)의 書啓이다。暗行御史의 任務遂行의 어려움과 廉探・措處를 略言하고, 四邑守令의 政治의 得失과 邑弊・民瘼의 矯捄할 점 등을 別單으로 올린다는 內容이다。

(10) 呈　辭

官員이 事情으로 말미암아 辭職・休職・休暇를 請하는 文書이다。呈辭의 事由로는 病親・身病・覲親・掃墳・加土・焚黃・榮墳・歸葬・成婚・鍼灸・沐浴 등이 있다。呈辭의 原本은 찾아보기 어렵고 「朝鮮王朝實錄」・「承政院日記」・「日省錄」 등 官撰史書와 文集에 轉載된 것을 흔히 볼 수 있다。

〈呈辭式〉

(病親)　具銜臣姓名署名

右謹 啓臣矣段臣矣身父在母或於某道某邑地是白如乎節病是重是如傳人來到爲白有昆下去相見爲白良結望良白去乎詮次

善啓向敎是事望良白內臥乎事是亦在謹 啓

年號幾年某月 日

(身病) 上同臣矣段以 臣矣身某病云云旬月之內萬無起動供仕之望某職言官實職監司縱隨縱縱書重地不宜久曠臣矣職本有兼帶任則並云本差爲白只爲望良爲去乎以下同上

(再度) 上同臣矣段以 臣矣身伏蒙

(108) 著者가 조사한 바에 의하면, 日省錄에는 高宗四年(丁卯) 四月二十一日字에 보이는 公忠道暗行御史書啓와 別單을 위시하여 高宗二九年까지 各道暗行御史의 「復命・書啓・別單」에 관한 記錄이 四五件이나 된다。

天恩受由調理爲白良置所患前症有加無減旬月之內差復無期臣矣職以下同初度

（覲親）　　單銜臣姓名

臣矣段臣矣父在於某道某邑地久未歸覲下去相見爲白良結望良白去乎詮次

善啓向敎是事

年號幾年某月　日

（掃墳）臣矣段以上同臣矣身父墳或母墳在於某道某邑地是白如乎久未展省下去拜掃爲白良結以下同上

※ 加土・焚黃・榮墳・歸葬・成婚등 式 省略

(典律通補、別編)

(11) 薦單子

吏曹・兵曹 또는 推薦權者가 三人의 候補者를 薦擧하는 文書이다。國王은 推薦된 者 중에 가장 적합한 者에 點을 적어 (落點) 任命할 사람을 決定하게 된다。薦望을 三望・備望・注擬 등으로도 쓴다。「守令薦單子」의 皮封 왼편에 「守令薦擧單子」라 쓰고 合襟處에 「臣 署名 謹封」이라 쓴다。外方에서는 監營을 거치지 않고 京司로 보내도록 되어 있다。

〈守令薦單子式〉(邊將薦式同)

守令可合三人

單銜姓名所薦人列書

年號幾年某月　日單銜臣姓名一式只書姓署名

(典律通補、別編)

(12) 褒貶單子

官員의 勤務成績을 매겨서 報告하는 文書이다。京官은 該司 堂上官・提調 및 屬曹堂上官이、外官은 觀察使가 每年 六月一五日、一二月一五日에 等第하여 啓聞한다。(成績과 賞罰관계는 經國大典 吏典、「褒貶」條 參照)

全羅右水營

端午

進上

柒貼扇拾把

白貼扇拾把

柒別扇參拾把

油別扇壹百把

際

光緒　　日 節度使 李

圖版 52 進上單子　　서울大, 271356

(13) 進上單子

觀察使・兵使・水使 등이 그 地方의 特産物을 國王과 王室(王妃・王世子・前王・前王妃)에 올리는 것을 進上이라 하며, 進上物의 種類와 數量을 적어 올리는 文書를 進上單子라 한다. 進上에는 物膳・方物・藥材 등이 있다. 觀察使・兵・水使 등이 올리는 것으로 되어 있으나 결국 그 부담은 백성에게 돌아가는 것이었고 이에 따른 弊端이 많았음은 周知하는 바이다.

〈進上單子, 例一〉(서울大, №二七一三五六)

全羅右水營

端午

進上

柒貼扇拾把

白貼扇拾把

柒別扇參拾把

油別扇壹百把

際

光緒[二十]年四月初一日節度使李(押)
(節度使印)

(要旨) 一八九四年(高宗三一) 四月에 全羅右水營의 節度使 李가 全羅道의 特産인 各種 부채를 端午進上으로 올리는 單子이다。

〈進上單子、例二〉(서울大、No. 一八三五一九)

慶尙道九月朔膳

進上

大妃殿

胡桃捌升陸合

栢子陸升壹合

早紅柿子參拾肆箇

光緒二年八月十五日觀察使兼都巡察使朴(押)

(要旨) 一八七六年(高宗一三) 八月一五日에 慶尙道觀察使가 大妃殿에 慶尙道九月朔膳 進上으로 胡桃·栢子·早紅柿子를 올리는 單子이다。

(14) 下直單子

使命을 띠고 떠날때나 辭職·休職·休暇를 위한 呈辭가 允許되었을때、王에게 下直을 告하는 간단한 文書이다。

〈下直單子式〉

病父或母相見事 父母墳加土 拜掃亡妻及妻父母歸窆 子息成婚 覲親 榮墳 焚黃事等隨稱 以某道某邑地受由下去 某科某所某試官以進去 賜諡某公姓名賜諡事以某道某邑地下去 某道迎慰以西下中路問安暇承旨以西下以某事 赴燕遠接使通信使接慰官監刈官捉魚官致祭官奉審官凡出使 等隨稱 爲白臥乎事

單銜臣姓名

(典律通補、別編)

(15) 謝恩單子

昇進・兼職・加資 등의 恩典에 대하여 感謝의 뜻을 표시하는 간단한 文書이다.

〈謝恩單子式〉

謝
恩

單銜臣姓名

兼某職(或加資)

下批爲白臥乎事

(典律通補、別編)

(16) 六行單子

生員科・進士科・文武科에 及第한 사람이 謝恩하기 위하여 國王에게 바치는 六行으로 된 文書이다.

〈六行單子式〉

文科新及第臣姓名 生員稱新榜生員(進士)臣姓名

右 臣名 謹詣

閤門 祗 候

謝 伏 候

進 止

年號幾年某月某日新及第臣姓名謹狀

(典律通補、別編)

(17) 問安單子

國王을 問安할 때 올리는 간단한 文書。再帖初行末端에 單銜姓名을 쓴다。

〈問安單子式〉

單銜臣姓名

(典律通補, 別編)

(18) 祗受單子

國王으로부터 下賜를 받았을 때 올리는 간단한 文書。

〈祗受單子式〉

賜送某物某數伏地祗受爲白臥乎事
年號幾年某月某日單銜臣姓名

(典律通補, 別編)

(19) 處女單子

나라에 揀擇令(禁婚令)이 내렸을 때, 候補가 될만한 士族의 處女의 이름을 써서 올리는 單子이다。그 書式은 확인할 수 없으나 그 家門의 內外四祖, 그 家門의 顯官의 有無, 家族상황, 處女의 나이 등이 기재되었을 것으로 추측된다。

2) 對王室

官府(官吏)의 對王室文書로는 東宮代理時의 對東宮文書와 王妃를 비롯한 王室에 대한 文書가 있겠다。

對東宮文書는 對國王文書와는 文書의 名稱과 用語에 있어서 差異가 있다。즉 上疏는 上書, 啓本은 申本, 啓目은 申目, 狀啓는 狀達이라고 하였고, 用語에 있어서도 傳旨는 徽旨, 啓依允은 達依準, 百拜는 再拜, 上箭開坼은, 世子宮開坼, 傳曰允

은 令日依、不允은 不從、批答은 下答、省疏는 覽書 등으로 달리 쓰고 있다。[109]

(1) 上書

世子(東宮)에 올리는 上疏를 上書라 한다。上書는 世子가 代理聽政할 때에 世子에게 올리는 것으로서、조선시대 대리청정한 世子가 몇명되지 않았고 그 기간도 길지 못하여 上書原本은 매우 드물다。官撰史書나 文集에는 轉載된 것을 볼 수 있다。

〈上書式〉

具銜臣姓名誠惶誠恐頓首頓首謹再拜上書于
王世子邸下伏以云云臣無任以下同上疏

(典律通補、別編)

(2) 申本

世子가 代理聽政할때 世子(東宮)에게 올리는 啓本을 申本이라 한다。啓本과 書式은 같으나 啓本에서 「啓聞」이라 한 것을 「申聞」으로 고치면 된다。[110] (啓本項 참조) 原本을 찾아보기 어려운 것은 上書에서와 같다。

(3) 申目

世子代理時에 世子에게 올리는 啓目을 申目이라 한다。書式은 啓目과 같으나 「啓目」이라 한 것을 「申目」이라 代置하면 된다。(啓目項 참조) 原本을 찾아보기 어려운 점은 앞의 「上書」「申本」에서와 같다。「申目」은 擔當承旨에 의해서 世子에게 올려지고、世子의 處分을 받게되면、處分된 날짜와 擔當承旨의 姓・押을 하고 申目을 올린 官署에 下達한다。

(109) 六典條例、卷二、承政院、儀節 參照。
(110) 典律通補、別編、京司啓本式、外方啓本式 참조。

(4) 狀 達

世子代理時에 世子에게 올리는 狀啓를 狀達이라 한다。書式은 狀啓와 같으나 狀啓에서 「善啓」라 한 것을 「善達」로 代置하면 된다。(三) (狀啓項 참조) 原本이 귀한 것은 앞의 上書・申本・申目의 경우와 같다。「狀達」의 上達・處理方式은、狀啓의 경우와 같다。

(5) 玉 册

臣下(官僚)가 王妃에게 尊號를 올리는 文書이다。(國王文書、對王室、「玉册」및 官府文書、對國王「玉册」참조)

〈玉册、例〉(서울大、奎、二七三八五)

維歲次癸酉四月己酉朔十七日乙丑大匡輔國崇祿大夫議政府領議政兼領經筵弘文館藝文館春秋館觀象監事臣洪淳穆等誠懽誠忭
稽首稽首謹
上言伏以迓
駿命而賛治
陰功普彰正
翟儀而
儷尊
顯號齊藏曷旣尙象秖率丕彝 恭惟
王妃殿下娓周好逑邁唐良佐文貞忠文之著名節奕葉炳灵姜嫄大姜之襲休祥曾妙篤慶聽鷄問寢

婉容供

東朝之歡兮蘭獻種

芳猷翊

北宸之化順乎天而王道之本至哉坤而賢助者祿六宮舉欣樛葛之

恩下逮

七廟昭薦蘋藻之禮上承簪珥進規勉之箴

謦言不出於壼外絺綌著勤儉之德風謠載覃於海隅叶嘉頌於黃裳麟趾相應鞠吉兆於朱芾熊羆乃占無能名徽柔懿恭不贍書含弘光大隆

責方議於

四聖貞觀攸同於兩儀顧我家

先后已行禮則然矣矧今日天休滋至德必得其

令聞不已於

椒闈縱難蠡管之窺測景鑠載申於芝檢宜有鴻藻之鋪張揄二字而

徽美益章闡一體而情文咸備臣等不勝大願謹奉

冊寶上

尊號曰

孝慈源百行而大哉孝是謂盡倫育萬物而止於慈所以使衆伏惟

勉回謙抑

懋膺泰亨琬琰增輝受玆九五福壽弓韣筮吉施于千億子孫臣淳穆等誠懽誠忭稽首稽首

上言

(三) 앞의 狀啓式 참조。

玉冊文製述官行知中樞府事金學性
書寫官水原留守閔升鎬
玉寶篆文書寫官行戶曹判書金世均

寶

(孝慈王妃之寶)

(要旨) 一八七三年(高宗一〇) 四月一七日에 領議政 洪淳穆等이 王妃(閔妃)에게 「孝慈」라는 尊號를 올리는 玉冊과 「孝慈王妃之寶」라 새긴 玉寶를 安한 冊寶文이다。 玉冊은 拓本하여 製冊하였다。

(6) 箋 文

吉事・凶事・慶事가 있거나 令節에 臣下가 王妃・大妃・大王大妃 등에게 올리는 四六體의 文書이다。(官府文書、對國王、「箋文」 참조)

3) 對官府(官吏)

(1) 關

官府 相互間에 授受되는 官用文書로서 同等以下에 쓴다。[112] 즉 同等한 官府 相互間과 上級官廳(上官)에서 下級官廳(下官)에 보내는 文書이다。 下級에서 上級으로 올리는 文書는 「關」을 쓸 수 없고、「牒呈」을 쓴다。 關의 내용은 대개 두 官廳간

圖版 53 關 (成均館)

著者

의 관련있는 事務를 「相考」하여 시행하기 위한 것이다. 同等한 官衙 사이의 關文을 「平關」이라 한다. 高麗로부터 朝鮮初(太祖代)까지는 「出納」이라 쓰던 것을 太宗初부터 「關」으로 바꿔 쓰게 되었다. 「關」으로 오래된 例로는 一四〇一年(太宗一)에 馬天牧에게 내린 佐命功臣錄券이 있다. 그러나 아직 書式이 잡히지 못한 상태이고 經國大典에 이르러 조선의 關文書式이 확정되었다. 「關」은 關文·關子(字)라고도 썼다.

〈平關式〉

某衙門爲某事云云合行移關請 照驗施行須至關者 右　關 某衙門 年印月　日 關某職押　某職押

(經國大典、禮典)

〈關文、例一〉(筆者)

①成均館爲□(相)考事 道□(內)宜寧居幼學李宜默等 聯名呈原② 以爲校院生等 雖甚愚微 俱入靑衿之案③ 進參俎豆之列 事體果何如而近來人心 比前尤甚 侵以校生 至有軍伍充丁之弊 宜有所呼冤之端旀不喩聖廟守護④ 終必無人而後已是乎所⑤ 齎任之稟告官家 士林之齊訴本邑 今年僅爲頉免 明年又復横侵 名以校生

(112) 經國大典、卷三、禮典、用文字式에 「凡中外文字 同等以下 用關」이라 하였다.

侵以軍丁 無異於常漢賤類者 萬萬寃枉 如無本館文案 則來頭無窮之弊有不可勝言 成給文案 關飭該縣 以□(杜)日後如此之弊是如⑥
屢屢呼訴爲臥乎所⑦ 聞甚可矜 學宮校院⑧ 所重一體 本館不聞則已 既聞之後 不可無顧恤乙仍于⑨ 依例成給完文 玆以發關⑩爲去乎⑪
到關即時 本縣校生等 混侵各様之役 永爲頉下 節目出給 俾無呼寃更訴之弊事 該縣良中⑫ 各別嚴飭知委後 形止回移 以爲憑信
之地向事⑬ 合行移關 請
照驗施行 須至關者
右 關
慶⑭尚道觀察使
嘉慶 十二 年二月 日
相考 (成均館印)
關⑮(關字印)(押)

(註解) ① 成均館爲相考事、成均館이 相考하는 일、이 關文을 發하는 것이 成均館이고、發關하는 目的은 相考하여 施行하도록 하기 위함이다。② 呈原、原情(陳情書)을 올리는 것。③ 靑衿之案、靑衿錄 즉 成均館・鄕校・書院에 있는 儒生의 名簿。④ 叱不喩、뿐아닌지、뜻；—뿐 아니라。⑤ 是乎所、이온바、뜻；인바、—이온바。⑥ 是如、이다。뜻；—이라고。⑦ 爲臥乎所、하누온바、뜻；하는바。⑧ 學宮校院、成均館・鄕校・書院。⑨ 乙仍于、을지즈로。뜻；—이기에、—을 말미암아。⑩ 發關、關文을 發함。⑪ 爲去乎、하거온、뜻；—하므로、—하오니。⑫ 良中、아해、뜻；에、에게。⑬ 向事。안일、뜻；—할일。⑭ 慶尚道觀察使、이 關文의 受取者。⑮ 세로 九 cm、가로 六 cm의 關字印을 찍고、그 안에 細字로「知館事」、「同知館事」(二)、「大司成」이라 쓰여 있다。

(要旨) 一八〇七年(純祖七) 二月에 成均館에서 慶尚道觀察使에게 發한 關文이다。內容은、校生(鄕校)들에게 軍丁의 부과를 면제해 줄 것을 陳情한 宜寧居 幼學李宜默 등의 聯名 原情에 의하여、成均館에서 校生들에게 各様賤役을 免除한다는 完文(筆者所藏、뒤의「完文」項 참조)을 發給하면서、慶尚道觀察使에게 校生들이 各種 役에 侵漁되는 일이 없도록 該縣에 엄중히 指示해 줄 것을 당부하는 關文이다。

(解釋) 成均館에서 相考하는 일。道內 宜寧居 幼學李宜默 등이 聯名하여 올린 原情에 이르기를、校院生 등은 비록 심히 愚微하나 모두 靑衿錄에 들어있고 俎豆之列에 進參하니 事體가 果然 어떠합니까。近來人心이 前에 比하여 尤甚하여 校生을 侵漁하여 軍伍에 充丁하는 弊가 있기에 이르렀으니 마땅히 呼寃할 端緖가 있을 뿐 아니라、聖廟의 守護는 마침내 반드시 사람이 없게된 후에 그칠 것인바、(鄕校를 지킬 사람이 없게 되는데 이른다는 뜻) 齋任이 官家에 稟告하고 士林이 本邑에 齊訴하여 今年은 겨우 頉免했으나 明年은 다시 橫侵할 것이니、校生으로 이름하여 軍丁에 侵漁됨은 常漢・賤類에 다를 것이 없으니 寃枉하기 그지없읍니다。만약 本館(成均館)의 文案이 없으면 앞으로의 無窮한 弊端은 말로 다할 수 없으므로、文案을 成給하고 該縣에 關飭하여 日後 이와같은 弊를 막아달라고 누누이 호소하는바、들으니 심히 불쌍하다。學宮과 校院은 所重함이 같다。本館에서 不聞하였으면 그만이나 이미 들은 후에 顧恤이 없을 수 없기에 例에 의하여 完文을 成給하고 이에 關文을 發하니、關文이 到着하는 즉시 本縣 校生 등에게 混侵된 各樣의 役을 영원히 免除(頉下)한다는 節目을 出給하여 呼寃更訴하는 弊가 없도록 할 일을 該縣에 각별히 嚴飭하고 知委(命令을 내려 알려줌)한 후에 形止(顚末)를 回移하여 憑信하도록 할 일。(合行 以下는 書式)

〈關、例二〉(서울大、№六九九八一)

京畿抱川縣監爲相考事 ①節呈弊縣內洞居喪人李春壽所志內 ②矣身亦妻父前 新婚時別得③爲在 婢德禮身乙 多年使喚④是如可 去年十月初九日夜間 公然見失⑤是遣 其後搜問去處 江原道楊口幕洞居趙宗謙養子者 招引率去 隱置家內 今方使喚⑥是如爲臥乎所 他矣奴婢招引之罪 載在法典 上項趙哥 捉來嚴囚 招引之罪 依法科斷後 同德禮即爲推給事 移文成給⑦爲只爲 所志⑧是置有亦 果如狀辭 則趙哥所爲事 極無據⑨不喩 近來峽中人心極惡 不畏法文 招引人物 以爲能事 自法官若無嚴治之道 則如此之習 將無以禁抑 而他道孤蹤 亦未免落莫之歎⑩是去乎 ⑪向前趙哥捉囚 依法處置後 李春壽婢子 即爲推給⑫爲乎事 合行移關 請

照驗施行 須至關者

右 關

江 原 道 楊 口 縣

康熙四十八年十一月 日

關 (押)

(註解) ① 節、지위、뜻；이번、이때。② 矣身亦、의몸여、의몸이、뜻；내가、제가、나자신이。③ 爲在、하견。뜻；—한 ④ 是如可、이다가。뜻；—이다가。⑤ 是遣、이고、뜻；—이고。⑥ 是如爲臥乎所、이다하누온바、뜻；—이라고 하는바、⑦ 爲只爲、하기암。뜻；—하도록、—하기위하여。⑧ 是置有亦、이두이신이여、뜻；—이라고 하였으므로、—이라고 하였어요。⑨ 叱分不喩、뿐아닌지、뜻；—뿐 아니라。⑩ 是去乎、이거온、뜻；—이므로、—이오니。⑪ 向前、아젼、안젼。뜻；전의、앞의、⑫ 爲乎事、하올일、하온일、뜻；—하올일。—할일。

(要旨) 一七〇九年(肅宗三五) 一一月에 京畿道抱川縣監이 江原道楊口縣에 보낸 關文이다。相考의 內容은、抱川縣居 李春壽가 잃어버린 婢子를 楊口縣에 居하는 趙哥가 招引率去하여 숨겨두고 부린다고 하므로 이를 확인하여 그것이 사실이면、趙哥를 처벌하고 婢를 찾아 줄 것。

서울大, 69538

圖版 54 關

〈關、例三〉(서울大、No.六九五三八)

兼巡察使爲相考事 年例作還及會錄穀耗不足充補次 作還各穀 分排後錄爲去乎 一一均分 俾無該吏操縱之弊是遣 移劃錢段 催時與受 趁期擧行爲於 關到日時 亦即報來宜當向事 合行移關

請

照驗施行 須至關者

右 關

鐵 原 府 使

道光 二十 九年二月初四日 在營

相考

關 (押)

後

・冬作留置柒百玖拾壹兩參戔玖分

・補蔘殖利錢柒兩貳戔

・春蔘價奉收壹百伍拾捌兩陸戔柒分

・甲午權減蔘價伍百兩

・區劃錢壹百兩

・春等營需錢肆拾貳兩肆戔

・安峽移劃參百貳拾伍兩捌戔壹分

・狼川移劃玖拾玖兩肆戔陸分

・伊川移劃肆百肆拾兩柒分

（以上三條）即爲推來次

・合錢貳千伍百拾伍兩本府作還次

作還秩

・田米壹百參拾石

・小豆柒百石

・太陸百石

・正租伍拾石

・麥參拾石

・合各穀壹千伍百拾石價貳千伍百拾伍兩

(要旨) 江原道兼巡察使가 一八四九年(憲宗一五) 九月四日에 鐵原府使에게 내린 關文으로, 相考하는 일은 作還(還穀을 장만함)을 위한

것이다。「後」以下는 作還을 위하여 마련한 金額이며、「作還秩」은 마련된 金額으로써 장만한 還穀의 穀種과 分量(石數)이다。

(解釋) 兼巡察使가 相考하는 일。年例의 作還과 耗穀會錄(?)의 不足을 補充하기 위하여 作還할 각 穀을 分配하여 後錄하오니、일일이 均分하여 該吏가 操縱하는 弊端이 없도록하고、移劃錢은 時間을 재촉하여 주고 받아서 趂期擧行하며、關文이 到着한 日時도 곧 報告함이 宜當한 일。(合行以下는 書式)

(2) 牒 呈

下級官廳(官員)에서 上級官廳(官員)에 올리는 文書로서、馳報·牒報·相考·上送 등의 內容을 갖고 있다。官府文書 가운데 가장 많은 部分을 차지하는 樣式이다。牒呈은 謄錄으로 傳해지고 있는 것도 多數 있다。(113) 鄕有司(座首)나 面任(尊位)이 守令에게 올리는 것도 牒呈을 쓴다。

〈牒呈式〉

某衙門爲某事云云合行牒呈伏請
照驗施行須至牒呈者
右牒呈
某衙門
年印月　日某職某押　某職某押
某事

(經國大典、禮典)

某職(或某衙門)爲某事(馳報牒報行下相考上送等隨稱)云云爲只爲是良亦合行牒呈伏請
照驗施行須至牒呈者
右　牒　呈
某　衙門(或某職)
年號印幾年某月某日某職姓署名着押
某事

(典律通補、別編)

〈牒呈, 例一〉(서울大, 古圖書貴重本, 「入學圖說」紙背)

眞寶縣監爲新淸蜜事己未柒月貳拾柒日寅時到付□
使關內乙①用良別
(進上)□爲白乎②新白淸蜜③陸升乙④良准備監封上⑤
使爲白臥乎⑥事是良尔合行具呈伏乞
照驗施行須至呈者
右　　呈
都觀察黜陟使
正統肆年捌月初壹日辰時縣監金(押)
新淸蜜　(眞寶縣監印)

(註解) 牒呈 例 一과 二는 權近의 「入學圖說」(서울大圖書館 古圖書 貴重本)의 紙背에 있는 文書이다. 즉 이 「入學圖說」은 世宗二一年(一四三九)에 慶尙道 各邑에서 慶尙道都觀察黜陟使에게 올린 牒呈등 官府文書(接受·處理·廢棄된 것)의 背面을 紙地로 사용하여 인쇄한 것이다. (朴秉濠, 世宗二一年의 牒呈, 法史學硏究 創刊號, 一九七四, 참조) 따라서 紙背의 文書는 절단되었거나 인쇄된 부분과 겹쳐 글씨를 알아 볼 수 없는 부분이 대부분이다. 그 중 내용을 거의 알아 볼 수 없는 것이 五장, 부분적으로 확인되는 것이 一四장, 거의 완전하게 남아 있는 것이 四장이 있다.
① 乙用良, 을쓰아. 뜻;—으로써, —을 말미암아. ② 爲白乎, 하사온. 뜻;—하옵실. ③ 新白淸蜜, 새로 뜬 빛깔이 희고 품질이 좋은 꿀.
④ 乙良, 으랑. 뜻;—은. ⑤ 上使, 使(都觀察黜陟使)에게 올림. ⑥ 爲白臥乎事是良尔, 하삽누온일이아곰. 뜻;—하옵는 일이므로.

(要旨) 一四三九年(世宗二一) 八月初一日 辰時에 眞寶縣監金이 慶尙道都觀察黜陟使에게 올린 牒呈으로서, 내용은 同年七月二十七日寅時에

(113) 國史編纂委員會刊, 韓國史料叢書一〇, 「東學亂記錄」 가운데 「巡撫使呈牒報」 및 「先鋒陣呈牒報」에는 數百件의 牒呈이 謄錄되어 있다.

到着한 都觀察黜陟使가 내린 關文의 指示에 따라 특별 進上하옵실 新白淸蜜 六升을 准備·監封하여 都觀察黜陟使에게 올린다는 報告이다。年號위에 「眞寶縣監印」을 찍었다。

※ 牒呈 例一과二의 書式은 經國大典의 書式과 약간 다르다。起頭의 「某衙門爲某事」는 같으나 結辭의 「合行具呈伏乞照驗施行須至呈者」는 經國大典에서는 「合行牒呈伏請照驗施行須至牒呈者右牒呈」이라고 하여 약간 바뀌고 있음을 볼 수 있다。즉 具呈이 牒呈으로, 伏乞이 伏請으로, 呈이 牒呈으로 바뀌었을 뿐이다。

〈牒呈、例二〉(서울大、古圖書貴重本「入學圖說」紙背)

知永川郡事爲生栗事己未捌月初壹日到付

使關內

進上爲白乎生栗乙良隨宜准備上使向事①

關是白乎②等用良向前③生栗貳斗准備監封上

使爲④白遣合行具呈伏乞

照驗施行須至呈者

右　呈

都觀察黜陟使

正統肆年捌月初捌日申時知郡事權(押)

(知永川郡事印)　生栗

(註解) ① 向事、안일。뜻:—할 일。② 是白乎等用良、이사온들쓰아。뜻:—이사온 바로써。③ 向前、앗젼。뜻:앞의、앞서。④ 爲白遣、하삽고。뜻:—하옵고。

(要旨) 一四三九年(世宗二一) 八月初八日申時에 知永川郡事權이 慶尙道都觀察黜陟使에게 올린 牒呈으로서、내용은 同年八月初一日에 도착

한 「進上할 生栗을 隨宜准備하여 上使하라」는 都觀察黜陟使의 關文에 따라 生栗二斗를 准備·監封하여 都觀察黜陟使에게 上納한다는 報告이다。「生栗貳斗」와 年號 위에 「知永川郡事印」을 찍고 있다。

〈牒呈、例三〉(安東、河鍾禹氏宅)

奉化縣監爲①陳省事 ②節呈縣接正兵學生河源所志內 ③仕滿受職④爲白良結望良白去乎 帳籍相考 四祖陳省成給向事 所志⑤是乎等用良
⑥縣上癸卯年戶籍相考 ⑦向前河源年歲四祖 牒呈後錄爲白遣 合行牒呈 伏請
照驗施行 須至牒呈者
右 牒 呈
觀察使
弘治三年六月十日辰時行縣監南(押)
陳省
後
戶正兵學生河源年四十一本晋州
父生員 紹地
祖通政大夫司憲府執義 滄
曾祖朝奉大夫門下評理 之伯
外祖生員琴秙 本奉化
際
(奉化縣監之印三個處)

(註解) ① 陳省、陳省은 일에 따라 司에 따라 다르다。(陳省項 참조) 吏曹에서 取才할 때 陳省을 참고한다。外方에서 訓導取才에 應試하고

자하는 자는 그 事由를 갖추어 官에 告(申請)하면 本官은 이를 監司에 報告하고 監司는 이를 첨부하여 該司(吏曹)에 移文하는데 이를 陳省이라 한다。이 경우의 陳省은 本人과 四祖의 身分・職役을 記錄한 것이다。(中宗實錄卷四、中宗二年十一月戊戌條) ② 節、지위。뜻:이번。節呈、이번에 올린(바친)。③ 仕滿受職、勤務日數가 차서 受職함。外敎官取才는 四十歲以上者를 試驗한다。④ 爲白良結望良白去乎、하삽아져바라삽거온。뜻:—하옵고자 바랐삽기에。⑤ 是乎等用良、이온들쓰아。뜻:—이온바로써。⑥ 縣上、縣에 있는、縣에 備置된。⑦ 向前、안젼。뜻:앞의、앞서。

(要旨) 一四九〇年(成宗二一)六月에 奉化縣監이 河源의 四祖陳省을 위하여 觀察使에게 올린 牒呈이다。奉化縣에 사는 正兵・學生河源은 外敎官取才에 應할 수 있는 四〇歲以上이 되었으므로(經國大典、吏典、取才、外敎官條에 「試年四十歲以上者」라 했다。) 受職하기 위하여 四祖陳省을 成給해 줄 것을 請願하는 所志를 奉化縣監에게 올렸고、奉化縣監은 河源의 四祖陳省을 위하여 縣에 備置된 癸卯年(一四八三) 戶籍을 相考하여 河源의 年歲와 四祖單子를 牒呈 後部에 記錄하여 觀察使에게 올린 것이다。이 牒呈을 받은 觀察使는 河源의 四祖單子를 吏曹에 移文했을 것으로 추측된다。(뒤의 陳省 참조)

〈牒呈、例四〉(서울大、No.六九四六四)

①伊川都護府使爲牒報事 節②到付三軍府關據使關內乙用良③ 本府所在束伍軍兵等 官鎭門聚點 今月二十日 依例設行 而坐作進退之節
號令形名之方 各別鍊習後 逃老故有頉之類 無乎等以④ 緣由牒報爲臥乎事⑤ 合行牒呈 伏請
照驗施行 須至牒呈者

右 牒 呈

防 營

光緖 元年 十月二十一日行府使徐(押)

牒報

⑥ 到付 廿九日

(註解) ① 牒呈을 올리는 官員。伊川都護府使가 牒報하는 일。② 節到付三軍府關據使關內、이번에 到着(到付)한 三軍府의 關文에 依據

한 營使의 關文內。 ③ 乙用良、 을쓰아、 뜻 ; —을 말미암아、 —으로써。 ④ 無乎等以、 업스온들로、 뜻 ; 없는줄로、 없는바로。 ⑤ 爲臥乎事、 하누온일、 뜻 ; —하는일。 ⑥ 이 牒呈이 到着된 日字。

圖版 55 牒 呈　　서울大, 69464

(要旨) 一八七五年(高宗一二) 一〇月二一日에 伊川都護府使가 防營에 올린 牒呈으로、 東伍軍兵等의 點檢·訓鍊의 實施事實과 人員의 異狀없음을 報告하는 文書이다。

〈牒呈、例五〉(서울大、 №一六六一七〇)

長縣面任爲牒報事 邑志事段 本面自古有名之處 傳來古蹟 這這①修成是乎乃② 各宅神道碑 以文短所致 不能盡紀是乎故③ 敢不修納是④乎所 其所古蹟 玆以修納是乎尼⑤ 其餘未紀諸宅之神道碑 特爲文吏出送 以爲修成邑志之地 牒報事 合行 伏請 照驗施行 須至牒呈者

右 牒 呈

使道主 前

己酉二月二十二日面任徐(押)

(註解) ① 這這、 갓갓、 뜻 ; 낱낱이、 일일이。 ② 是乎乃、 이오나、 뜻 ; —이오나、 —이나。 ③ 是乎故、 이온고로、 뜻 ; —이온고로、 인고로。 ④ 是乎所、 이온바、 뜻 ; —이온바、 —인바。 ⑤ 是乎尼、 이오니、 뜻 ; —이오니。

(要旨) 己酉年 二月二二日에 長縣面任徐가 守令(使道)에게 올린 牒報로서、 邑志편찬을 위한 「古蹟」資料에 대한 報告로서、 文短所致로

記錄하지 못한 諸宅神道碑를 記錄하기 위하여 文吏를 出送할 것을 要請하는 內容이다。

〈牒呈、例六〉(서울大、No. 六九五五八)

鄕有司爲望報事 鄕所改差 代以可合人 後錄牒報爲臥乎事 合行牒呈 伏請

照驗施行 須至牒呈者

右　　牒　　呈

府　　使　　道

末望出帖
向事
同日

戊寅三月十八日鄕有司權(押)

行使(押)

後

安肯鉉

沈熙宅

朴聖鎬——

原

(要旨) 戊寅年 三月一八日에、鄕有司 權某가 府使에게 올린 牒呈、鄕所의 鄕任의 改差를 위하여 候補者 三人을 推薦하는 文書이고、同日에 府使는 末望(朴聖鎬)에게 出帖할 것을 題하고 있다。

〈牒呈、例七〉(서울大、No. 一一三二一五)

白也面尊位爲到付事 本面內 如有東學之類 摘發馳報之意 令飭來到 而若有取黨之機微 星火馳報爲臥乎事 合行牒呈 伏請

照驗施行 須至牒呈者

右　牒呈

行　郡守

癸巳四月初九日尊位房(押)

(要旨) 一八九三年(高宗三〇) 四月九日에 白也面尊位가 郡守에게 올리는 牒呈으로, 內容은 本面內에 만약 東學之類가 摘發되면 馳報하라는 뜻의 郡守의 令飭이 來到(到着)하였음과 만약 聚黨의 기미가 있으면 급히 馳報할 것을 報告함.

(3) 帖

品高衙門에서 七品以下 官員에게, 또는 官府의 長이 屬官에게 내리는 文書로서, 差定(任命), 勿侵(침범 못하도록함) 또는 訓令 등에 帖을 내린다.(114) 守令이 鄕吏나 祭官을 任命할 때에도 帖을 쓴다.

朝鮮史料集眞

圖版 56 帖

〈帖式〉

某曹爲某事云云合下仰照驗施行須至帖者

右帖下某准此

年印月　日

帖判書押　參判押　參議押

正郎押

佐郎押

(經國大典, 禮典)

(114) 典律通補, 別編, 帖式 참조.

圖版 57 差 帖　　서울大, 209459

某衙門爲某事(差定勿侵等語類則)云云合下仰
照驗施行須至帖者
右下帖某準此
年號(印・左旁書某事)幾年某月　日
帖衙門押

(典律通補、別編)

〈朝謝帖、例一〉(朝鮮史料集眞 一)

兵曹爲朝謝事　司憲府兵房書吏李子烈　永樂七年三月二十
七日名關　曹所申永樂七年三月初四日判　修義副尉龍騎巡
衛司前領副司正敎學生沈彦冲作還朝謝由移關爲等以合下
須至帖者
右下副司正沈彦冲准此
永樂七年三月二十八日
朝謝事

帖

令使金
左參議(押)　正郎　佐郎(押)
判事　判書　右參議(押)　正郎　佐郎(押)
知事　正郎　佐郎(押)

(要旨) 一四〇九年(太宗九) 三月二八日에 兵曹에서 學生沈彥冲에게 修義副尉龍騎巡衛司前領副司正을 任命하는 朝謝帖(職帖)이다。그러나 原文書의 상태가 不良하여 加筆한 것이 많으며 더욱이 加筆할때 잘못 쓴 것이 있어 文書의 原形을 損傷시킨 것이 많은 것은 애석한 일이나 朝鮮初의 差帖(朝謝帖)의 형태를 전해주는 중요한 자료임에 틀림 없다。

〈帖、例二〉(서울大、№二〇九四五九)

①吏曹爲差定事 萬曆二十九年六月十四日 右副承旨臣閔善次知②口③

傳 權知成均館學論乙良④ 起門弋只⑤ 進叱使內良如爲⑥ 口

傳施行爲有置有等以⑦ 合下仰照驗施行 須至帖者

右帖下新及第生員柳起門⑧ 准此

萬曆二十九年六月 日

差定

帖⑨ 行判書(押) 參判 參議(押) 正郞 佐郞

(註解) ① 吏曹爲差定事、吏曹에서 差定(任命)하는 일。이 帖(差帖)을 發給하는 衙門이 吏曹이다。② 次知、차지、뜻 : 담당자、책임자。③ 口傳、注擬를 하지 않고 落點、任命하는 것。吏曹 단독으로 注擬하여 承政院에 보내면 承政院의 담당承旨가 이를 王에게 가져가 受點、任命하는 것。④ 乙良、으란、뜻 : —을랑。—는(은)。⑤ 弋只、이기、뜻 : 이、가(주격조사) ⑥ 進叱使內良如爲、낫부려쇄라다암。나아올수 있도록。⑦ 爲有置有等以、하잇두이신들로、뜻 : 하였다 하였으므로。⑧ 新及第生員柳起門、이 帖을 受取하는 사람。⑨ 帖、「帖」字印을 찍고、그 안에 「行判書」라 쓰고 押(手決)하였다。

(要旨) 一六〇一年(宣祖三四) 六月에 吏曹에서 新及第生員 柳起門을 權知成均館學論로 任命하는 差帖이다。

(解釋) 吏曹에서 差定(任命)하는 일。萬曆二九年 六月一四日、右副承旨閔善 담당 口傳에 權知成均館學論(從九)는 柳起門이 나아올 수

있도록 口傳施行한다 하였으므로(合下 以下는 書式이나 이를 억지로 해석하면) 照驗하여 施行하기를 바란다。帖이 반드시 이를것。이 帖은 新及第生員柳起門에게 내리니 이에 准하라。(따르라)

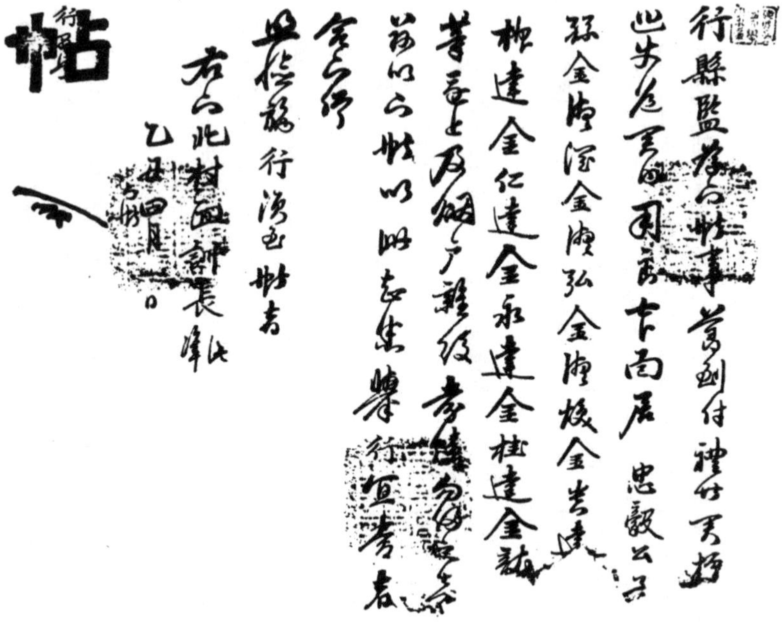

圖版 58 帖

서울大, 244210

〈帖、例三〉(서울大、№二四四二一〇)

行縣監爲下帖事 節到付禮曹關據巡使道關內用良 本面居忠毅公子孫金德潤金德弘金德煥金貴達□(金)椒達金仁達金永達金桂達金龍□(達)等 還上及烟戶雜役都債勿侵之□(意) 玆以下帖 以此知悉擧行宜當者 合下仰

照驗施行 須至帖者

右下北村面訓長(準此)

乙丑四月 日

下帖

帖(行縣監)(押)

(要旨) 乙丑年四月에 行縣監이 北村面訓長에게 내린 帖으로, 本面에 사는 忠毅公(金文起)의 子孫들에게 還上 및 烟戶雜役 등을 勿侵(免除)할 것을 訓令하는 帖이다。守令(郡守·縣監등) 등이 내리는 帖은 대개 發給年月을 干支로 쓰기 때문에 年代推定에 어려운 점이 있다。이러한 경우 관계 문서가 정리되거나 기타 자료를 통하여 年代를 推定할 수 있다。이 帖의 경우는 面名과 忠毅公家門의 族譜 등을 통하여 年代를 찾을 수 있을 것이다。

〈帖、例四〉(著者)

行郡守爲差定事 吏房亦中① 差定爲去乎② 不輕察任向事③ 合下仰照
驗施行 須至帖者
右下鄕吏卞泰年 此準
戊辰十一月
差定
帖(行郡守)(押)

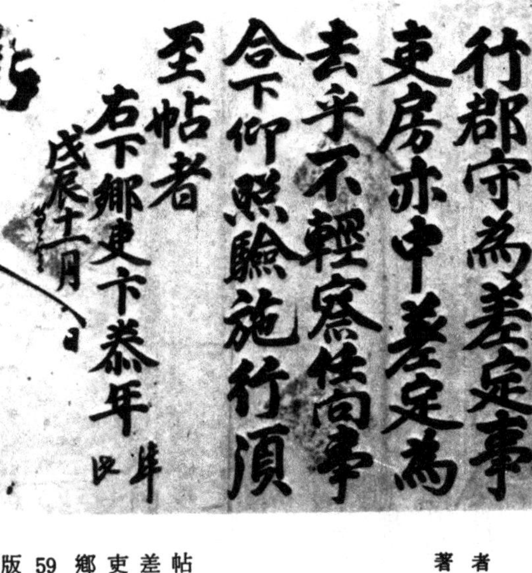
行郡守爲差定事
吏房亦中差定爲
去乎不輕察任向事
合下仰照驗施行須
至帖者
右下鄕吏卞泰年 此準
戊辰十一月

著者

圖版 59 鄕吏差帖

(註解) ① 亦中、여해、뜻; 에、에게。② 爲去乎、하거온、뜻; ―하므
로、③ 向事、안일、뜻; ―한일。

(要旨) 一八六八年(高宗五) 一一月에 郡守가 鄕吏卞泰年을 吏房에 差定
(任命)하는 差帖이다。

〈帖、例五〉(서울大、No.六九五五〇)

府爲差定事 戶長差定爲去乎 隨行向事 合下仰照驗施行 須至帖者
右下鄕吏李晩效 此準
庚辰 二月 日
差定
帖(行郡守)(押)

〈帖、例六〉(著者)

行郡守爲差定事 今秋享城隍發告祭厲祭 大祝差定爲去乎 察任向事 合

下仰

照驗施行 須至帖者

右帖下幼學咸相煥 準此

壬寅九月二十五日

差定

帖(行郡守)(押)

(要旨) 壬寅九月二五日에 郡守가 幼學咸相煥을 城隍發告祭·厲祭의 大祝으로 任命하는 差帖。

〈帖、例六〉(서울大、№一七三六一五)

牧使爲下帖事 不幸年値大歉 野多餓莩 言念民情 寧不渴悶 以賑濟事 雖費晝宵之力 賑資不裕 是心如焚如灼 際因荒政事 見一人於化北面巖穴之間 賑恤都廳幼學黃鳳周是耳 不避夷險 躬行閭里 酬議上下 上自九十兩 下至二兩而相助 給八百餘兩 貿租貿米欲救面內飢口 修成册來納 其所方略 迥出他人 有補賑政 故成貼其成册以給 此是救民之人也 顧可無一言可賞於此人乎 州面苟如是也 賑司庶不勤勞 饑民亦不騷繹 飢口段置 亦可保命 然則其所可賞 何獻專在於黃都廳一人身乎 想此事 他面亦必須聞知 而家家無聞不識 無意賑政而然乎 不用意匠而然乎 今此化北面賑恤都廳幼學黃鳳周私賑方畧 事甚嘉尙 玆以下帖 咸須諒悉之地爲遣合下仰

照驗施行 須至帖者

右下丹北賑恤都廳準此

丙子[十二]月十七日

下帖

帖牧使(押)

(**要旨**) 丙子年一二月一七日에 尙州牧使가 丹北面賑恤都廳에 내린 것으로, 化北面賑恤都廳黃鳳周의 賑恤方略을 丹北面에서도 참작하여 실시할 것을 訓諭하는 帖이다。

(4) 立法出依牒

法令을 새로이 制定할 때, 또는 既存의 法令을 改正할 때, 이를 提起한 衙門의 案을 禮曹에서 國王에게 올려 允許를 얻은 뒤에 다시 司憲府와 司諫院의 署經을 相考한 후에 該當 衙門에 發給하는 公牒이다。

〈立法出依牒式〉

禮曹爲出依牒事本曹據某司關
啓過蒙准後行據司憲府司諫院回答該卑司商量得所有某法並無違礙及詐冒句當請照例施行得此依准上項司憲府司諫院回答例出
依牒相應合行移關請
照驗施行須至關者
右　關
某衙門
年印月　日
依出牒
關判書押　參判押　參議押　正郞押　佐郞押

(經國大典、禮典)

(5) 起復出依牒

起復을 위하여 禮曹에서 國王에게 上奏하여 允許를 받고 臺諫의 署經을 相考한 후에 該喪中人에게 起復을 命하는 公牒이다。官員이 親喪으로 服期에 있더라도 重要한 職責에 있던 官員의 경우는 喪服期를 마치기 전에 벼슬에 나아오게 하는 것을 起復이라 한다。

〈起復出依牒式〉

禮曹爲出依牒事某年月日某承旨臣某敬奉
敎旨前某官某遭某親喪比因某事緊關起復相應着令禮曹知道爲此本曹
啓過蒙准後行據司憲府司諫院回答該卑司商量得所據某員委係奪情起復之人應出依牒請照例施行得此依准上項司憲府司諫院
回答所有依牒合行出給者
右　牒　付
前某官某
年印月　日
出牒
判書押　參判押　參議押　正郎押、佐郎押

(經國大典、禮典)

(6) 解由文書

官員이 교체될 때 後任者에게 그 事務와 所管物件을 인계하고 在職中의 會計와 物品管理에 대한 책임을 면하는 일을 解由라 한다. 錢穀의 出納을 맡아보던 官廳의 官員이나 특히 地方官의 解由는 더욱 엄격하였다. 解由는 財政·現物 및 軍器에 관계되는 것이므로 戶曹·兵曹의 所管에 屬하였고, 解由를 받지 못하면 轉職·昇進·祿俸에 制約을 받게 된다.(115) 解由에 必要한 文書로는 地方官인 경우 前任官이(解由를 위하여) 後任官에게 보내는 ①「解由移關」이 있고, 前任官의「解由移關」에 異狀이 없을때 後任官이 該道 觀察使(兼巡察使)에게 올리는 ②「解由牒呈」이 있고, 觀察使가「解由牒呈」을 添付(粘連)하여 戶曹 또는 兵曹에 보내는 ③「移關」이 있으며, 戶曹·兵曹에서는 觀察使의「移關」(牒呈을 添付한)을 검토하여 異狀이 없으면 解由를 하면서, 이(解由) 사실을 吏曹에 통고하는 ④「移關」이 있고, 이에 따라 吏曹에서 該官員(前任官)에게 發付하는 ⑤ 照訖(解由證)이 있다. 照訖을 받음으로써 該官員으로서의 정상적인 대우를 받으면서 官職生活을 계속할 수 있게 된다. 이와같은 解由文書는 朝鮮時代의 人事制度, 地方行政 및 財政 등을 硏究하는데 귀중한 史料가 될 수 있다.

(6—1) 解由移關

官員의 遞職時에 前任官이 그의 解由를 위하여 後任官에게 보내는 關(文)이다. 前任官이 後任官과 品階가 같거나 높으면 關文을 쓰지만 後任官이 品階가 높으면 牒呈을 쓴다.(116) 前任官은 解由에 必要한 모든 事項을 書式에 의하여 詳細하게 記錄해야 한다.

(115) 經國大典 및 大典會通, 吏典, 戶典, 解由條 참조.
(116) 經國大典, 大典會通, 禮典, 「解由移關式」및 典律通補, 別編, 「解由移關式」참조.

〈解由移關式〉

某職某爲解由事當職於某年月日受本職某年月日禮任署事至某年月日遞代今將歷仕日月及雜凡緣故該管物件逐一開坐備細照詳

解由成給爲此合行移關請

照驗施行須至關者

今開

一改名有無

一實歷幾箇日告假患病幾箇日

一被劾有無

一該管物件云云（如貨穀鹽鐵軍器城子船隻書册册板案籍文書印信田稅貢物楮田莞田桑漆果木公廨公賤畜產冠服等一應公物隨其衙門所在逐一開寫）

右　關

某衙門

年印月　日

解由

關某職押

（經國大典、禮典）

（6—2）解由牒呈

官員의 遞職時에 前任官의 解由를 위하여 後任官이 觀察使、京官인 경우 戶·兵曹에 올리는 文書이다。後任官은 前任官

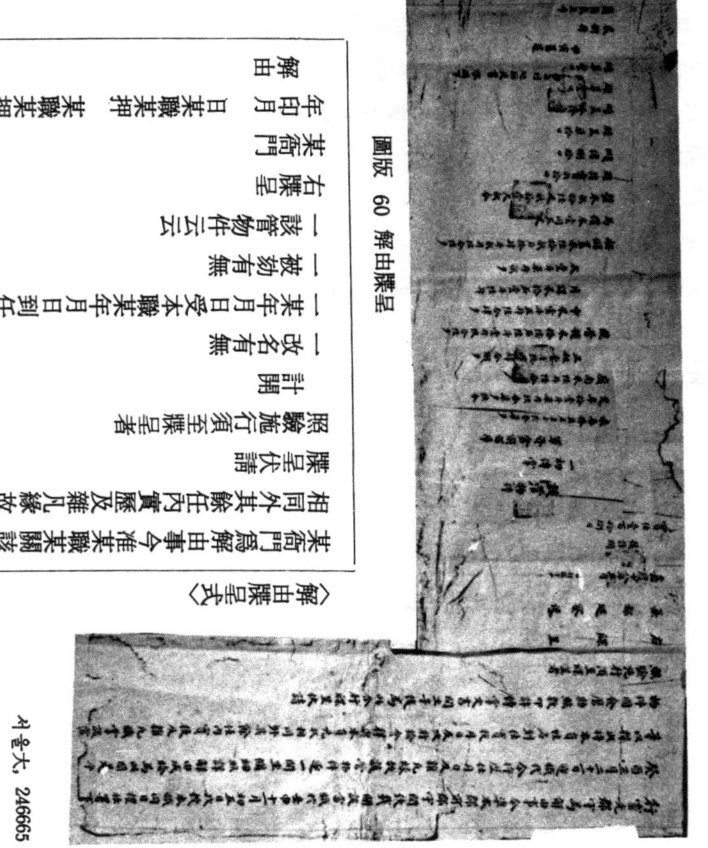
圖版 60 解由牒呈

서울大, 246665

〈解由牒呈式〉

某衙門爲解由事今准某職某關該云云得此將本員姓名及到任實歷日月改行檢會得與本員元狀
相同外其餘任內實歷及雜凡緣故職掌該管物件圓僉磨勘照數印算明白另款開坐于後爲此合行
牒呈伏請
照驗施行須至牒呈者
計開
一 改名有無
一 某年月日受本職某年月日到任某年月日得代實歷幾箇日告假患病幾箇日
一 被劾有無
一 該管物件云云
右牒呈
某衙門
年 印 月 日 某職某押 某職某押
解由

(經國大典, 禮典)

으로부터 받은 解由移關의 事項을 일일이 調査하여 이에 異狀이 없을 때에 地方官은 觀察使에, 京官은 戶・兵曹에 解由에 관계된 事項, 특히, 財政・現物在庫 狀況을 詳記하여 報告하는 文書이다.

〈解由牒呈、例〉(서울大、№二四六六六五)

①行灵光郡守爲解由事 ②今準本郡前郡守閔致載關 該當職於壬申十一月初五日③政授本職 同日④禮任署事 癸亥三月二十一日⑤遞職代 今將歷仕月日 及⑥雜凡緣故 ⑦該管物件 逐一開坐 備細照詳 解由成給 爲此⑧關是乎等以 得此 將本員姓名 到仕實役月日 及改行檢會得與本員元狀相同 外其餘任內實歷及雜凡職掌 該管物件 圓僉磨勘 照數叩計 ⑨傳掌文書 開坐于後 爲此合行牒呈 伏請照驗施行 須至牒呈者

右　牒　呈

兼　都　巡　察　使

嘉慶 十八 年五月　日行郡守尹(押)

解由

⑩實仕壹百拾捌日

⑪該管物件

一初傳掌

軍資倉前留庫

米參拾五石五斗陸合柒夕

皮牟拾壹斗柒升玖合柒夕玖分

嶺南米陸升陸合柒夕

正租壹斗玖升肆合捌夕

統營糙米拾陸石陸斗壹升玖合陸夕

中米壹斗五升陸合肆夕

月課米拾石壹斗陸升

太壹斗柒升貳夕
船儲置米陸拾貳石拾肆斗貳升玖合陸夕
馬價木壹同五疋
鹽木貳拾陸疋貳拾壹尺貳分
雄猪壹百貳拾口
雌猪捌拾口
雄羔柒拾口
雌羔參拾壹口
雄羊壹口
雌羊壹口 辛丑因巡營使書啓頉下
甲寅舊還
米捌升
嶺南米五升
正租五斗
統營糙米拾貳斗五升
月課米壹斗柒升
乙丑舊還
統營糙米參石
戊辰舊還
米肆石肆斗捌升

船儲置米參拾五石
己巳舊還
米貳拾五石肆斗
船儲置米壹百玖拾肆石
庚午停退
米貳石
春等還分
米參拾五石五斗壹升
嶺南米柒升
正租壹斗玖升
統營糙米拾陸石陸斗貳升
中米壹斗陸升
月課米拾石壹斗陸升
太壹斗柒升
船儲置米壹百貳拾五石拾肆斗
秋等還分
皮牟五斗玖升
前加下
米三百陸拾肆石拾肆斗玖升壹合
太玖石柒斗捌升

今加下
米柒石拾肆斗
太壹石壹斗 夏等修報回草未下代
租貳石壹斗
上下
米五石拾壹斗柒升秋享各祭稻酒米
太貳石五斗肆升分養馬三匹八九兩朔料
米陸斗道內高城殘戶朴福萬
米柒斗六昌猫頭里小戶金成龍
米陸斗同里殘戶崔允伊
米柒斗同里小戶鄭自乃金 失大恤典
米陸斗官山菖入谷殘戶金海玉
米柒斗南竹大里小戶金石秋
米陸斗元山下論岑殘戶徐汗江
租壹石荏子島鄭善伊弁死恤典
實遺在
米參拾五石五斗陸合柒夕
皮牟五斗捌升玖合柒夕玖分
嶺南米陸升陸合柒夕
正租壹斗玖升肆合捌夕

統營糙米拾陸石陸斗壹升玖合陸夕
中米壹斗五升陸合肆夕
月課米拾石壹斗陸升
太壹斗柒升貳夕
船儲置米陸拾貳石拾肆斗貳升玖合陸夕
馬價米壹同五疋
鹽木貳拾陸疋貳拾壹尺貳分
雜herein上同

已上
合各穀五百柒拾玖石貳斗參升參合壹夕玖分
舊還
米貳石陸拾貳石玖斗柒升
正租五斗
停退
米貳石
還分
米壹百柒拾陸石陸升貳合
太壹斗柒升
租壹斗玖升參合
皮牟五斗玖升

留庫
米壹百拾柒石柒升柒合玖夕
太壹斗柒升貳夕
租壹斗玖升參合柒夕
皮牟五斗捌升玖合柒夕
前加下
米參百柒拾貳石拾參斗柒升壹合
太玖石柒斗捌升
米柒斗肆升丙寅年老人歲饌未下代
今加下
米肆石壹斗
太參石捌斗肆升 ⎫冬等修報
上下
米貳拾參石貳升
太參石捌斗肆升
常賑廳
米五百參拾石拾斗柒升捌合壹夕
移轉參百石
貸下貳百玖拾五石拾貳斗捌升五合
甲寅舊還貳拾參石

乙丑舊還拾石
己巳舊還拾參斗肆升
壬申停退壹斗肆升
還分陸斗陸升
留庫陸斗五升參合肆夕
田米肆石柒斗捌升肆夕貳里
甲寅舊還玖斗參升
己巳舊還貳石陸斗五升捌合
壬申停退貳斗壹合
還分玖斗陸升
留庫玖斗五升玖合肆夕貳里
太參百拾貳石玖斗貳合
貸下陸拾五石曾已會付去
甲寅舊還壹石壹斗捌升
戊辰舊還拾壹石
己巳舊還壹百五拾石拾壹斗玖升肆合捌夕
還分肆拾貳石五斗壹升
留庫肆拾貳石五斗壹升柒合貳夕
正租參萬玖千五百參拾石玖斗壹升貳夕捌里
移轉柒拾石曾已濟州入送

兵營移劃肆百石
有頃壹百拾五石曾已會付去
甲寅舊還貳百肆拾捌石參斗
乙丑舊還貳百參拾石
戊辰舊還壹千柒百貳拾壹石柒斗肆升
己巳舊還壹萬柒千壹百肆拾玖石五斗柒升柒合
庚午停退陸百柒拾肆石五斗五升
壬申停退貳千陸百玖拾參石玖斗參升壹合五夕
還分捌千壹百拾肆石肆斗壹升
留庫捌千壹百拾肆石肆斗壹合柒夕捌里
木麥玖拾玖石玖斗肆升參夕
己巳舊還貳拾肆石肆斗捌升捌合
壬申停退拾石五斗陸升
還分參拾貳石柒斗
留庫參拾貳石陸斗玖升貳合參夕
皮牟陸千柒百拾石五斗貳升捌合玖夕
還分參千參百五拾五石貳斗陸升五合
留庫參千參百五拾五石貳斗陸升參合玖夕
右項等物逐一反閱[12]爲有臥[13]乎事

(註解) ① 行靈光郡守爲解由事、이 牒呈을 (兼都巡察使에게) 올리는 사람이 靈光郡守이며、올리는 目的이 前郡守의 解由를 위한 일이다。② 今準本郡前郡守閔致載關、지금 前郡守 閔致載의 關文(解由를 위한)에 의하면。③ 政授本職、本職에 除授。④ 禮任署事、到任執務。⑤ 遞職代、遞代、交遞。⑥ 雜凡緣故、告假・患病・被劾 등 事故。⑦ 該管物件、管理하던 物件。⑧ 關是乎等以、관이온들로、뜻；關(文)이온바로。⑨ 傳掌文書、事務引繼文書。⑩ 解由牒呈式에는 照驗施行須至牒呈과 右牒呈 사이에 計開에 記載하도록 되어 있으나 이 文書에서는 定式을 어기고 年號뒤에 實仕日을 두고 있다。⑪ 위와같이 定式의 「該管物件」項을 따르지 않고 牒呈 뒤에 別書하여 添付하고 있다。⑫ 反閱、反庫檢閱；倉庫의 物件을 調査함。⑬ 爲有臥乎事、하잇누온일、뜻；—하였는 일。

(要旨) 一八一三年(純祖一三) 五月에、靈光郡守가 兼都巡察使에게 올린 牒呈으로、本郡 前郡守閔致載의 「解由移關」을 받고 閔致載의 解由를 위하여 올리는 文書이다。

(6—3) 解由移關

管下 前任守令의 解由를 위하여 兼巡察使(都巡察使)가 戶曹 또는 兵曹에 보내는 關이다。前任守令의 解由를 위하여 後任守令이 올린 牒呈을 받은 兼巡察使(都巡察使)는 該牒呈을 검토하고 異狀이 없을 때、該牒呈을 첨부하여 戶曹(該管物件이 錢穀中心일 경우) 또는 兵曹(該管物件이 軍事・軍器관계일 경우)[117]에 보내는 關文이다。

〈解由移關式〉(巡營에서 戶曹・兵曹로의 移關)

某職爲解由事粘連牒呈是去有良尒合行移關請
照驗施行須至關者
右　關
某　曹
年號印幾年某月某日某職
解由
關(踏)押　都　事兵營則虞候

(典律通補、別編)

〈解由移關、例〉(서울大、上記牒呈과 一括文書)

行全羅道觀察使兼都巡察使爲相考事 粘連牒呈是去有良尒 合

行移關 請
照驗施行 須至關者
右 關
戶 曹

行全羅道觀察使兼都巡察使爲相考事粘連牒呈
是去有良尒合行移關請
照驗施行須至關者
右 關
戶 曹
嘉慶十八年五月十四日 相考
都事

圖版 61 解由移關 서울大, 246665

嘉慶 十八 年五月十四日
相考
關(兼都巡察使)(押) 都事

(要旨) 一八一三年(純祖一三) 五月一四日에, 行全羅道觀察使兼都巡察使가 解由하는 일로써 相考하기 위하여 戶曹에 移關하는 것으로, 前郡守閔致載의 解由를 위하여 靈光郡守가 兼都巡察使에게 올린 牒呈을 粘連(添付)하여 移關하고 있다。

◎是去有良尒, 이거이시아금, 뜻; ―이었은만큼, ―이었기에。(牒呈을 粘連하였기에)

(6—4) 解由移關

戶曹 또는 兵曹에서 解由를 하고, 解由를 成出한 事實을 吏曹에 알리는 關文이다。 地方官의 解由일 경우에

(117) 서울大, №一五七五三五의 解由文書는 楊州牧使를 지낸 金和澤의 解由를 위한 것인데, 一七六九年(英四五)에 楊州牧使가 兼巡察使에게 올린 牒呈은 「該管物件」項이 軍事·軍器관계로서, 京畿觀察使 兼巡察使는 該牒呈을 粘連(첨부)해서 兵曹에 移關하고 있음을 볼 수 있고 兵曹에서는 다시 相考하기 위하여 戶曹에 移關하고 있다。

는 兼巡察使(觀察使)의 關文의 背紙(背關)에, 戶·兵曹로부터 吏曹에 解由事實을 알리는 이 關文을 쓴다。 그러나 京官일 경우에는 牒呈에 背關을 한다。(118) 이 關文을 받은 吏曹에서는 解由를 위한 모든 節次가 끝났음을 표시하는 「照訖」을 本員에게 給付한다는 題判(處分)을 該關文 下段餘白에 친다。(119) 이에 따라 吏曹에서 本員에게 照訖(帖)을 發給하면 解由를 위한 모든 節次는 끝난다。

〈解由移關式〉 (典律通補、別編)

某曹爲解由事關及粘連(京司無關及粘連) 牒呈內乙用良前某官姓名等內解
由無頉成出爲去乎相考施行向事合行移關請
照驗施行須至關者
右 關
吏 曹
年號(印)幾年某月 日
解由
關(踏)判書押 參判 參議 正郎 佐郎
正郎 佐郎
正郎 佐郎

戶曹爲解由事背書關及粘連牒呈內乙
用良前靈光郡守閔致載等內解由無頉
成出爲去乎相考施行向事合行移關請
照驗施行須至關者
右 關
吏 曹
嘉慶十八年十一月 日
關
參判 參議 正郎 佐郎 正郎 佐郎 正郎 佐郎

圖版 62 解由移關 서울大, 246665

〈解由移關、例〉(서울大、No.二四六六六五)

戶曹[①]爲解由事 背書[②]關及粘連牒呈內乙用良[③] 前灵光郡守閔致載等內解由 無頉成出爲去乎[④] 相考施行向事[⑤] 合行移關 請
照驗施行 須至關者
右　　　關
吏[⑥]　　曹
嘉慶 十八(解由) 年十一月　日
正郎　佐郎
關[⑦](判書)(押)　參判　參議　正郎　佐郎
正郎　佐郎

(**註解**) ① 戶曹는 이 關文을 發하는 기관이고, 關文의 目的은 解由를 위한 일이다. ② 背書關, 이 關文의 背紙에 있는 關文. 즉 全羅道觀察使가 戶曹에 보낸 關文. ③ 乙用良, 을쓰아, 뜻 ; ―을 말미암아, ―으로써. ④ 爲去乎, 하거온, 뜻 ; ―하므로, ―하오니. ⑤ 向事, 안일, 뜻 ; ―할일. ⑥ 吏曹, 이 關文의 受取者. ⑦ 「關」字를 踏하고 그 안에 「判書」라 썼다.

(**要旨**) 一八一三年 一一月에, 戶曹에서 前靈光郡守 閔致載의 解由를 成出하면서, 이 事實을 相考하여 施行할 것을 吏曹에 알리는 關文이다. 이로써 閔致載는 靈光郡守 在職中의 財政과 物品管理의 責任에서 벗어나게 된다.

위의 解由文書를 通하여 地方官의 解由가 成出되는 과정을 표로 보이면 다음과 같이 되겠다.

(118) 서울大, 古文書 №一五八九四八, 一五七五三五, 二四六六六五 및 典律通補, 別編, 「解由移關式」 末尾 참조.
(119) 서울大, 古文書, №一六八七四六에 「戊申正月二十一日 吏曹照訖付本員 郎廳 押(手決)」, №一五八九四八에 「庚戌四月二十一日 吏曹照訖付本員 郎廳押」, №二六四九九五에 「庚寅六月二十八日 照訖付本員 郎廳押」, 참조.

前任官 →(解由移關)① → 後任官 →(解由牒呈)② → 觀察使 →(解由移關)③ →

戶曹・兵曹 →(解由移關)④ → 吏曹 →(照訖)⑤ → 前任官

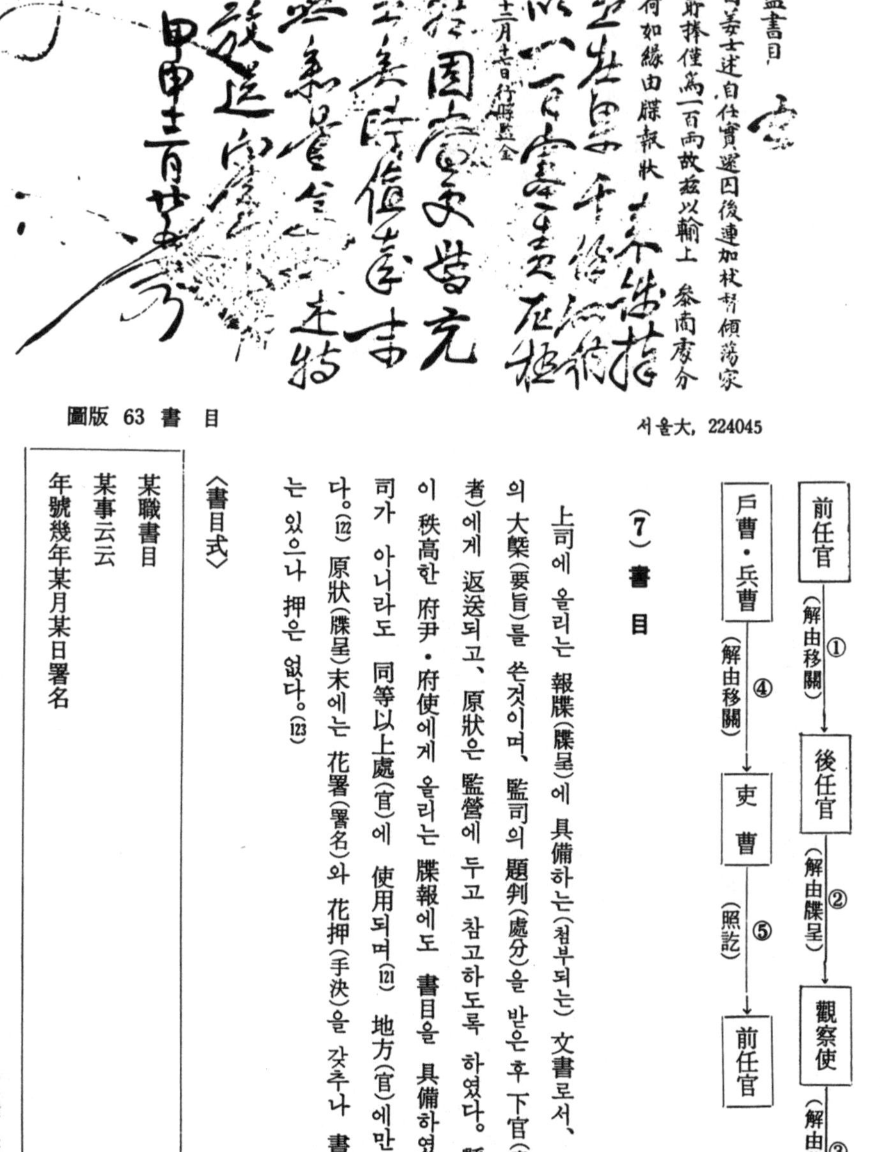
泰仁縣監書目
本縣在囚姜士述自任實遞囚後連加杖訊傾蕩家
産源伊所捧僅爲一百兩故玆以輸上　參商處分
恐未知何如緣由牒報狀
光緒十年十二月十六日行縣監金

圖版 63 書　目

서울大, 224045

(7) 書　目

上司에 올리는 報牒(牒呈)에 具備하는(첨부되는) 文書로서, 原狀(報牒)의 大槩(要旨)를 쓴것이며, 監司의 題判(處分)을 받은후 下官(書目을 올린者)에게 返送되고, 原狀은 監營에 두고 참고하도록 하였다. 縣監・縣令이 秩高한 府尹・府使에게 올리는 牒報에도 書目을 具備하였다.(120) 上司가 아니라도 同等以上處(官)에 使用되며(121) 地方(官)에만 使用되었다.(122) 原狀(牒呈)末에는 花署(署名)와 花押(手決)을 갖추나 書目에는 署는 있으나 押은 없다.(123)

〈書目式〉

某職書目
某事云云
年號幾年某月某日署名

(典律通補, 別編)

某官書目

某事云云狀

年號　月　日某官姓某着銜

(百憲摠要, 卷二)

〈書目, 例一〉(서울大, №二三四〇四五)

泰仁縣監書目　空

本縣在囚姜士述 自任實還囚後 連加杖督 傾蕩

家產 流伊所捧 僅爲一百兩 故玆以輸上 參商處

分 恐未知何如 緣由牒報狀

光緖十年十二月十七日行縣監金

(題判)：來錢捧上①是在果② 千餘所納 僅以一百塞責 尤極無嚴 固當更督充納是矣③ 時値歲末 不無參量 姜士述特爲放送向事④

甲申十二月卄日

使　(押)

(註解) ① 捧上, 받자, 뜻：받아들이다. 받자. ② 是在果, 이견과, 뜻：—이거니와. ③ 是矣, 이되, 뜻：—이되. ④ 向事, 안일, 뜻：—할일.

(要旨) 一八八四年(高宗二一年) 一二月一七日에 泰仁縣監이 觀察使에게 올린 牒呈에 具備(첨부)된 書目이다. 內容은 本縣在囚姜士述을 계속 杖督을 했으나 받아낸 것은 겨우 一〇〇兩이며, 이를 올려보내니, 이 일에 대한 處分을 바란다는 것이다. 이에 대한 觀察使의 題判(處分)은, 「來錢(보낸돈)은 받아들였거니와 千餘兩 所納에 겨우 一〇〇兩으로써 塞責함은 매우 無嚴하다. 진실로 다시 杖督하여 充納함이 마땅하되 때가 歲末이니 參量이 없을 수 없다. 姜士述을 특별히 풀어 보낼 일」이라 하였다. 當時 地方官들의 百姓에 대한 橫暴와 勒奪이 짐작되는 資料로 보인다. 泰仁縣監書目 밑에 「空」字표시는 그 아래로는 글자가 없음을 표시한 것이다. 題判의 내용은 添削·變造하는 것을 막기 위한 것이다.

(120) 牧民心書, 卷三, 奉公六條, 「文報」에 「凡上司報牒例有書目 書目者原狀之大槩也 監司題判在於書目 而原狀留爲憑考(縣監縣令於牧尙之府尹府使 亦具書目」이라 하였다.

(121) 百憲摠要, 卷二, 「書目式」참조.

(122) 典律通補, 別編, 「書目式」참조.

(123) 牧民心書, 卷三, 奉公六條, 「文報」에 「凡原狀之末具花署(俗所云署名)花押(方言云手決) 書目有署而無押 初官者宜知之」

〈書目、例二〉(서울大、№六九一四九)

行鐵原都護府使書目

本府冬作錢①京劃條 參千兩內肆拾伍兩 京距駄價計除 實納錢貳千玖百伍拾伍兩 準數輸送于原州邸吏家營色吏所住處後 受手標②參張 考還③次 連幅粘後上使事④

道光二十八年十二月十五日辰時行府使具(押)

(觀察使)(押)

(題判); 考還向事

同月二十四日在營⑤

行鐵原都護府使書目
水鐵店稅錢及 進上川芎正朝 箋文物力錢上納尺文并以考還次粘後上 使緣由事
同治十三年十二月初四日行府使鄭
考還向事

圖版 64 書 目　　　서울大. 69408

(註解) ① 作錢、田稅를 穀物 대신에 값을 쳐서 돈으로 받는것。② 手標、여기서는 尺文(領收證)을 意味하는것 같다。③ 考還、(監司가) 살피고(확인하고) 되돌림。④ 上使、觀察使에게 올림。⑤ 觀察使의 所在를 표시함、營에 있다。

(要旨) 一八四八年(憲宗一四) 一二月一五日에 鐵原都護府使가 觀察使에게 올린 牒呈에 첨부한 書目으로、冬作錢을 原州邸吏家 營色吏所住處에 輸送하고、手標(領收證)를 考還하기 위한 것이다。「考還할일」이라는 題判을 받았다。

〈書目、例三〉(서울大、№六九四〇八)

行鐵原都護府使書目

水鐵店稅錢及 進上川芎 正朝 箋文物力錢 上納尺文①并以②考還次 粘後上 使 緣由事

同治十三年十二月初四日行府使鄭

(觀察使)(押)

(題判)；考還向事 同月十二日在營

(註解) ① 尺文、자문、뜻；官廳에서 公納金을 받고 써주는 領收證。② 幷以、아오로、뜻；아울러、함께、모두。

(要旨) 一八七四年(高宗一一) 一二月四日에 鐵原都護府使가 觀察使에게 水鐵店稅錢、進上川芎(藥材) 및 正朝箋文物力錢을 上納했다는 牒呈을 올리면서 이에 첨부한 書目으로、위의 上納한 錢·物의 尺文(領收證)을 考還하기 위한 것이다。

(8) 手 本

公事에 관하여 掌務官이 上司 또는 관계 官署에 報告하는 文書이다。(王室文書、對官府、「手本」참조) 各殿의 中官이 當年에 必要한 얼음(氷)의 數量을 每年 五月末에 「手本」으로 報告하게 되어 있고、(124) 漕轉에도 京江初面管領이 戶曹 및 該衙門에 手本을 하도록 되어 있다。(125) 使行時에도 掌務官이 吏·戶·兵曹에 보내는 手本이 있다。(126)

〈手本式(使行時)〉

右手本爲今某使行次正使副使書狀官及一行員額衣資 賜
米磨鍊上下次以手本後錄爲臥乎事
年號幾年某月 日掌務官職姓署
三使臣以下至使臣奴子列書右戶曹

(通文館志、卷三)

右手本爲今某使行次正使副使書狀官一行員額都口 傳次
以手本後錄爲臥乎事
年號幾年某月 日掌務官姓署
三使臣以下至打角軍官列書右吏曹

(124) 大典會通、卷三、禮典、「頒氷」條에 「內氷庫監染氷各殿中官校量當年應入數爻 每年五月晦日先爲手本 啓下後 下該曹 知委進排」
(125) 大典會通、卷二、戶曹、「漕轉」에 「陽川指路船人領付京江後 即傳報初面管領 該管領即手本于本曹及該衙門 違者嚴刑」
(126) 通文館志、卷三、事大、行中擧行文書 참조。

著者

圖版 65 甘結

(9) 甘結

上級官廳에서 下級官廳으로 내리는 文書로서, 命令·指示의 內容이 主가 된다。甘結을 謄錄한 것도 볼 수 있다。(127)

〈甘結、例一〉(著者)

(甘)
口結

冬威漸深 朔風日高 哀彼失農之民 難免凍餒之患 念厥情狀 食息靡甘 而守家固窮之民 猶或支保於改歲 靡室流丐之輩 更將捿息於何處 門前投乞 雖得氷霜之一餐 路左彷徨 那堪風雪之長夜 飢亦可死 凍亦可死 惟彼物我之同胞 均是吾王之赤子 相率而轉于溝壑 寧可坐視而不之恤乎 甘①到即日 星火出令邑中及外面大村中 使之設幕安頓是矣② 開地作窨 藉藁爲茵 無至冷氣透砭 架椽成屋 厚衣堅緻 勿令風雨滲入後 曉諭流民 使之入處 另飭面洞 各別存恤 使其失所捿屑之蹤 俾得須臾依庇之地爲旀③ 某面里結幕庫數 這這④修成册 馳報向事⑤

癸巳十月二十日在營⑥

(都巡察使)⑦ (押)

河陽⑧
新寧
長水
義興

(註解) ① 甘到即日、甘結이 到着하는 그날(即日)。② 是矣、이되、뜻；—이되。③ 爲旀、하며、뜻；—하며。④ 這這、저저、갓갓、뜻；—낱낱이、일일이。⑤ 向事、안일、뜻；—할일。⑥ 在營、이 甘結을 發하는 觀察使가 監營에 있음。⑦「都使」라고 갈겨 쓴것、都巡察使의 標識。⑧ 河陽、新寧、長水(驛) 義興、이 甘結을 받을 縣名、縣名으로 보면 都使는 慶尙道觀察使라고 보겠다。

(要旨) 癸巳(一八九三? 一八三三?)年 一〇月二一日에 慶尙道觀察使가 河陽、新寧、長水(驛)、義興 등에 내린 甘結로、居處도 없이 門前乞食하는 失農之民을 위해서 邑中과 外面大村에 設幕하여 그들이 居處할 수 있도록 해줄것과 각별히 救恤해서 살아갈 수 있도록 해줄 것이며、各面里에 結幕한 곳을 일일이 成冊하여 報告할 것을 命令하고 있다。

서울大, 230445

圖版 66 甘 結

〈甘結、例二〉(서울大、№二三〇四四五)

甘結各邑

營下 攔後火砲軍 禁火器械破傷 方以改造次 玆以發①甘本邑所在鐵店處 正鐵五十斤 今三十日內 輸納是遣② 價錢段③ 某樣營納中 計除爲旀④ 甘到日時 擧行形止 先即馳報 宜當者

丁亥二月

(都使)

後

高山五拾斤

(127) 國編、韓國史料叢書一〇、東學亂記錄下、「先鋒陣各邑了發關及甘結」참조。

茂朱五拾斤
長水五拾斤
鎭安五拾斤
任實五拾斤
泰仁五拾斤
井邑五拾斤

(註解) ① 發甘、甘結을 發送함。② 是遣、이고、뜻 ; ―이고。③ 段、딴、뜻 ; 은、는、딴은。④ 爲旀、하며、뜻 ; ―하며。

(要旨) 丁亥(一八八七?) 二月에 全羅道觀察使兼都巡察使가 위의 七邑에 내린 甘結로、營下 攔後火砲軍의 禁守器械(兵器)의 破損된 것을 改造하기 위하여 各邑의 鐵店에서 正鐵五〇斤式을 輸納할 것을 命令하는 것이다。

圖版 67 甘 結　　　　서울大, 71309

〈甘結、例三〉(서울大、No. 七一三〇九)

甘結金山

以舊納督刷事 向又有別甘 而定限已過 尙無捧留之報 揆以擧行 去益駭歎 當該稅捧色 爲先嚴杖嚴懲 同舊納錢 刷刷實數 倍道馳報 毋至更滯大生梗向事

丁酉三月十七日在慶州

暗行御史(押)

(要旨) 丁酉(一八三七)年 三月一七日에 慶尙道暗行御史가 金山郡守에게 내린 甘結로, 滯納錢을 督徵하기 위한 것이다. 이 甘結을 發送할 당시 暗行御史는 慶州에 있었으며 官印 대신 馬牌를 세곳에 찍고 있다.

(10) 傳 令

官員이 管下의 官吏·面任·民 등에게 내리는 命令書이다. 甲午更張以後 新式에서는 訓令으로 改稱하였다.

〈傳令、例一〉(서울大、№一八三一五五)

傳令沙多山面泉谷副尊位

本里次任李周命 二月分還時 所受還米 沒數賣喫 及其洞中分給也 每斗以八分錢分給是如① 民怨狼藉 且前等時出給捄弊錢 渠自乾沒 初不殖利是如則② 事當捉來究問是矣③ 不得不詳査後決處 故玆以傳令爲去乎④ 還米之每斗八分戔分給委折 捄弊錢之乾沒與否 爲先消詳報來 以爲憑處之地 宜當向事⑤

乙丑三月十七日

使(押)

(註解) ① 是如、이다、뜻;—이다、—이라고。② 是如則、이다즉、뜻;—이라고 한즉。③ 是矣、이되、뜻;—이되。④ 爲去乎、하거온、뜻;—하므로。⑤ 向事、안일、뜻;—할일。

圖版 68 傳 令

서울大, 183155

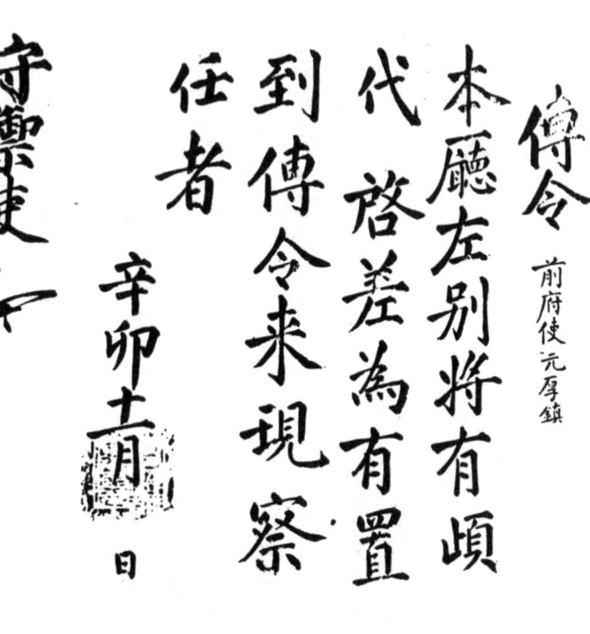
傳令 前府使元厚鎭
本廳左別將有頉
代 啓差爲有置
到傳令来現察
任者
辛卯十一月 日
守禦使

圖版 69 傳 令　　　　서울大, 82783

(要旨) 乙丑(一八六五? 一八〇五?) 三月에 官이 管下 沙多山面 泉谷副尊位에게 내린 傳令으로, 本里次任李周命이 二月에 還穀을 分給할 때 받은 還米를 모두 팔아먹고(賣喫) 洞中에 分給함에 미쳐서는 每斗八分錢으로써 分給하였다고 民怨이 狼藉하고, 또 전에 出給한 捄弊錢을 그가 乾沒(빼앗음, 착복)하였다고 한즉, 還米를 每斗 八分錢을 分給한 曲折과 捄弊錢의 乾沒與否를 먼저 소상히 報告하라는 내용이다。

〈傳令、例二〉(서울大、No.八二七八三)

傳令前府使元厚鎭

本廳左別將有頉代 啓差爲有置 到傳令 來現察任者

辛卯十 一月 日

守禦使(押)

(要旨) 一七七一年(英祖四七) 一一月에 守禦使가 前府使元厚鎭에게 내린 傳令。本廳(守禦廳) 左別將이 頉이 있어 代身啓聞하여 差出(임명)하였다。傳令이 到着하면 來現察任할 것。

(11) 差使帖

地方官(守令)이 差使(將校)에게 발급하는 文書이다。差使帖은 被疑者의 調査、罪人의 連行、納付金의 督納 등을 위하여 該當者를 連行할 필요가 있을 때、또는 사람을 급히 불러들일 때 地方官이 差出하는 將校에게 발급하는 令狀이다。대개 將

校를 差出하기 때문에 「將差」라고도 하였다。현재 남아 있는 것은 대개 朝鮮後期의 것으로 당시의 地方行政의 實相、地方官의 橫暴의 實態를 살필 수 있는 자료이다。

〈差使帖 例一〉(서울大、一八五三八五)

差使

爲星火捉來事 靑岩驛長金永五 今春等 工禮兩庫所納 官庭納侤 尙不來納 究其所爲 誠極無嚴 嚴治督捧次 同錢依數持是亦 即刻捉來向事

乙酉三月二十八日

官(手決) (官印3個)

〈差使帖 例二〉(서울大、一八五三五二)

差使

爲星火捉來事 景申驛長韓東奎 新差之下 初無來現之道 此漢頑習 不可尋常置之是如乎 三倍道捉來向事

乙酉十一月廿三日

官(手決)

서울大

圖版 70 差使帖

(12) 京外官推考發緘·緘答

官員에게 職務上 輕微한 過失이나 怠慢이 있을 경우 封緘公文으로 이를 詰問하고、該官員으로 하여금 書面으로 그 事由를 開陳케 하는데、이를 緘答이라 한다。(128) 外官일 경우 推考하는 封緘公文을 觀察使에게 보내는데、이를 「推考發緘」이라 하고, 이에 대한 外官의 陳述書가 「外官緘答」이 된다。 京官도 「緘答」이 있다。

〈外官推考發緘式〉

某衙門爲相考事節 啓下敎云云
傳旨內辭意奉審施行爲乎矣到關卽時同緘辭依例遲晩取招功議分揀楷書作帖回移以爲照勘入 啓之地向事合行移關(以下依式)

(典律通補、 別編)

〈外官緘答式〉

某道觀察使兼巡察使爲推考事節到付曹
關內節 啓下敎云云(發緘關辭)向事公緘是置有亦云云致勤 問備之命 傳旨內辭緣惶恐遲晩是乎旀功段幾代祖(父以上隨稱而高祖以上稱幾代)某君某爲某功
臣議段某君(某府院君某尉隨稱)某(異姓異名具書)爲同姓(異姓稱異姓)幾寸親(無功議並只無是乎昧有功而無議則功臣下書議段無是乎昧無功倣此)乙仍于楷書作貼回移爲去乎相考施行向事合行移關(以下依式)

(典律通補、 別編)

〈京官緘答式〉

單銜姓名年幾
白等矣身云云致有此 問備之命
傳旨內辭緣惶恐遲晩

(128) 大典會通、 卷五、 刑典、 推斷(中樞院刊) 頭註、 「直捧公緘」 참조。

功云云
議云云
　　　　白署名

(典律通補、別編)

(13) 遲　晩

法司의 推考(訊問)에 대하여 계속 三次 緘答(陳述、抗拒)하면 職牒을 回收하게 되는데、推考당하는 官員이 자기의 죄를 自服하는 것을 遲晩이라 한다。

〈遲晩式〉

上狀 面外
消息節傳旨內辭緣如此惶恐遲晩敎事
年號月日某職姓名着銜

(百憲摠要、地)

(14) 署經單子

高麗朝나 朝鮮朝에 있어서、官吏의 登用(人事)、立法 및 改法、起復 등에는 臺諫의 同意를 要하였는데、이것이 소위 臺諫의 署經權이다。臺諫의 告身(任命狀)署經은、高麗時代는 대개 一品에서 九品에 이르는 모든 官員에 미쳤으나、(129) 朝鮮時代에는 여러차례의 변동을 거쳐서 五品以下(郎官)에 限하였다。(130) 署經單子는 告身을 받을 官員이 臺諫의 署經을 받기 위하여 自己 自身과 父邊、母邊、妻邊의 四祖의 姓名과 官職(品階)을 적어서 올리는 文書이다。單子의 張數는 署經에 參與하는 臺諫의 數爻에 따른다。(131)

〈署經單子式〉

某階前行職姓名本某
父邊
具銜 名 (出繼人則書生父)
父具銜 名(當身之祖)
祖具銜 名
曾祖具銜 名
外祖具銜姓名本某
母邊
某氏籍某
四祖列書

妻邊
某氏籍某
四祖列書

(典律通補, 別編)

(15) 諡號望單子 (対國王文書이지만 편의상 여기에 둠)

議定한 諡號(三望)를 國王의 受點을 위하여 올리는 文書이다. 諡號望單子가 이루어질 때 까지는 여러 과정을 거쳐야 된다. 먼저 通政以上의 文望·顯職 또는 館閣이나 政丞·判書를 지낸 사람이 諡狀(行狀)을 撰하여 禮曹에 올리면, 禮曹에서 이를 검토한 후 奉常寺로 보내고, 奉常寺에서는 이를 弘文館으로 移送하여, 弘文館應敎以下 三員이 三望을 議論한 후, 應敎 또는 副應敎가 奉常寺 正以下 諸員과 다시 議定하며, 議政府의 舍人·檢詳中 一人이 이에 署經하여 諡狀과 함께 吏曹에 報告하면, 吏曹에서 諡號望單子를 國王에게 入啓하여 受點하게 된다.(132) 즉 諡號를 議定해서 吏曹에 올리면, 受點을 위하여 吏曹에서 國王에게 올리는 文書이며, 대개 三望이 되나 單望일 경우도 있다. 受點後에 兩司(臺諫)의 署經을 받아야 한다.(133)

〈諡號望單子, 例一〉 (서울大, №二五二七四五)

(129) 金龍德, 高麗時代의 署經에 대하여, (李丙燾博士華甲紀念論叢)
(130) 拙稿, 臺諫制度의 成立과 그 機能의 分析, (朝鮮初期言官·言論硏究, 一九七六, 所載)
(131) 典律通補, 別編 署經單子式 참조.
(132) 大典會通, 卷一, 吏典, 「贈諡」 참조.
(133) 六典條例, 卷一, 吏典, 「諡號」 참조.

吏曹

興寧君　諡號望

貞簡 清白自守曰貞 正直無邪曰簡

貞僖 上同 小心畏忌曰僖

貞康 上同 溫良好樂曰康

甲子 七月 日

圖版 71　諡號望　　서울大

(要旨) 甲子(一八六四)年 七月에 吏曹에서 國王(高宗)에게 올린 興寧君(南延君의 長子、名 昌應、興宣大院君의 兄)의 諡號望單子이다。

〈諡號望單子、例二〉 (서울大、№二五二六九七)

吏曹

南延君　諡號望

忠正 廉方公正曰忠 以正服之曰正

甲子 七月 日

(要旨) 甲子(一八六四)年 七月에 吏曹에서 國王에게 올린 南延君(興宣大院君의 父)의 諡號望單子이다。

(16) 諡號署經

國王으로부터 受點된 諡號를 司憲府・司諫院에서 署經하는 文書이다。

〈諡號署經、例二〉(安東、金時寅氏宅)

司憲府諡號署經出

贈吏曹判書金誠一改諡號文忠 道德博聞曰文 危身奉上曰忠

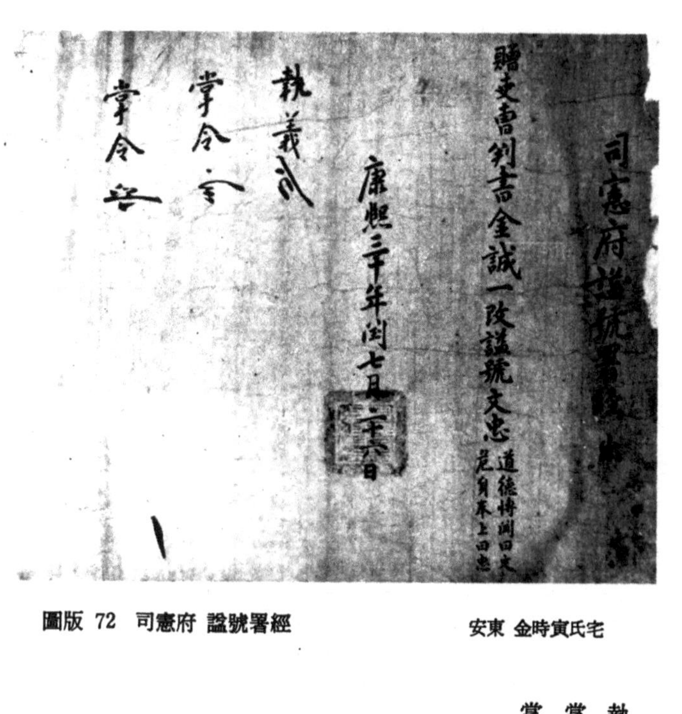

圖版 72 司憲府 諡號署經　　安東 金時寅氏宅

康熙三十年閏七月二十六日

執義 (押)

掌令 (押)

掌令 (押)

圖版 73 署經完議　　安東 金時寅氏宅

圖版 74　褒貶同議單子　　서울大, 229924

(要旨) 一六九一年(肅宗一七) 閏七月二六日에, 贈吏曹判書 金誠一의 諡號를 文忠으로 改定하는데 대한 司憲府의 署經文書이다.

〈諡號署經, 例二〉(安東 金時寅氏宅)

辛未八月二十七日完議

贈吏曹判書金誠一改諡號文忠

行大司諫(押)　司諫(押)　獻納　正言(押)　正言(押)

(要旨) 一六九一年(肅宗一七) 八月二七日에 贈吏曹判書 金誠一의 諡號를 文忠으로 改定하는데 대한 司諫院官員의 署經(完議)文書이다.

(17) 褒貶同議單子

官員의 勤務成績의 評價인 褒貶은, 京官의 경우 該司堂上官·提調 및 屬曹堂上官이, 外官의 경우 觀察使가, 每六月一五日, 一二月一五日에 等第하여 啓聞한다. 그런데 守令(地方官)의 경우는 觀察使 單獨으로 褒貶하는 것이 아니라 兵馬節度使의 同議를 필요로 하였다.[134] 이것이 褒貶同議單子이다.

〈褒貶同議單子, 例〉(서울大, №二二九九二四)

今丙戌年秋冬等道內守令察訪褒貶同議單子

全州判官吳鎰泳　勳

羅州牧使尹泰完　勳

光州牧使閔泳愚　勳

綾州牧使申泰鼎　日淺

南原府使金胤鉉　勳

長興府使兪致善　勳

順天府使李範晋　勳

長城府使金升集　未赴任

茂朱府使金右根　勳

(以下　守令　四四名　省略)

各驛

參禮察訪丁學秀　勳

青巖察訪韓應夔　勳

(以下　察訪　四名　省略)

光緒十[二年]十一月初六日兵馬節度使趙（押）

(全羅道兵馬節度使印)

(134) 經國大典、卷一、吏典、「褒貶」條 참조。

(要旨) 一八八六年(高宗二三) 一一月六日에, 全羅道兵馬節度使 趙某가 觀察使에게 보내는 同年 秋冬等 道內守令祭訪의 褒貶同議 單子이다.

(18) 問安物種單子

下官이 上官에게 問安하면서 드리는 物種의 單子이다. 대개 飮食物이다.

〈問安物種單子, 例一〉(서울大, No.一四〇四一二)

問安物種單子

圖版 75 問安物種單子 서울大, 14041

陽支頭壹部
加伊壹隻
燒酒拾鐥
際
庚寅閏二月 日行判官吳

(要旨) 庚寅二月에 行判官吳가 觀察使(?)에게 問安을 드리면서, 양지머리·갈비·燒酒 등의 飮食物을 드리는 物種單子이다. 判官의 印을 쓴것을 보아 私的인 것이 아니라 公式的인 드림(上納)으로 보인다. 寫眞에 縱으로 「問安物種單子」라 쓴 것은 皮封이다.

〈問安物種單子, 例二〉(서울大, No.一四〇四一三)

問安物種單子
民魚參尾
石魚伍束
交沈醢伍升
際
庚寅閏二月 日行判官吳

(要旨) 例一과 같은 性格의 文書이다。物種이 民魚・石魚(조기)・조침젓 등 魚物인 것이 다르다。

圖版 76 尺文 著者

(19) 尺文(자문)

租稅・賦課金・手數料 등을 받고 交付하는 領收證書이다。尺文(자문)은 간단한 證書이지만 史料로서 요긴하게 활용될 수 있다。즉 當時의 租稅制度・財政制度・官僚制度・人事制度등의 實際的인 面을 살피는데 도움을 줄 수 있다。官員으로 任用될 때의 各種 手數料와 賦課金의 實際、租稅・軍布(保布) 納付의 實際를 조그마한 尺文을 통해 확인할 수 있는 것이다。

〈除授와 관련된 尺文、例〉(著者)

① 到付 盈德

本曹待令書吏處 依舊例 新除授時筆債錢貳拾兩 到付債伍戔 捧上印

天官 (押) 壬辰二月 日

(要旨) 壬辰(一八三二? 一七七二?) 二月에 天官(吏曹)에서 盈德(縣令)에 交付한 尺文(領收證)으로、內容은、「吏曹待令書吏處에 舊例에 의하여 新除授時의 筆債 二〇兩과 到付債 五戔을 捧上(받자、받아드림、領收)하였다(印)」는 것이다。「印」은 「끝」이라 발음 한다。

② 到付

敎旨安 寶債貳拾兩 及到付債伍錢 依例捧上印

月 日

尙瑞院

(要旨) 尙書院에서 交付한 尺文으로、敎旨(任命狀)에 寶(施命之寶)를 찍은 값(手數料)으로(安寶債) 二〇兩과 到付債 五戔을 捧上(領收)하였다는 것이다。

③ 新除授時 奇別書吏都行下錢拾兩 依例捧上印

議政府

月 日

(要旨) 議政府에서 交付한 尺文(領收證)으로、新除授時에 奇別書吏(承政院에서 반포하는 기별을 쓰는 書吏)에게 내리는 都行下錢(아랫사람에게 내려주는 金品、팁과 같은 것) 一〇兩을 例에 의하여 領收함。

④ 堂後筆債捌兩 依例捧上印

壬辰二月 日

承政院

(要旨) 承政院에서 交付한 尺文으로、堂後(承政院 注書) 筆債 八兩을 例에 의하여 領收함。

⑤ 新除授 筆債貳拾兩 到付債伍錢 捧上印

月 日

弘文館

⑥ 新除授 鋪陳債貳拾兩 到付債伍錢 捧上印

月 日

弘文館

⑦ 辭 朝債錢文貳拾兩 依例捧上 到付印

月 日

通禮院　到付債五戔

⑧ 盈德

發行債 正木貳疋代錢文肆兩 及到付債伍戔捧上印

司諫院　　　　月　日

⑨ 盈德

到任債 正木貳疋代錢文肆兩 及到付債伍戔 捧上印

　　　　　　月　日

司諫院

⑩ 盈德

到任債 陸兩 到付債伍錢 捧上印

　　壬辰正月　日

司憲府 (押)

이밖에도 地方官으로 任命되어 到任하는 過程에 中央各官衙에 納付해야 했던 手數料·賦課金은 막대하였다。즉 藝文館에 新除授筆債、承文院에 新除授禮木、兵曹에 新除授堂上鋪陳債、司憲府에 新除授筆債、司諫院에 新除授債、通禮院에 新除授鋪陳債、內閣(奎章閣)에 新除授筆債、中樞院에 新除授禮木 및 新除授 鋪陳債、翊衛司에 新除授鋪陳債 및 新除授筆債、掖庭署에 王大妃殿司鑰別監新定式除朝辭債 및 大殿司謁別監新定式除朝辭債、中宮殿司鑰別監新定式除朝辭債 등 中央의 有力한 官署에 定式(强制)으로 納付해야 되었으므로、그러한 負擔은 地方官으로 赴任한 후 任地에서 벌충하는 악순환이 계속될 수 밖에 없었다。筆者가 갖고 있는 資料는 盈德縣令으로 任命되어 到任한 사람의 三二枚의 尺文인데、定式 手數料로서 記載된 것이 四〇一兩이요、木으로 따지면 二〇〇疋에 해당하는 막대한 것이다。

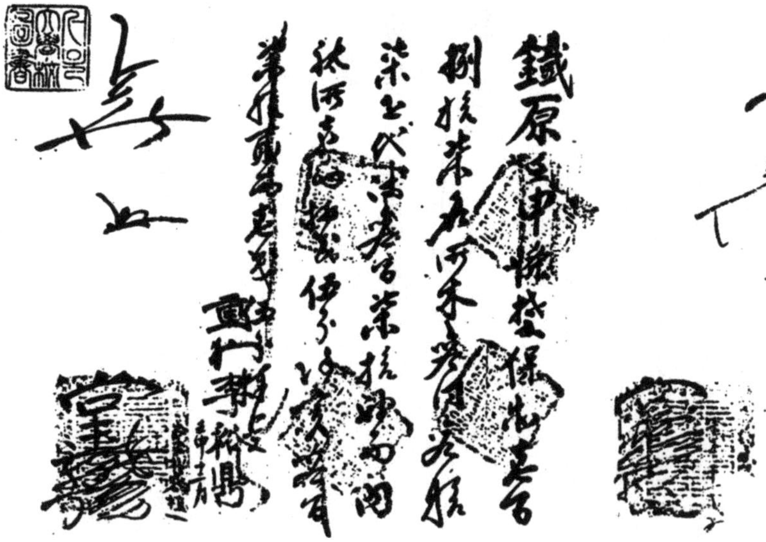

圖版 77 尺文　　서울, 71552

〈其他 尺文、例一〉(서울大、№七一五五二)

鐵原壬申條 禁保等壹百捌拾柒名 價木參同參拾柒疋 代錢參百柒拾肆兩內 馱價壹兩捌戔伍分除 實參百柒拾貳兩壹戔伍分

捧上印

重?李裕鼎

壬申十二月 日

書吏朴容植

兵曹(押)　堂上(押)、印

(要旨) 鐵原府 壬申(年)條 禁保 等 一八七名 保布(軍布)、木(布)으로는 三同(一同=五〇疋) 三七疋、代錢하면 三七四兩 중에 馱價 一兩八戔五分을 除하고 三七二兩一戔五分을 領收(받자)하고 兵曹에서 鐵原府에 交付한 尺文(領收證)이다.

〈其他 尺文、例二〉(서울大、№六九五一九)

到付鐵原

大王大妃殿誕辰箋文壹度物力錢貳拾貳兩 依例捧上印

甲戌十一月十五日

承文院

〈其他尺文、例三〉(서울大、№九〇八九六)

柒原稅米 本宮所納九石六斗七升 情米二石九斗 合十二石七升 代錢貳佰拾陸兩捌戔肆分 捧上印

己丑九月　日

延齡君房

(20) 牒呈

地方官衙에서 中央官衙에 올리는 各種 報告書를 牒呈(狀)이라 한다。各道에서 京送하는 貢物의 明細書를 外貢牒呈이라 하는데、이 牒呈에는 稅貢數量과 所納司名、發程日時、貢吏姓名을 記錄하여 戶曹에 올리게 된다。(135) 奴婢選上의 報告書도 牒呈이라 한다。(136) 外方에서 取才에 應하고자 하는 者는 그 事由를 갖추어 官에 牒呈의 발급을 告(申請)하면 本官은 이를 監司에게 보고하고、監司는 이를 吏曹에 移文하는데 이를 牒呈이라 한다。吏曹에서 取才할 때 牒呈을 참고한다。이 경우의 牒呈은 本人과 四祖의 身分・職役을 記錄한 四祖單子이다。(137) 또 吏曹에서는 每年 二月에 各邑의 牒呈(報告書)을 살펴서 攝戶長・正朝戶長・安逸戶長의 帖을 發給하기도 한다。(138)

(21) 論　報

下級官衙에서 上級官衙에 대하여 어떠한 일을 조사하여 意見을 붙여 報告하는 文書이다。

(22) 文　狀

公兄(三公兄)・衙前 등이 本官(使道) 또는 他官(使道・巡使道)에게 報告하는 文書이다。文狀의 餘白에 官(使道)의 題判(處分)을 하여 돌려주는 경우도 있고、文狀과 함께 文狀書目을 올려서、書目에 題判을 하여 書目만을 돌려 받는 경우도 있다。

〈文狀、例一〉(서울大、No.八三八九一)

丹陽郡公兄文狀

①右伏準爲白內等 即到 陪營吏防僞私通內 營用蔘材貿來次 玆以送人 勿以晩時稱托 擇其品好者 剪之乾之 限七十斤三四十片者 務從精實 公兄等必須擔着擧行 準數上送是矣② 價本計除於 營納亦爲有乎所③ 詳探境內 無論水蔘與乾蔘 果非所産之致 實無求貿之道 ④是白乎故 眼同今來人 艱辛求貿者 只是乾蔘四十片二斤 五十片二斤 而價本段 四十片蔘二斤價六十四兩 五十片蔘二斤價六十兩是⑤白乎所 至若三四十片一斤蔘 果無所存處 不得求貿上送 其在擧行 不勝悚仄是乎等以⑥ 緣由敢此馳告爲白遣⑦ 右味在⑧ 伏乞

⑨行下向敎是事

巡使道主　處分

庚寅 八月 八日戶長黃(押)

記官池(押)

陰(押)

서울, 83891

圖版 78 文 狀

(註解) ① 右伏準爲白內等、文狀의 起頭式、하삷안들、뜻; ─하옵신줄、─하옵신바。② 是矣、이되、뜻; ─이되。③ 亦爲有乎所、여하이시온바、뜻; ─하라 하였사온바。④ 是白乎故、이삷온고로、뜻; ─이사온고로。⑤ 是白乎所、이삷온바、이사온바、뜻; ─이사온바。⑥ 是乎等以、이온들로、뜻; ─이온줄로、─이온바로。⑦ 爲白遣、하삷고、하삽고、뜻; ─하옵고。⑧ 右味、울우미、뜻; 위의 뜻、위의 진술

(135) 經國大典卷二、戶典、雜令 참조。
(136) 앞의 책、卷五、刑典、「公賤」條、頭註 참조。
(137) 中宗實錄卷四、中宗二年十一月戊戌條。
(138) 六典條例、卷一吏曹、「鄕吏給帖」참조。

한 뜻。⑨ 行下向敎是事、행하아이샨일。뜻; 명령하옵실 일。분부를 내리옵실 일。

(要旨) 庚寅年八月八日에 丹陽郡公兄이 巡察使에게 올린 文狀으로、(監)營에서 求貿하는 人蔘을 다 채우지 못하고、品質과 斤數도 모두 不足하게 된것에 대하여 죄송하다는 報告이다。人蔘價는 郡에서 營에 納付할 것에서 제하도록 하였다。公兄은 三公兄 즉 戶長、吏房、首刑吏를 뜻하며、이 文書에서는 戶長과 二名의 記官(鄕吏)을 公兄이라 하고 있다。

〈文狀、例二〉(서울大、№六九一八九)

安峽縣三公兄文狀

右伏準爲白內等 本縣 官司主 行次于巡審敎是乎旀① 作還移劃錢一百十四兩九戔五分 今來色吏處 準數上送 緣由惶恐文告爲白②

乎事 右味上狀具呈 伏乞

右 文 狀

鐵原使道主 處分

咸豊 元年 四月十四日 色吏申致鶴

文狀 記官尹(押)

戶長李(押)

(註解) ① 敎是乎旀、이시오며、뜻; ―이옵시며。② 爲白乎事、하삽온일、하사온 일。뜻; ―하사온 일。

(23) 文狀書目

文狀은 公兄이 本官(使道) 또는 他官에 報告하는 文書라면、文狀書目은 文狀과 함께 올리는 書目으로、文狀의 대강을 적어 올리는 文書이다。文狀은 受取官이 受納・保管하여 參考하게 되고、書目은 受取官이 이에 題判(處分・命令)을 적어 公兄에게 돌려주는 文書이다。牒呈에 書目이 있는 것과 같은 目的이라 하겠다。따라서 文狀書目에는 受取官의 標識과 押(手決)、그리고 題判과 그 日字를 受取官이 직접 識하도록 되어 있다。그리고 文狀보다 細書하는 것이 일반이다。

〈文狀書目、例一〉(서울大、№七〇三九三)

鐵原府三公兄文狀書目

本府作還區劃錢參百貳拾伍兩捌戔壹分 受來次 定色吏起送 緣由事

色吏 李吉賢

道光二十九年四月初七日　記官 尹(押)

戶長 李(押)

安峽官(押)

(題判) 照數輸送向事

初八 日

圖版 79 文狀書目　　서울, 70393

(要旨) 一八四九年(憲宗一五) 四月初七日에 鐵原府三公兄이 安峽官(縣監)에게 보낸 文狀에 첨부된 書目으로、鐵原府의 作還區劃錢 三二五兩八戔一分을 받아오기 위하여(受來次) 色吏를 정하여 보낸다는 내용이고、이에 대한 安峽官의 題判은 「額數를 확인하고 輸送할 것」이라 하였다。題判은 書目을 올린 다음 날인 初八日이고 日字위에 踏印하고 있다。三公兄은 戶長・記官・色吏로 되어 있다。

〈文狀書目、例二〉(서울大、No.六九三九一)

鐵原府三公兄文狀書目

即到 營吏私通內乙用良 韓山李氏譜通 傳致于該宗中後 受標上 使 緣由事

色吏 李熙教

同治十三年十月二十八日

記官 李(押)

戶長 尹(押)

使(押)

(題判) 到付

十一月[初四]日

(24) 告目

各司의 書吏 및 鄕吏(戶長) 등 下吏가 上官에게 公的인 일을 알리거나 問安할 때 올리는 간단한 文書이다。

〈告目式〉

大監(令監案前)教是云云之意詮次告課爲臥乎事

年 月 日書吏姓名告目

(吏輩問安告目)

惶恐伏地謹問 安爲白乎於伏未審辰下

大監主氣體候一向萬安是白乎喩伏慕區區無任下誠之至小人伏蒙 下恤之澤無事服役伏幸何達餘伏祝 氣體候對時萬康緣由詮次告

課爲臥乎事

年 月 日小人姓名告目

吏輩歲時問安告目式
外邑吏有房任干請事告目式 } 省略

(儒胥必知)

〈告目、例一〉(서울大、No.一二二二八〇)

告目 結戶錢所捧 今十二日二百十七兩 十三日一百八十一
兩是白乎① 緣由詮②次告課向③教是事
丁酉七月十四日 在官戶長白鶴洙告目

〈告目、例二〉(서울大、No.一五七二九一)

甲申十二月二十六日小人崔東股告目
惶恐謹伏達問
安爲白乎旀④ 即伏承 下牌旨 仍伏審辰下
使道主問 安 連奏安寧
書房主問 安 一向萬康 伏慕區區 無任下誠 小人將老 服役
無頃 伏幸何達就伏達所志 即地入呈後 受 題上送 下諒
之地 伏望緣由 詮次告課爲臥乎事⑤

서울大, 157291

圖版 80 告 目

告目
分付乙用良明日貢下數後錄上送而米則別倉井
大廳木錢則內廳上下爲臥乎事
戊午十一月初一日 書吏吳鳳烈
海西貢下米三百十六石四斗一升六合一夕
木三同
布一同三十二疋二十一尺
錢一千三百三十五兩八戔

告目
德山藍浦兩邑大同米太畢用情入倉擧例是乎尼捧上
出令侍 分付擧行之意告課爲臥乎事
戊午十一月初一日 書吏金在秀

告目
明日 孝正殿 親行 酌獻禮教是時
案前教是巳時前 行次之意告課爲臥乎事
戊午十一月初八日 書吏尹義鎬

告目

圖版 81 告 目

서울大, 192541

> (皮封) 尙村 吏房崔東殷告目
> 宅小舍廊 侍下人 開坼

〈告目, 例三〉 (서울大, №一九二五四一)

※ 이 告目은 戊午年 一一月 一日부터 一二月三〇日까지 宣惠廳書吏들이 該堂上에게 올린 告目 四〇枚가 粘連되어 있다. 관계분야 연구에 資料가 될 것이다. 여기서는 그중 四枚만 소개한다.

告目
分付乙⑥用良 明日貢下數 後錄上送 而米則別倉井大廳 木錢則內廳上⑦下爲臥乎事

戊午十一月初一日 書吏吳鳳烈

海西貢下米三百十六石四斗一升六合一夕
木三同
布一同三十二疋二十一尺
錢一千三百三十五兩八戔

告目
德山藍浦兩邑大同米太畢用情入倉擧例是⑧乎尼 捧⑨上出令侍 分付擧行之意 告

課臥乎事

戊午十一月初一日 書吏金在秀

告目

明日 孝正殿 親行酌獻禮教是時⑩
案前教是⑪ 巳時前行次之意 告課爲臥乎事

戊午十一月初八日 書吏尹義錫

告目

本廳 今秋冬等褒貶 不得磨勘 草記
允下之意 告課爲臥乎事

戊午十二月十五日 書吏崔致庚

(註解) ① 是白乎、이삷온、이사온。뜻；－이사온、－이옵기로。② 詮次、젼차 뜻；까닭、연유。③ 向教是事、아이샨일。뜻；－하온일。④ 爲白乎旀、하삷오며、하사오며。뜻；－하사오며、－하오며。⑤ 爲臥乎事、하누온일、뜻；－하는일。⑥ 乙用良、을쓰아、뜻；－으로써、－을 말미암아。⑦ 上下、차하、뜻；지출하다、치러주다。⑧ 是乎尼、이오니、뜻；－이오니 ⑨ 捧上、받자、뜻；받아들이다。⑩ 教是、이신、이샨、뜻；－하옵실。⑪ 教是、이샨、뜻；께서。

(25) 稟 告

웃어른이나 上司에게 여쭙는(稟) 文書이다。

〈稟告、例〉(서울大、№一七二二一)

서울大, 171211

圖版 82 稟 告

稟告
本倉庫子①李加八 旣蒙呈頉 故向有所面稟 則分付內 以勤實之漢 私自代入敎是②故以③孫尙業差出④ 緣由 玆敢仰稟

甲戌十二月二十六日南倉社首韓璧烈

官(押) (題判) 依稟施行事

廿六日

(註解) ① 庫子、倉庫를 맡아보는 사람。② 敎是、이신、이샤、뜻 ; ―하신、―이신 ③ 以、로、으로。뜻 ; ―로、―으로、故以 ; 고로。④ 差出、임명함。

(要旨) 甲戌一二月二六日에、南倉社首 韓璧烈이 官(守令)에 稟하는 文書로、庫子 差出에 관한 것이다。官의 處分은 「稟한대로 施行하라」는 것이다。

(26) 馳 通

衙前들 간에 급히 알리는 文書이다。

〈馳通、例〉(서울大、№二二三〇四六一)

靈光公兄開拆

圖版 83 馳 通

서울大, 230461

本邑所納南殖錢在一百兩三戔三分 殘計一兩八戔八分 合錢壹百
貳兩貳戔壹分換劃於此去差人[ ]爲去乎 到即毋滯出給後 受
捧標星火考還之意奉
分付馳通
丙戌八月 日巡賑色崔

(要旨) 丙戌年八月에 色吏崔가 上官의 分付를 받아 靈光公兄에게 보낸 馳通으로, 差人에게 南殖錢을 出給하고 捧標(領收證)를 받아 考還토록 하라는 내용이다。

(27) 回 通

衙前과 衙前 사이에 왕래하는 文書의 하나로, 通知하기 위한 것이다。

〈回通、例〉(서울大、№六九五五三)

鐵原都倉色

本府作錢關文中 各穀已上之違錯 想必誤書而然矣 今考營上?
件 則貳千伍拾石 既甚丁寧 且有坪內各穀實數 則不必以已上之
誤書 有所致疑 諒悉事 回通

圖版 84 回通

서울大, 69553

戊申 十一 月十七日營房咸(押)
(關東營房)

(要旨) 戊申一一月一七日에 關東營房의 咸이란 營吏가 鐵原의 衙前에게 보낸 回通으로, 鐵原府의 作錢에 관한 關文 가운데 誤書된 것을 諒知시키기 위한 것이다.

(28) 通諭

上部에서 下部로 내리는 指示書, 訓令書이다.

〈通諭, 例〉(서울大, №二〇八四七二)

通諭安峙尊統

右通諭事 雜技禁斷次 面規自在爲旣(設)除 郡令數數嚴明之下 即聞安峙酒店近處 大說雜技局 負輸者或至六七十兩云云 而掩護置之終無一言半辭 蔑視面規耶 冷笑官令耶 其爲頭領 事體萬萬駭痛也 雜技接主與雜技軍 一一嚴禁 形止即刻報來事

丁酉十月二十 七 日

本面執綱(押)

(要旨) 丁酉(一八九七?) 一〇月에 執綱(面長)이 安峙(里) 尊統(里長)에게 내린 通諭로, 雜技를 禁하기 위한 것이다.

圖版 85 通　諭　　서울大, 208472

圖版 86 望　記　　서울大, 121270

(29) 望　記

座首가 本官(守令)에게 各面의 風憲、各面의 主人을 推薦하는 文書이다.

〈望記、例〉(서울大、No. 一二一二七〇)

辛酉正月　日各面

風憲望記

邑內面風憲白仲範

身北面風憲金仁俊

身東面風憲朴幸福

身南面風憲孫守萬

(以下 八個面 省略)

官(押)　座首蔡(押)

各面主人望記

身北主人李哲伊

서울大, 66006

圖版 87 朝 報

身南主人金日得

身東主人李日千

(以下 九個面 主人省略)

官

(要旨) 辛酉正月에 座首 蔡某가 各面의 風憲과 主人을 推薦하고 있고, 官(字)과 押(手決)은 本官(守令)이 이를 接受(受諾)했음을 의미한다.

(30) 朝 報

朝廷의 소식을 알리는 文書이다. 지금의 官報의 性格을 가진 것으로 「奇別」이라고도 한다. 承政院에서 처리한 일을 매일 아침 적어서 頒布하게 되는데, 이 朝報를 쓰는 사람을 奇別書吏라 하고, 朝報를 돌리는 사람을 奇別軍士라 하였다. 地方에 보내는 朝報는 대개 五日分을 적어 封套에 넣고, 앞면에는 「某官(例, 定州牧使)開拆, 承政院公事」라 쓰고 뒷면에는 「某年某月某日以某日至」라 표시하고 있다. 朝報에는 朝報體가 있어서 이를 專門으로 쓰는 書吏와 이를 읽을 수 있는 裔前이 있은 것으로 보인다. 특히 定州와 같이 北方에 있는 地方官에게 보내는 朝報는 거의 判讀이 불가능할 정도로 독특한 書體로 되어 있는데, 이는 朝廷의 소식(비밀)이 中國으로 流出되는 것을 막기 위한 目的이 있지 않았나 생각된다.

〈朝報、例〉（서울大、No.六六〇〇六）

庚辰七月二十一日

下直安奇察訪李學善昨日禮曹草記因議政府草記 今番增廣監試會試 年七十以上付之榜末人 令京兆査考帳籍 年冒年與漏籍者一一拔去原榜 如法勘罪事 允下 而自京兆考籍後 秩秩區別 修成冊越送 故取考其成冊 則榜年少籍年多秩 李文泳等八人 籍年七十以上冒年秩 崔晋錫等四十人 籍年七十以下冒年秩 李勉儀等三十一人 漏籍秩 李昌煥等四十七人 榜名與年俱左帳籍秩 姜萬馨等七人 榜名籍名相左秩 宋煥明等一人 合一百三十四人 雖有分秩之差殊 均是冒年與漏籍 故謹依啓下內辭意 一并拔去 原榜目中付標以入 而其罪狀 令攸司勘處事 傳曰允 七十以上 當有處分 而七十以下之勘罪 不可無斟量者存 特爲安徐

庚辰七月二十二日

（以下省略）

(要旨) 定州牧使에게 보내는 朝報(承政院公事)로서 庚辰(一八八〇) 七月二一日부터 二五日까지 五日分의 奇別이다。內容은 判讀하기 어려운 朝報體로 되어 있으나 承政院日記 高宗一七年 庚辰七月二一日條에 같은 內容이 揭載되어 있어 확인할 수 있다。皮封에는 「定州牧使開拆 承政院公事」라 하였고、後面에는 「庚辰七月二十一日以二五日至」라 하였다。서울大學校에는 여러件의 朝報가 있다。

(31) 邸　報

京邸에서 本郡에 보내는 報告·通知이다。新官(守令)의 赴任을 本郡에 알리는 것도 京邸에서 邸報로 한다。(139)

(32) 赴擧狀

地方官이 그 地方의 科擧應試者의 名單을 적어서 京試官에 報告하는 文書이다。(140)

(33) 軍令狀

軍中(陣中)의 命令을 적은 文書. 板에 썼을 경우 軍令板이라 한다. 모든 軍士에게 대한 것이고, 軍令을 어길 경우 처벌된다.

圖版 88 祿 標 서울大, 171449

(34) 祿 標

戶曹에서 文武百官에게 내려주는 祿俸引受證이다. 祿牌는 吏·兵曹에서 王命을 받들어 發給하지만, 祿標는 戶曹에서 發給한다. 이 祿標를 所持하고 廣興倉에 가서 定해진 祿俸을 引受하도록 하였다.(141) (앞의 「祿牌」 참조) 一六七一年 以後는 月俸으로 支給하고, 第一科(正一品)는 米二石八斗와 黃豆一石五斗를, 第一三科(從九品)는 米一〇斗와 黃豆五斗를 支給하였다.(142) 內侍는 豊儲倉에서 放料하였다.

(139) 牧民心書, 卷一, 赴任六條, 除拜에 「邸報下送之初 其可省弊者省之」라 하고 있는데, 이때의 邸報는 新官(使道)의 赴任을 알리는 邸報가 되겠다.
(140) 牧民心書, 卷四, 吏典六條, 「擧賢」에 보면, 「今式年之秋 郡縣倅赴擧狀 報于京試官」이라 하였다.
(141) 六典條例, 卷四, 「廣興倉」條 참조.
(142) 大典會通, 卷二, 戶典, 「祿科」條 참조.

〈祿標、例一〉(서울大、No.一七一四四九)

祿標

大殿長番崇祿大夫尙膳金圭復

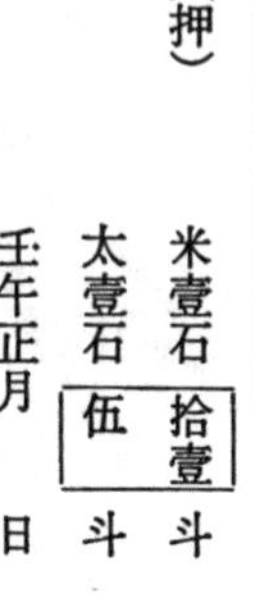
戶曹(押)

米壹石拾壹斗

太壹石伍斗

壬午正月　日

(要旨) 戶曹에서 大殿長番 崇祿大夫(從一品階) 尙膳(內侍府從二品職) 金圭復에게 壬午(一八二二?、一八八二?)年 正月分의 祿標를 發給한 것이다。各科祿은 實職을 따르므로、(143) 尙膳은 從二品職이므로、第四科祿을 받고 있다。

〈祿標、例二〉(서울大、No.一七一四五六)

祿標

大殿長番嘉善大夫尙膳金應鉉

戶曹(押)

米壹石拾壹斗

太壹石伍斗

甲申閏月

(35) 勿禁帖

이 文書를 所持한 者의 특정한 權利나 行動을 침범하지 말라는 文書이다。경우에 따라서는 通行證의 性格을 가질 수도 있다。

〈勿禁帖、例〉(서울大、№七五九九七)

勿禁帖　六盈

貿銅所爲駄送事　官銅完璧小玖片　鐵原龍潭居馬驅人金日成等處　作肆駄　後錄駄送爲去乎

所經列邑　勿侵事

壬午九月十四日

元山運所(押)

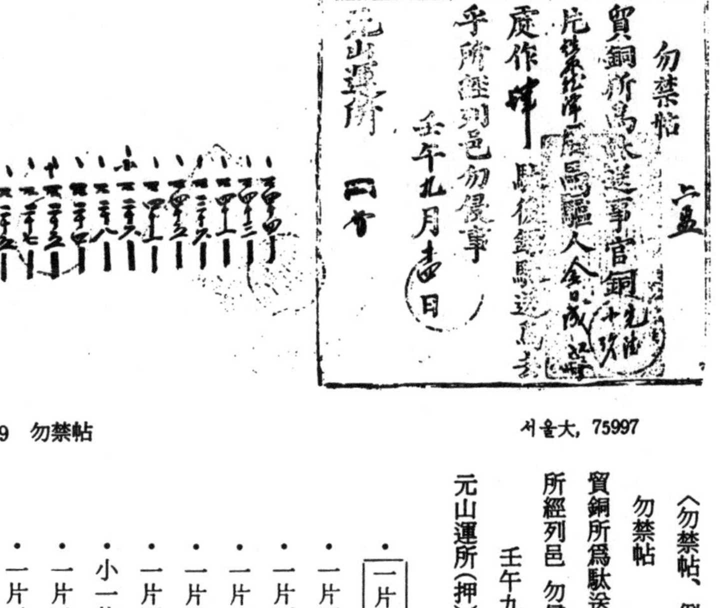

서울大, 75997

圖版 89　勿禁帖

- 一片四十四斤
- 一片四十三斤
- 一片四十一斤
- 一片三十六斤
- 一片四十五斤
- 一片四十一斤
- 小一片二十六斤
- 一片二十八斤
- 一片二十四斤
- 一片二十五斤
- 一片二十七斤
- 一片二十五斤

(143) 經國大典、卷二、戶典、「祿科」條 참조。

・一片二十八斤
・一片十九斤
・一片十斤
以上合完陸片小玖片重肆佰陸拾貳斤
馬???換來錢文肆拾參兩肆戔肆分出給事

(要旨) 壬午(一八八二)年 九月 一四日에 元山運所(貿銅所)에서 發給한 勿禁帖으로, 「官銅(完六片, 小九片)을 鐵原龍潭에 사는 屜馬驅人(길마군) 金日成等에게 四駄에 지워 後錄한 바와 같이 駄送하오니 所經列邑은 侵犯하지 말것」이라 하였다. 銅片의 個個의 重量을 後錄하였고, 總重量四六二斤, 代金四三兩四戔四分이다.

(36) 馬　帖

王命을 받아 司僕寺에서 賞讚할 일을 한 사람에게 馬匹을 賞給하는 證書이다. 馬帖에는 熟馬・半熟馬・兒馬의 區別이 있으며, 馬匹 대신으로 木・布로 받을 수 있다. 馬帖을 司僕寺에 내고 馬匹이나 木・布를 받아간다.(144) 試射頒賞할 때에도 馬帖을 준다.(145)

〈馬帖, 例〉(서울大, №七六六二二)

戊子三月 日
同年同月十九日承 傳 王大妃殿加上尊號敎是時 擧玉寶案
執事 濟用別提趙秉穆 兒馬壹匹 賜給事 後日題給次 帖子印

司僕寺(押)

(要旨) 戊子(一八八八) 三月一九日에 司僕寺에서 王命을 받고 趙秉穆에게 兒馬帖을 發給한 것으로, 王大妃殿에 尊號를 加上하신 때에 玉寶案 執事를 擧行한 濟用別提 趙秉穆에게 兒馬一匹을 賜給하라는 王命에 의한 것이다.

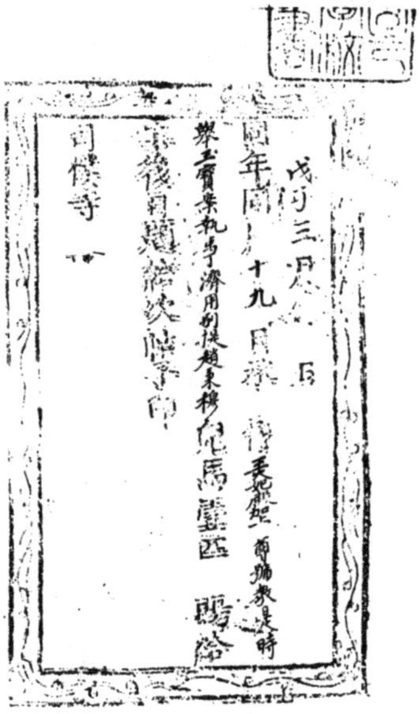

圖版 90 馬 帖　　서울大, 76621

(37) 草 料(狀)

官員이 公務로 旅行할 때에 經由하는 길의 각 官과 驛站에 대하여 馬匹과 宿食 등의 提供을 命令하는 文書이다. 草料를 받을 수 있는 사람은, 軍官·宦官·率家하지 않은 鎭將·平安道博川以西와 永安道洪原以北의 守令과 그 家屬·教官·歸鄕子弟·貢物押領人·濟州子弟와 押貢人·各營에서 出使하여 京에 이르는 者 등이다.(146) 旅行이 끝난 후 草料狀은 兵曹나 畿營 등에 返納 하였다.(147)

(144) 六典條例, 卷八, 司僕寺, 「馬籍色」에 「馬帖賞格以木布代給」이라 하고, 熟馬는 木三匹, 半熟馬는 木二匹, 兒馬는 木一匹(布二匹)이라 하였다.
(145) 大典會通, 卷四, 兵典, 廐牧 참조。
(146) 經國大典, 卷四, 兵典 草料 참조。
(147) 앞의 책 같은곳 참조。

圖版 91 草料 啓明大

〈草料、例一〉(啓明大圖書館)

兵曹爲草料事 薪島僉使盧 赴任時帶去軍官 下去印

因公幹平安道下去私持馬壹匹

馬牌無 從人 壹名依前

供饋不得侵撓生事如違重繩

道光二十年七月 日 京監反貼

堂上(押) 郎廳(押)

(要旨) 一八四〇年(憲宗六) 七月에 兵曹에서 發給한 草料로서 板刻印出한 用紙에 필요한 사항을 써넣었다。 즉 薪島僉使盧某가 赴任할때 帶去한 軍官의 草料를 위한 것으로 旅行方向은 平安道이고 馬匹은 私持馬一匹이고 馬牌는 없고 從人은 一名인데 前例에 의하여 供饋할 것을 命令하는 草料이고 사용한 후에 京畿監營에 返納하도록 하였다。

〈草料、例二〉(서울大、№ 一五八九五一)

右邊捕盜營爲草料事 罪人跟捕次 軍官貳員 軍士肆名 發送爲去乎 所經諸處 往回一體 依例供饋施行爲宜向事 合下仰照驗施行 須至帖者

右帖下 自營至各道各邑所經諸處準此

道光 二十 九年正月 日 [草料]

帖(右捕營)(押)

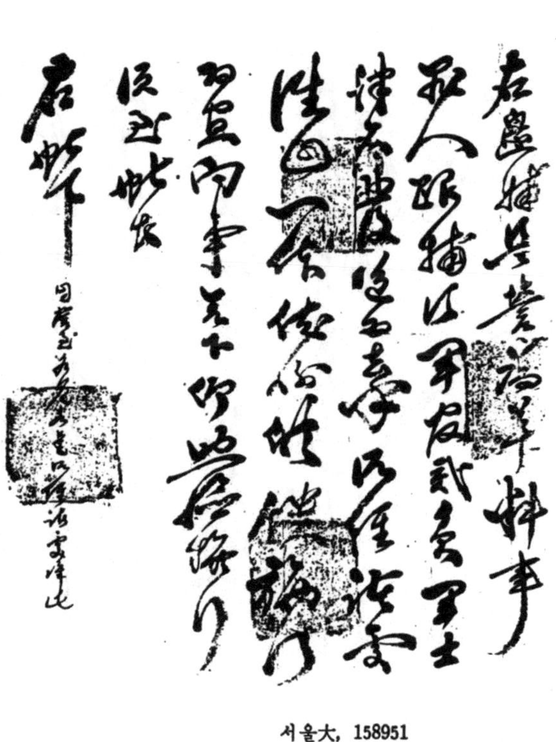

圖版 92 草 料

서울大, 158951

(要旨) 一八四九年(憲宗一五) 正月에 右邊捕盜營에서 發給한 草料로, 營으로부터 各道各邑所經諸處에 향한 것이다. 內容은 罪人의 跟捕를 위하여 軍官二員, 軍士四名을 發送하므로(爲去乎, 하거온) 所經諸處에서는 往回간 一切를 例에 의하여 供饋하라는 것이다. (向事; 안일。—할일, —한일。)

〈草料, 例三〉(서울大, №一九九七五八)

兵馬節度使爲草料事 阿耳僉使 今方遞職上去 所騎驛卜馬各壹匹次次替給 從人并以 依堂上例 依例供饋施行向事 合下仰照驗施行須至帖者

右帖下自黃州至金川准此

光緒十七年十月十四日

草料

帖(押)

(要旨) 一八九一年(高宗二八) 一〇月 四日에 黃海道兵馬節度使가 發給한 草料로, 黃州로부터 金川에 이르는 各官·驛에서 施行하도록 하는 것이다. 阿耳僉使가 遞職되어 上去하므로 騎馬와 卜馬 각각 一匹을 替給하고 從人도 아울러(并以; 아오로) 堂上例에 의하여 供饋할 것을 命令하고 있다.

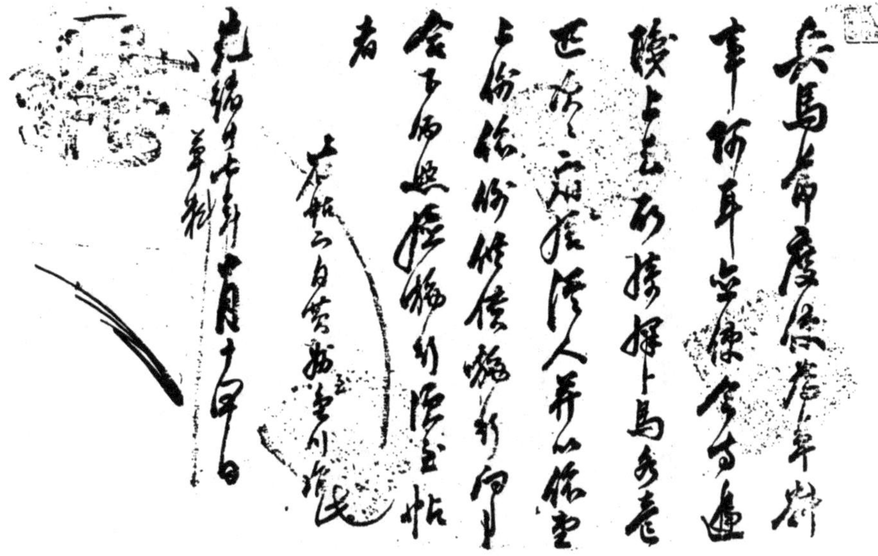

圖版 93 草 料　　　서울大, 198758

(38) 路 文

文武·內外의 重要한 地位에 있는 官員이 奉命 또는 受由로 旅行할 때에(148) 旅行의 편의를 위하여 旅行의 日程에 따라 沿道의 각 고을에 보내는 文書이다。이에 따라 沿路의 각官·驛에서는 宿食의 제공은 물론 모든 편의를 준비하여 시행하게 된다。路文은 兵曹에서 板刻印出한 用紙에 必要事項(隨從人員數·馬匹數·旅行日程 등)을 써넣도록 되어 있다。路文의 制度는 大典通編부터 나타나는데 이때부터 大小使星이 사용하던 白文·先文은 일체 금지하였다。(149) 路文은 출발하기 전에 驛子에게 주어 日程에 따라 替傳하도록 했으나 심지어는 陪行吏胥가 沿路各邑公兄에게 私通으로 通知하여 萬般의 준비를 하도록 하고 있다。(150) 「路文式例」(奎一一五一〇)는 一八二三年(純祖二三)에 改正한 備邊司路文의 節目으로 路文에 관한 細部규정을 볼 수 있다。

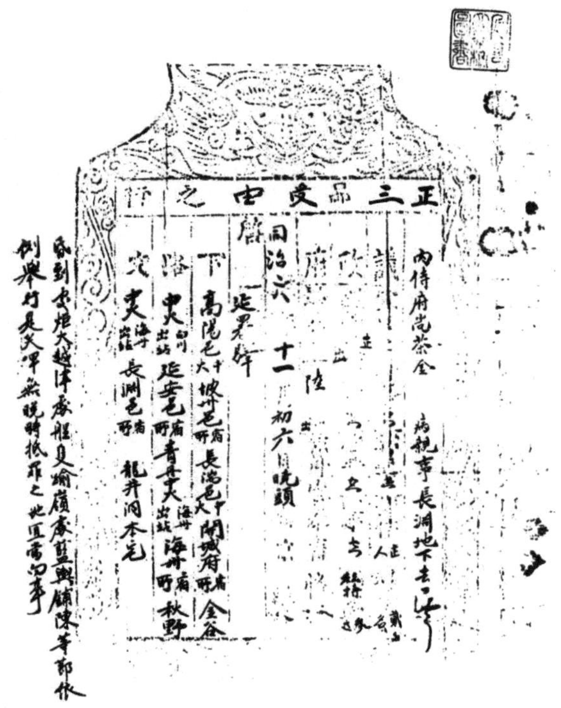

〈路文、例〉(서울大、No.八三一六六)

正三品受由之行

議政府 啓下路文

內侍府尙茶金 病親事長淵地下去印

軍官空 錄事空 書吏空 件倘人壹 奴子名貳 羅將出壹雙鼓手空旗

手空 吹手空 私持馬四參 驛人夫陸名出

京外官奉審恪遵

同治六年十一月初六日曉頭自京離發

延署驛

高陽邑中火 坡州邑所宿 長湍邑中火 開城府所宿 金谷中火白川出站 延安

邑所宿 靑丹中火海州出站 海州所宿 秋野中火海州出站 長淵邑所宿 龍井洞

本宅

(板外) 昏到處炬火 越津處船隻 踰嶺處藍輿鋪陳等節 依

例擧行是矣 俾無晩時抵罪之地 宜當向事

圖版 94 路 文 서울大, 83166

(要旨) 一八六七年(高宗四) 一一月初六日에 內侍府尙茶金某가 病親으로 本宅이 있는 長淵으로 내려갈때 發給한 路文이다。

(148) 六典條例、卷七、兵曹、「路文」에 의하면、路文을 發給받을 수 있는 범위가 정해져 있다。즉 大君・王子君・大臣・國舅・宗親・儀賓・重臣・宰臣・承旨・三司・春坊・六曹參議・赴燕三使臣・通信三使臣을 비롯한 각종 使臣・留守・觀察使・鎭撫使・統制使・兵水使・東萊府使・義州府尹 등 高位 外官・內侍府의 尙膳(從二品)에서 尙傳(正四品)까지 등으로 되어 있다。

(149) 大典會通、卷四、兵典、「路文」에 「白文先文一切嚴禁 犯者以濫騎律論」이라 하였다。

(150) 서울大、古文書 No.一一九二四七。「路文」의 一括文書에、慶基殿令洪이 香祝을 받아가지고 내려가는 行次에 陪行한 李某가 沿路各邑公兄에게 모든 差備를 하고 待機하라는 文書를 보내고 있다。

앞의 例는 啓下路文이고、陪吏가 啓下路文을 첨부하여 各邑公兄에게 보내는 防僞私通을 소개한다。(奎、一九三〇三―八〇―

二、黃海道延安郡~庄土文蹟)

圖版 95 路文防僞私通 서울大

路文 各邑公兄開拆
五月初二日宿所 礪山四十里 初三日中火 恩津三十里 當日宿所 雷城三十里
初四日中火 錦江五十里 當日宿所 光亭四十里 初五日中火 天安五十里
當日宿所 成歡四十里 初六日中火 振威五十里 當日宿所 水原五十里
初七日中火 果川四十里

私通
司官教是 全州金堤等四邑所在屯土打量後還爲上京教是如乎 所經
各邑良中 境上等候及支供之節 如例着實擧行爲乎矣 驛村所在邑
段人馬俱爲知委等待爲旀
御覽量案所載馬 則別定揵實馬壹疋 無至臨時葛藤之弊爲旀 啓下路
文貳丈粘連知委 依此擧行事 奉
分付 提通知悉爲乎乙事
癸丑五月初四日在全州府陪吏車(手決)
防僞
此亦中 次次傳致于前站邑後 同路文 捧標受來是如可 行次之時
入鑑次
(馬牌一處押)

서울大, 42513

圖版 96 古 風

(39) 路 引

旅行(許可)證이다。軍士로서 休暇를 얻어 歸鄕할 경우에 兵曹에서 路引을 發給하며,[151] 倭使가 朝鮮에 와서 上京할 때도 上京路線을 記載한 旅行許可狀이라 할 수 있는 路引을 필요로 하였다。[152] 行商에게도 路引을 발급하고 收稅 하였다。

(40) 行 狀

旅行許可證이다。北路에서 西關으로 往來하는 자가 行狀이 없으면 一律로써 論罪한다 하였다。行狀은 巡營에서 成給하며, 所帶人員數와 馬匹數를 載錄하여 憑準케 하였다。[153]

(41) 古 風

새로 赴任한 官員이 前例를 좇아 下隷에게 行下를 주는 것을 古風이라 한다。또한, 새로 官職에 任命되면, 人事·赴任과 관계있는 各官廳의 書吏·下隷 등에게 行下를 주는 것도 古風이라 한다。

(151) 經國大典, 卷四, 兵典, 路引 참조。
(152) 經國大典, 卷三, 禮典, 「待使客」 참조。
(153) 大典會通, 卷五, 刑典, 「禁制」 참조。

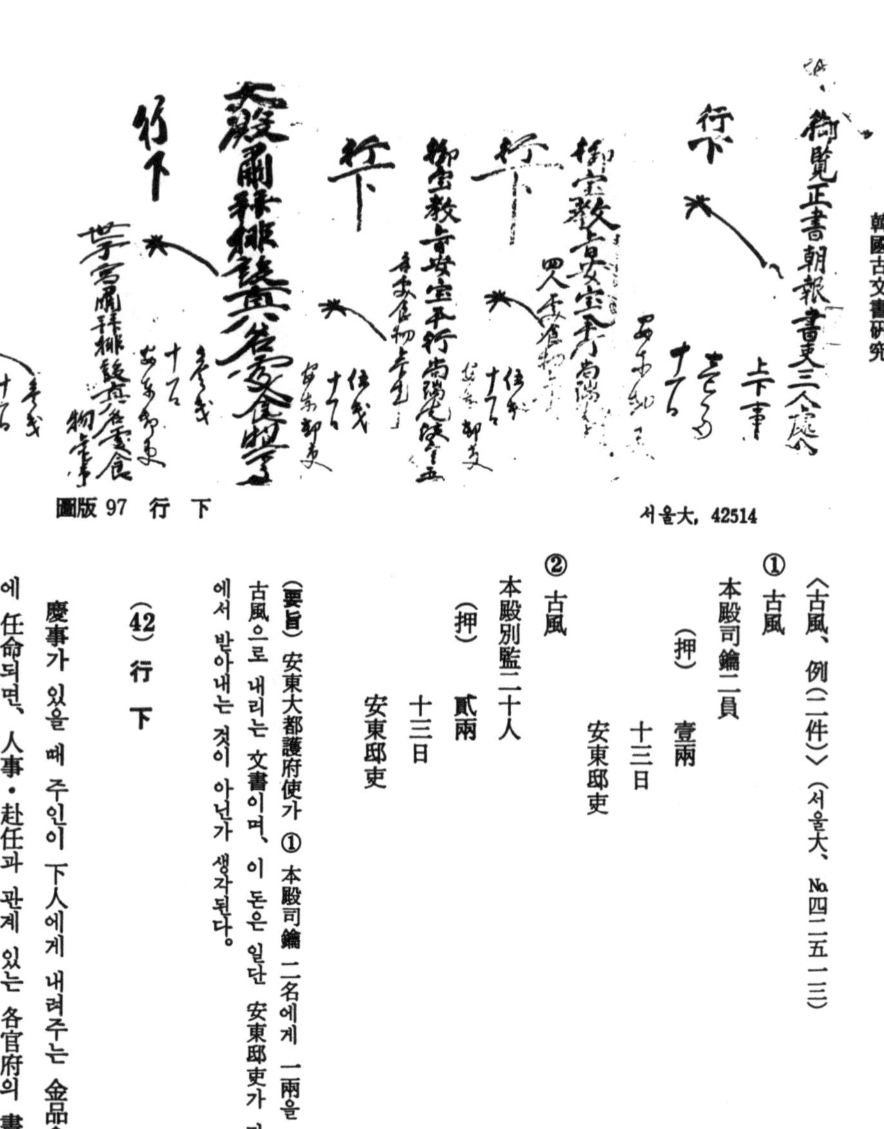

圖版 97 行 下　　서울大, 42514

〈古風、例(二件)〉(서울大、№四二五一三)

① 古風

本殿司鑰二員

(押) 壹兩

十三日

安東邸吏

② 古風

本殿別監二十人

(押) 貳兩

十三日

安東邸吏

(要旨) 安東大都護府使가 ① 本殿司鑰 二名에게 一兩을 ② 本殿別監 二〇名에게 二兩을 古風으로 내리는 文書이며, 이 돈은 일단 安東邸吏가 지출하고, 후에 安東大都護府(使)에서 받아내는 것이 아닌가 생각된다.

(42) 行 下

慶事가 있을 때 주인이 下人에게 내려주는 金品을 行下라 한다. 또 새로 官職에 任命되면, 人事·赴任과 관계 있는 各官府의 書吏·下隷 등에게 飮食物을 내려주는 것을 行下라 한다.

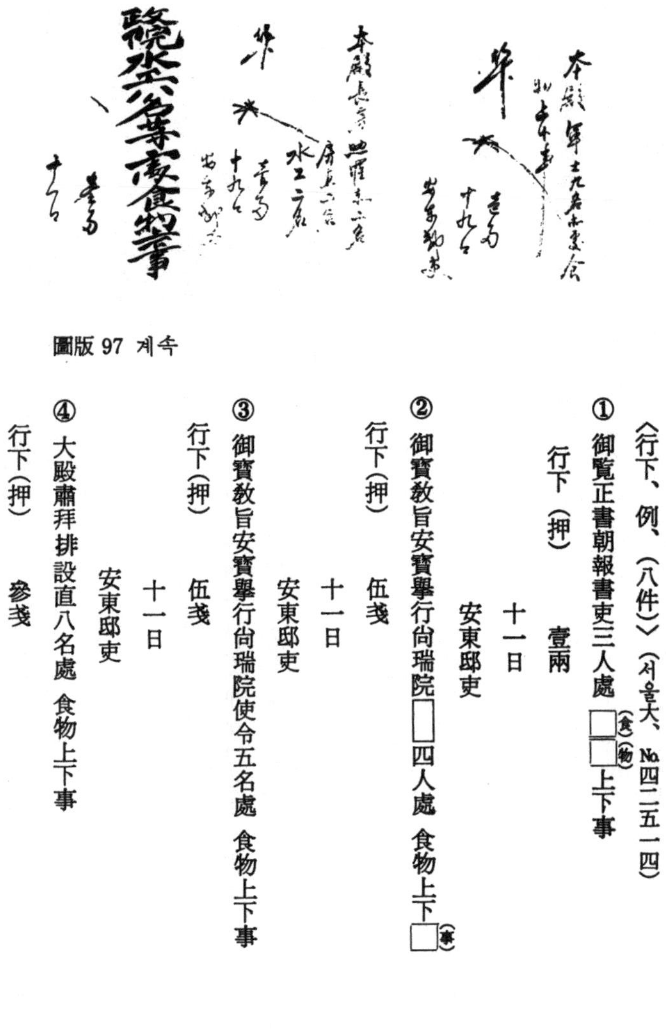

圖版 97 계속

〈行下、例、(八件)〉(서울大、No.四二五一四)

① 御覧正書朝報書吏三人處 □□(食物)上下事

行下 (押) 壹兩

十一日

安東邸吏

② 御寶敎旨安寶擧行尙瑞院□四人處 食物上下□(事)

行下(押) 伍戔

十一日

安東邸吏

③ 御寶敎旨安寶擧行尙瑞院使令五名處 食物上下事

行下(押) 伍戔

十一日

安東邸吏

④ 大殿肅拜排設直八名處 食物上下事

行下(押) 參戔

十一日

安東邸吏

⑤ 世子宮肅拜排設直八名處 食物上下事

行下(押) 參戔

十一日

이밖에 本殿軍士 九名處 一兩, 本殿長房, 房直·木工等 六名에 一兩, 政院木工 八名 등에 一兩을 行下하고 있다.

(要旨) 安東大都護府使로 任命된 사람이 그의 除職·赴任과 관련있는 各官府의 書吏·下隷, 즉 ① 御覽正書朝報書吏, ②, ③ 尙瑞院의 使令등, ④ 大殿肅拜排設直, ⑤ 世子宮肅拜排設直, ⑥ 本殿軍士, ⑦ 本殿長房 房直·木工 등, ⑧ 政院木工 등에게 飮食物을 내려주는 (上下, 차하, 곳: 치러주다, 지출하다) 文書(行下文書)이다. 飮食物을 내려주는 일(돈의 지출)은 安東邸吏가 執行하고, 후에 安東大都護府(使)에서 받아내는 것이 아닌가 한다.

—甲午更張以後 官府文書—

※ 官府文書는 甲午更張以後 新式으로 改革되어, 照會·照覆(對等官 간에 往復하는 公文), 通牒(對等官에게 通知하는 公文), 訓令(上官이 下官에게 내리는 命令書), 指令(下官의 質稟書·請願書에 대한 指示), 告示(各官廳에서 백성에게 告知), 報告書(下官이 上官에게 報告하는 公文), 質稟書(下官이 上官에게 質稟하는 文書), 請願書(管下官이 本屬長官에게 請願하는 文書) 등으로 분류되고, 書式도 간소화됐고, 國漢文을 混用했다. 그리고 署押을 폐하고 官章(官印)과 印章을 썼다.[13]

4) 對私人

(1) 完 文

官에서 鄕校(校生), 書院(院生), 結社, 村(民), 個人 등에게 發給하는 文書로서, 어떠한 事實의 確認 또는 權利나 特典의 認定을 위한 確認書, 認定書이다. 完文은 官에서 一方的으로 發給하는 경우는 없다. 대개 當事者나 當該機關의 陳情 또는 請願에 의하여 官에서 發給하게 된다. 完文 중에 상당한 수를 차지하는 內容은 鄕校校生·書院院生·士大夫家

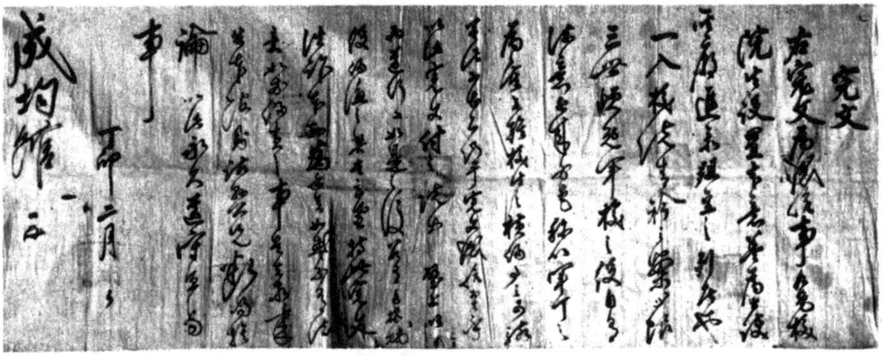

圖版 98 完 文

著者

山直・書院의 屬村 등에 대하여 身役・烟戶雜役・還上 등의 免除(勿侵)를 認定・確認해주는 것이다。宮房에서도 完文을 發給한다。(15) 完文에는 年號를 쓰지 않고 干支로 표시되므로 年代推定에 문제가 있으나 關係文書가 있을 경우 年代를 확인할 수 있다。

〈完文, 例一〉(著者)

完文

右完文爲成給事 各邑校院生設置本意 蓋爲守護聖廟 進參俎豆之列者也 一人校院①青衿之案 則限三世頃免軍校之役 自有法意 近來各邑 稱以軍丁之爲重 無難校生之橫侵 事之可駭 莫此爲甚 ②乙仍于 完文成給③爲去乎 以此完文 付之院中壁上 以爲遵行 而如是之後 若有各樣賤役侵漁之弊④是良置 持此完文 往訴本縣⑤爲乎矣 如或不有法意 如前侵責之事⑥是去等 來告本館 則該縣公兄斷當推論 以此永久遵守宜當事

⑦丁卯二月 日

成均館(押)

(註解) 이 完文은 一八〇七年(純祖七, 嘉慶一二) 二月에 成均館에서 慶尙道觀察使에게 보낸 關文(圖版四一)과 연결된 文書이다。① 青衿之案, 成均館・鄕校・書院에 있는 儒生의 名簿, 儒案, 青衿錄。② 乙仍于, 을지므로。뜻 : …을 말미암아, …을 탓으

(14) 新式儒胥必知, 公文類例及式樣 참조。

(15) 서울大。古文書, №一六八六六〇은 光武三年 一月에 龍洞宮에서 發給한 完文이다。

로。③ 爲去乎、하거온。뜻；—하므로、—하기에。④ 是良置、이라두。뜻；—이라도、—이어도。⑤ 爲乎矣、하오되。뜻；—하되、하오되。⑥ 是去等、이거든。뜻；—이거든。⑦ 丁卯는 一八〇七年(純祖七)이다。完文에서는 年號를 쓰지 않고 干支를 사용한다。

(要旨) 一八〇七年 二月에 成均館에서 慶尙道宜寧地方의 鄕校·書院에 내린 完文으로、校生·院生들에게 軍役과 其他 賤役을 免除해 주기 위한 것이다。

〈完文、例二〉(筆者)

完文

右完文爲成給事 大里坊枝村陽亭兩村 自是檜淵書院①屬村 而還上雜役 或不無侵責之事 大非尊護書院之道 此後段② 還上幷雜役 一併除頉之意 完文成給 以此永久遵行宜當者

丁酉十二月 日

使(押)

(註解) ① 檜淵書院、星州에 있고、鄭逑·李潤雨를 配享。仁祖五年(一六二七)에 建立。肅宗一六年(一六九〇)에 賜額。② 段、딴。뜻；는、은、—인즉。

(要旨) 丁酉年(一六五七? 一七一七?)에 星州牧使가 檜淵書院에 發給한 完文으로、書院屬村인 枝村；陽亭 兩村에 還上과 雜役의 免除를 위한 것이다。筆者는 이와같은 完文을 三通을 갖고 있는데、一通을 더 紹介한다。

完文

右完文段 檜淵書院 即文穆公寒岡鄭先生妥灵之所也 朝家之所衛護 營邑之所尊尚 顧誠何如 而近來院力凋殘 諸般供應 無以成樣

堂堂 國學支撑無計 誠極慨然 枝村陽亭兩村 自是本院屬村 春秋享禮之時 垣墻修葺之役 一
以兩村民丁擔當 故諸般雜役 各項還上 自前除頉是如 結還亦是還上 則統還結還 一倂除減
事 完文成給爲去乎 揭諸院壁 以爲永久遵行事

己亥十二月 日

使(押)

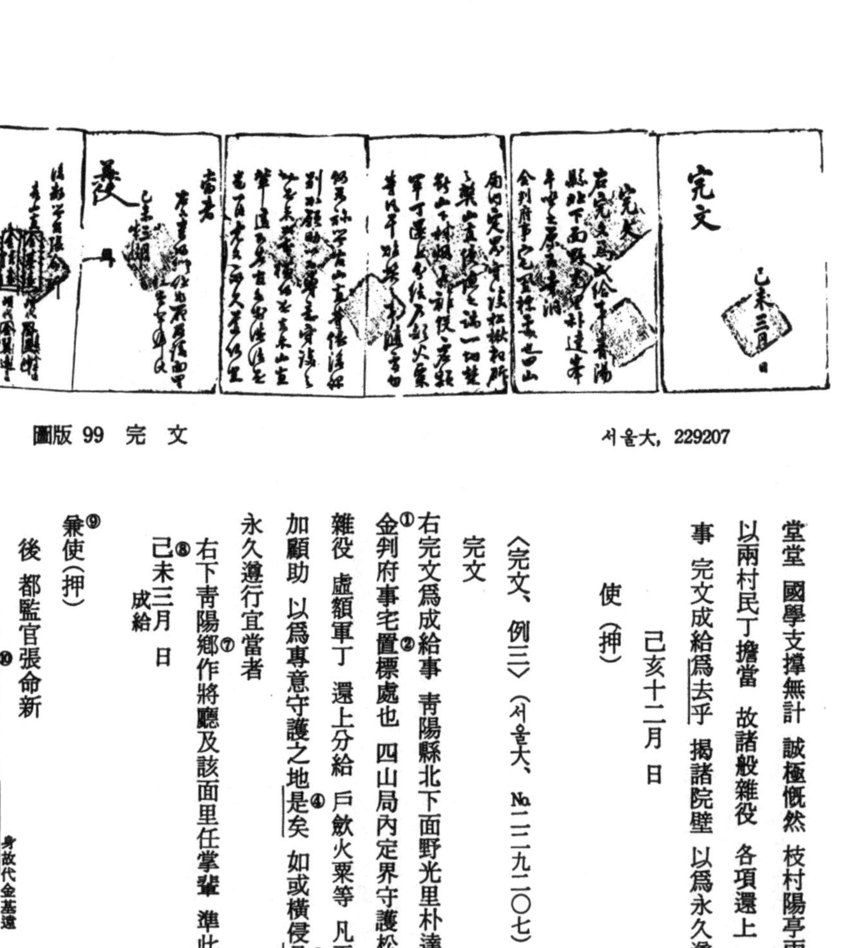

圖版 99 完 文　　서울大, 229207

〈完文、例三〉(서울大、№二二九二〇七)

完文

右完文爲成給事 靑陽縣北下面野光里朴達峯午坐之原 即寺洞
①金判府事宅②置標處也 四山局内定界守護松楸犯斫之弊 山直侵漁之端 一切禁斷 山下村烟戶
雜役 虛額軍丁 還上分給 戶斂火粟等 凡干貽弊之事 隨處勿侵爲於③ 監官山直等 依後錄 別
加顧助 以爲專意守護之地是矣④ 如或橫侵是去等⑤ 山直輩 這即告官 各別懲治是遣⑥ 以此完文
永久遵行宜當者

右下靑陽鄉作將廳及該面里任掌輩⑦ 準此

己未⑧三月 日
成給

兼使⑨(押)

後 都監官張命新

都山直 金基遠⑩ 頉代 金星仲 身故代金基遠

金信遠 頉代 金翼遠 身故

金昌遠

[姜大成]

金乭伊

姜判成

(註解) ① 金判府事宅, 安東金氏勢道家인 金祖淳의 아들 金道根宅으로 道根은 당시 判敦寧府事 였다. ② 置標處, 묏자리를 미리 잡아 표적을 묻어서 무덤의 모양과 같이 만들어 둔곳. 山所 자리. ③ 爲旀, 하며, 뜻:: 一하며. ④ 是矣, 이되. 뜻:: 一이되. ⑤ 是去等, 이거든. 뜻:: 一이거든. ⑥ 是遣, 이고. 뜻:: 一이고. ⑦ 鄕作將廳, 鄕廳·作廳·將廳. ⑧ 己未, 一八五九年(哲宗一〇年) ⑨ 兼使, 忠淸道觀察使 兼巡察使. ⑩ 金基遠頉代 [金星仲](身故代 金基遠), 山直으로 金基遠이 임명되었다가 有故로 金星仲이 代身하게 되었는데, 金星仲이 死亡하여 代身 金基遠이 정해졌음을 나타냄. 다음項인 金信遠의 경우도 마찬가지 이다.

(要旨) 一八五九年(哲宗一〇年) 忠淸道觀察使兼巡察使가 靑陽縣의 鄕廳·作廳·將廳과 該當 面·里任 등에게 周知시키기 위하여 내린 完文으로, 目的은 靑陽縣北下面野光里박달봉 南向坐에 있는 判敦寧府事 金道根宅의 묏자리와 山直(산지기)에 대한 保護를 위한 것으로, 山下村에 烟戶雜役·虛額軍丁·還上分給·戶歛火粟 등의 負擔을 免除해주고, 監官과 山直이 任務에 專念할 수 있도록 특별히 도와줄 것을 목적으로 하고 있다. 이 完文은 四張(八面)으로 成冊되어 있고 表紙에 「完文 己未三月 日」이라 記錄되어 있다.

(2) 空名帖

이름을 記載하지 않은 辭令狀이다. 國家의 財政이 궁핍할 때에 空名帖을 發行하여 士庶로부터 錢穀을 받고 이를 팔았다. 대개 地方官이 일정한 量의 錢穀을 받고, 그 사람의 姓名을 空名帖에 記入하여 交付하였다. 官階와 官職名이 記載되어 있으나 實職에 나아갈 수 있는 것은 아니다. 그리고 이름이 記入되지 않은 상태의 空名帖은 엄격한 意味로는 完全한 文書가 되지 못하는 것이니 文書의 受取人이 없기 때문이다. 國王文書, 「敎旨」에서 다룰 수도 있는 文書이다.

〈空名帖、例〉(著者)

教旨

爲嘉善大夫行龍驤衛副護軍者

加設

乾隆 三十 八年十月 日

(要旨) 一七七三年(英祖四九) 一〇月에 發行한 敎旨로서 이 敎旨를 받을 사람의 姓名이 記載되지 않고 있다. 品階는 從二品인 嘉善大夫이고 官職은 行龍驤衛副護軍으로 되어 있다. 施命之寶를 安하고 年號 右편에 「加設」이라 표시했다.

(3) 立 案

官에서 發給하는 文書로서, 個人의 請願에 따라 어떤 事實(賣買・讓渡・決訟・立後 등)을 確認하여 이를 認證(公證)해주는 文書이다. 例를 들면 土地・家屋・奴婢나 그 밖의 財産의 賣買・讓渡 등의 事由가 發生할 때에 대개 取得者가 官에 立案을 申請(所志)하면, 官에서는 財主와 證人・筆執, 또는 關係人의 陳述(招辭)을 받아 確認한 후 立案을 成給해 주었다.(156) 立案制度는 高麗時代에도 있었고(157) 朝鮮時代에도 法制的으로는 계속되는 것으로 되어 있으나, 內容에 따라서는 朝鮮後期까지는 遵行된 것도 있고, 土地賣買의 경우처럼 실제로는 實施初期부터 제대로 遵行되지 못한 것도 있다. 土地賣買・奴婢賣買・許與 등의 立案은 뒤에 다시 그 一括文書로써 言及되겠다. 決訟立案은 訴訟事實을 모두 謄書하고 勝訴事實을 認證(判決)하므로 자연히 長文의 文書가 되고 있다. (決訟立案式은 儒胥必知 末尾 참조)

(156) 朴秉濠、韓國法制史特殊研究(韓國研究圖書館、韓國研究叢書四、一九六〇) P、三三以下 참조。

(157) 朴秉濠、高麗末의 奴婢贈與文書와 立案(春齋玄勝鍾博士華甲紀念、法思想과 民事法、一九七九) 참조。

〈立案式〉(158)

某年月日某司立案

右立案爲某事云云合行立案者

堂上官押　堂下官押

(經國大典、禮典)

圖版 100 立 案　寶物 572호

〈立案、例一〉(寶物五七二號、松廣寺藏)

至元拾捌年閏捌月 日

修禪社主乃老所志敎矣 去甲寅年分 國朝 以誅流員將矣奴婢等乙 公私分屬令是敎是次 同年二月分 主掌都官 以敎定別監出納乙據爲 矣出父禮賓卿梁宅椿亦中 卒宰臣鄭晏婢世屯矣所生婢古次左年四十八矣身 及右婢矣所生等乙 官文成給敎等用良 右古次左婢矣長所生逸三奴矣身乙良 同生弟別將梁弼矣身亦 傳持使用爲遣 出父亦中賜給敎是後良中沙? 長爲乎所生奴巾三矣身以 矣亦中仰使內如乎在乙 矣發願修補爲 本社安邀爲乎 丹本大藏寶良中 右巾三矣身乙 所生幷以 屬令是白去乎在等以 爭望爲行隅有去等 禁止爲遣 鎭長屬社令是良於爲敎

左承旨興威衛上將軍判司宰寺典理司事趙(手決)

(解說) 이 文書에 대한 解題·吏讀·解釋에 관해서는 任昌淳(松廣寺의 高麗文書, 白山學報一一, 一九七一)氏와 南豊鉉(一三世紀 奴婢文書의 吏讀, 檀國大論文集八, 一九七四)氏의 연구가 있다. 그러나 著者나름으로 句讀點·吏讀를 표시하고 解釋을 해 본다.

一二八一年(至元一八, 忠烈王七) 윤八月 日

修禪社 住持 乃老(圓悟國師)가 所志(請願)하시되 지난 甲寅年(一二五四, 高宗四一)에 나라에서 誅殺·流配된 官員·將軍들의 노비들을 官과 개인에게 分屬시키고자 同年二月에 主掌都官(都官: 奴婢의 簿籍과 訴訟을 맡은 部署)이 敎定別監의 出納(關文, 朝鮮太宗初부터 「關」으로 씀)을 의거하여 나의 出生父 禮賓卿梁宅椿에게, 죽은 宰臣鄭晏의 婢인 世屯의 所生婢 古次左(나이 四八)의 몸과 이 婢의 所生들을 官文을 작성하여 주심으로써 이 古次左(婢)의 長所生 逸三(奴)의 몸은 同生弟 別將梁瑂이 傳持하여 부리고, 出生父에게 賜給하신 뒤에야 生(?)長한 所生奴인 巾三의 몸으로(써) 나에게 부리게 하였거늘 내가 發願·修補하여 本社에 奉安(安邀)한 契丹本 大藏寶에 이 巾三의 몸을 所生 아울러 隸屬시키옵고 이로써 다투고 원망하는 일이 있거든 禁止하고 永久히 社에 隸屬시키라 하심.

左承旨興威衛上將軍判司宰寺典理司事趙(手決)

(要旨) 一二八一年(忠烈王七)에 修禪社 住持 乃老(圓悟國師)가 生父 禮賓卿梁宅椿에게서 받은 奴(巾三)를 修禪社에 隸屬시키고 그 事實을 公證받은 文書이다. 公證人은 左承旨趙인데 趙는 趙仁規(一二三七~一三〇八)임이 분명하다. 이 文書에는 官印은 다섯 곳에 찍고 있어 官의 公證文書임이 틀림없으나 海南尹氏家門에 傳해지고 있는 奴婢許與立案(寶物四八三)과는 文書의 形式이 다르다. 그러나 奴婢讓與를 公證하는 文書라고 볼 수 있으므로 立案의 例로 들었다.

〈立案, 例二〉(朝鮮史料集眞續二)

正德二年八月 日掌隸院假立案

右立案爲 ①節②承傳內 今此靖國功臣自望奴婢乙良 賜牌未成間 依靖難功臣例 ③先可假立案成給④爲只爲 刑曹等⑤傳敎⑥爲良如敎 承傳

⑦是置有等以 ⑧向前自望奴婢等 已立案 依後錄爲遣 合行立案者

堂上

郞廳

(18) 決訟立案의 경우에는 堂上官·堂下官이 모두 押(手決)하고 當該堂下官은 押 위에 姓名을 直書한다. (經國大典, 禮典, 立案式 참조)

後 靖國功臣行司僕寺判官白壽長
功臣奴婢秩
長興掌隷院婢豊今年二十二 濟用監婢莻叱德
年二十 宗親府婢元今年二十一 掌隷院婢佛今
年二十二 軍器寺奴良孫年二十 宗親府奴李同
年二十六 官婢銀臺年二十 內資寺奴終同年二
十九
丘史秩
長興官婢升非年二十五 官婢順今一所生奴蘭孫
年 寶城司宰監奴甘同年二十
奉足秩
永平濟用監奴仲春年三十一 軍器寺奴哲同年
長興官婢春臺年 官婢續伊年 官奴乷同年四十
六 羅州官婢進非年三十三等印

朝鮮史料集眞

圖版 101 立 案

(註解) ① 節、지위。뜻:이번。② 承傳、왕명을 전함、왕명을 받음。③ 先可、아죽。뜻:우선。④ 爲只爲、하기암。뜻:—하도록、—하기위하여。⑤ 傳敎、왕명、왕명을 내림。⑥ 爲良如敎、하여다이샨。뜻:—하라고 하심。⑦ 是置有等以、이두이신들로。뜻:—이라고 하였으므로。⑧ 向前、안젼。뜻:전의、앞의。

(要旨) 一五〇七年(中宗二) 八月에 掌隷院에서 靖國三等功臣白壽長에게 내려준 假立案으로서、왕명에 따라、靖國功臣에게 내려줄 奴婢를 賜牌를 發給하기 전에 功臣이 自望하는 奴婢를 假立案해 준 것이다。여기서는 功臣奴婢 8口、丘史 3口、奉足 6口를 假立案하였으나 中

宗實錄(中宗元年、九月甲戌條)에는 三等功臣에게 伴倘六人・奴婢八口・丘史三人을 내리는 것으로 되어있다。

〈立案、例三〉(著者)

順治六年三月 日禮曹立案

右立案爲繼後事① 曹②啓目節呈 故學生鄭惟熙妻郭氏所志內③ 家翁嫡妾俱無子身死 家翁同生弟惟熹▨子繼曾欲爲繼後④ 兩家同議呈狀 依他立後事所志 幼學鄭惟熹所志內 同生兄惟熙 嫡妾俱無子身死 矣⑤▨子繼曾欲爲繼後 兩家同議呈狀 依他立後事所志 郭氏緘⑥辭內 家翁嫡妾俱無子身死 家翁同生弟惟熹▨子繼曾 欲爲繼後 兩家同議呈狀的實⑦ 鄭惟熹條目內⑧ 同生兄惟熙 嫡妾俱無子身死 矣▨子繼曾欲爲繼後 兩家同議呈狀的實 郭氏同生娚前主簿郭衛國 鄭惟熹妻同生娚幼學金是燧等 條目內 鄭惟熙嫡妾俱無子身死 其妻郭氏亦⑨ 家翁同生弟惟熹▨子繼曾 欲爲繼後 兩家同議呈狀的實事 所志及緘辭條目據相考 則大典立後條 嫡妾俱無子者 告官立同宗支子爲後 註 兩家父同命立之 父歿則母告官事 載錄 向前⑩鄭繼曾乙⑪ 鄭惟熙繼後 何如 順治六年三月初八日 同副承旨臣林㟉

次⑫知 啓 依允⑬教事是去有等以⑭ 合行立案者

正郎 佐郎(押)

判書 參判 參議(押) 正郎 佐郎

正郎 佐郎

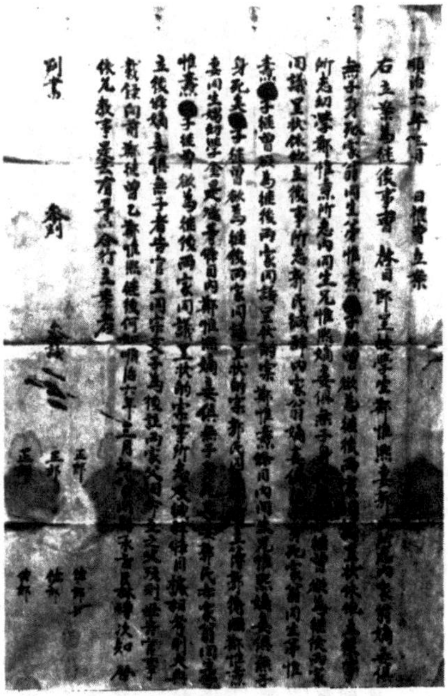

圖版 102 立案(禮曹)　著者

(註解) ① 繼後、子息이 없을때、生前이나 死後에 代(後嗣)를 잇게하는 養子。養子는 同宗의 支子로써 삼는다。② 曹啓目節呈、禮曹의 啓目을 이번에(節) 올렸다。故學生鄭惟熙로부터 繼後何如까지가 啓目의 內容이다。③ 所志、訴狀・陳情書・請願書의 性格을 갖고 있다。여기서는 請願書의 性格이다。④ ■、이 立案을 作成한 후 削除한 것인데、삭제하기 전에는「次」字가 쓰여 있었다。⑤ 矣■子；矣子、의자、뜻；나

의 아들。⑥ 緘辭、陳述書이다。士大夫家 夫人의 招辭는 官에 出頭하지 않고 집에서 作成하며 封緘하여 提出하였다。⑦ 的實、틀림없이 확실함、⑧ 條目、陳述(書)、또는 招辭와 같다。⑨ 亦、여、뜻；가、(주격조사) ⑩ 向前、앞젼、뜻；앞의。⑪ 乙、을、뜻；을。⑫ 次知、차지、뜻；담당(자)。⑬ 敎事是去有等以、이산일이거이신들로、뜻；—이신 일이었던 바로、—하옵신 일이었던바로。⑭ 合行立案者、立案의 結辭이나 구태어 解釋하면、「正히 立案함」이라 할 수 있다。

(要旨) 一六四九年(仁祖二七) 三月에、禮曹에서 繼後를 위하여 鄭氏家門(惟熙는 文穆公 鄭逑의 孫子이다)에 내린 立案으로、鄭惟熙가 後嗣없이 死亡하여 同生弟 惟熏의 子를 繼後하는 文書이다。이 立案을 통하여 繼後하는 節次를 보면、① 兩家에서 繼後事를 同議한 후 ② 死亡한 鄭惟熙의 妻 郭氏의 繼後를 위한 所志(請願書)와 鄭惟熙의 同生弟 惟熏의 所志를 官에 제출하면、③ 官에서는 郭氏의 緘辭(繼後事實에 틀림없다는 封緘陳述書)와 惟熏의 條目(陳述・招辭) 그리고 郭氏의 同生娚과 鄭惟熏의 妻同生娚의 條目을 받아 이 繼後事에 異常이 없음을 확인하고 擔當承旨를 통해 啓目을 왕에게 올려 允許를 받은 후에 立案을 發給하게 됨을 알 수 있다。

이와같은 繼後(立後)立案은 經國大典前後부터 朝鮮後期까지 계속된 것으로 보인다。

〈立案、例四〉(서울大、№七一二九四)

萬曆參年貳月貳拾貳日掌隷院立案

圖版 103 立案(掌隷院)　　서울大, 71294

①右立案爲換受事 洪字房②以③ 節④ 啓下教⑤ 院 啓目內 節呈幼學兪必毅妻權氏⑥代奴守長所志內 女矣段⑦ 京中接婢⑧朝雲一所生奴北間
年四十一身乙 校書館刻字匠善手⑨乙仍子⑩ 同館入屬爲白遣⑪ 其本乙良⑫ 外居公賤以 換受爲白良結⑬ 呈駕前上言
啓下本院⑭教等用良 院亦入 啓 允下爲白有昆⑮ 同本乙良 全羅道羅州案付⑯ 儀賓府婢銀德一所生奴永守年三十六身乙 依法換受爲白⑰
只爲 行下向事⑱ 所志是白置有亦⑲ 相考爲白乎矣⑳ 萬曆二年十二月初二日 啓下教 幼學兪必毅妻臣權氏 上言據 院 啓目粘連 啓
下㉑是白有亦㉒ 向前權氏奴北間乙 刻字匠善手以 長爲公役是如㉓ 自繫匠趙仁等援例 京外公賤奴婢中換受爲白良結 陳訴爲白有置㉔
㉕右良辭緣以 移文校書館 回答內 奴北間亦刻字匠爲業 節新刊韻會成才匠人以 入 啓役使是如爲白有昆 同奴北間乙良 本院奴
子以 仍屬校書館匠人爲白遣 其本乙良 從自願換給何如 萬曆二年十二月十二日 同副承旨臣申湛次知㉖ 啓 依允教等用良 向
前奴北間本乙良 羅州案付儀賓府婢銀德所生奴永守身乙 換給何如 萬曆三年二月二十日 左承旨臣朴好元次知 啓 依允教事是㉗
去有等以 合行立案者

判㉘(決事)(押)

司議 (押)

司議 (押)

司議 (押)

司評 (押)

司評

司評 (押)

司評 (押)

(註解) ① 右立案爲換受事、이 立案은 換受를 위한 일이다。② 洪字房、刑曹에는 詳覆司·考律司·掌禁司·掌隷司에 각각 一、二房이 있고 刑房이 있어 九房으로 되어 있는데 洪字房은 掌隷司의 一房으로 外奴婢를 관장한다。③ 以、로、으로、뜻…로、…으로。④ 節、지위、

뜻:이번, 이때。⑤ 敎, 이시, 이샨, 뜻:하신, 하옵신。⑥ 代奴, 兩班이나 그 夫人은 所志를 올릴때 自己所有의 奴의 이름으로 할 수 있다。즉 上典을 代身하여 所志나 土地·奴婢 등의 賣買를 代行하는 奴를 代奴라 한다。⑦ 矣段, 의딴, 뜻:나딴은, 나는。女矣段, 權氏(女)는。⑧ 接, 居住。⑨ 刻字匠善手, 刻字匠으로 솜씨가 좋은 사람。⑩ 乙仍于, 을지즈로, 뜻:─을 말미암아, ─을 때문에。⑪ 爲白遣, 하숣고, 뜻:─하옵고, ─하시옵고。⑫ 乙良, 으란, 뜻:─은, ─을랑。⑬ 爲白良結, 하숣아져, 뜻:─하옵고자。⑭ 敎等用良, 이신들쓰아, 뜻:─이옵신바로써, ─하옵신바로써。⑮ 爲白有臥, 하숣잇곤, 뜻:─하옵셨으므로, ─하옵셨기로。⑯ 羅州案付, 羅州(邑) 賤案(奴婢臺帳)에 記載됨。⑰ 爲白只爲, 하숣기암, 뜻:─하옵도록, ─하옵기 위하여。⑱ 向事, 안일, 뜻:─할일。行下向事, 命令(行下)할일。⑲ 是白置有亦, 이숣두이신이여, 뜻:─이옵다고 하였어요。─이옵다고 하였으므로。⑳ 爲白乎矣, 하숣오되, 뜻:─하사오되。㉑ 是白有亦, 이숣이신이여, 뜻:─이었사오므로, ─이었삽기에。㉒ 向前, 안젼, 뜻:앞서, 앞의。㉓ 是如, 이다, 뜻:─이다, ─이라고。㉔ 爲白有置, 하숣잇두, 뜻:─하였사옵니다。㉕ 右良, 이미여, 뜻:위와같이, 위와같은。㉖ 次知, 차지, 뜻:담당。㉗ 是去有等以, 이거이신들로, 뜻:─이었은바로。㉘ 判, 判이라 草書하였는데, 이는 掌隸院의 長官인 判決事(正三, 堂上)의 標識이며, 司評(正六) 一員만을 除外하고, 全員이 押(手決)하고 있다。踏印은 「掌隸院印」이다。

(要旨) 一五七五年(宣祖八) 二月에 掌隸院에서 幼學兪必毅의 妻 權氏에게 내린 立案으로, 權氏의 奴인 刻字匠善手 北間을 校書館에 入屬시키고, 그 代身 羅州案付 婢 銀德所生인 奴 永守를 換受(給)하였음을 證明해주는 文書이다。

〈立案, 例五〉(서울大, №一五九四一四)

道光四年甲申四月 日驪州牧立案

右立案爲成給事 即者 州內大洞李承旨宅呈狀內 以爲矣上典宅 已自年前占得山地 於占梁面丹樹里乾浄村後水城山下子坐之原 仍爲置標① 以爲待吉年營葬之計是白如乎② 其所定界禁養之節③ 不容少緩 蓋以此山局內 當禁處論之 主山段 水峴內外 青龍段 水城東第二崗以內 白虎段④ 自水城至圓峯 案山段 自圓峯至新峯下端 以此四標 許令禁養 無使他人窺占 無使樵牧犯斫之意 論理立案成給 以爲着實守護之地亦爲有置⑤ 觀此狀辭 則右宅之水城山下置標 丁寧無疑 其所禁護 事理固然是如乎⑥ 主山案山青龍白虎四標局內 依此定界 無論遠近民人 此山之內犯葬偷斫之弊 一切禁斷 以爲無弊守護是遣⑦ 附近民趙厚種韓殷石呂葩金等處 亦捧侤音⑧ 玆以立案成給爲去乎⑨ 以此永久遵行者

行牧使(押)

(註解) ① 置標, 묏자리를 미리 잡아 표적을 묻어서 무덤의 모양을 만들어 두는 일. 묏자리를 미리 잡아 놓는 일. ② 是白如乎, 이삷다온, 뜻: ―이옵다 하므로. ③ 禁養, 草木을 베지 못하게 함. ④ 四標, 四方의 境界標. ⑤ 亦爲有置, 여하잇두, ―라고 하였다. ⑥ 是如乎, 이다온, 뜻: ―이다하므로. ⑦ 是遣, 이고, 뜻: ―이고. ⑧ 侤音, 다짐, 뜻: 다짐, 틀림없음을 맹서함. ⑨ 爲去乎, 하거온, 뜻: ―하므로, 하오니.

(要旨) 一八二四年(純祖二四) 四月에 **驪**州牧使가 州內上洞 李承旨宅에 發給한 立案으로, 李承旨宅에서 置標한 四標內에서의 犯葬·偸斫之弊를 막기 위한 것이다. 이 立案을 위하여 所志를 올린(呈狀) 사람은 李承旨의 代奴임을 알 수 있다.

(4) 立 旨

個人이 請願한 事實을 官에서 認定(公證)하는 文書形式이다. 立旨는 朝鮮中期以後 通用된 形式으로, 從來 立案을 使用하던 일 가운데 극히 제한된 범위에서 썼다.(159) 가장 많은 경우가 土地·奴婢文記를 盜失·紛失·燒失했을 때인데, 當事者가 後考次 立旨의 成給을 請願(所志)하면 官에서는 그 事實을 확인하여 틀림없을 경우에 所志의 下段左便 餘白에 대개 「後考次立旨成給向事 某日」이라 題音(제김, 判決文)을 쓰고 官印을 押捺하여 請願者에게 交附하면, 立旨가 成給된 것이다. 立案은 別紙의 單獨文書이지만, 立旨는 所志의 末尾에 題音을 친 것이므로 所志와 立旨가 함께 있는 複合文書이다. 立案은 강력한 公證力과 持續的인 効力을 갖는데 반하여 立旨는 相對的·一時的이며 條件附効力을 갖는 文書形式이다.(160) 立旨는 「所志」項에서 다시 言及되겠다.

(159) 朴秉濠, 韓國法制史特殊研究(韓國研究圖書館, 一九六〇) pp. 五七~七九 참조。
(160) 朴秉濠, 앞의 책, p. 七七 참조。

圖版 104 立 旨　　서울大, 173648

〈立旨、例一〉(서울大、№一七三六四八)

京中鑄洞李參判宅奴福金①(左寸)②

右謹陳所志矣段③ 矣④上典宅田畓 在於治下矣 去臘月十八日夜 矣
上典宅失火 內外家舍什物 一時燒失 而田畓文書 同入於灰燼中
事當出立旨 以爲後考之地是乎等以⑤ 玆敢仰訴爲去乎⑥ 參商後 詳
考後錄⑦處數 依例捧招⑧於切隣⑨作者等處⑩ 仍爲立案成給事 行下向⑪
敎是事

洪州使道主 處分

乙巳正月 日所志

洪州使(押) 立案成給向事⑫

初九日

…………

洪州三面田畓字號卜數

新南面長字畓十五卜五束
畓三卜五束
} 七斗落只 買得於許奴垂男處

忘字畓二十三卜九束
畓十八卜
畓三十七卜
畓七卜八束
} 三十八斗落只 買得於權生員家

(以下 省略)

(註解) ① 奴福金、李參判宅을 代身하여 所志를 올린 代奴。② 左寸、左手寸이다。奴는 手決이나 押印을 할 수 없고 그 대신 왼손의 中指의 마디의 길이를 재어 표시하였다。③ 段、딴、뜻；은、는。딴은。④ 矣、의、뜻；矣身(의몸)의 준말。矣上典宅은 나의 上典宅。⑤ 是乎等以、이온들로、뜻；—이온줄로。⑥爲去乎、하거온。뜻；—하므로、—하오니。⑦ 廛、곳、廛叱으로도 씀。뜻・곳(處所) ⑧ 捧招、招辭를 받음、陳述을 받음。⑨ 切隣、이웃。어떤 事件이 일어났을때 證人이 되는 이웃사람。⑩ 作者、耕作者、小作者。⑪ 行下向教是事、행하아이샨일、뜻；명령하옵실 일。⑫ 立案成給向事、이 所志의 題音(제김、判決文)이다。그런데 立案이라 한것은 立旨의 混同이라 하겠다。

(要旨) 乙巳正月에 李參判宅奴福金가 洪州牧使에게 올린 所志와 이 所志에 대한 立旨(題音)이다。所志의 目的은 火災로 因하여 燒失한 田畓文書에 대한 立旨의 請願이다。所志에는 燒失한 田畓文書의 所在・田畓字號(地番) 卜數(結負數)를 後錄으로 添付하고 이에 題音과 官印을 押捺하여 立旨를 받은 것이다。所志內에도 「立旨」와 「立案」이 混用되고、題音에도 「立案」이라 하였으나、이 所志는 燒失한 田畓文書의 立旨를 위한 것이고、立旨를 成給받은 文書이다。乙巳年은 관계문서가 정리되어야 年度가 확인될 것이다。

圖版 105 立 旨　　서울大, 140456

〈立旨、例二〉(서울大、No.一四〇四五六)

部內洪宜寧宅奴有得(手寸)

右謹陳所志矣段 矣宅仰役奴婢不足是白乎等以① 今年三月良②
中 鐵原良人李丁得爲名人 本以流民 留接廊下 已至數十年
而當此殺年 資生無路 其矣③妻柳女及所生子仲朴仲先合肆口④
并以自賣 故依其願價錢參拾兩 後所生并⑤ 成文買得是白乎⑥
所同文記粘連 如是仰訴爲白去乎⑦ 緣由參商教是後⑧ 後考次
立旨成給之地爲白只爲⑨

行下向敎是事[10]

西部官 處分

戊午十一月 日所志

官[11](押)　以此立旨 往呈于奴婢衙門 宜當向事

廿四日

(註解) ① 是白乎等以、이사온들로、뜻 ; 이사온바로。② 良中、아해。뜻 ; 에。③ 其矣、그의、뜻 ; 그 사람의。④ 并以、아오로。뜻・아울러、모두。⑤ 并、갋。뜻 ; 아울러、함께。⑥ 是白乎所、이사온바。뜻 ; ―이사온바。⑦ 爲白去乎、하삽거온。뜻 ; ―하사오므로。⑧ 敎是、이신、이샨。뜻 ; ―하옵신、―하신。⑨ 爲白只爲、하삽기암。뜻 ; ―하옵도록。⑩ 行下向敎是事、해하아이샨일。뜻 ; 명령하옵실 일。⑪ 官 押 이하가 「立旨」를 請願하는 所志에 대한 題音인 同時에 「立旨」이다。

(要旨) 戊午十一月에 洪宜寧宅奴有得가 西部官에게 올린 所志와 이에 대한 立旨(題音)이다。所志의 目的은、宜寧宅에서 良人李丁得이 自身과 妻와 二子(合 四名)를 生活苦로 自賣하는 것을 三〇兩에 買得하고 同文記(自賣文記)를 添付하여 買得事實을 官에 立旨(公證)를 받기 위한 것이다。官의 立旨(題音)의 내용은 「이 立旨를 奴婢衙門(掌隷院)에 올리는 것이 宜當한 일」이라 하였다。이 立旨는 買得한 事實에 대한 確認에 그치는 것이고、奴婢에 대한 根本的인 문제는 掌隷院의 認證(立案)을 要하는 것이므로 그와같은 判決(題音)을 내린 것으로 보인다다。

(5) 題音・題辭

백성이 제출한 訴狀・請願書・陳情書(所志・白活・單子・等狀・上書・原情 등)의 左편 下端餘白에 官(府)에서 써 주는 判決文・處決文이다。데김(題音)은 대개 守令에게 올린 民願書의 判決文이고、題辭는 巡使道(觀察使・巡察使)에게 올린 議送에 내리는 判決文이다。따라서 題音・題辭는 民願書의 餘白에 써서 提出者에게 交付하는 것이므로 獨立된 單獨文書가 아니다。

題音·題辭를 받은 民願書는 訴訟資料 또는 特典·權利(財產) 등의 維持에 證據資料로서 소중히 간직되는 것이다. 그러나 單獨文書가 아니므로 그 例는 所志 등 民願書類에서도 言及이 되겠다.

(6) 準戶口(戶籍謄本)

戶口調査는 政治의 基本資料로서 政治形態가 이루어진 古代社會부터 存在한 것으로 보인다.

日本 東大寺 正倉院에서 발견된 ① 統一新羅時代의 帳籍(村籍)은 戶口뿐 아니라 村勢를 記載한 것이지만 戶口帳籍의 一種으로 取扱할 수 있으며, 現存하는 이 方面 資料로서는 最古의 것이다. 高麗時代의 것으로는 ② 鹽州李氏少陵派譜에 轉載되어 있는 一二三七年(高宗二四)부터 一三七二年(恭愍王二一)까지의 四通의 戶口單子가 있으나 原本이 아니라 轉載한 것이므로 아직 그 記載의 眞僞與否가 確認된 것이 아니고,[161] ③ 光山金氏의 一三〇一年(忠烈王二七)의 準戶口가 傳해지고 있으나[162] 原本이 아니라 그 후대에 謄寫된 寫本이고, 소위 ④ 國寶戶籍인 李成桂家門의 戶籍이 있으나[163] 실제에 있어서는 李成桂家門의 戶籍이 아니고 李成桂(佐命功臣)에게 내려준 二〇여口의 奴婢案과 戶口成籍의 戶口事目과 李成桂와 관련여부가 확인되지 않은 三〇여戶의 戶籍 혹은 그 謄錄에 該當하는 資料들이다. 그런데 本書에서는 어떤 目的을 가지고 受發(發給·受取)되는 것 만을 古文書로서 다루는 것이므로 ①과 ④는 자연히 제외되고, ②는 對象이지만 原本이 아니고 派譜에 轉載된 것이므로 古文書에 들지 못하고, ③은 비록 原本은 아니지만 謄寫당시 添削을 가하지 않고 解讀할 수 있는 그대로 轉寫한 흔적으로 보아 原本만은 못하나 상당히 信憑할 수 있는 資料로 認定되고 古文書의 寫本으로서 취급할 수 있다.

朝鮮의 草創期는 高麗末期의 戶籍制度의 영향을 많이 받았으나, 世宗代에 오면 朝鮮的 制度로서 定着되어 갔고 經國大典에서 朝鮮의 戶籍制度가 完備되어 一八九〇年代까지 계속되었다.[164]

(161) 崔弘基, 韓國戶籍制度史硏究, (서울大出版部 一九七五) 참조.
(162) 安東 光山金氏(金俊植氏) 家門傳來.
(163) 崔弘基 앞의 책 및 許興植, 國寶戶籍으로 본 高麗末의 社會構造, (韓國史硏究, 一六, 一九七七) 참조.
(164) 崔弘基, 앞의 책, 참조.

帳籍은 古文書가 아니다。戶籍은 三年에 一번 改修(成籍)를 하게 되는데,[165] 이를 위하여 백성들이 自家의 戶口상황을 적어 報告하는 戶口單子 二通을 作成하여 올리면, 官에서는 誤錯與否를 확인·정정하여 一通은 原籍을 改修하기 위하여 官에 保管하고 一通은 백성에게 還付하게 된다。[166] 따라서 民家에는 戶口單子가 保存된다。한편 백성들은 訴訟時의 添付資料로서, 또는 奴婢所有(推刷)의 資料로서, 혹은 家門(身分)維持의 資料로서, 官으로부터 原籍(帳籍)에 準하여 謄給받는 準戶口(戶籍謄本)가 있다。이 戶口單子와 準戶口가 古文書로서의 取扱對象이 된다。戶口單子는 백성이 官에 올리는 形式이므로 뒤의 「私人文書」에서 다루도록 한다。

現在 大丘·蔚山·丹城 등의 戶籍臺帳이 일부 남아 있으나 대개 朝鮮後期의 것이고 全國的인 것이 되지 못한 實情이므로 각 家門의 體系的인 戶口單子나 準戶口는 家族制度·奴婢制度·身分制度 등의 연구에 중요한 資料가 됨은 물론이다。

朝鮮初期의 戶籍記載樣式은 高麗末의 그것을 거의 踏襲한 것으로 보며, 經國大典에서 戶口式과 準戶口式이 規定되었으나 그後 상당한 期間동안(壬亂前後)에도 初期的인 記載方式이 通用된 것으로 보인다。[167] 따라서 經國大典의 規式을 완전히 그대로 따르게 된 것은 壬亂以後에서이며, 그러나 地域에 따라서는 간혹 準戶口와 戶口單子가 混淆된 形式도 보이고 있다。[168]

〈準戶口式〉

某年月日本府(外則某州某郡)
考某年成籍戶口帳內某部某坊第幾里(外則某面某里)住某職姓名年甲本貫四祖妻某氏年甲本貫四祖率居子女某某年甲(女婿則并錄本貫)奴婢雇工某
某年甲等准給者
漢城府(須備三員)堂上官押　堂下官押(外則邑某職某)

(經國大典, 禮典)

圖版 106 准 戶 口　　　　安東, 金俊植氏宅

〈准戶口、例一〉(安東、金俊植氏宅)

大德五年十一月 日東部上奉香一里辛酉年防①(坊?)了戶口准
戶 朝散大夫試小府監金璉 古名仲龍 年肆拾柒 光州 父追封禮賓卿大鱗
祖興威衛別將同正光存故 曾祖□(金吾)衛中郎將同正行隊正朱永 母追封翼
陽郡金氏 □(光州) 外祖戶長金俊齡故 妻加封連州郡曺氏綾城年肆拾貳 父
銀青光祿大夫知樞密院事禮部尙書上將軍太子賓客曺著古名時著 祖檢
校神虎衛將軍行僕正樞財故 曾祖戶長子廉古名克廉故 母河源郡君鄭氏
年陸拾柒貞州 外祖左右衛保勝中□(郎)將鄭莊 并產壹女②召史年拾玖③ 貳女
召史年捌□□(④節付) 壹男巴只⑤年伍改名元具 參女召史年柒(數行缺)「五男巴只
年壹節付 戶⑥矣祖妻父銀青光祿大夫樞密院副使禮部尙書上將軍曺著古
名時著本綾城卒 父檢校神虎衛將軍樞財故 □□(祖戶)長甫尹子廉故 □□□(曾祖戶)
長思且故 母准安縣君李氏本貫慶州故 外祖太子詹事李永弼故 戶矣

(165) 高麗史、卷七九、食貨志二、「恭讓王二年 都堂啓 舊制兩班戶口 必於三年一成籍」經國大典、戶典、戶籍條、「每三年改戶籍藏於本曹漢城府本道本邑」

(166) 高麗史、食貨志二、「必於三年一成籍 一件納於官 一件藏於家」

(167) 崔弘基、앞의 책 pp.八六~八七 所引 ① 弘治二年(一四八九) 七月에 端川郡에서 准給한 准戶口 및 서울大、古文書 ② №一四一八八二(一五七〇年)、③ №一四一八八三(一五七三年)、④ №一四一八八一(一六〇九年)의 鳳山郡准給「准戶口」등은 經國大典의「准戶口式」을 그대로 따르지 않고 있다。즉 經國大典에는「某年月日本府 考某年成籍戶口帳內云云」으로 되어 있는데、① 弘治二年庚戌七月 日端川郡淮南面波獨只里住戶云云」、② 隆慶肆年庚午六月日鳳山郡戶口本郡上同年成籍帳內東三里住戶云云」、③④도 ②와 같은 樣式으로 되어 있고、率居子女를 ①~④는 모두 併產으로 표시하여 麗末鮮初의 舊套가 壬亂前後까지도 잔존하였음을 알 수 있다。

(168) 著者所藏의 盧尙樞의 戶口單子(二〇여枚)는 모두 善山府使의 押과「周挾無改印」「官印」)을 받아「准戶口」의 性格을 함께 갖고 있다。

曾祖追本金紫光祿大夫門下侍中平章事判兵部事大鱗　父追本銀靑光祿大夫知門下府事光存　祖追封同知樞密院事戶部尙書上將軍珠
永　戶矣曾祖妻父戶長甫尹金俊齡本貫光州故　戶矣外祖□(父文宣)王配享功臣宣授奉議大夫征東行中書省左右□(司郎)中儒學提擧匡靖大夫僉
議中贊修文殿大司學□(提修)史判版圖司事監察司事贈謚文成公安珦　父追本守太師門下侍中行中議大夫密直副使版圖判書孚　祖追本樞
密院副使上將軍永儒　曾祖追本神虎衛上將軍子美　母順安郡夫人禹氏本剛州故　外祖將仕郞禮賓丞同正禹允□(成)故　戶矣妻父匡靖大夫
僉議評理上將軍權允□(明卒)　曾祖殿中內給事同正思拔故　母永嘉郡金氏　外祖都染丞同正金光厚本安東府故　戶矣妻矣外(祖)宣授中奉
大夫都元帥龍(推)忠靖難定遠功臣匡靖大夫三重大匡僉議中贊上將軍判典理司事世子師上洛公贈謚忠烈公金方慶本安東府　父追本中書
令行征議大夫兵部尙書翰林學士充史館修撰館(官)知製誥孝印　祖追封□(尙書)右僕射行掌冶署丞兼直史館敏成　曾祖追封尉衛主簿義和　母追
封金官國大夫人宋氏本金寧　外祖神虎衛精勇郞將宋耆故　已下不准印　唱⑦錄事　錄事　錄事署⑧　錄事署　部令署印』

判事
判事
尹　　少尹
尹　　少尹　　參軍
少尹　　參軍　　唱⑨ [主事 金永富]
判官　　參軍　　准⑩ [知印 金貴龍]

(**註解**) ① 防了戶口准、ⓐ 「光山金氏世系」(高大、景華堂文庫)나 ⓑ 「烏川古家世蹟」(安東、光山金氏 雪月堂金富倫後宗宅所藏) 前編에 있는 戶籍에는、ⓐ 坊丫以戶口准、ⓑ 坊戶口准으로 되어 있다。그러므로 防은 開京의 行政區域인 坊으로 보는것이 옳겠다。了는 吏讀로 丫(에、로)를 바꿔 쓴 것이다。즉 「坊의(坊에 保管되어 있는) 戶口에 准한다」로 볼 수 있다。② 并産、所生(子女)。經國大典의 戶口式에서는 率居子女에 해당한다。③ 召史、조이·소사。뜻 ; 조선시대는 良民의 아내 또는 寡婦를 指稱했으나 여기서는 出嫁前의 女子를 指稱함。④ 節付、지위付、뜻 ; 이번에 付載(登載)함。즉 以前 帳籍에는 登載되지 않았던 것을 새로이 登載했음을 나타냄。⑤ 巴只、도록。뜻 ; —도록、己只(까지)와 같은 뜻이다。그러나 이 文書에서의 뜻은 男子 未成年者로서 「아기」、朝鮮時代의 戶口 記載에서의 「童

蒙」에 해당한다. ⑥ 戶矣, 호의. 戶主의. ⑦ 唱, 위의 資料 ⓐ에서는 「昌准」이라 하였고, ⓑ에서는 「唱準」으로 되어 있다. 「唱准」 또는 「唱準」의 誤가 아닌가 한다. ⑧ 署, 唱准한 錄事·部令중에 署(押)한 與否를 표시함. ⑨ 唱主事 金永富, 帳籍과 准戶口(또는 戶口單子)를 對照하기 위하여 准戶口(또는 戶口單子)의 內容을 부르는(唱) 吏員이다. ⑩ 准知印金貴龍, 唱하는 것을 帳籍의 內容과 相異與否를 확인(准)한 吏員이다. □ 또는 ▭는 文書가 毁損되어 글자를 볼 수 없는 部分이고, 그 위에 글자를 써넣은 것은 위의 ⓐ(世系)와 ⓑ(世蹟)에 의해서 充字한 것이다.

(要旨) 위에 소개한 文書는 安東·金俊植氏宅(光山金氏禮安派宗宅)에 傳存되는 高麗後期 戶口單子·准戶口 寫本의 後半部인 金璉(一二一五~一二九二, 匡靖大夫僉議侍郞贊成事判版圖司事致仕, 諡良簡公)의 准戶口(四七歲時인 一二六一年에 成籍된 帳籍에 准하여 一三〇一年에 謄給된 准戶口)인데 前半部에 轉寫된 金璉의 孫子 金稹(一二九二生, 官, 匡靖大夫政堂文學藝文館大提學春秋館事上護軍, 諡, 章榮公, 世蹟載)의 一三三三年(忠肅, 癸酉式) 推尋戶口單子가 後尾에 混淆되어 있다.[169] 즉 위에 소개한 내용 가운데 「(數行缺)」까지가 金璉의 准戶口에 該當하고, 「五男巴只年壹節付戶矣祖妻父」 以下는 金稹의 推尋戶口單子가 轉寫과정에서 錯誤로 連書된 것이 아닌가 한다. 따라서 (數行缺) 以下部令署印까지는 〈戶口單子, 例一〉 金稹의 推尋戶口單子後尾에 연속시켜야 되겠다. 이 准戶口는 戶主 金璉이 죽은지 一〇年 後에 그 아들 金士元이 謄給받은 것으로 생각된다. 准戶口의 構成은 經國大典의 그것과 大同小異하며, 內外 四祖를 記載하는 것도 같으나 戶主의 母와 戶主妻의 母를 曾祖 다음에 記載하는 것이 經國大典의 「准戶口式」과 다르다. 用語에 있어서도 「本」·「貫」 字를 省略한것, 并産·召史·巴只·節付 등은 經國大典의 「准戶口式」과 다르다. 이 寫本 古文書의 轉寫年代는 확실하지 않으나, 光山金氏禮安派의 始祖 金孝盧(一四五四~一五三四)가 禮安烏川里에 卜居한 것이 戊午史禍(一四九八)를 계기로 한 것이었으므로 그 이후에 族譜를 만들기 위하여 原本에서 謄寫한 것이 아닌가 생각되며, 當時에도(一五〇〇年代初?) 原本은 毁損된 部分이 있어서 文書연결이 잘못된 곳이 생긴 것으로 보며, 그 以後 四·五〇〇年을 지내는 동안에 蠹毒·鼠害를 입어 毁損된 部分이 있으나, 原本이 傳存치 않는 지금에 있어서는 一二六一年代의 准戶口의 모습(樣式)을 보여주는 귀중한 史料임에 틀림없다. 위의 准戶口는 戶主 金璉이 죽은지 一〇年後인 一三〇一年에 開京(府)에서 그 아들 士元(혹은 家門)에게 謄給한 것을 轉寫한 것으로 一二六一年(辛酉)에 成籍한 坊의 帳籍에 准한 것이다.

(169) 光山金氏世系의 轉寫된 高麗後期 戶口資料에 대하여는 許興植氏의 「高麗戶口單子의 新例(光山 金璉·金稹)와 國寶戶籍과의 比較分析」(史叢, 姜晋哲教授華甲紀念論叢)에서 참고할 수 있다. 그러나 여기서 紹介한 古文書가 世系에 轉寫된 資料보다는 優先함은 勿論이다.

圖版 107 准戶口　　朝鮮史料集眞

〈准戶口、例二〉（朝鮮史料集眞、第一輯）

弘治三年庚戌七月日端川郡口淮南面波獨只里住
戶忠贊衛宣略將軍忠佐衛前部副司猛沈洋年四十參本靑松
父禦侮將軍行司直敬宗故　祖進勇校尉行司正彥冲故　曾祖原
從功臣嘉善大夫工曹典書之伯卒　母童氏年七十一本端州　外
祖奉列大夫童口美故　戶妻李氏年四十九本完山　父李明仁故
祖朝奉大夫行敦寧府判官楊德故　曾祖原從功臣嘉善大夫左
軍同知摠制蘭卒　母張氏年陸拾捌本永興府　外祖進勇副尉右
軍司正張自義故　戶幷產一女沈氏年二十四　一男都也之年十
三父母同胎妹沈氏故　次妹沈氏　異母妹卜非　弟末終　異母妹
山非　次弟大中　妻父邊傳來奴波豆年六十三戊申生　同奴矣
長所生婢勿金年四十二庚午生　同婢矣一所生奴莫同年十七
乙未生　同奴波豆二所生奴亇赤年三十九癸酉生　同婢一所生
奴古音生年二十壬辰生　婢石非矣二所生奴金伊年三十辛巳
生三所生婢九月年二十八甲申生　妻母邊傳來婢石非年四十
八癸亥生　同婢二所生婢其每年三十二庚辰生印　右夫妻合錄
成化十三年丁酉十二月日端川郡戶口相考准給印

唱書員徐(押)

准記官金(押)

吉挾改無

圖版 108 進戶口

著者

〈進戶口、例三〉(著者)

康①熙五年十二月　日星州牧②
考③丙午成籍戶口帳內　南④面沙等谷坊柳村里住　戶⑤從仕郞鄭⑥邑址
年⑦貳拾陸辛巳生本⑧清州　父⑨承議郞惟熙　祖通訓大夫行全羅道都
事兼春秋館記注官贈通政大夫承政院都承旨兼經筵參贊官春秋
館修撰官藝文館直提學尙瑞院正㮨　曾祖嘉善大夫司憲府大司
憲兼　世子輔養官贈大匡輔國崇祿大夫議政府領議政兼領經筵
弘文館藝文館春秋館觀象監事　世子師諡文穆公逑　外祖宣敎郞
郭宗慶本玄風　生⑩父通德郞行顯陵參奉惟蕭　妻⑪李氏年貳拾柒庚
辰生籍⑫全義　父⑬奉直郞玧　祖通政大夫行昌原大都護府使之華
曾祖通訓大夫行軍威縣監贈通政大夫承政院左承旨兼經筵參贊
官宗文　外祖通訓大夫振威縣令李善述本完山　奴⑭卜男年陸拾柒
庚子生父私奴奉山母班婢汗春　婢正月丙午故　婢士化年伍拾柒

(要旨) 弘治二年은 己酉年이고 弘治三年이 庚戌年이다。후에 加筆할 때 三年을 二年으로 잘못 加筆한 것으로 보인다。이 進戶口는 一四九○年(弘治三, 成宗二一)에 端川郡에서 戶主沈祥에게 謄給해준 것으로서, 經國大典頒布 직후의 進戶口이나 經國大典의 進戶口式을 그대로 따르고 있지 않다。記載內容은 戶主의 父・祖・曾祖・母・外祖, 戶主妻의 父・祖・曾祖・母・外祖, 幷産(所生), 戶主의 妹・弟, 妻父邊傳來奴婢・妻母邊傳來奴婢의 순으로 되어 있다。周挾改無 표시는 經國大典의 규정과 같이 橫書(뉘거쓰고) 經印(도장을 찍음)한 것을 볼 수 있다。이 進戶口의 起頭를 經國大典의 進戶口式에 맞춰 쓰면 다음과 같이 된다。

弘治三年七月日端川郡
考丁酉年成籍戶口帳內進南面波獨只里住

庚戌生父正兵申任生母班婢正月　婢禮化年肆拾柒庚申生父母上同　奴禮卜年肆拾癸亥生父母上同甲午逃亡　奴國金年肆拾丁卯生父
母上同　婢枩介年陸拾捌己亥生父私奴命金母班婢莀德住漆谷　婢承玉年肆拾陸辛酉生父私奴尹介母班婢枩介　婢銀介年陸拾壹丙午
生父私奴毛男母班婢成春住玄風　奴彥伊年肆拾丁卯生父私奴彥信母班婢銀介住玄風　婢銀陽年參拾柒庚午生父母上同　婢士郞介年
陸拾伍壬寅生父班奴于音石母班婢助是　婢龍安年伍拾玖戊申生父班奴希男母班婢加音介　奴億老年參拾玖戊辰生父校生郭敎母班
婢德只　奴大同年陸拾丁未生父私奴大山母班婢莻代住玄風　奴莫失年參拾陸辛未生父正兵申任生母班婢正月　婢八每年參拾丁丑生
父班奴非郞女小女　婢□□年貳拾柒庚辰生父私奴石立母班婢承玉　婢山玉年拾玖戊子生父班奴元立母班婢承玉　奴貴龍年參拾參甲
戌生父班奴卜只母良女玉只妻良女西月父正兵李於俊外祖正兵姜彥卜　婢同德年參拾丁丑生父班奴卜只母良女明玉　奴承明年肆拾伍
壬戌生父私奴尹介母班婢枩介住桼谷　奴億龍年參拾陸辛未生父校生郭敎母班婢德只妻班婢代春年貳拾丁亥生父私奴亥龍母班婢亂
玉　婢莫今年參拾丁丑生父私奴難石母班婢枩介　婢杜鵑年參拾丁丑生父私奴全金母班婢德只　婢元女年貳拾肆癸未生父私奴彥信母
班婢銀介　婢愛環年貳拾壹丙戌生父私奴守伊母班婢愛云買得　奴無應山年參拾壹丙子生父班奴大同母私婢晩春買得　奴五左未年
拾玖戊子生父母上同　右貳口住玄風婢明月年貳拾陸辛巳生父班奴大同母良女明化住玄風　奴元龍年貳拾玖戊寅生父私奴彥信母班婢
銀介　婢禮云年貳拾丁亥生父母上同　右貳口住玄風　婢貴且里年貳拾陸辛巳生父正兵金貴金母班婢枩介住大丘　婢貴代年貳拾肆癸未
生父班奴非郞母良女小女　婢武春年拾玖戊子生父私奴海龍母班婢亂玉住桼谷　奴千乭伊年拾參甲午生父母上同　婢義良年參拾丁丑
生父私奴岩回母班婢論介　右貳口住桼谷　婢禮日年貳拾柒庚辰生父私奴殘每母班婢禮成介乙巳逃亡　奴連上年參拾參甲戌生父私奴亂
石母班婢枩介住桼谷　奴元立年肆拾伍壬戌生父班奴大同母班婢正月庚辰逃亡而乙巳還現　奴卜守年貳拾參甲申生父班奴仮同母班婢
士郞介加現　奴豆之年參拾參甲戌生父正兵孫彥龍母班婢龍安加現　婢宗安年捌己亥生父私奴禮立母班婢平今加現　婢愛春年肆拾陸辛
酉生父班奴仮同母班婢士郞介加現　奴壬龍年貳拾伍壬午生父班奴卜只母良女玉只妻班(婢)　婢二女年貳拾肆癸未生父班奴仮同母班
婢士郞介加現　婢東之年貳拾丁亥生父御營軍權應立母班婢士化加現　奴光億年參拾丁丑生父校生郭敎母班婢德只妻班婢　婢尹每年貳
拾陸辛巳生父班奴仮同母班婢士郞介加現　奴萬民年貳拾貳乙酉生父班奴卜只母良女玉只加現　奴命山年貳拾伍壬午生父班奴表介母
班婢德只住蔚山　奴己獜年貳拾貳乙酉生父私奴殘每母班婢禮成介住桼谷　奴海云年貳拾肆癸未生父私奴全金母班婢德只住仁同　婢

得女年拾陸辛卯生父班奴八生母良女春伊加現 婢仁化年貳拾壹丙戌生父陸軍李仁卜母班婢禮化加現 奴件可金年參拾參甲戌生父私

弘奴男母班婢春玉住豢谷等⑮ 准給者 ※(星州牧使印 七個所)

牧⑯使 (押) 周⑰挟無改印

(註解) ① 이 准戶口를 發給한 年月日(顯宗七年, 一六六六年). ② 准戶口를 發給한 官府. ③ 該准戶口를 准據한 帳籍, 즉 「丙午年(一六六六)에 成籍한 戶口帳(籍)을 相考하건대, 內에」라 해석되겠고, 內以後가 帳籍의 記載된 內容을 謄書한 것이 되겠다. ④ 該戶의 住所. ⑤ 戶主의 職·役(身分). ⑥ 戶主의 姓名. ⑦ 戶主의 年甲. ⑧ 本貫, 男子인 경우 「本」이라 썼고, 女子(妻)인 경우 대개 「籍」이라 썼다. ⑨ 父以下는 戶主의 四祖를 記載. ⑩ 戶主 鄭昌址는 伯父家에 入養하였으므로, 四祖 뒤에 生父를 記載함. ⑪ 戶主의 妻 李氏의 年甲. ⑫ 李氏의 本貫, 「籍」이라 記載함. ⑬ 父以下는 戶主妻의 四祖를 記載함. 四祖뒤에 率子女를 記載할 순서이나 이 戶에는 아직 子女를 生産하지 못하여 記載되지 못하였다. ⑭ 奴卜男 以下는 該戶에서 所有하고 있는 率居·外居奴婢를 記錄하였다. 대개 奴婢의 記載는 몇字 낮추어 別行으로 記載하고, 「奴婢秩」이라 記錄하는 경우도 있으나, 이 准戶口에서는 連書하고 次行부터 一字 낮추어 奴婢秩임을 표시하고 있다. ⑮ 等准給者, 經國大典의 准戶口式 結辭와 같다. ⑯ 牧使 또는 行牧使라 記載될 位置인데, 文書의 後尾가 脫落되어 있다. 押의 一部는남아 있고 七個處에 「星州牧使」의 官印이 찍혀 있다. ⑰ 「周挟無改印」도 部分만 남아 있다. 이는 「無訂正」표시이다. 만약 准戶口 記載時에 脫字나 誤字가 있을 경우, 誤字 부분에는 ▭로 둘러주고 吉幾字挟無改印이라 하고, 脫字·誤字를 바로 그 자리에 끼워넣을 경우에는 吉改無挟幾字印 또는, 吉挟幾字改印이라 하고, 周·挟에 모두 訂正했을 경우 吉幾字挟幾字改印이라 쓴다. 訂正이 없을 경우 吉挟無改印이라 새긴 印章을 찍어 「訂正」사항이 없음을 표시한다.

(要旨) 一六六六年(顯宗, 七) 二月에 星州牧使가 星州牧內南面沙等谷坊柳村里에 居住하는 從仕郞鄭昌址에게 一六六六年에 成籍한 帳籍에 准據하여 謄給한 准戶口이다. 冀岡鄭逑는 鄭昌址의 曾祖로 되어 있다. 奴婢는 五十六名으로 되어 있다. 樣式은 經國大典의 그것을 따르고 있다. 이 准戶口는 慶尙道 兩班家門의 전형적인 것으로서, 身分制度, 奴婢制度 등의 硏究에 資料가 될 수 있다. 良賤間婚姻문제, 率居奴婢·私奴婢문제, 逃亡奴婢·加現奴婢·買得奴婢 등의 문제등 많은 문제를 제기할 수 있다. 특히 奴賁龍의 妻에 대한 記載에는 「妻良女西月父正兵李於俊 外祖正兵姜彦卜」이라고 良人家系를 밝힌 것도 흥미있는 일이다.

〈准戶口、例四〉(서울大、No.八三五四五)

乾隆九年 月 日漢城府

考甲子成籍戶口帳內 北部俊秀坊舊司圃署契第十三統第一戶 吳召吏時入① 嘉善大夫行龍驤衛副護軍林東彬年五十四辛未生本扶安

父嘉善大夫同知中樞府事夏蕃 祖通德郎震格 曾祖老職通政大夫仁榮 外祖折衝將軍行龍驤衛副護軍朴英俊本全州 妻崔氏年五十

二癸酉生籍淸州 父通政大夫哲聖 祖通訓大夫行司譯院判官希卨 曾祖 贈通政大夫掌隷院判決事行通訓大夫司譯院判官興南 外

祖通政大夫趙廷俊本漢陽 率子御營軍官時發年二十三壬寅生 率奴亥先伊年三十六父母不知 癸亥逃亡等② 辛酉戶口准給者

堂上 (押) 郎廳 (押) 監董官③ (押)

(註解) ① 吳召吏、該戶가 該住所에 入籍할때에 立證이 되는 衙前(取扱者)의 이름으로 보인다。따라서 그 後에 准給된 准戶口에는 「吳召吏時入」은 記載되지 않았다。(170) ② 이 准戶口는 經國大典의 准戶口式을 그대로 따르고 있으나、結辭에 「等辛酉戶口准給者」라 하여 經國大典式보다 辛酉戶口」가 추가되어 있다。「辛酉戶口」는 一七四四年(乾隆九年、甲子)보다 一式年(만三年) 먼저 成籍된 帳籍으로 該准戶口를 謄給한 年度에 成籍한 臺帳과 함께 그 三年前의 帳籍도 對照하고 있음을 알 수 있다。이와같이 一式年前의 帳籍도 准據하게 되는 것은 一八世紀頃부터로 보이며、戶口記載의 虛僞를 방지하기 위한 장치인 것으로 생각된다。③ 監董官、准戶口 謄給의 擔當者·取扱者라하겠다。麗末鮮初로부터 壬亂後까지도 「戶口」確認擔當者는 唱·准을 分擔하여 擔當者의 職과 姓(名)을 記載하였다。

(要旨) 一七四四年(英祖二〇)에 漢城府에서 北部俊秀坊에 居住하는 護軍林東彬에게 謄給한 准戶口이다。戶主의 家門은 武官系이고 戶主妻의 家門은 譯官系인 것이 눈에 띈다。

(7) 傳 准

奴婢·土地 등의 傳係를 官에서 認准하는 文書이다。

〈傳准、例〉(서울大、No.一八五〇五四)

①忠勳府爲傳准事 萬曆三十三年正月初八日 成給敎旨 惟卿②晋原君柳根有扈聖二等功臣 將仁川官奴象伊 水原義盈庫奴國伊 水原訓鍊院奴德春 槐山官婢愛仁 槐山官婢玉只等 特賜賞 卿可傳永世者 傳准印

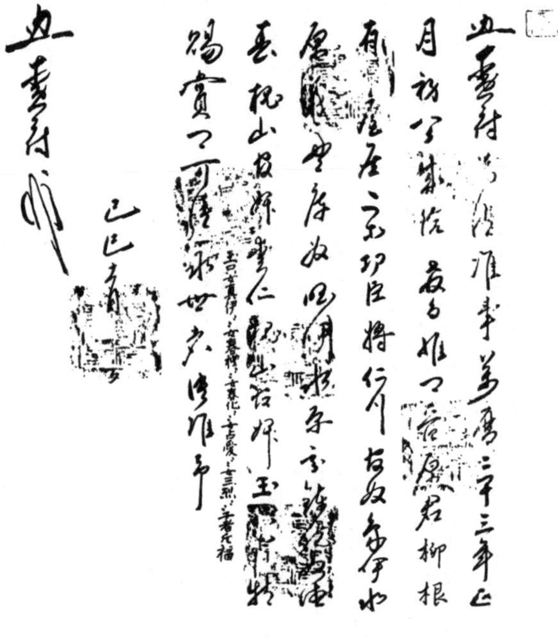

己巳十一月日

忠勳府(押)

圖版 109 傳 准

서울, 185054

(註解) ①忠勳府爲傳准事는 忠勳府에서 傳准하는 일。여기서 傳准은 敎旨에 의하여 賞賜된 官奴婢의 世傳함을 認准(證)하는 것。②「惟卿…卿可傳永世者」는 萬曆三三年(一六〇五) 正月八日에 成給한 敎旨의 內容。(서울大 No.一八三三二一、賜牌 참조) ③己巳、傳准을 成給한 年代로、一六〇五年(萬曆三三) 賜牌를 받은 후인 一六二九年? 一六八九?로 추정됨。※文書 사이에 玉只女眞伊 眞伊 女春禮 春禮女春化 春化女占愛 占愛女三烈 三烈子者斤福이라 挾書하여 婢玉只以後의 系譜를 적어놓았다。

(要旨) 己巳(一六二九? 一六八九?) 一一月에 忠勳府에서 晋原君柳根家門에 准給한 것으로、晋原君에게 내려준 奴婢賜牌(敎旨)의 傳准을 위한 것이다。※柳根(一五四九~一六二七)、號; 西垧·孤山、扈聖二等功臣、贊成、諡號; 文靖。

(170) 서울大、古文書 No.八三五四三(一七五〇年 准給) 참조。

(8) 謄 給

訴訟者가 勝訴判決의 題辭나 立案을 亡失하였을 경우 또는 勝訴事實을 證據로 保存할 目的으로 官으로부터 成給받는 訴訟顚末 謄給書이다。謄給에는 原·被告의 所志·議送·原情·證人의 陳述(招辭)·侤音(다짐)·題辭·判決文 등의 記錄이 順序대로 謄書된다。(17) 訴訟判例로서 法制史研究에 또한 社會·經濟史研究에 資料가 된다。

圖版 110 謄 給(部分)　　서울大, 193518

〈謄給、例〉(서울大、№一九三五一八)

①忠勳府爲謄給事 節②啓下敎③ 京居奉事洪灝代奴大民④ 護軍柳搏代奴德立等名呈所志內
⑤大民上典父南昌君洪⑥ 德立上典祖父晉川君柳⑦ 皆以靖社功臣 反正後 諸賊沒入田畓分
與之時 賊臣挺元田畓忠州地所在者段⑧ 南昌君受出⑨ 槐山地所在者段 晉川君受出
六十餘年傳子傳孫 無弊耕食矣 不意今者 西原保人李端錫爲名者 自稱挺元之孫 冒
爲上言 則該曹至以初不籍沒樣以⑩ 逮請還給事覆 啓是白乎所⑪ 田畓得失姑舍勿言 而
賊臣挺元 本以槐山校生之子 父事爾瞻 凡其所爲 摸得爾瞻之樣 故雖沒其名 章奏之
間 久爲吏曺參議 三四年無判書狆政時 危逆西宮之賊 皆出其手 則 反正之初⑫ 何嘗
有只誅其身而不爲籍沒之理是白乎㫆⑬ 其 上言內 雖以罪死云云是白乎乃⑭ 反正初伏誅
之賊 皆是 宗社之賊 則渠何敢泛稱罪死是白乎㫆 敗家餘生云云是白乎所 伏誅之賊
猶有餘孽 已是寬典 則渠何敢自稱敗家餘生是白乎㫆 又曰抱冤莫伸云云是白乎所 沒

入賊藏 分與功臣 乃是金石之典⑮㐸不喩 如挺元之賊 又豈有得伸之期乎 其所云云 隱然有將至難言之漸⑯是白齊 反正初財產籍沒
分與功臣之際 仁祖大王特慮其橫被混入之弊 以五年丁卯爲限 而過限不推者 則勿施事 著爲事目 頒布中外 而⑰矣徒等 上典家所
受挺元田畓 皆是天啓丁卯受出者⑱是白去乙 到今六十一年 始爲橫奪樣以 誣呈上言 已極可駭是白乎於 孝宗大王丙申年間 挺元
子坤烱 始呈上言 刑曹冒昧回 啓則 ⑲判付內 ⑳到今三十年之後 始爲推尋 不亦異乎 今姑置之亦敎是白乎所 又於庚戌年間坤烱等
呈本道起訟 則訟官槐山郡守 以 先朝判付辭緣 ㉑論報營門 其時監司今右議政回送內 先朝既已決給於兩勳臣家㉒敎是白去乙 挺元之
子孫 今欲還推 極爲痛駭 刑推牒報㉓爲於 同田畓㉔乙良 還給兩勳臣家㉕亦爲白有在如中 凡干詞訟事 在六十年者 勿許聽理 再度得
決者 亦勿聽理 法文猶爲明白 況此功臣 賜牌 已至六十餘年之久 且復再度得決㉖爲白有去乙 到今該曹不爲明査 率爾覆 啓㐸不喩
南陽君洪 段 賊臣田畓間 曾無一束受出之處 而亦爲混請還給是白乎所 渠之 上言 混請還推 已極無據 該曹覆 啓亦不致察 殊甚
恠異是白齊 孝宗大王即位之初 因功臣家 賜牌侵奪事 判付內 ㉗靖社之勳 是何等功臣 而 先王賓天未久 遽敢輕蔑乃爾耶當該守
令拿推 頑悍奸民 捉致京獄 依法重治 使上下稍知 先朝勳臣之尊重 仍令知會中外㉘亦敎是則 凡在我 國臣民 宜無不知者 而賊孽乃
敢生心 猶復如此 殊極痛怨㉙是白去乎 ㉚右良情由 鑑當後 一依前後 受敎施行之意 自本府入 啓處置㉛爲白只爲 所志㉜是白置有亦 自前
係是功臣家事 則自本府入 啓者 非一非再㉝是白乎等以 今此兩人家呈狀及所納成册 參互考見 則同賊臣挺元之罪狀誠如所陳㐸不
喩 兩家田畓受出成册 成於天啓丁卯年 則所謂限內受出云者 亦是不誣是白乎於 丙申年間挺元子坤烱 上言刑曹 回啓據 孝宗朝
判付內 到今三十年之後 始爲推尋 不亦異乎 今姑置之㉞爲良敎 受敎 該曹回牒 明白載錄爲白乎於 庚戌年間 坤烱等又爲起訟於忠
清道 則其時監司今右議政臣李 所決內 先朝既已決給於兩勳臣家敎是白去乙 挺元之子孫 今欲還推 極爲痛駭 刑推牒報 同田畓
乙良 還給功臣家事乙 印署文案 昭昭現存爲白有去乙 今此該曹 不爲查考 輕請還給 未免㉟率爾 則兩家稱寃 理所固然㊱是白置 上項
南昌君洪 晉川君柳 等 所受田畓段 依 先朝受敎 還爲推給㊲爲白遣 同賊臣挺元之孫端錫爲名者段 令本道監司 捉致營下各別嚴刑
以懲其惡爲白乎於 孝宗朝庚寅年間 受敎 更爲申飭京外詞訟衙門 俾絕賊孽侵凌功臣家之弊 何如 康熙二十六年十二月十八日 同
副承旨臣金萬吉㊳次知 啓 依允 該曹之不爲詳查 率爾覆 啓出給 殊涉不察 當該堂上郎廳 並推考㊴爲良如敎 判付㊵敎是置 敎旨內辭意

(171) 朴秉濠, 「傳統的 法體系와 法意識」(서울大, 韓國文化研究所, 一九七二) p, 一四 以下 참조.

後考施行向事⑪ 丁卯⑫十二月 日

忠勳府(押)

康熙二十七年三月 日公洪道槐山郡罪人李挻元田畓晋川君柳 宅賜牌結卜字號庫員區別成冊謄書⑬

東上面食字畓拾卜伍束時汗卜⑭

被字畓肆拾卜貳束同人

東下面過字田柒卜伍束今石內(參卜捌束忠男 參卜陸束壬尙)

田陸卜陸束時汗卜

田伍卜柒束今石內(參卜柒束命春 貳卜末男)

田玖卜貳束時汗卜

(中略)

已上田畓并參結捌拾壹卜內

起田貳結伍拾壹卜柒束

畓壹結貳拾捌卜

陳田壹卜參束

際

忠勳府(押)

(註解) ① 忠勳府爲謄給事、起頭이다、忠勳府에서 謄給하는 일、이 謄給의 發給處는 忠勳府。② 節、지위、뜻;이번。③ 敎、이시·이샨、뜻;하신、하시다。「京居奉事~俾絶賤孽侵凌功臣家之弊何如」는 忠勳府에서 啓한 內容。④ 代奴、上典(兩班)을 代身하여 所志를 올리는 奴。土地·奴婢·權利의 賣買에도 奴가 上典을 代身하여 行한다。⑤ 「大民上典父~自本府入啓處置爲白只爲」이 京居奉事洪灝代奴大

民과 護軍柳攄代奴德立 등이 올린 所志의 內容이다. ⑥ 南昌君洪, 洪振文(一五九九~一六五三), 一六二三年 仁祖反正에 가담하여 靖社功臣 三等으로 南昌君에 봉해짐. 漢城府左尹·副摠官 등을 지냄. ⑦ 晋川君柳, 柳𤨒(一五九七~一六六六), 仁祖反正時 靖社功臣三等으로 晋川君으로 봉해짐, 副摠官에 이름. ⑧ 段, 딴, 뜻 : 는, 은 딴은. ⑨ 受出, 받음. 受取. ⑩ 樣以, 양으로, 뜻 : —양으로, —모양으로. ⑪ 是白乎所, 이사온바·이삷온바. 뜻 : —이사온바. ⑫ 反正, 仁祖反正. ⑬ 是白乎旀, 이사오며, 뜻 : —이사오며. ⑭ 是白乎乃, 이사오나, 뜻 : —이사오나. ⑮ 徐不喩, 뿐아닌지, 뜻 : —뿐만 아니라. ⑯ 是白齊, 이삷제, 뜻 : —이옵니다. ⑰ 矣徒等, 의내들, 뜻 : 우리네들, 저희네들. ⑱ 是白去乙, 이삷거늘, 뜻 : —이옵거늘. ⑲ 判付, 奏案에 대한 國王의 允可(判決·決定). ⑳ 判令三十年之後始爲推尋不亦異乎今姑置之, 判付의 內容. 亦教是白乎所, 여이시사온바, 뜻 : —라고 하옵신바. ㉑ 論報, 下級官衙에서 上級官衙에 의견을 붙여 報告하는 것. ㉒ 教是白去乙, 이시삷거늘, 뜻 : —이옵시거늘, —하옵시거늘. ㉓ 爲旀, 하며, 뜻 : —하며. ㉔ 乙良, 으란, 뜻 : 을랑, —은. ㉕ 亦爲白有在如中, 여하삷잇견다히, 뜻 : —라고 하옵셨건대. ㉖ 爲白有去乙, 하삷잇거늘, 뜻 : —하셨삽거늘, —하옵셨거늘. ㉗ 靖社之勳乙仍令知會中外, 判付의 內容이다. ㉘ 亦教是則, 여이신즉, 뜻 : —라고 하신즉. ㉙ 是白去乎, 이삷거온, 뜻 : —이사오므로, —이사옵기로. —이사오니. ㉚ 右良, 이며, 뜻 : 위와같은, 右와 같은. ㉛ 爲白只爲, 하삷기암, 뜻 : —하옵도록, —하옵기 위하여. ㉜ 是白置有亦, 이삷두이싯이여, 뜻 : —이옵나고 하였어요. ㉝ 是白乎等以, 이사온들로, 뜻 : —이사온줄로, —이사온바로. ㉞ 爲良教, 하라이샨, 뜻 : —하라고 하옵신. ㉟ 牽爾, 경솔한 모양. ㊱ 是白置, 이삷두, 뜻 : —이옵니다. ㊲ 爲白遣, 하삷고, 뜻 : —하옵고, —하시옵고. ㊳ 次知, 자지, 뜻 : 담당(자). ㊴ 爲良如教, 하여다이샨, 뜻 : —하라고 하신. ㊵ 教是置, 이시두, 뜻 : —이십니다. ㊶ 向事, 안일, 뜻 : —할일. ㊷ 丁卯, 一六八七年, 이 謄給을 成給한 年代. ㊸ 字號庫員, 田畓의 字號와 所在地. ㊹ 時, 時作, 當時의 耕作者.

(要旨) 一六八七年(肅宗一三年) 一一月에 忠勳府에서, 靖社功臣三等 南昌君洪振文과 晋川君柳𤨒의 子孫인 奉事洪灝·護軍柳攄 등 家門에 成給한 謄給이다. 仁祖反正時 籍沒한 李擬元 등의 田畓을 功臣들에게 分與할 때 그 田畓을 賜牌받은 洪振文·柳𤨒의 子孫과 李擬元의 子孫間에 벌어진 수一〇년간의 土地相訟의 結果 洪·柳 家門이 勝訴를 하였고, 그 勝訴事實을 證據로 保全하기 위하여 訴訟顚末을 忠勳府로부터 謄給을 받은 것이다. 後尾에 一六八八年(肅宗一四) 三月 日字로 忠淸道槐山郡所在 李擬元의 田畓이었던 것이 沒收되어 晋川君柳宅에 賜牌된 田畓의 目錄을 謄書하여 附錄하고 있다.

(9) 照訖帖

科擧에 應試하기 전에 成均館에서 실시하는 照訖講에 합격한 사람에게 주는 赴試 資格證이다. 照訖講이란 科擧에 응하는 사람의 身元을 확인하고(戶籍확인) 小學을 背講하게 하는 일이다. 照訖帖이 없는 사람은 科場에 들어갈 수 없었다⒄. 지방의 응시자를 위하여는 그 地方의 守令이 발급하는 照訖帖이 있었다. 이 때에도 戶籍의 확인과 小學의 背講이 있었던 것은 成均館에서와 같았다. 또한 각 道의 都事와 留守가 매년 그 地方의 儒生에게 보이는 公都會에서도 이에 합격한 사람에게 照訖帖을 주었다. 公都會에 합격한 사람은 生進科 覆試에 응할 자격을 주었다. (大典會通, 禮典, 公都會 참조)

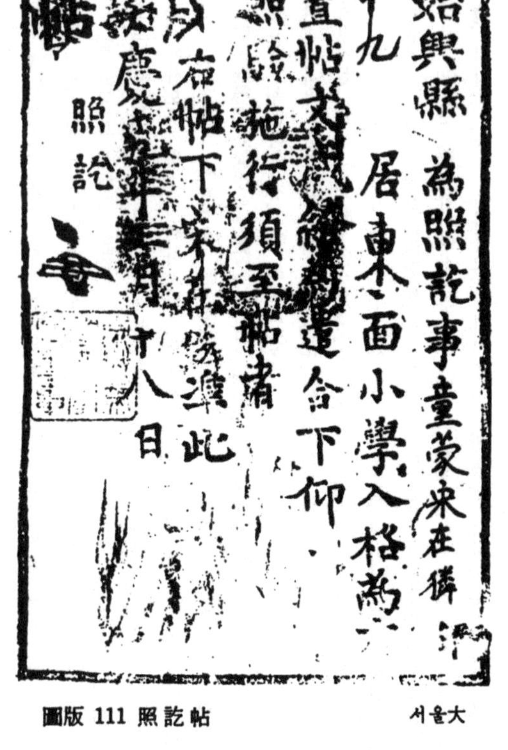

圖版 111 照訖帖　서울大

〈照訖帖, 例一〉(서울大, No. 一二一二七三)

始興縣爲照訖事 童蒙宋在獜年十九 居東面 小學入格爲有置 帖文成給爲遣 合下仰照驗施行 須至帖者

右帖下宋在獜準此

嘉慶十九年三月十八日 照訖

帖(縣令)押

(要旨) 一八一四年(純祖一四) 三月에 始興縣令이 童蒙宋在獜에게 발급한 照訖帖이다. 戶籍의 대조와 小學의 背講을 한후 발급하였음을 알 수 있다. 「始興縣令之印」이 한 곳에 찍혀 있다. 文書는 板刻하여 찍었고, 宋在獜과 관계되는 사항을 써넣었다.

〈照訖帖 例二〉(서울大、No. 七一五四九)

幼學李存敎 居鐵原 赴擧次 帖文成給 入門時 憑考者 照驗施行 須至帖者

丙子年八月 日

鐵原府 押

(要旨) 丙子年八月에 鐵原府에서 李存敎에게 발급한 照訖帖이다. 科場에 入場할 때 필요한 證書였음을 알 수 있다. 이 경우에도 戶籍의 대조와 小學의 背講이 있었을 것이다. 板刻하여 찍은 외에, 李存敎의 이름, 발행 年月, 鐵原府使의 押 등을 써 넣었고 鐵原府使之印을 찍은 뒤 발급하였다.

서울大, 164808

圖版 112 照 訖 帖

〈照訖帖、例三〉(No. 一六四八〇八)

江原道江陵府公都會覆試試官爲照訖事[①] 今戊子年會試時 原州居幼學元錫龜 以詩九分入格 願赴一所試[②]爲有置[③] 帖文成給爲遣[④] 合下仰照驗施行 須至帖者

右下幼學元錫龜 准此

道光 八年 十月 日

(172) 大典會通、禮典、諸科條에 「科場應赴人無照訖號牌者 停學」라 하였다.

照訖

試所(押)

(註解) ① 公都會覆試試官, 公都會는 처음에는 각 鄕校에서 선발되어온 校生들을 監營에 모아 試驗했으나 뒤에는 初試·覆試制를 채택하여 각道의 四長官이 소속읍의 儒生을 試驗하여(初試) 監營에 보내면 觀察使가 이를 覆試하기도 하였다. 따라서 覆試試官은 江原道觀察使나 江陵府使였을 것으로 보인다. ② 一所試, 小科初試의 漢城試나 覆試의 경우 科場을 二個所로 나누어 考試했는데, 一所는 禮曹, 二所는 成均館丕闡堂으로 하는 것이 常例였다. 一所試는 禮曹에서 보는 覆試를 의미한다. ③ 爲有置, 하잇두. 뜻; ―하였다, ―하였읍니다. ④ 爲遣, 하고, 뜻; ―하고.

(要旨) 一八二八年(純祖二八) 一〇月에 江原道江陵府公都會覆試試官이 詩를 九分으로 入格한 原州居幼學元錫龜에게 내리는 照訖帖이다.

(10) 勿禁帖

官衙에서, 禁하는 일을 특별히 허가해 준다는 뜻을 적은 文書이다.

圖版 113 勿 禁 帖 서울大, 205134

〈勿禁帖、例〉(서울大、№二〇五一三四)

勿禁

以汝矣身①　鹿獵次出送②爲去乎③　所經諸處　以此憑考　俾無侵責之弊　宜當事

莊陵官(押)④

辛酉五月 日

(**註解**) ① 汝矣身、너의 몸、뜻; 너、네몸、너본인。② 次以、차로、뜻; —차로(—하려고)、③ 爲去乎、하거온。뜻; —하므로、④ 莊陵官、端宗陵인 莊陵의 令(從五品)으로 보인다。

(**要旨**) 辛酉(一七四一? 一八〇一?) 五月에 莊陵官이 某人에게 成給한 勿禁帖(체)로서、鹿獵(사슴사냥)의 勿禁을 위한 것이다。

(11) 告 示

서울大, 235980

圖版 114 告 示

官衙에서 여러사람에게 告知하는 文書로서、그 전의 民間傳令 또는 揭榜에 해당하며、甲午更張以後에 通用되었다。

〈告示、例〉(서울大、№二三五九八〇)

告示赤面執綱及各里尊位

移秧方殷 不可失時 殘民之無牛無糧者 特係深軫 故頃有諭告 勸其借牛借糧 俾無廢農 懇懇十數行之言 即由恤窮之苦心 各該執綱尊位 宜體官意 循行邨里 悉心洞諭 今已六七日 尙多不聞不知之民 慢官之令 蔑官之意尙矣 無論獨不念蔀屋之情

稼事之急乎 良甚慨歎 申此別飭 刻即躬行面布 俾各知勸 各該里任處到付標 一一捧納 以爲憑驗是遣 或有如前疎忽 難免重責
向事

丙申 五月 十二日

行官 (押)

(要旨) 一八九六年 五月 一二日에 行郡守가 管下 赤面執綱과 各里尊位에게 보낸 告示로서, 바야흐로 移秧期에 無牛 無糧해서 廢農하는 農民이 없도록 村里에 循行하면서 悉心勸農할 것을 지시하는 勸農告示이다。

5) 對寺社・書院・道觀・結社(文書)

(1) 完 文

4)의 對私人(文書) 가운데 完文 참조。

(2) 帖 文(체문)

守令이 管下의 面任・訓長・鄕校의 儒生 등에게 諭示하는 文書이다。

圖版 115 上疏草(部分)

著者

4、私人文書

1) 對國王(文書)

(1) 上 疏

官僚로서가 아니라 私人·儒生으로서 國王에게 올리는 文書이다。 上疏原本은 찾아보기 어렵고、 上疏草나 寫本을 더러 接할 수 있다。 上疏草나 寫本가운데는 官纂史料나 文集 등에도 轉載되지 않은 것이 있으며、 史料로서 重要한 것도 볼 수 있다。(官府文書중 對國王(文書) 上疏·劄子 참조)

〈上疏草、例〉(著者)

藍浦儒生白樂觀①白樂兌金達鉉②上疏草

臣矣③身等 竊伏見朱子書 曰繫國家安危存亡之事 雖章布亦有可言之義 今倭賊外若名通貨 而內藏禍心 以其奇物恠貨 惑人心眩人目 入我之地而築渠之室 貿我之穀而資渠之粮 採我之金而鑄渠之兵 招我之民而益渠之衆 遮斷我要害而窺覘我虛實者久矣 今執事者 不知慮此 反貪財慕貨 主和賣國 自爲自謀 故私家之廩 使充實露積 而國家之倉庫 空虛無餘 私家之奴婢 日醉月飽 而國家之軍兵 朝不謀夕 年豊無事 而猶尙如此若有數年之旱 卒然

之急 將何以當之哉 今內無守禦之備 外當睥睨之冠 故憂國忠公之士 或有斥倭之說 ▨謂之妖言 而放之遠島 或有討倭之事 則謂
之妄計 而置之死地 自不知誤國家之然也 如此數年 則三綱絶矣 萬事墮矣 不惟讐倭之亂復作外 亦恐不虞之變或生於內 玆豈非
繫國家安危存亡之事乎 臣故非其職而敢言 臣知今日言陳於前 而明日伏誅於後 然臣不敢避也 夫倭賊者我國之百世讐也 殿下獨
不聞壬辰之事乎 臣窃伏念壬辰燒廟夷陵之讐賊 雖閭巷之愚夫愚婦 皆知其不共戴天 況世祿之臣子乎 往者壬亂亦豈無忠臣義士之
見機而陳策者 向時後義先利之徒 亦以姑息爲能 恬戲爲事 妬賢嫉能 禦下蔽上 使忠言奇謀 終不得上聞 故卒致龍蛇之變 宣廟西
巡而社稷幾危矣 幸賴大明字小之德 群僚仗義之力 盡驅豺虎 克復壃域 式至于今日 故列聖朝建 ④三皇帝廟于華陽 使朝野之臣民
皆知其大報之禮 而明春秋之義 表諸忠臣院于列邑 使鄕曲之子弟 皆知其重世祿之意 而敦孝悌之風也 一自⑤撥廟毁院之後 士無秉
彝之論 而倭洋之邪說 暴行作 一自罷額定布之後 國無禦寇之備 而倭洋之狼心虎欲生 一自修信通貨之後 臣無納言之路 而倭洋
之借聽入室成 往年借東萊 今年借德源 明年又不知借何地矣 此所謂地有盡而秦之求無已者也 臣聞祖宗壃土不宜尺寸予(與)人 昔太
祖太宗櫛風沐雨開基拓地也 辛勤勞營而建萬世之業也 今殿下受祖宗付托之任 貴爲千乘之尊 富有八方之內 思昔祖宗樹立之功業
雖寸土尺地 謹守勿失可也 山河之固 車騎之衆 任賢使能 據險守要 使處置得宜 則亦足以號令於天下也 而執事臣莫當其職 一二隻
漂船來泊 則擧皆荷擔 而數百徒禿髮突入 則盡是從風 而靡竟使夷狄禽戰 任意恣行 莫重畿田 如踏平地 莫重城門 如入無人 莫之
能禦 而皆以爲講和 則無事割地與倭 使醜種異類 襁至輻輳 而視若尋常 以爲國家事已安已治 無有深謀遠慮者如此 而謂國有人乎
以往蹟考之 晉之於胡羯王衍主和 而明宣帝(懷帝)未免巴蜀(晉陽)之行 唐之於祿山李林甫主和 而明宣皇未免巴蜀之行 宋之於遼金秦會主和
而徽欽未免漠北之囚 此千古義士之所痛恨 而百代奸臣之所明戒者也 夷狄之人國患者 自古若是 決不可以信義懷之者也 亦不可以
弱小忽之者也 又況倭賊與我國 舊有深怨 而今欲講和者 豈非志徒欲販物沽貨以興利爲業者哉 其計固欲卵育乎 此將成難養之禍者
也 習地形 明察水勢 積聚錢穀 交結人民 何强何弱何險何易 無不詳察 然後窃發於腹心肘腋之間此也 其不可和也 昭然甚明矣
今主和者皆曰 若不講和 則彼之後患 將何以當之 是不思之尤甚者也 今有餓虎於此 若欲食人則將畏其患 而媚之以肉 養其氣助其
力 則彼虎將以爲德而捨之乎否乎 遺患尤甚矣 初不如決死搏殺 故今倭賊之形與虎無異 何必養其氣助其力自爲後患 然後快於心乎
故曰不如擊之 〃〃則反極禍小 不擊則反遲禍大 與其不擊而反遲禍大 孰若擊之 而反亟禍小 且聞倭賊自壬辰販歸之後 食以不匙

履以無箕 誓之於衆 期復壬讐然後 乃及古俗 此一國之所見聞者也 食以不匙者 使朝夕食不甘味之意也 履以無箕者 使趨步履不安足之意也 以如此之勞心勞行 用如此之秘計秘謀 何所不營 何所不爲也 昔夫差嘗膽而復讐 句賊厚弊而滅吳 虞國假道而自亡 六國割地而自敗 此禦國守寇之所明鑑也 今禦倭洋之道 其本有三 先修皇廟 以明用夏攘夷之道 次復院祠 以示表忠勸士之義 罷戶布定軍額 以備討倭禦洋之具 此三者 臣民之所大願 而國家之所先務者也 苟如此綱紀明於上 忠義奮於下 兵甲具於內 無敵於天下矣 今此倭洋 有何窺覘慢侮之擧乎 且以天灾時變觀之 十月之星戰 至月之雷擊臘月之虹圍 初昏之鷄鳴 此乃無前之乖常 而臣等窃以爲祖宗神靈 陟配上帝 眷顧東土 昭示明告 使殿下觀象修備之意也 伏願殿下察之戒之 臣矣等 窃伏海濱 久沾聖化 聞彼倭洋入居東萊 慮其後患 往入其窟 察其形勢 直上京師 逗遛數月 無路獻忠奮 所激違檄 抗表冒死敢陳 誠惶誠恐 臣無任泣祝祈懇之至

己卯十二月二十八日納⑥ 同日右捕將金箕錫草記⑦ 批答曰⑧ 三人之無事投狀 極爲駭惋 詳査得情

(註解) ① 白樂觀、一八四六~一八八三。儒生、號；秋江、本貫；藍浦、兵曹參判 弘洙의 子、一八八二年에도 斥倭上疏 등 활동으로 投獄、壬午軍亂時 亂軍에 의해 釋放되었으나 軍亂의 실패로 다시 체포되어 제주도에 귀양갔다가 死刑됨。② 上疏草、內容중에 字句를 修正한 것을 보면 草本의 性格을 갖고 있으나、오히려 寫本에 가까운 것으로 보인다。③ 矣身等、의몸들。뜻；우리들、저희들。④ 三皇帝廟、萬東廟。⑤ 撥廟毁院、大院君의 萬東廟와 書院 撤毁。⑥ 己卯、一八七九年。⑦ 草記、上奏文의 一種、中央의 各官衙에서 政務上 그리 중요하지 않은 사항을 事實만 간단히 적어 임금에 올리든 文書。⑧ 批答、草記에 대한 國王의 下答。

(要旨) 一八七九年(高宗一六) 一二月二八日에 藍浦儒生白樂寬 등이 國王(高宗)에게 올린 上疏文 草로서、倭는 歷史的으로 不共載天의 讐國임을 强調하고 國王와 執政大臣의 對外政策의 잘못을 지적하고 日本과의 講和를 極力排斥한 斥倭上疏이다。그들은 倭洋의 浸透를 防禦하는 方道로서、① 萬東廟를 再建하여 中國의 政策이나 方法을 채용하고 倭洋을 排斥하는 路線을 밝히고(明用夏攘夷)、② 書院과 鄕賢祠를 復立하여 表忠勸士의 뜻을 보이고、③ 戶布를 革罷하고 軍額을 定하여 「討倭禦洋之具」를 갖출 것을 제시하고 있다。

(2) 上言

私人이 國王에게 올리는 文書이다。上言은 孝子・忠臣・烈女의 旌閭・旌門과 孝子・忠臣・學行의 贈職을 위하여 國王에

게 올리는 것이 대부분이다。 士林의 上言으로서는 「孝子旌閭」·「忠臣旌閭」·「烈女旌門」과 「孝子贈職」·「忠臣贈職」·「學行贈職」을 위한 것이 있고、 子孫의 先祖를 위한 上言으로서 「爲祖先孝行旌閭」·「爲祖先忠臣旌閭」·「爲先世烈女旌門」·「爲孝行贈職」·「爲忠節贈職」·「爲學行贈職」 等이 있다。 그 자세한 書式은 「儒胥必知」 上言條에서 참고할 수 있다。

〈上言式〉

某道某邑京則稱某部某坊某契 居具銜或役名 臣姓名署名公私賤着手寸
右謹 啓臣矣段臣矣身云云特蒙
天恩爲白良結望良白去乎詮次
善啓向教是事望良白臥乎事是亦在謹 啓
年號幾年某月某日若聯名則上臣姓名下書等字不署名

(典律通補、別編)

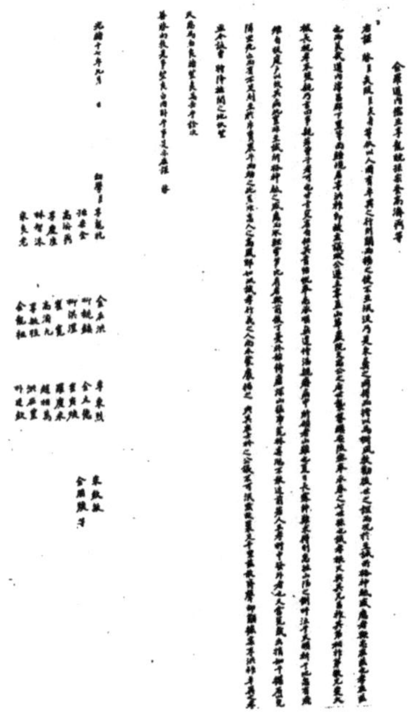

圖版 116 上 言 서울大, 268659

〈上言、例〉(서울大、No.二六八六五九)

全羅道內儒生李龍晩孫宗奎高濟弼等①
右謹 啓 臣矣段臣矣身等 伏以 人固有卓異之行 則闡而揚之 使不至泯沒 乃是秉彝之同得 而將以爲樹風教 勸後世之誼 而況於至誠所格神祇感應者歟 忠在玆也 孝在玆也 而美哉 道內淳昌郡下置等面鍾峴居李洪祚 即故左議政公遂主享益山華巖院文忠公之后 世襲簪纓 安陵參奉承春之七世孫也 誠孝根天與其兄昌祚其第相祚 弟敬兄愛大被長枕 孝奉雙親 乃言曰 事親若曾子者可也 甘旨定省

自任其責 怡悅奉志 承順無違 侍湯親齊 病中所願者山鷄也 夏日長霖 猝難求得 則急往山陽之側 呼泣于天 頻祈于地 忽有飛雉自投庭戶 以效其病 此豈非至誠所格神祇之感應 而氷鯉雪笋比肩者歟 前後丁憂 終始倚廬 深山猛虎 荒林毒虺 不敢近前 若人三孝貯中發外者也 又當荒歲 出捐如干擔石 以免隣里死亡 而有不足 則至於斥賣農牛而助之 此豈非急人之高風耶 如此誠孝行義之人 尙未蒙褒揚之典 其在士林之公議 不可泯默 故裹足千里 玆敢齋聲仰籲 摭實李洪祚卓異之孝 亟令該曹 特降旌閭之地

伏望

天恩爲白良結望良爲去乎②　詮次③

善啓向教是事望良白內臥乎事是亦在④　謹　啓

光緖十七年九月　日　幼學臣李龍晩

孫宗奎

高濟弼

李慶㕓

(一七名略)

金朋煥等

(註解) ① 全羅道內儒生李龍晩…等、上言을 올리는 儒生代表。② 爲白良結望良白去乎、하삷아져바라삽거온、뜻；―하고자 바랐사오므로、―하옵고자 바랐삽기에。③ 詮次、전차、뜻；까닭、연유。④ 向教是事望良白內臥乎事是亦在、아이샨일바라삷안누온일이여견、뜻；―하옵시기를 바라옵는 일이라는 것。

(要旨) 一八九一年(高宗二八) 九月에 全羅道儒生李龍晩・孫宗奎・高濟弼 等 二三名의 連名으로 올린 上言으로、그 內容은 道內 淳昌郡에 居住하는 李洪祚(文忠公李公遂의 後、安陵參奉 李承春의 七世孫)의 孝行을 들어 孝行旌閭를 위한 것이다。士林의「孝行旌閭」를 위한 上言의 一例가 되겠다。

(3) 原 情

私人이 寃痛(抑鬱)한 또는 딱한 事情을 國王에게 陳訴하는 文書이다。官府에 陳訴하는 原情도 있다。「擊錚原情」이라고도 하는데、私人이 寃情을 王에게 陳疏하기 위하여 出駕途上에 錚을 쳐 下問을 기다려 올리는 文書이다。擊錚原情의 主를 이루는 것은 「爲先雪寃事擊錚原情」、「爲伸雪後復官爵事原情」、「以族人之子立後原情」、「山訟原情」 등이며 그러한 原情의 書式은 구체적으로 「儒胥必知」에 載錄되어 있다。私人이 國王에게 올리는 글이므로 上言과 文體는 大同小異하나 起頭를 달리 쓰는 경우도 있다。當時의 政治와 社會의 一面을 보여주는 資料이다。

〈(擊錚)原情式〉

某部或某道某邑居身役臣某姓某名
白等臣矣段臣矣身伏以云云特蒙
天恩爲白良結望良白去乎詮次
善啓向敎是事望良白臥乎事是亦在謹 啓
年號 月 日身役某臣姓名等

(秋官志、및 儒胥必知 참조)

〈原情、例〉(著者)

慶尙道善山府居前府使臣盧尙樞
白等①　臣矣身② 至寃莫暴 私痛朔結 千里裹足 冒死鳴寃 驚動

天聽 言念罪狀 萬殞無惜是白齊③ 臣矣身以先壟偸葬人朴春魯 自戊④辰秋至己巳春 兩次判⑤ 批之下 終不掘移 乃敢誣訴 査官前後三度得決 兩度判 批之訟 一朝反案⑥ 不但不掘 將攘奪臣矣身先壟全局 以至不保邱墓之境 山圖報辭 猶或爲査官之措縱 然靑山全局 不可以隨時變易也 乃使今日之反訟爲是 則前日之決訟非矣 若使前日之決訟爲是 則今日之反訟非矣 臣矣身至寃者 竊以爲前者五度得決是矣⑦ 而今者一度反案寃矣 大抵山訟之法 旣以利害訟之 則有害於先壟者□□□孫 明有其驗矣 及至朴哥偸葬之後 先墳子孫六喪並出 而其中長子孫之祖與孫 先後俱歿 諸子孫因訟受誣之杖血 浪藉官庭者 是誠禍變之大者矣 堪輿之說最忌者對案之葬 而長子孫喪歿 逐年相續 則諸子孫之痛 至寃無極矣 臣矣身抱此窮天之痛 無處告訴 去年秋上言于

法駕之前 啓下京兆 而臣矣身病忽纒身 未得待令於三日之內 竟至勿施 不得回 啓 臣矣身不誠無狀之罪 萬死無惜是乎乃⑧ 蓋臣矣身先祖僉正臣從善 世居善山龜尾面星南村 受業於先正臣文簡公金宗直之門 學有淵源 而及其歿也 因葬于所居村左所謂南星一洞 卽臣矣身前後六七百年 相傳之地而臣矣身(以下 四〇字×五七行略)

(註解) ① 白等、삽든。뜻；사뢰옵기는、사뢰오되。② 矣身、의몸。뜻；본인、저、제몸。③ 是白齊、이삽제。뜻；—이옵니다。④ 戊辰、一八〇八年(純祖八)。⑤ 判批、王의 判決의 批答。⑥ 反案、決訟事實의 飜案。⑦ 是矣、이되。뜻；—이되。⑧ 是乎乃、이오나。뜻；—이오나。

(要旨) 이 文書는 末尾가 脫落되어 年代表示가 없으나、著者所藏의 該山訟관계의 「上言啓下關文」(寫本)에 庚午(一八一〇) 二月로 되어 있고、「啓下漢城府」(寫本)가 一八一〇年(嘉慶一五) 二月初三日로 되어있는 것으로 보아 이 原情(上言)은 一八一〇年 正月下旬에 올린 것으로 보인다。즉 이 原情은 一八一〇年(純祖一〇) 正月에 慶尙道善山居前府使盧尙樞가 國王(純祖)에게 올린 原情으로서、朴春魯와의 數次에 걸친 山訟이 계속 勝訴하다가 勝訴事實이 飜覆되어 그 抑鬱한 事情을 是正해 줄 것을 呼訴하는 原情이다。즉 「山訟原情」에 該當한다。

(4) 試　券(名紙·試紙)

大·小科의 詩·賦·頌·策 등의 試驗紙이다. 試紙는 擧子들이 각자 紙廛에서 購入하여 持參토록 되어 있으며, 錄名 때 試紙를 제출하면 京에서는 錄名官인 四館員이, 外方에는 入門官이 조사한 뒤에 印給해 준다. 試券에 찍는 寶는 「科擧之寶」이고, 官印이나 寶가 찍히지 않은 것은 白文이라고 한다. 科擧의 管理는 禮曹와 試官(官僚)이 하지만 그들은 결국은 國王을 代行하는 것이므로, 試券은 擧子가 國王에 향하여 提出하는 것으로도 볼 수 있다. 試券에는 擧子의 身分·姓名·年歲·本貫·居住地와 四祖의 身分·姓名·本貫(外祖의 경우) 등을 써서 封하는 「秘封」이 있다. 경우에 따라서는 四祖를 모두 쓰지 않고 父의 身分과 이름만을 쓰기도 한다. 그러한 경우 試券 右邊下端에 擧子의 身分·姓名·年歲·本貫·居住와 父의 身分·名을 쓰고 縱으로 자른후 자른부분(記載부분)을 말아올려, 記錄한 것이 보이지 않도록하고 풀로 붙이고 「謹封」이라 썼다. 試券에는 連番號가 記載되어 있고 朱書로 點數(一의上·中·下, 二의上·中·下, 三의上·中·下, 次의上·中·下, 등)가 記錄되어 있다. 試券의 內容에서도 當時의 政治와 社會相에 관한 資料를 얻을 수 있다. 試券例는 省略한다.

2) 對官府(文書)

(1) 所　志(白活)

士庶·胥吏·賤民이 官府에 올리는 訴狀·請願書·陳情書이다. 모두 所志라고 하나 그 內容은 訴訟·請願·陳情 등 多樣하게 나타나며, 白活(발괄)이라고도 한다. 當時의 士庶들이 生活하는 중에 일어난 일로서 官府의 決定(判決)과 도움을 必要로하는 모든 民願에 관한 文書이고 當時의 士庶의 生活중에 發生한 것이므로 當時의 社會相을 그대로 반영하는 資料

로서 社會史硏究에 一次的 資料가 됨은 물론이다。 따라서 그 內容이 人間事의 多樣한 것일 뿐 아니라 當事者들의 利害관계와 직결된 것이기 때문에 오래 保管되었으므로 現存하는 古文書가운데 土地文記 다음으로 많은 分量을 차지하는 文書이다。 서울大學校의 所藏古文書가운데도 所志는 全體文書의 一〇%(약 四、七〇〇件)를 占하고 있으며 그 중에 가장 많은 것은 山訟관계이다。 所志를 守令이나 관계 官府에 올리면、該當 官員은 그 所志에 대한 處分(判決)을 내리게 되는데 이를 題音(데김) 또는 題辭라고 한다。 題音은 所志의 左邊下端 餘白에 쓰게 되나 그 餘白이 모자라면 後面(紙背)에 계속해 쓰기도 하고、別紙를 添付하여 쓰기도 한다。 題音(判決文·處分)을 내린 所志는 그 所志를 올린 사람에게 돌려주어 그 判決(處分)에 대한 證據資料로서 所重히 保存하게 되어 있었다。 所志의 書式은 「儒胥必知」에 구체적으로 소개되고 있다。 즉 「以奴名爲山訟事所志」、「常人與儕類山訟所志」、「債訟所志」、「士夫家單墓直頉役所志」、「頉免還戶所志」、「牧府使都吏輩受由所志」、「吏房姓名所志」、「折脚所志」、「爲親患用全牛膏所志」、「員役年老子代所志」、「家券逢賊後立旨所志」、「田畓文券失火後立旨所志」、「權賣田畓不還退所志」、「毆打所志」 등 많은 例의 所志를 載錄하고 있으니、所志는 士庶의 一常生活에서 發生할 수 밖에 없는 士庶의 生活의 一部였기 때문이다。 그러므로 위에서 例擧한 경우 이외에도 수없는 內容의 所志가 있을 수 밖에 없다。 民願事는 上古時代부터 있어온 것이겠으나 「所志」라는 用語와 「所志」의 文書로서의 形式은 高麗時代에도 이미 보이고 있는데、그 形式이 그대로 朝鮮時代에 계속되고 있음을 알 수 있다。 時代的으로 차이가 있는 것은 高麗時代나 朝鮮前期에는 年號를 써서 그 年代가 분명한데 오히려 朝鮮後期의 것은 干支만을 써서 年代推定에 困難이 있다。

〈所志式〉

某面某里居身役姓名
右謹陳所志矣段矣身云云千萬望良爲白只爲
行下向教是事

使道(或城主、案前主) 處分
年 月 日所志
(題音)

(儒胥必知 및 文書참조)

〈所志、例一〉(寶物、第四八三호)

學生尹丹鶴①
右謹言所志矣段 父直長同正尹光琠教是② □③矣外祖傳來婢大阿只□□□④矣身乙 許與傳持爲白有臥乎⑤ □□□粘連相考 監踏印 立案成給向教事望⑥
良白內臥乎事是亦在謹言
監務官⑦ 處分
至正十四年十月 日所志

(註解) ① 右謹言所志矣段、삼가 所志를 말씀드리는 것은。② 教是、이시。뜻;께서、께옵서。父尹光琠께서。③ 矣、의、矣身의 준말。뜻;나、저、저의。④ 矣身乙、의몸을。뜻;—의몸을。⑤ 爲白有臥乎、하삷이시누온。뜻;—하시었으니。⑥ 向教事望良白內臥乎事是亦在、아이샨일바라삷안누온일이여견、뜻;—하옵시기를 바라옵는 일이니。⑦ 監務官、고려中期부터 朝鮮國初까지 있던 小縣의 守令。

※ 이 文書의 마손된 부분의 判讀은 朴秉濠教授의 判讀을 그대로 따름。(173)

(要旨) 一三五四年(恭愍王三) 一〇月에 學生(朝鮮時代幼學 또는 儒生에 해당) 尹丹鶴이 耽津監務에게 올린 所志로서、그의 父(直長同正尹光琠)로부터 婢(大阿只)를 許與받고 이에 대한 立案을 請願한 立案請願所志이다。當時의 立案制度와 所志의 形式을 傳해주는 좋은 資料이다。

〈所志、例二〉(安東、金俊植氏宅)

縣接生員金富弼①(手決)
右謹言所志矣段② 凡文記斜出時 例當傳得人告
官③ 是在□果 收養子光眉亦④年少 親自告狀不得乙⑤
仍于 矣身亦⑥呈狀爲去乎⑦ 粘連⑧文記相考 斜出
爲白只爲⑨
行下向教是事亦在⑩謹言

隆慶元年十月 日所志

縣監主 處分

圖版 117 所 志

安東 金俊植氏宅

(註解) ① 縣接、本縣(禮安縣) 居住。② 文記斜出時、文記의 官斜出給時、즉 賣買·許與·衿得 등 文記에 대한 官斜(立案)를 出給할 때에。③ 是在果、이견과。뜻；—이거니와。④ 亦、여、뜻；가(임자토)。⑤ 不得乙仍于、못질을 지즈로。뜻；못하는 탓으로、못함을 말미암아。⑥ 矣身亦、의몸여、의몸이。뜻；내가、제가、나 자신이。⑦ 爲去乎、하거온。뜻；—하므로、—하오니。⑧ 粘連文記、所志에 粘連(添付)한 傳得文記。⑨ 爲白只爲、하삽기암、뜻；—하옵도록、—하옵기 위하여。⑩ 行下向教是事亦在、행하아이산일여견。뜻；명령(분부)하옵실일이라는 것。

(要旨) 一五六七年(宣祖即位年) 一〇月에 禮安에 居住하는 生員金富弼(退溪門人、光山金氏、號；後彫堂、諡號；文純)이 禮安縣監에게 올린 所志로서、그가 收養子 光眉에게 내려준 分財文記(許與 또는 衿給 등)의 官斜(立案)를 出給받기 위한 것이다。아직 所志에 대한 題音이 보이지 않는다。

(173) 朴秉濠、앞의 든 「高麗末의 奴婢贈與文書와 立案」 참조。

〈所志、例三〉(著者)

①□②李東標奴粉先 ③(左寸)

右謹言所志矣段 ④矣上典亦 年前占得一穴於春陽面於老洞⑤矣內上典墳山局內不遠之地 而⑥矣少上典今方守喪於新占穴下是⑦在如中

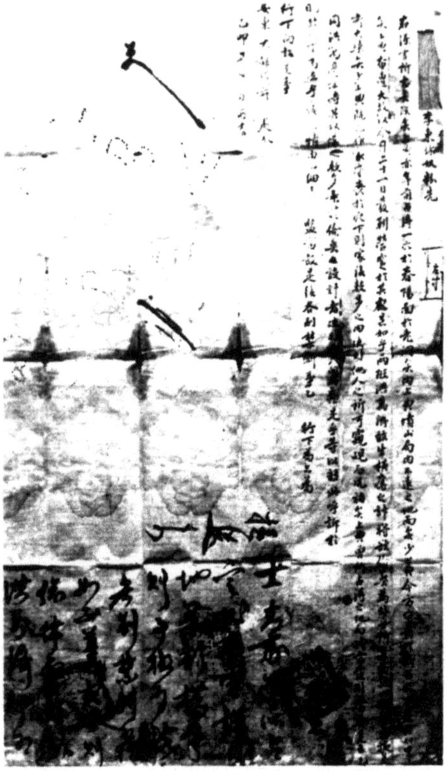

圖版 118 所 志 著 者

矣上典奄遭大故 將以今月二十一日發靷營窆
於其處是⑧如乎 兩班洪萬濟 敢生橫奪之計 將
欲偸葬⑨爲⑩臥乎所 其爲設心 殊極無據是⑪齊 大
槩矣少上典既已作家守喪於穴下 則家後數步
之內 決非他人之所可窺覘 而況⑫於 矣上典曾所
占得之地 而時方發引營葬是⑬去乙 同洪萬濟亦
恃其奴僕之數多 乘時偸葬設計者 決非士夫間
所爲是⑭乎等以 敢此呼訴於
明政之下⑮爲去乎 痛迫情由乙 細〃 監當⑯敎是後
各別禁斷事乙 ⑰行下爲只爲

⑱行下向敎是事

安東大都護府 處分

己卯正月 日所志

行使 (押)

(題音) 士夫家曾所占定作家守護之地 果欲橫奪 則事極可駭 各別禁斷爲⑲於 如不遵官令 則依律處斷次 洪萬濟即爲捉送
向事

廿風憲

(註解) ① □, 五字刀割。 ② 李東馨, 一六五四~一七〇〇, 號 : 櫟隱, 本貫 : 眞寶, 禮泉人, 官至承旨, 諡 : 忠簡。 ③ 左寸, 代奴 粉先의 手寸。 ④ 矣上典亦, 의상전이, 뜻 : 나(저)의 상전이。 ⑤ 矣內上典, 나의 안상전。 ⑥ 矣小上典, 나의 젊은상전。 ⑦ 是在如中, 이견다해。 뜻 : —이건데, —인데, —인데에。 ⑧ 是如乎, 이다온。 뜻 : —이라니, —이라니。 ⑨ 傔隷, 陪隷과 같다。 ⑩ 爲臥乎所, 하누온바, 뜻 : —하는바。 ⑪ 是齊, 이제。 뜻 : 이다, —임。 ⑫ 況旀, 하물며。 뜻 : 하물며。 ⑬ 是去乙, 이거늘。 뜻 : —이거늘。 ⑭ 是乎等以, 이온들로, 뜻 : —이온줄로。 ⑮ 爲去乎, 하거온, 뜻 : —하므로, —하오니。 ⑯ 敎是, 이샨, 뜻 : —하신, —하옵신。 ⑰ 行下爲只爲, 행하하기암, 뜻 : 명령(분부)하시도록。 ⑱ 行下向敎是事, 행하아이샨일, 뜻 : 명령(분부)하옵실일。 ⑲ 爲旀, 하며, 뜻 : —하며。 ⑳ 風憲, 鄕廳의 任員。

(要旨) 一六九九年(肅宗二五) 正月에 櫟隱李東馨의 奴 粉先이 安東大都護府에 올린 所志로서, 兩班洪萬適가 李東馨宅에서 定한 山局內에 偸葬할 계획을 하고 있으므로 이를 禁斷해 줄 것을 呼訴하는 所志이고, 이에 對하여 行安東大都護府使는 그 處理를 風憲에게 命하여 正月二〇日에 風憲이 處分(題音)을 내리고 있다。 安東大都護府의 鄕廳과의 관계를 보여주는 자료이기도 하다。 題音에는 「安東府使之印」이 三개 찍혀 있다。 朝鮮後期의 所志는 年號를 쓰지 않고 干支로 썼기 때문에 年代推定이 곤란하나, 이 경우에는 生存時代를 알 수 있는 李東馨의 이름이 있어 年代를 확인할 수 있다。

〈所志, 例四〉(서울大, №一三八〇二八)

忠淸道海美居李春英(手決)

①右謹言 情痛 情由段 ②矣同姓五寸主李就制使宅奴婢 多在於咸平地③是如乎 ④收貢次下來之後 上項奴婢等貢物 畢皆收拾 而方欲發行之
際 咸平官昨日⑤矣由上洛發程 則同奴干龍與同隊人兩班朴思伊李龍等⑥符同 而率侶二十餘人 自重突入於所留處 所捧貢物 威力劫奪
後 一向驅逐 將有戕害之計⑦乙仍于 奴主東奔西走 莫得圖生逃還于本土是如乎 此不過干龍與朴思伊等 乘其⑧空官 知其無路懲治之
道 而如是作變⑨是乎所 千里遠道 無路生還 必有追蹤之事 中路遠變 必也明白⑩是乎等以 敢此來告⑪爲去乎 ⑫右良情由 監當⑬敎是後 回
程間所經各官⑭良中 別定官人護送 以爲無事生還故土之地⑮爲只爲

서울大, 238028

圖版 119 所志

行下向教是事　　(題音)移⑯文成給
務安官 處分　　十五日
丙申二月 日所志

(註解) ① 右謹言憤痛情由段, 삼가 憤痛한 事由를 말씀드리는 것은. ② 矣, 矣身의 준말, 뜻; 나, 자신, 본인. ③ 是如乎, 이다온, 뜻; ―이더니. ④ 收貢次, 奴婢의 身貢을 걷기 위하여. ⑤ 受由上洛, 말미(휴가)를 받아 上京. ⑥ 符同, 결탁, 단합. ⑦ 乙仍于, 을지즈로, 뜻; ―을 말미암아. ⑧ 空官, 官衙를 비움. ⑨ 是乎所, 이온바, 뜻; ―인바, ―이온바. ⑩ 是乎故以, 이온고로, 뜻; ―인고로, ―이온고로. ⑪ 爲去乎, 하거온, 뜻; ―하므로, ―하오니. ⑫ 右良, 이미여, 뜻; 위와같은, 右와 같은. ⑬ 教是, 이샨, 뜻; ―하신, ―하옵신. ⑭ 良中, 아해, 뜻; 에, 에서. ⑮ 爲只爲, 하기암, 뜻; ―하도록. ⑯ 移文, 다른 官衙에 보내는 公文.

(要旨) 丙申二月에 海美居住 李春英이 務安縣監에게 올린 所志로서, 李春英과 五寸叔(奴主)이 全羅道 咸平縣에 있는 奴婢의 身貢을 받아놓은 것을 同奴와 同縣兩班朴思李 등이 결탁하여 貢物로 거둔것을 위협하여 却奪했을뿐 아니라 身邊에도 위협을 느끼므로 無事히 故鄕에 돌아갈 수 있도록 經由하는 各官에서 護送케 해줄것을 請願하는 文書이다. 朝鮮後期의 奴婢身貢문제, 奴婢의 上典에 대한 반항, 無法한 社會相 등을

傳해주는 자료이다. 題音은 「移文成給」이라 하였다. 즉 務安縣監이 이 所志의 請願을 받아들여 移文을 成給하고 있다.

〈所志, 例五〉(서울大, №二三五七八九)

豆川面八峰里黃生員宅奴春金

右謹陳情由段 矣宅①素是貧寒之致 官屯畓五斗落耕食保命矣 千萬非意 本面石峙居李成的爲名漢 侮視矣宅之孤弱 欲爲奪耕 故矣宅不勝至憤 俱由呈訴 則 題音②內 查實懲勵次 捧來行下③教是故 題音往視戶長 則戶長言內 汝宅旣有呈營呈官之文蹟 且無他田畓則甚爲可矜 向日李成的出給牌子④勿施 汝宅耕作爲可云云 故信之無慮矣 日前李漢來于農處 攘臂大談 曰我本吏屬 多有邑權 則何負於兩班乎 此畓期於耕作云云是遣⑤ 作梗非常 故不勝至憤 前呈所志與議送 尾連更訴參商敎是後 同李漢發差捉致 嚴懲臨農奪耕之罪 使矣宅無至廢農之地 千萬望良只爲⑥行下向敎是事

官司主 處分　　己酉三月 日

官(押)

(題音)從當捉來 查實嚴處向事

十二日

(註解) ① 矣宅, 矣身上典宅의 준말. 저(나)의 上典宅, 저의 宅. ② 題音, 官(守令)의 處分(判決)文. ③ 行下敎是故, 행하아이샨고로, 뜻; 분부(명령)하신고로. ④ 牌子, 牌旨와 同. 배자, 身分이 높은 사람이 卑賤한 사람에게 보내는 文書로 委任狀의 경우가 많다. ⑤ 是遣, 이고, 뜻; —이고. ⑥ 望良只爲, 望良爲只爲, 바라하기암, 뜻; 바라도록.

(要旨) 己酉三月에 黃生員宅奴春金이 上典宅을 代身하여 官(守令)에 올린 所志로서, 黃生員宅에서 耕食하고 있는 官屯田五斗落을 李成的이 奪耕하려하므로 李를 臨農奪耕之罪로 嚴懲하여 上典宅이 廢農에 이르지 않도록 訴請하는 文書이다. 朝鮮後期의 零落한 兩班(官屯

田五斗落을 耕食하는)의 狀況、耕作權을 둘러싸고 相爭하는 當時의 社會相을 보여주는 자료이다。

(2) 等 狀

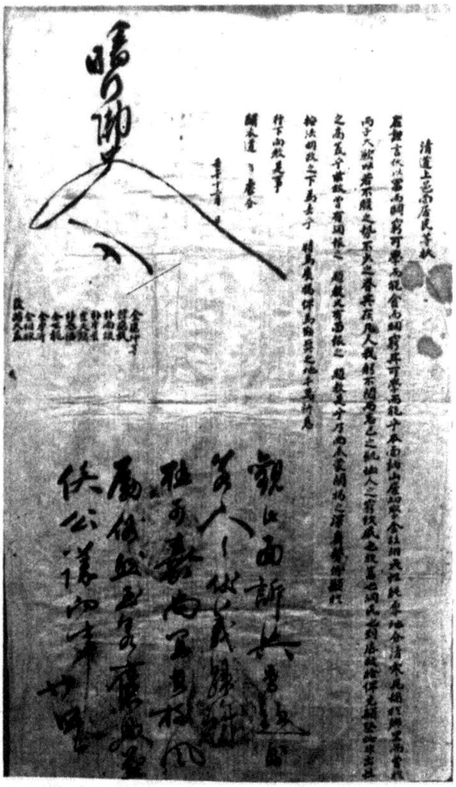

著 者

圖版 120 等 狀

等狀은 所志의 一種이나、私人이 여러사람의 이름으로 官(守令)에 올리는 文書이다。따라서 等狀의 내용은 訴狀·請願書·陳情書의 多樣한 것이 되며 이를 올리는 사람들의 이름을 連書하게 된다。等狀에도 所志와 마찬가지로 官의 題音을 받게 된다。(앞의 所志解說 참조)

〈等狀、例一〉(著者)

淸道上邑面居民等狀

右謹言 伏以 富而賙窮 可學而能 貧而賙窮 其可學而能乎 本面訥山居幼學金柱翊 天性純厚 地分淸寒 見稱於鄕里 而曾於丙子大歉 以若不贍之勢 不少之眷 其在凡人 我躬不閱 而忘己之飢 恤人之窮 族戚也故舊也洞民也 到底救給 俾免顚壑 此非出性之高義乎 玆故曾有洞報之題敎① 又有面報之題敎是乎乃② 尙未蒙闡揚之澤 齊聲仰籲於
④按法明政之下爲去乎③ 特爲褒揚 俾爲勸奬之地 千萬祈懇
行下向敎是事
⑤繡衣道 處分

壬午十二月 日

後丙大益

金相鍊

金宇沂

(以下 七名略)

暗行御史 (押)

(題音) 觀此面訴與邑題 則若人之仗義疎財 極可嘉尙 宜其樹風勵俗 然至若褒典 益俟公議向事 廿四日

(註解) ① 洞報之題敎、洞에서 官衙(守令)에 報告한데 대한 守令의 處分(題音)。② 是乎乃、이오나、뜻 ; —이오나。③ 爲去乎、하거온、뜻 ; —하오니—하므로。④ 行下向敎是事、행하아이샨일、뜻 ; 명령(분부)하옵실일。⑤ 繡衣道、暗行御史。

(要旨) 一八八二(壬午、高宗一九) 一二月에 淸道上邑面에 居하는 芮大益等 一〇名의 連署로 暗行御史李道宰에게 올린 等狀으로、丙子年(一八七六) 大凶年에 가난한 가운데 이웃을 도운 幼學金柱益(本面訥山居)의 善行을 褒揚해 줄것을 請願하는 文書이다。이를 接受한 暗行御史는 暗行御史라 揮筆하고 押(手決)하였으며、「題音」을 내리고 題音 위에 官印대신 三곳에 二馬牌를 印朱를 묻혀 찍었다。이러한 等狀은 대개 그 뜻이 관철될때까지 數次(數年)에 걸쳐 올리게 된다。이 경우도 丁丑(一八七七)에서 甲申年까지 前後 五차의 等狀(四件이 城主에게 올린것)이 添付되어 있는데、等狀을 올릴때에는 그 먼저 올린 等狀(題音)을 添付하여 함께 올리게 된다。

〈等狀、例二〉(서울大、一二一九三九三)

林川居林德夏等

右謹言 嗚呼痛矣 本郡賣鄕①之規 始開於歉歲補賑 公廨修葺 不得已聽許 富民願納 雖粟至千石錢至千金 而非不多也 只許別監 不許座首者 不可以②常漢置官家耳目之任 而爲一鄕領袖也 然而作甬之害 踵成弊風 常漢中有錢有穀者 偸闖抵隙 生心於冒進別監者 不可勝記矣 粤在丁丑 適値一亂一治之會 水橋李等 城主莅州之初③ 新鄕雜種 一時沙汰 渠輩帖文④ 盡爲還收 則釐正鄕綱⑤ 可謂淸〃

碧〃矣 噫 降在甲申 館舍重修之時 以財力之不贍 新鄕復起矣 又昨年設賑時⑥ 如干補賑者⑦ 亦許別監 則其末由之弊 不可盡達 而所謂陞差座首朴道亨 則前等城主遞歸之時 冒得座首 故舊官城主下車之初 民等齊聲仰訴 則所謂三鄕⑧ 一并汰黜矣 同道亨敢生非分之慾 冒得賑恤都監 都監即座首元無之任也 此猶不足 又圖座首 植弊於一邑 貽笑於遠近 此豈不痛歎處哉 所謂座首雖云鄕黨之任 即 朝家之留官 官家之亞官也 渠之出財 雖云夥多 曾經別監監官後 渠之族屬中重役十二□一時頉去而又圖座首 以渠地閥論之 則榮莫大矣 以其費財言之 功百倍矣 猶有不足之心 更圖座首 自作渠之淵藪 則民等之憤鬱寃枉 姑舍勿論 一邑遠近 瞻聆貽笑 特何如哉 且又監官辛亨根 生於淸肅風化之世 沒入於朴道亨之雇立 豈可與論於人類也哉 民等晝宵思量 朴道亨辛亨根不可留置於鄕射堂⑨新迎於境上 故前呈文案 帖聯仰籲 伏乞細細參商教是後 特爲別般處決 使幾墜鄕綱 以望復振之地 千萬祈懇

行下向教是事

兼城主 處分

圖版 121 等 狀　　서울大, 229393

兼官（押）

癸巳六月 日

後林時沃
辛 鈗
權世達
（以下 八名略）

(題音) 此非一時衆官所可知 待新官司到任 呈訴向事 廿四日

(註解) ① 賣鄕之規, 鄕廳(鄕所)의 職任(座首, 別監, 監官)을 錢이나 穀으로 賣買하는 規定。 ② 常漢, 兩班이 아닌 常人(常民)。 ③ 新鄕, 鄕廳의 任員으로 새로 任命된 사람。 ④ 帖文, 鄕任 任命狀。 ⑤ 鄕綱, 鄕廳의 紀綱。 ⑥ 設賑時, 賑恤都監을 設置할 때。 ⑦ 如干, 어지간하게, 웬만한。 ⑧ 三鄕, 鄕廳의 座首·別監·監官。 ⑨ 鄕射堂, 鄕廳(鄕所)。

(要旨) 癸巳年六月에 林川에 居住하는 林鎭夏等이 兼林川郡守에게 올린 等狀으로서, 常漢(常民)으로 賑恤時 出財하여 座首를 買得한 朴道亨과 그가 擁立한 監官辛亨根은 鄕廳의 紀綱을 위하여 그대로 둘 수 없으니 특별히 處決하여 鄕綱을 다시 일으키게 할 것을 陳情하는 文書이다。 이에 대한 題音은 「一時의 衆官으로서는 알 수 없는 일이니 新官이 到任하면 呈訴하라」는 것이었다。 鄕廳 任員의 賣買, 身分制度의 紊亂, 鄕村秩序의 혼란 등 朝鮮後期의 社會相의 일면을 전해주는 자료이다。

(3) 單 子

所志類에 속하는 文書인데, 대개 士大夫가 친히 官司(守令·方伯)에 올리는 訴狀·請願書이다。 書式은 所志와 약간 다르다。 儒胥必知에 「士夫以山訟事呈單子」·「侍本官遞歸親呈營門單子」의 書式이 자세하게 실려 있다。 單子의 대부분은 山訟관계로 되어 있다。 (앞의 「所志」항 참조)

〈單子, 例一〉 (서울大, №八六三九三)

東州內坡西居化民李圭奭 單子

恐

鑑 伏以 民之伯從嫂山 在於西江外二新院後麓 而屢十年守護禁養矣 年前 其近洞星山居金班東穆 暗夜偸葬其父於民之 從嫂山

〈單子式〉(174)

某邑居民幼學姓名單子
恐
鑑伏以云云之地千萬至祝
城主 處分
年 月 日單子

(儒胥必知 참조)

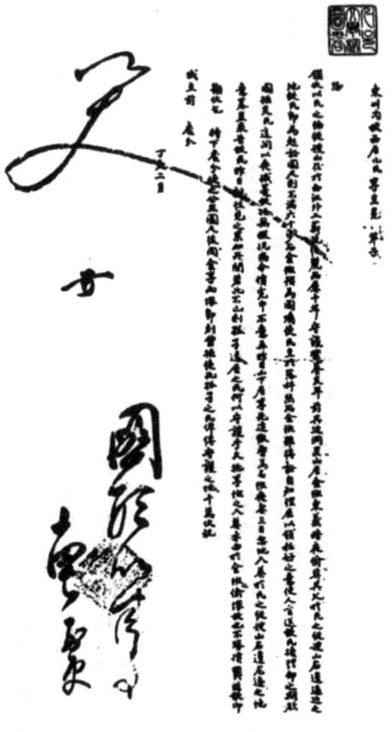

圖版 122 單子 서울大, 86393

右邊逼近之地 故民即爲起訟 圖尺則不滿六十步 而金班預爲圖囑 使民至於落科 然而金班雖得訟 自知理屈 以錢私好之意 使人言送 故民據理却之 期欲圖掘矣 民這間以喪慽憂故 恒無暇伲 尙今憤寃中 不意再昨日 山下居李先達徽魯爲名班 喪妻 三日忽地入葬於民之從嫂山右邊尤逼之地意 墓直來告 故民昨日親往見之 果如所聞 若此不已 則孤子遠居之民 何以守護乎 大抵李班之入葬 亦由於金班之偸塚故也 不勝憤鬱 玆敢仰籲 伏乞 特下處分 使之公正圖尺後 同金李兩塚 即刻督掘 使此孤子之民 俾得守護之地 千萬伏祝
城主前處分

丁亥二月 日

行使 (押) (題音) 圖形以來事 十四日刑吏

(要旨) 丁亥年二月에 校西에 居住하는 李圭冕이 城主에게 올린 單子로서, 그의 從伯嫂山所의 逼近之地에 年前에 金東羲가 偸葬을 했고, 再作日에는 李徽魯가 偸葬을 했는바 金·李兩塚을 즉자 掘移케 해 줄것을 訴請하는 山訟單子이다。 이에 대한 題音은 「山所의 圖形을 가지고 오라」는 것이었다。

〈單子、例二〉(서울大、No.一九四〇四六)

單子 延豊居進士慶堌

恐

鑑 伏以 民等始祖尙書公墳山在於治下南一面孝村山麓 而
其通禮公執義公兩代山所 以次繼葬 而執義公即上黨府院
君韓公之外祖也 則在我列聖母
章順王后
恭惠王后 亦爲私親外家也 且民等八代祖徵君公廬於先祖

圖版 123 單子 서울大, 194046

山下 而村號孝村 盖有以也 氷鯉雪蕨 誠孝格於穹蒼 墟碑里旌 令聞彰於朝野
成廟特下隱逸之選 而繼施魯城宰徵辟之恩
顯廟特施賜牌之典 而申蒙莘巷院腏享之儀 則凡我東方簪纓之家 孰不欽慕而敬護哉 況揚賢旌孝 國之䁍典 故徵君墳墓階下讃字
田十餘斗落 即是賜牌中位土也 迄今數百年 付諸山直 以助香火 則家旌孝之典彌彰 子孫榮感之情無窮矣 適値今年査起之時 徵
君山堦下賜牌田土 混入於査起中 將至荒廢之境 爲此子孫 豈不至寃至痛哉 査起今雖大同 至於賜牌 則與當起之起有異矣 我
城主對颺之下 合有當減之減矣 惟侯處分者實是道理 而伏聞不肖族人 徑庭擧訴 似涉觸怒 是何足責乎 民等不勝悚惶 玆敢齊沐
冒訴於仁政之下 伏願垂察後 徵君公賜牌田査起二十三負三束 特下減削之題音 以彰賢孝百歲榮感之地 千萬祈懇

西原城主 閤下

乙丑十二月 日幼學慶翰國

忠州慶弼國

西原官 (押)

(174) 觀察使(巡相)에게 올리는 單子는 道內 某邑居幼學姓名을 쓴 밑에 單子라 쓰지 않고 議送이라 쓰며, 城主대신 巡相閣下를, 年月日뒤에 單子대신 議送이라 쓰는 것이 城主(守令)에게 올리는 單子와 다르다.

進士慶致國
(以下 四名略)

(題音) 二十三卜三束雖是不多之物 賜牌本無免稅…

(要旨) 乙丑(一八六五?) 二月에 延豊에 居住하는 進士慶堣를 代表로 慶氏 八名이 西原(淸州)官에게 올린 單子로서, 賜牌畓一〇斗落(二三卜三束)이 査起(起畓으로 調査되어 登載된)에 들게 되었으므로 이를 減削토록 해줄것을 陳情하는 文書이다. 題音은 背面에 連書하고 있다.

圖版 124 原 情 　　서울大, 119275

(4) 原 情

所志類에 屬한다. 山訟이 主流를 이루고 있다. (「所志」항 참조)

〈原情、例〉(서울大、№一一九二七五)

京居前參奉洪禹濟原情

右謹言 伏以 矣生[①]親山在於舊豊德北面大足里矣 忽於前月十三日夜 無賴輩數十人與尸 直入局內 故生之墓直 驚遑出問 則不交一言 直爲縛打之 因爲埋葬於矣生之親山單靑龍

坐立俱見咫尺地而去矣 跟其蹤跡 則乃是本營捕盜軍士楊萬英爲名漢也 近來山變何限 而豈有如許變怪乎 假令渠漢之舊塚纍〃之側何敢犯葬於生之單青龍坐立俱見之處 而況他山籠㚇入犯葬者乎 矣生不勝憤寃 扶病擔來 玆敢泣訴爲去乎② 伏乞 參商敎是③後 同楊萬英爲名漢 捉致法庭 先治其兩班家墓直毆打之罪 即爲不卜日掘移之意 特爲嚴明分付 使無勢殘班 保此山所之地 千萬望良爲只爲行下向敎是事

留相④ 處分

(揮筆)(押)

庚寅十一月 日

(題音) 訴辭如此 極爲驚駭 本官明日歸路親審摘奸後 一與狀辭相符 則不日掘移 嚴明申飭 宜當向事 初六日 郎廳

(註解) ① 矣生, 矣身(의몸)과 같은 뜻으로 씀。저, 제, 본인。② 爲去乎, 하거온, 뜻: ―하오니, ―하므로。③ 敎是, 이샨, 뜻: ―하신, ―하옵신。④ 留相, 留守。

(要旨) 庚寅年 十一月에 漢城에 居住하는 前參奉洪禹濟가 開城府留守에게 올린 原情으로, 墓直을 毆打하고 偸葬(勒葬)한 捕盜軍士楊萬英의 罪를 다스리고 즉각 掘移케 조치해 줄 것을 訴請하는 山訟原情이다。이 山訟의 처리를 郎廳에게 위임하고 있다。「開城留守印」이 찍혀있으며 背面에 連書하고 있다。

(5) 上 書

所志類에 屬한다。連名하여 올리는 것은 等狀과 같다。內容은 山訟과 孝行·卓行의 旌閭를 위한 것이 主流를 이루고 있다。書式은 起頭가 餘他 所志類와 약간 다르다。上書는 巡相(觀察使)·城主(守令)·繡衣使道(暗行御史) 어느 경우에나 사용할 수 있다。

〈上書、例〉(서울大、№二三九二三七)

化民幼學蔡時華蔡象震蔡周奎等 謹再拜上書于

城主閤下 伏以 大抵赴水之命 待崖人之援而圖生 作孽之魁 待 明府之治而禁止 然則民等之訴不可一日少緩 而 閤下之政亦豈無十分遑急者乎 民之族人尙龜之所遭偸葬民潘師喆之設心 可謂今世叟覩者也 噫嘻痛矣 族人尙龜壓占於此者 已過百有餘載 而僅〃支吾者 從吾義分而順受而已 千萬不意 同潘師喆 以一介寒賤之徒 恣其偸葬之素習 去年夏偸埋其朽骨於尙龜之先塋村後切迫之處 本家之鳴寃 非一非再 而尙未蒙掘者 閤下寬厚之政 專由於一民不忍之所致也 嗚乎 閤下惟知一民之情私 而未達衆人之結寃者何也 此無人陳聞於 崇聽之下矣 噫 潘民有何嫌怨 而期欲使蔡家盡滅後乃已爲計乎 大抵偸葬之後 山下乖變之喪 連出七八次 則巫卜皆曰 潘塚之釀禍 聞見皆曰 潘塚之所祟 尙龜之寃結 號訴無地矣 月前尙龜之弟父子 又爲並逝 禍孽猶有未艾 阽於危亡者多矣 然則非山而山 非禍而禍矣 是故行路嗟惜曰 潘哥蔡家之讎也 一面嗟惜曰 潘哥蔡家之讐也 八耋老父之日夜號哭曰 讐乎〃〃 惟我城主 活我亡子 廿八靑孀之日夜號哭曰 讐乎〃〃 惟我城主 活我亡夫 噫 以外人公平之心論之 潘哥眞蔡家之讐也 如此不已 則似有究境 故其在周親之義 不可崖視 玆以聯名仰陳 伏願 特施矜恤之政 即掘潘塚 以解神人之寃 而養生和氣之地千萬祈懇之至

行下 向教事

城主閤下 處分

壬申十月 日蔡瑞憲

蔡光憲

(以下 二一 名略)

官(押)

(題音) 列名呈狀 如是緊重 其寃枉尤可知之矣 嚴杖牢囚督掘次 潘師喆星火捉來向事 廿二日差使

(要旨) 壬申年 一〇月에 幼學蔡時華等 蔡氏 二六名이 聯名으로 城主(守令)에게 올린 上書로서 潘師喆이 蔡尙龜의 先塋 村後切迫之處에

儉葬한 후 蔡氏家門에 喪事가 계속되므로, 儉葬을 掘移하기 위한 山訟上書이다。等狀과 같으나 書式이 약간 다르다。

(6) 議　送

所志類에 屬하나 巡相(巡察使·觀察使)에게 올릴 경우 議送이라 한다。書式은 等狀·單子·上書 등과 약간 다르고 所志에 가깝다。兩班이 그 宅의 奴의 이름으로 올리는 경우가 많다。議送에 내리는 處分은 題辭라고 한다。

圖版 125　議送　서울大, 192432

〈議送、例一〉(서울大、№ 一九二四三二)

道內洪川西面岱谷里居 林教官宅奴貴心 議送

右謹陳議送事段 伏以 表孝旌烈 有國之常典 彰善揚美 爲政之大體也 矣①宅本以孝婦嗣孫 世奉旌額 而還上雜役等節 永〃勿侵之意 列聖朝遺教 旣是鄭重 禮曹府完文 昭然載在是乎矣② 挽近以來 人心不古 侵役之弊 往〃有之是乎尼③ 玆豈非抑鬱者乎 是故矣宅呈訴於本官 得蒙依④前題頉給之題是乎乃⑤ 仍爲置之 則比至新官之莅任 必更呈訴然後 頉給雜役 該邑之俗也 玆敢粘連完文與前題 具由仰訴于

按節之下爲⑥白去乎 伏乞 參商教是後 特下嚴題 以杜後日之弊 千萬望⑦良爲白只爲

行下向教是事

巡使道主處分

　　庚辰十二月　日議送

使(押)

(題辭) 旣有完文 依例頉給向事

廿八日本官

(註解) ① 矣宅、의댁、矣身上典宅의 준말。저의 宅。② 是乎矣、이오되、뜻 ; ―이오되。③ 是乎尼、이오니。뜻 ; ―이오니。④ 依前題頉給之題、前番 題辭(處分)에 의하여 頉給(頉免을 許諾함)한다는 題辭。⑤ 是乎乃、이오나。뜻 ; ―이오나。⑥ 爲白去乎、하삽거온、뜻 ; ―하사오니。―하사오므로。⑦ 望良爲白只爲、바라하삽기암、뜻 ; 바라옵기때문에。바라옵도록。

(要旨) 庚辰年 一二月에 洪川林敎官宅奴貴心의 이름으로 巡察使(觀察使)에게 올린 議送으로、그의 上典宅이 孝婦嗣孫으로 還上・雜役을 免除받아왔던바 依例 頉免(頉給)한다는 題辭를 내려 줄것을 請願하는 文書이다。題辭는 本官(洪川縣監)에게 「依例 免除할 것」이라고 지시하고 있다。

〈議送、例二〉(著者)

通政大夫行光州牧使李 宅戶奴分善

右謹陳所志矣段 奴矣上典亦[①][②] 病勢極重 斯速 啓聞

處置事 呈議送爲白有如乎[③] 題辭內 痢疾非大段之

症 從容調理 還官亦爲白有矣[④] 上典所患 非一朝一

夕之發 源委深痼 症情極重 百藥無效 有加無減

以此病狀 決無時月還任之望 斯速 啓聞處置 俾無

公私狼狽之患爲只爲[⑤]

行下向敎是事

兼巡察使道主 處分

甲戌七月 日議送

著者

圖版 126 議 送

兼使(押)

(題辭、略)(「全羅道觀察使之印」五個處押)

(註解) ① 奴矣、노의。矣는 ―의(소유격조사)。 ② 亦、이여, 여。뜻：이, 가(주격조사) ③ 爲白有如乎、하삷잇다온, 뜻：―하였삽더니。 ④ 亦爲白有矣、여하삷이시되。뜻：―라고 하옵셨으되。 ⑤ 爲只爲、하기암。뜻：―하도록。

著者

圖版 127 議送

(要旨) 一六九四年(甲戌、肅宗二〇) 七月에 光州牧使 李東標(一六五四~一七〇〇)가 戶奴分善의 이름으로 兼巡察使(觀察使)에게 올린 議送으로서, 上典이 臥病中이어서 還官할 수 없으니 속히 啓聞하여 免官(職)토록 措處해 줄 것을 請願하는 文書이다。 地方行政의 體系、地方官(守令)의 人事系統을 보여주는 자료이다。 奴의 이름으로 올렸으나 議送의 글씨는 懶隱(李東標)이 직접 쓴것으로 보인다。

〈議送、例三〉(著者)

通政大夫光州牧使李 宅戶奴分善

右所志爲白內等 奴矣[①]上典亦 先人丘墓 在慶尙道禮安地 以山底厲疫 久闕展掃 情理切迫 秋務未及之前 欲一往省 以伸至情是白[②]去乎 往還間給由爲白只爲[③]

行下向敎是事

兼巡察使主道 處分

甲戌六月 日議送

兼使(押) (題辭)給由向事 十九日

(註解) ① 爲白內等、하삽안들。 뜻；—하옵신바。 ② 是白去乎、이삽거온。 뜻；—이사오므로。 —이사오니。 ③ 給由、말미(休暇)를 허락함。

(要旨) 一六九四年(甲戌) 六月에 光州牧使李東標의 戶奴 分善의 이름으로 兼巡察使(觀察使)에게 올린 議送으로、上典(李牧使)이 慶尙道 禮安에 있는 先山의 省墓를 위하여 往復間 말미(休暇)를 허락해 줄 것을 청하는 文書이다。 地方行政體系를 보여주는 자료가 된다。

(7) 侤 音(다짐)

官에 대하여 다짐(맹세·증언)하는 文書이다。 대개 訴訟結果 敗訴한 사람이 官의 判決대로 履行할 것을 다짐(맹세)하는 文書이다。 따라서 勝訴者가 保管하게 되는 文書이며、官의 揮筆과 押(手決) 그리고 官印을 찍게 되어 있다。 私人間에 授受되는 侤音(다짐)도 있다。

圖版 128 侤 音　　서울大, 229486

〈侤音、例一〉(서울大、№二二九四八六)

壬辰四月十八日□□徐順必
年三十七
①白等 ②矣身祖父山 八月望三③內 掘移之意 如是納④侤 如過此限 嚴囚督掘⑤敎是
事
⑥行官(押)
白(手決)

圖版 129 侤 音　　　　서울大, 228820

(註解) ① 白等、삽든、뜻 ; 사뢰오되、사뢰옵기는。② 矣身、의몸。뜻 ; 저、본인、자신。③ 望二、一七日、晦(그믐)으로 썼다가 깃고 결에 望二로 고쳐 썼다。④ 納侤、侤音(다짐)을 들임。⑤ 敎是事、이샨일。뜻 ; 一하옵실일。⑥ 行官、行郡守(縣監・縣令)

(要旨) 壬辰四月一八日에 敗訴(落科)한 徐順必이 官에 다짐하는 侤音으로、祖父의 山所를 八月一七日까지 掘移(移葬)할 것을 다짐하는 文書이다。官印과 官(守令)의 揮・押(手決)을 받은 侤音은 勝訴者에게 交付・保管되는 것으로 보인다。

〈侤音、例二〉(서울大、№二二八八二〇)

丙辰四月十五日世道面秋太星年卅

白等 矣身妻 去甲寅年過葬①於本面林家兩班山所至近之地是如② 今
爲摘奸圖形 果以當禁之地 置之落科③是遣④ 今年八月內 掘移之意
如是納招⑤爲去乎⑥ 若或限內不掘 則捉來嚴囚 督掘敎事⑦

白(手決)

行官 (押)

(註解) ① 過葬、계급・신분에 따라 정해진 禮月을 지나서 치루는 葬事。② 是如、이다。뜻 ; 一이라고。一이다。③ 落科、敗訴。④ 是遣、이고。뜻 ; 一이고。⑤ 納招、招辭를 들임。納招보다는 納侤

로 씀이 마땅하다. ⑥ 爲去乎, 하거온. 뜻 : 一하오니, 一하므로. ⑦ 敎事, 이샨일, 뜻 : 一하옵신 일.

(要旨) 丙辰四月一五日에 秋太星이 官(守令)에 올린 侤音으로서, 山訟에 敗訴하고 八月內로 山所를 掘移(移葬)하겠다고 다짐하는 文書이다.

(8) 戶口單子

戶口의 成籍은 오랜 歷史를 지니고 있다. 唐에서는 三年마다 戶籍을 改修하여 縣·州·戶部에 각각 一部씩 保管하였고,(15) 新羅의 村籍도 三年마다 作成된 것으로 보인다. 高麗와 朝鮮時代에 있어서도 三年마다 成籍되었다.

이와같은 戶籍大帳(帳籍)을 三年마다 改修하기 위하여 各戶에서 戶口상황을 적어 三年에 한차례 提出하는 것이 「戶口單子」이다. 戶主가 戶口單子 二部를 作成하여 올리면 里任·面任의 檢査를 거쳐 州郡에 보내지고, 州郡에서는 舊帳籍 또는 관계서류를 대조하여 誤錯與否를 확인한 후 一部는 單子를 提出한 戶主에게 還付하여 各家에 保管케하고, 一部는 帳籍을 改修하는데 資料로 利用한 것으로 보인다. 지금 古文書로서 傳來되는 戶口單子는 還付된 單子라고 하겠다.

이처럼 戶口單子는 어디까지나 帳籍을 改修하기 위하여 올리는 報告用의 文書이지만, 그 單子가 官에 의하여 舊帳籍과 對照·확인되어 提出者에게 還付되면 准戶口的인 効力도 함께 갖게 된다. 그러나 書式上으로는 准戶口와 戶口單子는 확연히 구별되는 것이다. 戶口單子도 時代에 따라서, 地域에 따라서 약간의 차이를 보이는 경우는 있으나 年號를 쓰지않고 干支를 사용하는 것과 戶主와 戶主妻의 四祖 및 家族상황을 准戶口에서와 같이 連書하지 않고 각각 別行으로 쓰는 것은 共通的이다.

「戶口單子」로서 形態를 지닌 最古의 文書는 앞서 「准戶口」항에서 소개한바 있는 安東 光山金氏宅(金俊植氏宅)의 「麗季戶口文書寫本」이다. 비록 寫本이지만 高麗時代의 戶口單子의 樣式을 傳해주는 귀한 자료로 생각된다.

(15) 通典, 卷三, 食貨三, 「大唐令…… 天下戶爲九等 三年一造戶籍 凡三本 一留縣 一送州 一送戶部」

이러한 戶口單子가 한 家門의 것이 數百年間 계속된 것일 경우에 그 時代의 家族制度・身分制度硏究에 귀중한 자료가 됨은 물론이다。(准戶口항 참조)

〈戶口單子式〉

某部某坊某契戶口單子(外則稱某面某里)

第　統

第　戶住具銜姓名年幾某干支生本某

四祖列書

奉母某氏年幾某干支生籍某

妻某氏年幾某干支生籍某

四祖列書

率子女孫若娶婦又低書・女婿並錄本貫・有率戶則列書附子孫下

率奴婢雇工某〃年幾某干支生

年號幾年某月　日

(典律通補、別編)

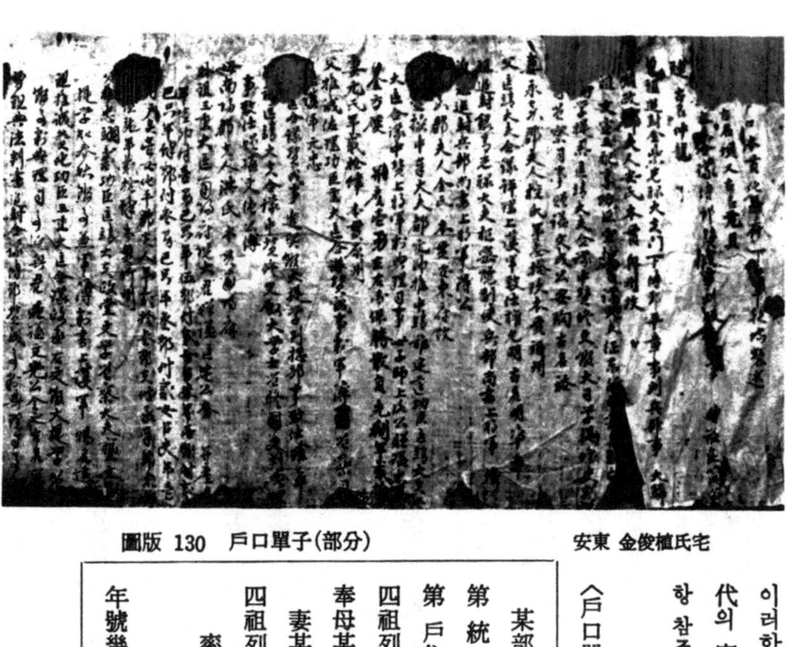

圖版 130　戶口單子(部分)　　安東 金俊植氏宅

〈戶口單子、例一〉(176)(安東、金俊植氏宅)

①金禛

□□戶口本貫化□府丁□年秋場製迍

平　②酉

③(賜名士元)□□□古名塤又古名元具

(祖匡靖)□□□大夫僉議侍郎贊成事判版(圖司事)□□□　贈謚良簡公璉古名仲龍

曾祖追封金紫光祿大夫門下侍郎平章事判兵部事大鱗

(母)□順政郡夫人安氏本貫興州故

(外)□祖文宣王配享功臣宣授奉議大夫征東行中書省左右(司郎中儒)□□□學提擧匡靖大夫僉議中贊修文館大司學提修史判版(圖司)□□監察司事贈

謚文成公安珦古名裕

妻永嘉郡夫人權氏年參拾玖本貫福州

父匡靖大夫僉議評理上護軍致仕權允明古名明準卒

祖追封銀靑光祿大夫樞密院副使兵部尙書上將軍濟

曾祖追封兵部尙書上將軍得公

(母永)□□嘉郡夫人金氏本貫安東府故

(外祖)□□宣授中奉大夫都元帥推忠靖難定遠功臣匡定大夫三重大匡僉議中贊上將軍判典理司事世子師上洛公贈謚忠烈公金方慶　并產④

壹男左右衛保勝散員光利年貳拾伍⑤(節付)□□

妻元氏年貳拾肆本貫原州

父推誠佐理功臣重大匡僉議贊成事判軍簿司監察司(事上)□□護軍元忠

(祖大)□□匡僉議贊成事進賢館大提學判摠部事致仕瓘卒

(曾祖)□□匡靖大夫僉議中贊修文殿大學士監修國史判典理司事致仕贈謚文純公傅

176) 〈戶口單子例 一〉은 安東 金俊植氏宅에 傳來하는 寫本單子이나 毁損된 곳이 여러 군데 있다. 다행히 安東光山金氏家門에 전해지는 「烏川古家世蹟」에 謄書되어 있는 것을 통해서 毁損되어 볼 수 없는 부분의 글자를 채워넣을 수 있었다. 「烏川古家世蹟」은 寫本戶口單子가 毁損되기 전에 謄書한 것으로 보인다. 그리고 앞의 〈准戶口, 例一〉의 金璉의 准戶口에 잘못 連書된 五男巳只年壹節付戶矣祖妻父……以下는 金稹의 推尋戶口單子(戶口單子, 例一) 끝에 連結되어야 한다. 이 戶口單子는 癸酉式年(一三三三)에 作成된 것으로 當時 戶主인 金稹은 四一才때이다.

母南陽郡夫人洪氏本貫南陽府

外祖三重大匡南陽府院大君贈謚匡定公奎　并產壹□(女)年陸節付壹男巳⑥只年伍節付▨▨▨▨▨▨▨貳□(男)巳只年肆節付參男巳只年

參節付貳女⑦召史年壹節付戶⑧矣壹女化平郡夫人年貳拾參節付⑨夫承郎東部□□(令朴德)龍年貳拾肆本貫竹州

父推忠翊戴功臣匡靖大夫政堂文學監察大夫藝文館□(大)提學知春秋館事兼軍簿判書上護軍賜名遠□□(古名璦)

祖推誠贊化功臣三重大匡僉議政丞右文館大提學監□□(春秋)館事判典理司事延興君贈謚文光公全之古名宜之

曾祖典法判書追封僉議侍郞贊成事判典理司事輝

□□(母唐)城郡夫人洪氏本貫南陽府

□□(外祖)匡靖大夫僉議贊成事上護軍致仕贈謚良順□□(公洪)敬并產壹男龍眼年柒節付壹女年伍節付貳男□□(巳只)年肆節付參男巳只年參節付肆

男巳只年壹節付戶矣貳男通仕郞司醞丞同正英利古名貞利年貳拾節付

妻洪氏年拾玖本貫南陽府

父奉善大夫繕工副令洪承演

□□(祖匡)靖大夫僉議贊成事上護軍致仕贈謚良順公敬

□□(曾祖)配享功臣盡忠佐理功臣壁上三韓三重大匡〃靖大夫僉議中贊上護軍判典理司事贈謚忠定公子藩

母延安郡夫人李氏本延安府

外祖通憲大夫密直副使民部典書致仕李得良并□(產)⑩?壹男年拾伍節付戶矣參男司醞丞同正成利年拾節付肆男巳只改名安利年陸節付貳

女年參節付

(註解) ① 金稹, 一二九二年(忠烈王一九)生, 一三三二年 成均祭酒, 一三三三年 匡靖大夫政堂文學藝文館大提學知春秋館事上護軍, 一三四二年 知貢擧, 謚 章榮公(光山金氏禮安派譜 참조) ② 丁酉, 丁未의 錯誤로 보임, 丁酉(一二九七)에는 金稹의 나이가 六歲이니 登科할 수 없고, 丁未(一三〇七)에 一六歲로서 秋場製述業에 合格한 것으로 보인다. ③ 賜名士元, 金稹의 父, 「父」字를 省略한 것은 戶主인 金稹의 職名과 父인 士元의 職名을 省略하듯이 當時로서는 周知하는 바여서 省略한 것이 아닌가 한다. ④ 并產, 所生 또는 子女, 「戶口式」

圖版 131　戶口單子　　著者

의「率居子女」에 該當。⑤ 節付、지위부、이번에 첨부(添付)、즉 以前의 戶口臺帳에 없던 것을 새로이 올림。⑥ 巴只、바기、아기。뜻；아기、未成年의 남자아이、朝鮮時代에는「童蒙」으로 표시되었다。⑦ 召史、조이、뜻；良民의 妻、庶民의 寡婦。그러나 여기서는 未成年의 女子아이。⑧ 戶矣、호의、뜻；戶主의。⑨ 夫、戶主의 一女의 夫、즉 사위(壻)。⑩ 拾伍、戶主의 二男英利의 나이가 二〇歲이므로 英利의 一男의 나이가 一五歲가 될 수 없다。拾伍는 伍의 誤書로 보인다。

(要旨) 一三三三年(癸酉式)에 作成된 戶主 金稹의 推尋戶口單子의 寫本이다。單子記載方式은、戶主와 戶主의 妻의 父·祖·曾祖·母·外祖를 別行으로 記載하고、婚娶한 子·女와 子·女의 子·女(孫子·孫女)는 別行을 하지 않고 連書하고 있으나、子의 妻(子婦)와 妻(子婦)의 父·祖·曾祖·母·外祖와 女의 夫(사위)의 父·祖·曾祖·母·外祖는 別行을 쓰고 있으며、戶主의 婚娶하지 않은 子·女는 그 뒤에 連書하고 있다。그뒤에 戶主의 祖妻父·外祖·妻父·妻外祖와 그들의 四祖 및 母、그리고 曾祖와 曾祖의 父·祖、曾祖妻父 등이 推尋되어 있다。高麗後期의 家族制度·身分制度 등 社會史硏究에 자료가 된다。(177) (앞의 〈准戶口、例一〉참조)

〈戶口單子、例二〉(著者)

郡西面加依里戶口單子

第　統①

第四戶幼學柳㘓輔年六十三癸未本晉州

(177) 許興植、〈高麗戶口單子의 新例와 國寶戶籍과의 比較分析〉(史叢·姜晋哲敎授華甲論叢所藏) 참조。

父學生② 晋源
祖學生 汶龍
曾祖學生 德新
外祖學生沈聖敏
妻李氏年四十二甲辰籍星山
父學生 基洪
祖學生 大奎
曾祖學生 尙元　　　男五
外祖學生金德順本安東　　　女一
率子童蒙③遠壽年二十二甲辰
率子童蒙遠基年十九丁卯
　奴己石年十六庚午
　奴守萬年二十一乙丑
乙酉正月 日都尹文④

(註解) ① 幼學、벼슬하지 아니한(못한) 儒生、② 學生、생전에 벼슬하지 못하고 죽은 사람의 존칭。幼學이 죽으면 學生이 된다。③ 童蒙、未成年의 男子아이、나이가 많아도 成婚하지 못한 男子는 幼學이라 쓰지 못하고 童蒙이라 하였다。④ 都尹文이 戶口單子를 확인・취급한 사람。

(要旨) 郡西面加衣里에 居住하는 幼學柳因輔가 乙酉年正月에 올린 戶口單子로서、戶主와 戶主의 妻의 四祖가 모두 學生으로 記載된 것을 보면 殘班家임을 알 수 있다。戶主와 妻의 年齡差이도 많고(二一歲)、長成한 두 아들로 成婚시키지 못하고 있다。都尹文은 두 部의

圖版 132 戶口單子 著者

戶口單子의 記載내용을 확인하고, 生存者 위에 朱點을 찍고 「男五」「女二」이라 男女戶口數를 表示하고 年月 위에 官印(朱印)을 찍은 후 一部는 帳籍改修의 資料로 官에 保管하고 이 戶口單子는 戶主에게 還付해준 것으로 본다。奴婢도 겨은 奴 二口 뿐으로 家勢도 殘弱한 殘班임을 짐작케 한다。

〈戶口單子、例三〉(著者)

禿同洞面第一禿同里第六統(統首私奴元先)

第二戶幼學盧尙樞年三十二丙寅 本安康

父通德郞 湝

祖嘉義大夫同知中樞府使行慶尙左道兵馬節度使 啓禎

曾祖 贈嘉義大夫戶曹參判兼同知義禁府事五衛都摠府副摠管 聖寅

外祖學生趙達經 本豊壤

妻徐氏年二十四甲戌 籍達城

父幼學 麟復

祖嘉善大夫同知中樞府事 宗垕

曾祖學生 震泰

外祖學生張宗一 本玉山

弟尙檍年二十五癸酉

嫂姜氏年二十五癸酉 籍晋州

子鳳會年七辛卯
仰役奴德乭年癸酉父私奴眞杰母班婢占化　奴守江年壬子父私奴富貴母班婢二郎買得　婢聖每年己巳父私奴論先母私婢命
丹　同婢一所生奴崔三伊年壬辰父良人崔乭　婢二分年戊辰父私奴日先母班婢順牙　同婢一所生奴柵石年乙未父奴柵業　奴
趙三伊年甲申父私奴日乭母班婢天辰　婢分伊年癸酉父母與聖每同　婢庚辰年庚辰母班婢命丹父私奴日乭　奴太順年壬午
母班婢德只父良人金有福　婢孫丹年戊寅父良人孫丁男母班婢二女　奴聖中年甲申母班婢命丹父私奴得才　婢二郎年戊子
母班婢分牙父私奴聖伊　同婢二所生奴貴光年甲申　三所生奴貴太年戊子父私奴富貴　四所生婢守丹年甲子　婢德只年庚戌
母私婢次今　同婢一所生奴用岳年辛未　三所生婢順每年己丑父良人金有福時居開寧邑內　婢莚分年己未父母與二分同　同
婢一所生奴金乭年甲申　二所生奴金得年丙戌　婢命丹年壬寅母班婢日牙　奴□三年乙丑父班奴順業母班婢占禮　奴三奉年
乙卯父母與二郎同　奴龍大年丁亥母班婢渭丹父良人金致宗時居仁同夜味村　婢天辰年丁巳母私婢殘禮父良人必善　同婢
一所生婢趙郎年庚辰　二所生婢啓心年丁亥　四所生奴中三年辛卯逃　婢萬丹年丙午父母與二郎同　婢二分年辛亥父母萬丹
同　奴儉金年辛亥母班婢海月甲午戶口相準

周挾無改印

行府使（押）

(要旨) 一七七七年(丁酉式, 正祖元年)에 善山都護府禿同洞面第一禿洞里第六統第二戶에 居住하는 幼學盧尙樞의 戶口單子로서, 周挾無改印과 善山 都護府使의 押(手決), 官印(都護府使之印)을 받아 准戶口의 效力을 同時에 갖고 있다。 그러나 書式은 戶口單子의 樣式을 따르고 있다。 字行에 있어 戶主의 妻가 平行에 低二字하여 弟와 弟嫂의 行보다도 一字가 낮고 「子」行과 같은 것이 눈에 띈다。 盧尙樞는 五〇歲때에 通政大夫行朔州都護府使를 지냈고, 八三歲때에는 嘉善大夫同知中樞府事를 지냈다。 그의 祖가 慶尙左道兵馬節度使를 지냈으므로 家勢도 좋은 집안이었다。 그리하여 그가 아직 官職에 나아가기 전인 三二歲때에 三二口의 奴婢(奴一七口, 婢一五口)를 所有할 수 있었다。 戶主 盧尙樞가 朔州都護府使로 있던 五〇歲(一七九五) 때에는 妻・兄嫂・弟・侄子・侄婦・寡侄婦・子・子婦・侄子三・子・從孫三・妾・庶弟嫂 등 家族數가 一八名에 달하는 大家族임을 볼 수 있다。(178) 그 家門의 家勢 또는 戶主의 年齡・官職의 상태와 率居家族數・奴婢數의 相關관계도 社會史연구에서 다뤄볼 수 있는 문제가 될 것이다。

(9) 陳告狀

三年이 지나도록 耕作하지 않고 放棄한 陳田이 있을 경우 他人이 이를 官에 告하여 그 陳田에 대한 耕作權을 획득할 수 있다.(179) 陳田의 耕作을 告請하는 文書로서 陳告狀이 있을 수 있다. 그러나 이것도 民願書이므로 所志로서도 可能한 것으로 본다.

(10) 陳試狀

大・小科 初試에 合格한 사람이 事情으로 覆試(會試)에 應試하기 어려울 때에 그 事情을, 居京者는 漢城府를 거쳐, 居鄕者는 本邑을 거쳐 禮曹에 올려서 禮曹의 許諾을 받으면, 그 다음 覆試에 應試할 수 있다.(180) 이를 陳試라고 하며, 이런 경우 初試及第者로서 應試할 수 없는 事情을 禮曹에 올리는 文書를 陳試狀이라 한다. 陳試를 許諾받을 수 있는 事由는 「在喪人・葬服未葬人・父子俱參人」등이다.(181) 初試合格者가 當該 覆試(會試)에 落第하거나 應試하지 않으면 初試及第의 名義가 消滅되므로, 事由가 있는 사람은 陳試狀을 올려 陳試를 許諾받으면 初試及第의 資格을 保存하고 다음 覆試(會試)에 應試할 수 있는 것이다. 陳試를 허락받은 사람에게는 禮曹에서 陳試公文을 許給하였다.(182)

(178) 著者所藏 盧尙樞 五○才時의 「戶口單子」에 의하면, 奴婢의 數爻는 五六名이 된다.
(179) 經國大典, 卷二, 戶典, 「田宅」條에 「過三年陳田許人告耕」
(180) 大典會通, 卷三, 禮典, 「諸科」 참조.
(181) 위와 같은 條 참조.
(182) 顯宗修正實錄, 卷一六, 顯宗七年十一月癸卯條에 「命擧人初試後 遭喪服以未葬 不得赴於會試者 如丁憂者例 許給陳試公文」이라 하였다.

(11) 功臣子孫世系單子

功臣들의 子孫이 申告하는 世系單子이다。 功臣家門의 恩典을 위한 資料가 되는 것이다。

〈功臣子孫世系單子式〉

> 功臣子孫世系單子
>
> 某朝某功臣某職某君姓名子名某職
>
> 子名某職以下倣此
>
> 年號幾年某月 日門長忠義衛姓名署名

(典律通補、別編)

(12) 照律時功議單子

功臣의 後裔나 王族의 後裔가 犯罪를 했을 경우、照律時에 올리는 功議(功臣・議親) 관계의 單子이다。

〈照律時功議單子式〉每等減一等不限代數付標入啓原從仝

> 功某代祖某 某朝某功臣功臣不限代數原從仝
>
> 議某王 某王妃某寸親大王子孫限十寸異姓六寸以上親王妃同姓六寸異姓三寸 世子妃同姓四寸以上議親有服之女雖出嫁請罪時依本服論。

(百憲摠要、卷二)

※ 甲午更張以後 新式民願書로서 ① 訴狀 ② 訴答 ③ 告訴狀 ④ 告發狀 ⑤ 私訴狀 ⑥ 上訴狀 ⑦ 請願書 등의 書式이 「新式儒胥必知」에 구체적으로 실려 있다。

3) 對私人(文書)

(1) 立後文記

祖先의 奉祀를 重視하는 儒教的 規範下에서 宗家나 家系의 繼承은 莫重한 일이었다。異姓으로 養子를 삼고 外孫으로써 繼後를 삼는 등의 事實이 麗末까지 一般的으로 행하여졌으나、(183) 儒教的 儀禮・制度의 확립을 위하여 힘쓰던 世宗代에 이르러 士大夫家의 養子立嗣에 관한 大綱이 制定되었고、(184) 經國大典에서 法制로서 확정되었다。(185) 그리하여 士大夫家에서는 立後를 위하여 當事者(宗家・支家)와 관계자(門長 등)들은 所志・緘辭・條目등을 禮曹에 올려 該立後에 대한 立案을 발급받았다。(앞의 〈立案、例一〉참조) 經國大典「立後」條에 의거한 그와같은「立後」立案은 後期까지도 계속은 되었으나(186)

(183) 金斗憲、韓國家族制度硏究 養子條 참조。

(184) 世宗實錄 卷七七 世宗一九年六月辛酉條 議政府啓……自今依古制 大夫士之家無嗣者 以同宗適子外支子 立以爲後 諸支子中 許從所欲立者 且於諸族孫中 擇而立之亦可 其爲人後者 須兩家父皆在同命之然後 方可出後 立後之家 雖無父 若其母願之 則許告於國而立之(中略) 以此定爲永制何如 從之

(185) 經國大典、卷三、禮典、「立後」條에「嫡妾俱無子 告官立同宗支子爲後 兩家父同命立之父歿則母告官 尊屬與兄弟及孫不相爲後」

(186) 서울大 古文書、№八二七七四는 故通德郎權斗璿이 無後하여 그 妻鄭氏가 그 家翁同生兄 權斗相의 第二子 益淳을 立後하는 立案으로 一七〇二年(肅宗二八)에 禮曹에서 發給된 것이고、№二五二六五九는 一七三四年(英祖、一〇)에 注書李埰의 子 守愼을 延齡君田의 繼後하는 禮曹立案이다。그 書式이 前者와 相異하므로 轉載하면、

雍正十二年十一月 日禮曹立案
右立案爲繼後事
備忘記
王子奉祀乃是不遷追惟古事今擇繼後於此於彼事體俱重豈可徒循私情故注書李埰子守愼定以延齡之繼後其令該曹即爲擧行年且已滿仍令封爵事
命下矣依
聖教以李埰子守愼爲延齡君田繼後爲遣合行立案者
雍正十二年十一月二十八日
啓下
行判書 參判(押) 參議 正郎 佐郎
正郎(押) 佐郎
正郎 佐郎

모든 家門에서 禮曹立案을 받은 것은 아닌 것으로 보인다。물론 禮曹立案을 받는 경우에도 兩家와 관계자들의 合議를 거쳐야 하는 것이지만 조선후기에는 禮曹立案없이 兩家와 관계자의 合議와 간단한 成文으로 立後가 成立되었던 것으로 보인다。다음 몇개의 文書는 그러한 立後文記에 해당하는 것이다。

〈立後文記, 例一〉(尙州, 趙誠穆氏宅)

①宗姪岳然許成文

右成文 宗姪岳然 以十三世宗孫 年逾四十 而迄未有嗣續

實吾宗之不幸也 前冬以吾子曄然之第二子 請繼宗嗣 揆以

重宗之義 終不敢辭 命曄然使之許與 以今日告②辭見

朝 因諸宗之會 謹成文以給事

乾隆五十五年正月初十日 興③族叔進士趙錫喆(手決)

受④宗孫幼學趙岳然(手決)

門長 幼學趙安經(手決)

趙錫春(手決)

參⑤前掌令趙錫龍(手決)

前司諫趙錫穆(手決)

通德郞趙鎭德(手決)

圖版 133 立後文記

尙州, 趙誠穆氏宅

筆⑥幼學趙岐然(手決)

(註解) ① 宗姪岳然許成文、宗姪 岳然앞에(에게) 作成해 주는 文書。② 告辭見廟、告辭하고(立後할 者를) 家廟에 뵈임。③ 與、立後할 자를 주는 사람、④ 受、立後할 자를 받는 사람。⑤ 參、立後成文하는데 參與한 사람。⑥ 筆、立後成文을 쓴 사람。

(要旨) 一七九〇年(正祖一四)에 族叔趙錫喆 등이 宗姪趙岳然에게 成給한 立後成文으로서、宗姪岳然이 一三世宗孫으로 四〇歲가 넘도록 後嗣가 없으므로 族叔인 錫喆이 請에 의하여 그의 아들 𤏡然의 第二子(孫子)를 立後를 위하여 許與할 것을 아들(𤏡然)에게 命하고、告辭見廟한 후 諸宗이 모인가운데 成文하여 岳然에게 준 文書이다。

乾隆三十三年戊子九月二十六日從兄𤏡前
右文爲宗家不幸從兄年將六十尚無嗣續累
代 宗祀無托不可以私親之故廢義起之大節
今於 伯父終祥附祀之日一家宗人齊會定議使從
弟之長子興起許納于從兄以爲立后事
從弟業(手決)
門長鐄(手決)
鎰
筆從妹夫李瀚(手決)

圖版 134　立後文記　　서울大, 218199

〈立後文記、例二〉(서울大、№二一八一九九)

乾隆三十三年戊子九月二十六日 從兄𤏡前①
右文爲② 宗家不幸 從兄年將六十 尚無嗣續 累代宗祀無托
不可以私親之故廢義起之大節 今於伯父終祥附祀之日 一
家宗人 齊會定議 使從弟之長子興起 許納于從兄 以爲立
後事

從弟業③(手決)
門長④鐄(手決)
鎰(手決)
筆從妹夫李瀚(手決)

(註解) ① 從兄𤏡、後嗣로 堂姪을 받는 사람、② 右文爲、右成文爲臥乎事段의 略。이 成文을 하는 일은。③ 從弟業、長

道光六年丙戌十一月十九日猶子紀亨許成給
右文記段汝矣父母初有二子故汝矣身
乙偲八寸同婿寡金氏無嗣是乎等以曾
已出系矣汝矣兄不幸短命而死汝矣生
父母亦爲無嗣故以吾第二子玉童許給立
嗣爲遣 門長着名導良成文爲去乎日
後以此憑考事
猶母 寡尹氏
右手
門長 南晋寬 手決
證人 南建甲 之
筆執 南亨來 手決

圖版 135 立後文記　서울大, 194120

子를 從兄의 後嗣로 보내는 사람。④ 門長 以下는 立後와 關係있는 사람으로서 立會人、證人이 된다。

(要旨) 一七六八年(英祖四四) 九月에 從弟業이 從兄龔에게 成給한 立後文記로서、宗家의 從兄이 六〇歲가 가깝도록 後嗣가 없으므로、一家의 宗人이 齊會定議하여 從弟業의 長子興起를 從兄에 주어서 後嗣로 세우는 文書이다。立後成文의 立會人으로서는 立後할 者를 與受하는 當事者와 門長 그리고 立後로 因하여 相續문제에 직접 관계있는 사람이 참가하게 된다。이 文書를 쓴(筆執) 從妹夫李瀚이 財産相續과 관계있는 立會人이다。

〈立後文記、例二〉(서울大、No. 一九四一二〇)

道光六年丙戌十一月十九日 猶子紀亨許成給①
右文記段②③ 汝矣父母 初有二子 故汝矣身乙④ 偲八寸同婿寡金氏無嗣是乎等以⑤ 曾已出系矣 汝矣兄不幸短命而死 汝矣生父母 亦爲無嗣故 以吾第二子玉童許給立嗣爲遣⑥ 門長着名導良⑦ 成文爲去乎⑧ 日後以此憑考事
猶母寡尹氏⑨(右手掌)⑩
門長南晋寬(手決)
證人南建甲(手決)
筆執南亨來(手決)

(註解) ① 猶子紀亭許成給, 조카(父母없는 조카) 紀亭 앞에(에게) 작성하여 줌. ② 段, 번, 뜻 : 은, 는. —번은. —인즉. ③ 汝矣, 너의, 뜻 : 너의. ④ 身乙, 몸을, 뜻 : 몸을, 자신을. ⑤ 是乎等以, 이온들로. 뜻 : —이온바로, —인바로. ⑥ 爲遣, 하고, 뜻 : —하고. ⑦ 導良, 드리어. 뜻 : 따라서. ⑧ 爲去乎, 하거온. 뜻 : —하므로. —하니. ⑨ 猶母, 叔母, 父母없는 조카의 叔母. ⑩ 右手掌, 良人以下의 婦女는 手決(花押)이나 印章을 치지 못하고 手掌(손바닥을 대고 그 形狀을 그리거나, 손바닥에 먹을 묻혀 찍는 것)을 치게 된다.

(要旨) 一八二六年(純祖二六) 二月에 叔母 寡婦尹氏가 조카 紀亭 앞에 成給한 文書로서, 紀亭의 父母에게 두 아들이 있었으나 緦八寸 同姓寡金氏가 無嗣하여 紀亭을 일찍기 出系했는데 紀亭의 兄이 죽으므로서 紀亭의 生父母는 역시 無嗣하게 되었으므로 叔母(尹氏)의 第二子 玉童으로써 紀亭의 生父母의 後嗣로 주고 門長과 立會人의 着名을 받아 文書를 成給한다는 내용이다.

(2) 和會文記

和會文記는 分財記類가운데 중요한 文書이다. 奴婢·土地 등의 財產은 財主(父) 生前에 財主의 意思에 의하여 分財되는 경우도 적지 않으나, 財主 生前에 分財의 指定이 없었던 경우에는 死後 그 子女들의 和會(合議)에 의하여 分執된다. 이와 같이 財主(父) 死後에 母와 子女의 和會에 의해서, 또는 父母 俱沒後에 兄弟姉妹의 和會에 의하여 財產을 分執하는 文書가 和會文記이다.

和會分衿은 財主(父)의 遺書가 있으면 이에 근거하여 作成되겠으나 遺書나 遺言이 없을 경우에는 兄弟姉妹(同生·同腹)가 모여서 和合한 가운데 分衿을 하게 되며, 朝鮮前期는 대개 經國大典의 規定에 의하여 奉祀條와 承重子에게 五分의 一을 加給한 나머지는 衆子女가 平均分衿하게 되며, 良妾子女·義子女·養子女·賤妾子女 등에도 分財의 기회가 부여되었다.(187)

(187) 經國大典, 刑典, 私賤條 참조.

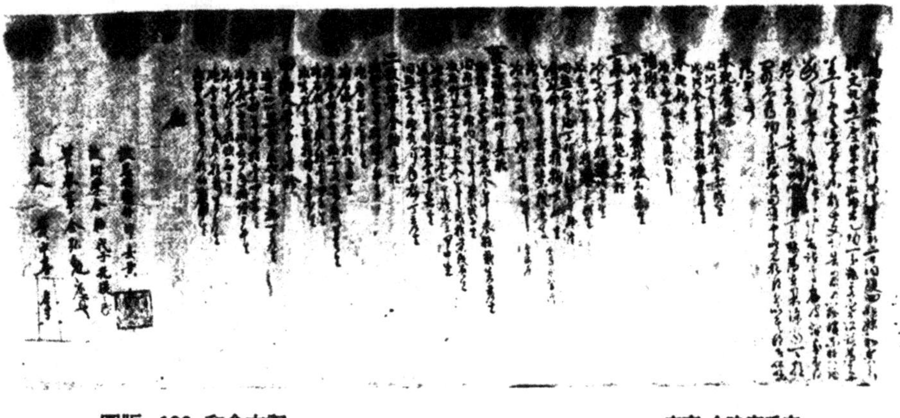

圖版 136 和會文記　　安東 金時寅氏宅

和會文記는 官署가 필요없고, 그것으로 完全한 分財文書가 된다.(188)

和會文記는 대개 父母(財主)死後 三年喪을 마친 후에 作成되며(189) 父母生時에 分衿하고 남은 財産 또는 和會分執한 후에 나타난 財産도 다시 和會分執하고 文記를 作成하는 경우도 있다.

和會文記에는 分執에 參加하는 相續人들의 着名을 必要로 하며(190) 相續人은 그 數爻대로 文記를 作成하여 一部씩 보관하게된다. 경우에 따라서는 文書마다, 그 文書를 所持할 相續人의이름을 써넣는 경우도 있다.

和會文記는 그 家勢에 따라 分財의 量이 다르므로 어떤 것은 四~十m 정도의 두루마리(周紙)로 되어 있는가 하면 빈약하기 그지없는 文書도 있다.(191) 朝鮮初~壬亂 以前의 和會文記도 여러件 전해지고 있다.

經國大典頒布前後의 分財類型은 朝鮮後期로 내려오면서 변하는 것으로 보이지만(192) 財産相續의 문제는 家族制度·社會史硏究에 중요한 과제임에 틀림없다.

〈和會文記, 例一〉(安東, 金時寅氏宅)

萬曆貳拾貳年□□(甲午)十月初二日 同腹四娚妹和會分衿文記 各一度成置奴婢等乙 均
一分執 廢塞訟路①爲去乎 萬一爭望之患②有去等 持此文記告官③□□後 ④不睦以論斷事
兵火之餘 □□(奴婢)逃散 諸處存沒詳⑥知不得爲乎等用良 先可所聞以 均一分執⑤爲在果
餘當一一推尋亦爲 均分⑦爲乎矣 同腹中聞見捉得 則以其得者使喚⑧爲乎事
奉祀奮條

奴河丁年參拾參壬戌生
婢河今年貳拾伍庚午生
奉祀新條
婢乭伊一所生奴億同年
班祔位
婢希琩年貳拾玖丙寅生
三奉事金弘勉妻衿
婢莫代年參拾柒戊午生
奴恚山年參拾參壬戌生
同奴一所生奴丁伊年肆辛卯生
婢莫介年貳拾捌丁卯生
婢莫德年貳拾柒戊辰生
婢乭伊二所生婢吾音德年
一故忠順衛朴昨妻衿

(188) 앞과 같은 條、「…及同生和會分執外 用官署文記」라 하여 和會分執은 官署를 要하지 않는 文書이다。
(189) 金斗憲 앞의 책、「相續制」 참조。
(190) 續大典、卷五、刑典、文記條、「父母奴婢和會文記 一人未着名則勿施」
(191) 安東 金俊植氏宅이나 尙州趙誠穆氏宅에는 壬亂以前의 和會文記가 數點있으나 四~五、〇〇〇字 前後의 큰 文書이므로 例로 들지 못하였다。
(192) 崔在錫、朝鮮時代의 相續制에 관한 硏究(歷史學報 五三~五四合輯、一九七二) 참조。

奴族失三所生婢莻今年參拾貳癸亥生
同婢一所生婢內〃介年柒戊子生
奴石斤三所生婢卓今年貳拾柒戊辰生
婢李非二所生奴萬金年拾參甲寅生
奴元眞年肆拾壹甲寅生
同奴一生婢元介年捌丁亥生
二故幼學金軸妻衿
奴芝生年拾陸己卯生
婢香花今年生
婢石德參拾乙丑生
婢李非三所生奴二京年貳癸巳生
婢石代年參拾壹甲子生
奴莫石年貳拾肆辛未生
四病人黃中善衿
奴走㐘同一所生奴代守年捌丁亥生
婢李非年肆拾壹甲寅生
婢石代一所生奴善甲年拾陸己卯生
婢靑介年拾玖丙子生
婢李春年參拾貳癸亥生
奴徐衣同年參拾伍庚申生

原

故⑨忠順衛朴阡妻黃氏[印章]
故⑩幼學金輪代子光復(手決)
筆⑪奉事金弘勉(手決)
病⑫人 黃中善(左手寸)

(註解) ① 爲去乎, 하거온. 뜻:: —하므로, —하거든. ② 有去等, 잇거든. 뜻:: 있거든, 있으면. ③ □□, 뜻으로 보면, 卞正 또는 辨正(변별하여 바로잡음)으로 하면 되겠으나, 글자를 분별하기 어렵다. ④ 以, 으로. 뜻:: —으로. ⑤ 知不得爲乎等用良, 알못질하온들쓰아. 뜻:: 알지못하는 바로써. ⑥ 爲在果, 하견과. 뜻:: —하거니와. ⑦ 爲乎矣, 하오되, 뜻:: —하오되, —하되. ⑧ 爲乎事, 하온일. 뜻:: —하올일, —할일. ⑨ 故忠順衛朴阡妻黃氏, 朴阡는 큰 사위로서 이미 죽었고, 그의 妻 黃氏는 長女이다. ⑩ 故幼學金輪代子光復, 金輪은 둘째 사위로서 이미 죽었고, 光復은 그의 代子. ⑪ 筆奉事金弘勉, 金弘勉은 셋째사위로서 이 文書를 쓴 사람이다. ⑫ 病人黃中善, 黃中善은 四男妹(一男三女)중 一男으로, 病人은 罪人 즉 喪中에 있는 사람 또는 父母를 여읜 사람의 뜻이 아닌가 한다.
※ 이 和會文記는 상태가 좋지 않으며 寫眞으로써 判讀을 했기 때문에 誤讀이 있을 것으로 생각된다. 病中에 있는 사람이기 때문에 手決을 하지 못하고 手寸을 한 것으로 본다.

(要旨) 一五九四年(宣祖二七) 一○月二日에 同腹四男妹가 奴婢를 和會分衿한 文記로서, 奉祀舊條·奉祀新條·班祔位 各一口 合三口를 除外하고 四男妹가 모두 一○口씩 均等分執하고 있다. 三女衿을 앞에 記載한 것은 長女와 次女는 夫(壻)가 死亡한 상태이므로 夫(壻)婦가 具存한 三女衿을 먼저 쓴 것으로 생각된다. 뒤의 文書作成 證參人欄에는 男妹의 年齡順으로 記錄했으나, ① 長女, ② 次女(壻)代子 ③ 三女壻 ④ 子가 참여하고 있다. 그리고 알지 못하고 있는 奴婢로서 追後 나타나는 奴婢에 대하여도 均等分執하되, 同腹이 찾아서 잡아온 奴婢에 대하여는 찾아온 사람이 부리도록 하고 있다. 壬辰倭亂中이므로 奴婢도 逃亡·離散된 경우가 많았을 것으로 보이지만, 財產은 兄弟姉妹間에 均分되고 있음을 볼 수 있다.

〈和會文記, 例二〉(서울大, No.二三○二九)

서울大, 232029

圖版 137　和會文記

萬曆四十三年正月二十一日 同生等和會[①]
□□□外邊田畓乙[②] 父母生前衿得[③]不得爲[④]□□可[有如] 節[⑤] 同生等和會
分執爲去乎[⑥] 各執耕食事
長子衿 左贊員[⑦]共字[⑧]無應失畓下邊肆斗落只[⑨] 羊提盖字釜畓北邊伍
斗落只 橋下萬字田半日耕[⑩] 羊提樹字田半日耕印
次女衿 左贊員共字無應失畓上邊肆斗落只 羊堤盖字釜畓南邊伍
斗落只鞠字久音三伊家前畓肆斗落只 四字坪田一日耕印
次子衿 左贊員惟字畓參斗伍升落只 同員及字橋下畓柒斗落只
於羅山家前四字田朝前耕 四字川際田朝前耕印

長子代子呂慶元(手決)

次女代子李世胄(手決)

次子病重代子筆執呂慶承(手決)

(**註解**) ① 同生等和會、同腹兄弟姉妹 등의 和會。② 外邊田畓、外家에서 母衿으로 가져온 田畓。③ 衿得、깃득。뜻；몫으로 받음。分財하여 자기 몫으로 받음。④ 不得爲有如可、못질하잇다가。뜻；못하였다가。⑤ 節、지위。뜻；이때、이번、이 기회。⑥ 爲去乎、하거온。뜻；—하므로、—하오니。⑦ 左贊員、地名。員은 대개 坪과 같이 들(坪野)을 의미한다。⑧ 共字、地番、田畓은 五結을 單位로 千字文順으로 地番을 매긴다。⑨ 斗落只、말지기、뜻；마지기、논의 면적의 단위。四斗落只；너마지기。⑩ 半日耕、밭의

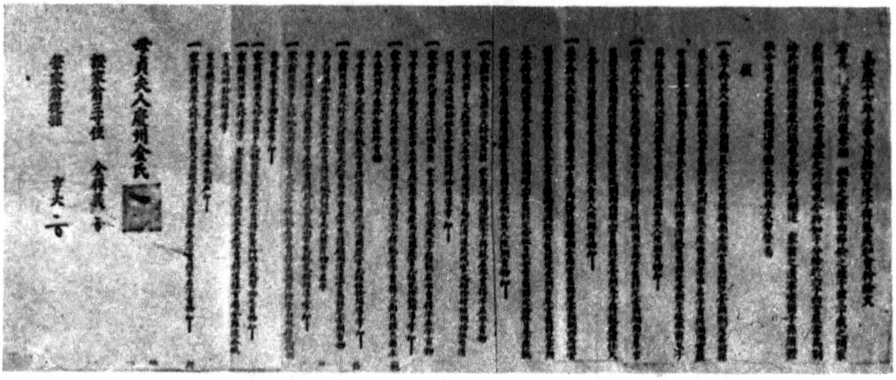

圖版 138 和會衿給(部分)　　서울大, 167250

면적의 단위。반날갈이。一日耕；하루갈이。

(要旨) 一六一五年(光海君七) 正月二一日에 娚妹間에 和會分衿하는 文書로서、外邊田畓을 父母生前에 衿得하지 못하였다가 이때에 和會分執하는 文記이다。分執內容은 長子가 畓九斗落只、田一日耕、次女가 畓一三斗落只 田一日耕、次子가 畓一〇斗五升落只 田朝前耕二로서 長子와 次子는 비슷하나 오히려 次女가 畓四斗落只가 많은 것이 눈에 띈다。均等分執도 長子優位도 아니다。또 文書作成에도 모두 代子들이 參與하고 있는 것도 특징적이다。

〈和會文記、例三〉(193) (서울大、No.一六七二五〇)

嘉慶十七年壬申三月初六日次子①得龜處和會衿給文

右文□□ 壬寅以後 幸賴祖宗之蔭 亦由節儉之致 于玆三十載之間 家產稍有滋焉 即
蒸嘗墓位之外有也 今將如干分給於六子四女 及亦爲別給於諸侄諸孫處 以識我克勤
守成繼述家翁之遺事 嗟 爾子孫須體撫今追昔之意 恪謹遵守 鎭長執持 永久勿替焉

後

一、長子衿 其人② 安思彥③前孫益大名字買得 嶺南金海官④舊詳定壹朔 劉友善前孫益大
名字買得 湖南扶安官舊詳定貳朔 孫益大處⑤曾孫孝甲名字買得 湖南靈岩官舊詳定
壹朔 劉友善前孫益大名字買得 湖西清風官舊詳定壹朔 李敏埴前五子得範名子買
得 江原道旌善官舊詳定壹朔 合其人陸朔貢物印

(193) 〈和會文記例三〉은 서울大 古文書 No.一六七二五〇으로서 李光奎敎授의 「朝鮮王朝時代의 財產相續」(韓國學報、三、一九七六、여름)에서 四三番 文書로서 紹介된바 있다。그러나 위의 論文에서는 分財하는 財產의 形態(種類)에 대한 理解가 缺如되어 크게 錯誤를 범하고 있다。이 文書에서의 財產은 其人貢物主人을 비롯한 貢人(貢物主人)으로서의 權利(營業權)와 導掌으로서의 權利 등 權利를 分給해주는 특수한 分財記이다。

一、次子衿 其人 孫益大處曾孫孝甲名字四巡買得 嶺南金海官舊詳定壹朔 湖南古阜官舊詳定壹朔 南原付務安官舊詳定貳朔 湖西韓山官舊詳定壹朔 五子得範處孫任大名字買得 江原道旌善官舊詳定壹朔 合其人陸朔貢物印

一、三子衿 其人 孫益大處曾孫孝甲名字兩巡買得 嶺南金海官舊詳定壹朔 湖西忠州官舊詳定壹朔 劉友善前孫益大名字買得 湖南興德官舊詳定壹朔 古阜官舊詳定壹朔 五子得範處孫榮大名字買得 湖南錦山官舊詳定拾伍日 扶安官舊詳定拾伍日 五子得範處孫任大名字買得 江原道旌善官舊詳定壹朔 合其人陸朔貢物印

一、四子衿 其人 孫益大處曾孫孝甲名字兩巡買得 嶺南金海官舊詳定壹朔 湖南光陽官舊詳定壹朔伍日 興陽官舊詳定貳拾伍日 金鉉宇前五子得範名字買得 湖南錦山官舊詳定壹朔 吳命桓前孫益大名字買得 湖西全義官舊詳定壹朔 五子得範處孫任大名字買得 江原道旌善官舊詳定壹朔 合其人陸朔貢物印

一、五子衿 其人 孫益大處曾孫孝甲名字兩巡買得 嶺南金海官舊詳定壹朔 湖西海美官舊詳定壹朔 劉友善前孫益大名字買得 湖西萬頃官舊詳定壹朔 長城官舊詳定壹朔 安象玄前五子得範名字買得 湖南興陽官舊詳定壹朔 五子得範處孫任大名字買得 江原道旌善官舊詳定壹朔 合其人陸朔貢物印

一、六子衿 其人 孫益大處曾孫孝甲名字三巡買得 嶺南金海官舊詳定壹朔 湖南長興官舊詳定壹朔 南原官舊詳定壹朔 湖西恩津官舊詳定壹朔 張鐸前五子得範名字買得 湖南龍安官舊詳定壹朔 五子得範處孫任大名字買得 江原道楊口官舊詳定壹朔 合其人陸朔貢物印

一、長女衿 其人 孫益大處曾孫孝甲名字買得 嶺南咸安官舊詳定壹朔 五子得範處孫榮大名字買得 江原道杆城官舊詳定壹朔 寧越官舊詳定壹朔 合其人參朔貢物印

一、二女衿 其人 孫益大處曾孫孝甲名字買得 嶺南咸安官舊詳定壹朔 五子得範處孫榮大名字買得 江原道江陵官舊詳定壹朔 劉友善前孫益大名字買得 京圻仁川官舊詳定壹朔 合其人參朔貢物印

一、三女衿 其人 孫益大處曾孫孝甲名字買得 嶺南咸安官舊詳定壹朔 五子得範處孫榮大名字買得 江原道寧越官舊詳定貳朔 合其人參朔貢物

蔘契⑥ 張泰謙前五子得範名字買得 生歲幣拾壹疋貢物⑦

導掌⑧ 從孫亨大處五子得範名字買得 宣⑨禧宮屬黃海道平山官免稅肆拾結肆拾負導掌印

一、四女衿 其人 家翁四寸孫甲大處孫益大名字買得 嶺南金山官舊詳定拾日 安東舊詳定伍日 晋州官舊詳定拾伍日 韓命夔前五子得範名字買得 江原道春川官舊詳定壹朔 孫益大處曾孫孝甲名字買得 京圻竹山官舊詳定壹朔 合其人蔘朔貢物印

一、家翁伯氏長孫宗大衿 鴨島契⑩ 家翁三寸侄得完處五子得範名字買得 半名字貢物

導掌 從孫亨大處孫謙大名字買得 宣禧宮屬忠清道燕岐官元結拾肆結捌拾伍負 清州官元結壹結伍拾伍負 合拾陸結肆拾負導掌印

一、家翁仲氏曾孫孝洸衿 鴨島契 家翁三寸侄得完處五子得範名字買得 半名字貢物

導掌 五子得範處曾孫孝甲名字買得 宣禧宮屬慶尙道聞慶官元結貳拾伍結導掌印

一、家翁季氏子得義衿 軍器寺火藥契⑪ 李東晟前五子得範名字買得 三南月課火藥本年參衿間年參衿合陸衿貢物

導掌 從孫甲大處五子得範名字買得 宣禧宮屬慶尙道聞慶官元結伍拾結導掌印

一、家翁從孫廷大衿 其人 從孫宗大處曾孫孝曾名字買得 嶺南清道官舊詳定壹朔貢物

馬夫契 南命洽前孫益大名字買得 漢城府所管馬夫契貢物半名字

導掌 從孫宗大處曾孫孝曾名字買得 於義宮鳳山官免稅貳拾結導掌印

一、家翁從孫亨大衿 地衣契⑫ 從孫亨大處五子得範名字買得 長興庫所管白紋席貳佰捌拾貳張半零貢物壹名字印

一、家翁從孫忠大衿 金契⑬ 卞之銃前孫益大名字買得 戶曹所納生歲幣拾疋貢物印

一、家翁從孫甲大衿 導掌 家翁從孫亨大處孫益大名字買得 宣禧宮屬全羅道谷城官元結肆拾伍結導掌

宣惠廳江原長房都中 米邊分米捌石印

一、家翁從孫厚大衿 司宰監白大口契 從子得完處孫榮大名字買得 半名字貢物印

母貞夫人慶州金氏 [印章](貞夫人慶州金氏之章)

證 家翁三寸侄 全得義(手決)
筆 家翁從孫 李大(手決)

(註解) ① 次子得龜處和會衿給文, 이 文書는 次子得龜에게 作成해준 것으로서, 적어도 이와같은 文書를 一○張(六子四女)을 作成해서 一○男妹에게 나누어 준 것으로 생각된다. 和會分衿이라 하지 않고 和會衿給이라 한것은 母가 主管하여 財産을 子女에게 나누어 주는 形態이기 때문으로 생각된다. ② 其人, 衿給하는 財産의 形態(種類)로서, 土地나 奴婢가 아니고 其人貢物主人 즉 柴炭의 納品을 請負맡은 貢人으로서의 權利(營業權)를 財産으로 分給하는 것이다. 매게 長子衿, 次子衿 등「衿」다음에 記載된 것 또는 行을 바꾸어「導掌」「馬夫契」등 표시한 것이 分給하는 財産의 種類이다. ③ 安思彦前孫益大名字買得, 安思彦에게서(前에서) 孫子 益大의 이름으로 買得한. 其人貢人權을 賣渡한 사람이 安思彦이고 買受한 사람이 全益大이다. ④ 續南金海官書詳定壹朔, 續南金海官에 옛부터 詳定된 其人(柴炭) 壹朔貢物. 其人壹朔貢物이라하면 柴炭의 量이 定해져 있는 것으로 본다. ⑤ 孫益大處曾孫孝甲名字買得, 孫子 益大에게(주기 위하여) 曾孫孝甲의 이름으로 買得한. 賣渡人은 劉友善으로 보이며, 買收人名義는 曾孫 孝甲이며 實際의 몫은 孫子 益大에게 가는 것으로 생각된다. 그런데 孫子 益大와 曾孫子 孝甲이 衿給에 그 이름이 보이지 않는 것을 보면 그간에 이들이 死亡한 것이 아닌가 한다. ⑥ 蔘契, 蔘契貢人. ⑦ 生蔵將給壹疋貢物, 貢物量. ⑧ 導掌, 朝鮮後期에 司宮莊土를 管理하고 莊內 佃戶로부터 小作料를 징수하는 權利를 委任받은 사람. 導掌權은 財産으로 취급되었고 따라서 貢人權과 마찬가지로 賣買·讓渡·相續될 수 있었다.(19) ⑨ 宣禧宮屬~導掌, 宣禧宮에 屬한 黃海道平山에 있는 免稅된 四○結四○負에 대한 導掌權. ⑩ 鴨島契, 조선시대에 官衙에 발(簾)과 비(箒)를 納品하는 契, 一名字·牛名字에 따라 일정한 數量의 발과 비가 정해지는 것으로 보인다. ⑪ 軍器寺火藥契, 軍器寺에 火藥을 納品하는 契, (貢人). ⑫ 地衣契, 돗자리(薦·筵) 등을 貢物로 官衙에 納品하는 契. (貢人) ⑬ 金契, 金箔·銀箔·金泥·銀泥를 官衙에 納品하는 契. (貢人)

(要旨) 一八一二年(純祖一二)에 母(貞夫人慶州金氏)가 六子四女에게 財産을 衿給하고 諸侄·諸孫에게도 別給하는 分財文書로서, 次子에게 作成해준 것이다. 土地·奴婢 등의 財産이 아니라 其人(其人貢物主人), 導掌, 鴨島契, 軍器寺火藥契, 地衣契, 金契, 宣惠廳江原長房都中, 司宰監 白大口契 등의 貢人權, 導掌權, 都中權 등의 權利를 分給하는 특수한 和會衿給文書이다. 六兄弟에게는 均等히 其人六朔貢物의 納品權을 分給하고 있으며 四姉妹에게는 半減하여 其人三朔貢物의 納品權을 주고 있으나 三女에게만 蔘契貢人權과 導掌權을 加給하고 있다. 朝鮮後期兩班家에서 이와같이 많은 權利形態의 財産을 蓄積할 수 있었다는 것은 흥미있는 사실이며 貢人研究에도 資料가 되겠다.

圖版 139 分給文記(部分)　　安東 金俊植氏宅

(3) 分給(衿給)文記

分財文記의 一種으로서, 財主(父)가 生時에 子女들에게 財産을 나누어 주는 文書이다。分給의 內容은 대개 朝鮮前期에는 均等分配에 속하나 朝鮮後期에는 長子優待의 경향이 강하게 나타나는 것으로 보인다。

〈分給文記, 例一〉(安東, 金俊植氏宅)

□□□□□(宣德四年己)酉十二月日 子息孫子等亦中① 都許與成給爲臥②乎事段矣③□□□□(身亦老病)④爲
□□□□(乎等用良) □□(父母)邊奴婢及外祖母處傳得奴婢等乙用良⑤ 老壯弱和會⑥ 先可參拾貳口⑦
式以 平均□□□(分給內) □(去)戊戌年分 汝⑧等徒各衿良中⑨ 奴婢并拾口式以⑩ 使用爲良爲旀⑪
給分是遣⑫ 許與成給不⑬□□□□(冬爲有如乎)等用良 右奴婢等⑭乙并錄爲乎矣⑮ 使用已久爲
乎等用良 各後所生乙良⑯ 得後以施□□□□(行許與⑰爲去乎)在亦 遺漏奴婢等乙 萬分生前
分給不得爲良置⑱ 汝等徒同腹等奴婢 老壯弱分揀⑲□□(並只執)籌 以平均分執爲齊⑳ 逃
亡奴婢乙良置㉑ 奴婢分揀 如前執籌分執爲有如可㉒ 後□□□(現爲去等) □(分執)后所生乙良
各其本主使用爲遣 分執前所生乙良 公反㉓奴婢是遣 在遺漏奴□□□(婢分揀時口)數不
等分執衿有去等 右奴婢乙用良 長子作財主充給爲遣㉔ 有餘爲而叱上項□□(例執籌)
□(分)執爲㉕ 后所生并以㉖ 子孫傳持 鎭㉗長使用爲乎矣 萬一後次別爲所乙用良 爭望
隅□□□□□(有去等此文字內)事意乙用良 告官辨正爲乎喩乃㉘ 吾曾祖貞景公金士元遺書內
後子孫□(等) 以一己之無子 不顧大義 苟徇情慾 媢□□□□(鈴子養以爲子) 骨肉至親 視如

路人 以祖業相傳□□之奴婢乙 一朝輕與他人 且慕利祿 以奴□婢 □□□□□□賄賂於權勢之門者 如或有之 孝順子孫 告狀於官 奪其奴婢 永絶屬
籍爲良如敎遺書是白乎等用良 爲子孫者 不可不遵 并書卷末 以示于後 凡吾子孫 幸有無子者 則宜服膺 而勿失祖宗之遺訓 幸
甚幸甚

財主父前朝奉大夫典醫小監金 (手決)
證保前通政大夫知甲山郡事孫 (手決)
子故奉訓郎京市署令坦之妻宜人李氏 (印)
子 別 侍 衛 學 生 (手決)
筆 執 子 前 穆 清 殿 直 (手決)
壻 學 生 鄭 (手決)
壻 成 均 生 員 金 (手決)
子 成 均 幼 學 (手決)
孫 子 幼 學 金 (手決)

長子故署令坦之衿

父邊傳來

婢凡藏所生婢㐀伊年四拾
同婢㐀伊所生奴卯同年捌
次所生奴崔延年陸
次所生婢崔德年貳
故奴柏同良妻并産婢莫藏年拾貳

(194) 金容燮, 司宮庄土의 管理(史學硏究, 一八, 一九六四) 참조。

(以下七行(七口)略)

母邊傳來

婢寶倍所生奴季生年拾五

故奴大松良妻九月并產奴六萬年伍

已上奴婢去戊戌年稱給

(以下要約)

父邊傳來(奴一、婢二)

母邊傳來(奴一〇、婢九)

外祖母邊傳來(婢一)

二子別侍衛員之衿

父邊傳來(奴五口、婢七口)
母邊傳來(奴一口、婢三口)　(戊戌年稱給)

父邊傳來(奴六口、婢四口)

母邊傳來(奴五口、婢六口)

外祖母處傳得(奴一口)

三子前殿直崇之衿

父邊傳來(奴四口、婢一口)
母邊傳來(奴二口、婢三口)
外祖母處傳得(奴一口、婢一口)　(戊戌年稱給)

父邊傳來(奴八口、婢八口)

父邊傳來(奴三口、婢六口)
母邊傳來(奴二口)
外祖邊處傳得(奴一口、婢一口)　(戊戌年稱給)

父邊傳來(奴七口、婢四口)

母邊傳來(奴五口、婢六口)

故長女鄭普文妻衿

母邊傳來(婢一口)

承重長孫是乎等用良加給印

貞之長女衿

母邊傳來(婢一口)

母邊傳來(奴三口、婢三口)

二女生員金永命妻衿

父邊傳來(奴四口、婢四口)
母邊傳來(奴二口、婢二口)
外祖母處傳得(奴一口、婢一口) (戊戌年稱給)

父邊傳來(奴六口、婢五口)
母邊傳來(奴三口、婢六口)

末子孝之衿

父邊傳來(奴三口、婢二口)
母邊傳來(奴一口、婢五口)
外祖母處傳得(奴一口) (戊戌年稱給)

父邊傳來(奴六口、婢四口)
母邊傳來(奴三口、婢六口)
外祖母處傳得(奴一口、婢二口)

坦之子伯孫衿

父邊傳來(奴一口)
父邊來(婢一口)

二女衿

父邊傳來(婢一口)

子故孫衿

母邊傳來(婢一口)

崇之長子驪興衿

父邊傳來(婢一口)

二子勝山衿

父邊傳來(奴一口、婢一口)

長養爲乎等用良加給印

女子衿

父邊傳來(婢一口)

末子茘山衿

父邊傳來(婢一口)

壻鄭普文子明老衿

父邊傳來(婢一口)

壻金永命女子衿

際

(註解) 光山金氏烏川古文書(精神文化研究院刊、一九八二)의 立案、五에 一五一七年(正德一二) 金孝盧와 南處崐간의 奴婢訴訟에 관한 安東府의 立案이 있는데 이 立案내에 이 文書의 序頭部分이 轉載되어 있어서 이 文書의 판독이 불가능한 부분을 채워 넣을 수 있다。

① 等亦中, 들여해。뜻…들에게。② 爲臥乎事段, 하누온일단。뜻…하는 일인즉。③ 矣身亦, 의몸여。뜻…내가, 내자신이。④ 爲乎等用良, 하온들쓰아。뜻…한 바로써。⑤ 等乙用良, 들을쓰아。뜻…들로써。⑥ 老壯弱, 늙고 젊고 어림。⑦ 先可, 아즉。뜻…우선。⑧ 汝等徒, 너드네。뜻…너희들, 너희네。⑨ 衿良中, 깃아해, 뜻…몫에, 몫으로。⑩ 式以, 식으로。뜻…씩으로。⑪ 爲良爲旀, 하라하며。뜻…하라고하며。⑫ 是遣이고。뜻…이고。⑬ 不冬爲有如乎等用良, 안들하잇다온들쓰아。뜻…아니하였던 바로써。⑭ 等乙, 들을。뜻…들을。⑮ 爲去矣, 하오되。뜻…하되。⑯ 乙良, 으란。뜻…은。⑰ 爲去乎在亦, 하거온견이여。뜻…하기로 한것이어요, 하기로 한 것이나。⑱ 不得爲良置, 못질하야두。뜻…못하여도。⑲ 並只, 다무기。뜻…모두, 함께。⑳ 爲齊, 하제。뜻…한다。하라。㉑ 乙良置, 으란두。뜻…이라도, 까지도。㉒ 爲有如可, 하잇다가。뜻…하였다가。㉓ 公反, 고루。뜻…고루, 고루나눔。㉔ 有餘爲而叱, 나머지가 있으면。㉕ 爲, 하고, 하야。뜻…하고, 하야。㉖ 并以, 아오로。뜻…아울러。㉗ 鎭長, 진이 진이, 오래도록。㉘ 別爲所乙用良, 별할바를쓰아。뜻…다른바로써, 다른일로써。㉙ 爲乎喩乃, 하온지나。뜻…한것이나。㉚ 爲良如敎, 하여다이신。뜻…하라고 하신。㉛ 是白乎等用良, 이사온들쓰아。뜻…이옵신 바로써。㉜ 財主父……金, 金務이다。이 和會文記를 作成한 一四二九年에 金務의 나이는 六五歲前後로 推定된다。

(解釋) 一四二九年(己酉) 二月 日, 子息·孫子들에게 모두 許與成給하는 일은 내가 늙고 병들어 父母로부터 傳得한 奴婢와 外祖母로부터 傳得한 奴婢들을 老·壯·弱을 和會하여 우선 三二口씩 平均分給한 안에 戊戌年(一四一八)에 너희들(汝等徒, 너드네) 각 몫에(으로) 奴婢 아울러 一〇口씩으로 使用하라고 하며 分給하고 許與成給 아니하였으므로써 그 奴婢들을 幷錄하되 使用한지 이미 오래 되었으므로 각기 그 後所生은 得後로 하여 許與하기로 한 것이고, 遺漏奴婢들을 萬에 하나라도 生前에 分給하지 못하였어도(못한것이 있어도) 너희들 同腹들 奴婢는 老壯弱을 분간하여 모두 셈하여 平均分執하여라, 逃亡奴婢까지도 奴婢의 分撥은 전에 셈한것 같이 分執하였다가 후에 나타나거든 分執한 後의 所生은 각각 그 本主가 使用하고, 分執前의 所生은 共同의 奴婢이고, 遺漏奴婢로서 分撥時에 그 口數를 均等히 分執하지 못한 矜(끗)이 있으면 右(이)奴婢를 長子가 財主가 되어 充給하고, 나머지가 있거든 위의 例로 셈하여 分執하고, 後所生을 아울러 子孫이 傳持하며 진이진이 使用하되, 萬一 후에 다른 바로써 다투는 일이 있으면 이 文書內의 事意로써 官에 告하여 辨正할 것이나, 나의 曾祖 貞景公 金士元의 遺書內에, 후의 子孫들이 自己가 無子하나고 大義를 돌보지 않고, 情慾을 좇아 양아들(螟蛉子)을 길러 아들을 삼고 骨肉至親을 路人(他人)같이 보고, 祖業으로 相傳한奴婢를 一朝에 他人에게 가볍게 주고, 또한 좋은 祿(官職)을 흠모하여 奴婢를 權勢之門에 贈賄하는 者가 만약 있으면 孝順子孫은 官에 狀告하여 그 奴婢를 빼앗고 屬籍에서 永遠히 끊어버리라고 하신 遺書이옵신 바로서, 子孫된 者는 따르지 않을 수 없으므로 卷末에 并書하고 후손에게 보이니 무릇 나의 子孫으로 子息이 없는 者가 있으면 마땅히 服膺(銘心)하여 祖宗의 遺訓을 잃지 않으면 매우 다행하겠다。

(要旨) 一四二九年(世宗一一) 二月에 前朝奉大夫典醫少監 金務가 四男二女와 孫子·孫女들에게 父母로부터 받은(傳來한) 奴婢와 外祖母로부터 傳得한 奴婢를 모두 分給하는 分財文書이다. 그런데 우선 四男二女에게 一四一八年(世宗即位年)에 각각 一〇口의 奴婢를 均等히 分給하였고, 이때(一四二九)에 이르러 二二口씩 均等分給(長子만 二三口)하여 모든 子女에게 三二口의 奴婢를 均等分給하고 있다. 그런데 이 文書에서 長子衿(奴婢) 三八口, 二子衿 三八口, 三子衿 三五口, 長女衿 三四口, 二女衿 三六口, 末子衿 三四口 등으로 差異가 나게 된 것은 一四一八年에 分給한 一〇口의 奴婢의 後所生이 불어난 때문이다. 그리고 分給하지 못한 逃亡奴婢나 遺漏된 奴婢에 대하여도 平均分執하고, 子孫 길이길이 傳持하며 使用할 것을 當付하고, 曾祖 金士元의 遺書의 內容을 일러주어, 無子한 子孫이 생기거나 어떠한 경우에라도 奴婢를 남에게 주거나 없애거나 축내는 일이 있어서는 안된다고 강조하고 있다.

孫子·孫女(親·外) 一〇名에게는 一人當 奴婢중 一口씩을 分給함을 원칙으로 하고 있으나, 承重長孫에게는 二口를 加給하여 三口를 주고, 三子崇之의 二子勝山에게는 長養한 情으로 一口를 加給하여 二口를 주고 있다.

餘他의 文書에서와 같이 分財의 當事者들이 모두 文書作成에 參與하고 있다. 父金務는 財主로서, 前知甲山郡事孫은 證保로서, 死亡한 長子坦之의 妻, 二子, 三子(筆執), 長女壻鄭普文, 二女壻金永命, 末子, 孫子 등은 分財를 받는 當事者로서 참여하고 있음을 볼 수 있다.

특히 눈에 뜨이는 것은 奴의 良妻并産의 奴婢가 많은 事實이다. 麗末鮮初의 良賤의 婚姻(結合)관계(奴婢문제·身分문제)에도 示唆를 주는 資料이다.

〈分給文記、例二〉[195] (서울大、No. 五二二九六二)

嘉靖九年五月二十三 日兩女亦中① 分給成文

②右分給事段 余無男兒 只有汝等③二女 而汝皆寡居無依乙仍于④ 數年前奴婢田畓等乙⑤ 汝兄弟處 平均分給 使免饑餒爲有如乎⑥ 余衰老漸甚 自今春重病之後 氣力漸盡 朝夕難保 不勝悲愴是在果⑦ 數年前汝等處分給之外 有家內使喚奴婢及若干田畓是如乎⑧ 余今將死 無他可傳之處 故汝兄弟處 更爲沒數分給爲去乎⑨ 吾死之後 以此田民 香火伐草 至誠爲之爲旀⑩ 右田畓奴婢等乙 汝等雖貧 勿爲賣⑪食爲遣 外孫等處傳係 使得祭祀不絶爲乎乙事⑫

長女故忠義衛南孝曾妻衿 家內婢香合年五十 同婢一所生奴戒達年十五 使喚婢禮化年二十七 海南奴破回良妻并産一所生婢禿伊溫 豊德婢貴丹三所生奴先男 及衿川貴油里伏洪字畓十斗落 同字田半日耕 仁川新古介安代島上邊海畓四十斗落 其下□□連伏畓五斗

(195) 서울大 圖書館刊, 古文書集眞 p. 二〇二에 실려있음.

落 富平玉屯面□□田一日耕

次女故成均進士尹壽妻衿 家內使喚婢乭德年四十一(以下 省略)

(註解) ① 亦中, 여해, 뜻 ; 에게。② 右分給事段, 이 分給하는 일은。③ 汝等、汝矣等, 너의들, 뜻 ; 너희들。④ 乙仍于, 을지즈로, 뜻 ; —을 말미암아。⑤ 等乙, 들을。뜻 ; —들을。⑥ 爲有如乎, 하잇다온。뜻 ; —하였더니。⑦ 是在果, 이견과。뜻 ; —이거니와。⑧ 是如乎, 이다온。뜻 ; —이더니。⑨ 爲去乎, 하거온。뜻 ; —하므로, —하니。⑩ 爲於, 하며。뜻 ; —하며。⑪ 爲遣, 하고。뜻 ; —하고。⑫ 爲乎乙事, 하올일。뜻 ; —할일。※ 이 文書는 後尾부분이 毁損됨。

(要旨) 一五三〇年(中宗二五) 五月二三日에 財主父가 아들이 없고 老衰하여, 寡居하는 두 딸에게 나머지 財産을 分給하는 分財文書이다。그리고 分給하는 奴婢와 田畓을 팔아먹지 말고 外孫들에게 傳係해서 祭祀를 끊이지 않도록 할 것을 당부하고 있다。

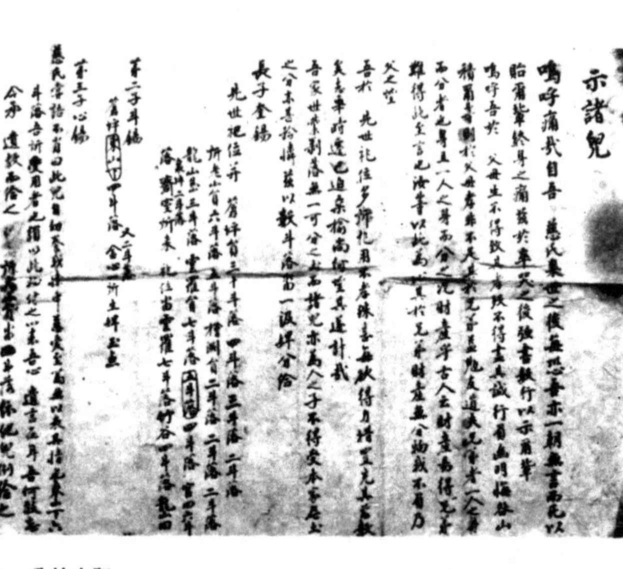

著者

圖版 140 分給文記

〈分給文記、例三〉(著者)

示諸兒

嗚呼痛哉 自吾慈氏棄世之後 每恐吾亦一朝無言而死 以貽爾輩終身之痛 玆於卒哭之後 强書數行 以示爾輩

嗚呼 吾於父母 生不得致其孝 歿不得盡其誠 行負幽明 悔咎山積 爾等則於父母 孝非不足 其於兄弟 益勉友道 夫兄弟者 一人之身而分者也 身且一人之身而分之 況財産乎 古人云 財産易得 兄弟難得 此至言也 汝等以此爲心 其於兄弟財産 無分物我 不負乃父之望

吾於先世祀位 多所犯用 不孝殊甚 每欲得力措置 充其前數矣 志乖時遷 已迫桑榆 尙何望其遂計哉

吾家世業剝落 無一可分之土 而諸兒亦爲人之子 不得受本家片土之分 亦甚矜憐 玆以數斗落畓一汲婢 分給

長子奎錫

先世祀位并 蒼坪員三十斗落 四斗落 三斗落 二斗落 所老山員六斗落 五斗落 檜淵員二斗落 二斗落 二斗落 龍山島二斗落

雲羅員七斗落 五斗落 四斗落 官田六斗落 泉坪二斗落 齋室所來祀位畓 雲羅七斗落 竹谷四斗落 龍山田

第二子斗錫

蒼坪東山下四斗落 又二斗落 金心一所生婢玉點

第三子心錫

慈氏甞語不肖曰 此兒自幼養我懷中 慈愛至篤 無以表其情也 東山下六斗落 吾所受用者也 須以此物付之 以表吾心 遺言在耳 吾何敢忘 今承遺敎而給之 所老山員畓四斗落 依他兒例 給之 萬進二所生婢丹伊

第四子末宗

渠雖出繼 不可無他兒之例 雲羅員五斗落畓 給之

爾輩兄弟中 他日或有氣力者 一心扶宗 視同己事

辛亥十月初六日父(手決)

筆長子奎錫(手決)

(**要旨**) 辛亥年 一〇月 六日에 財主父가 子息 四兄弟에게 財産(土地·奴婢)을 分給해주는 分財文書로서 長子가 筆執하고 있다。分給의 원칙은 畓四斗落과 婢一口를 分給하는 것으로 되어 있으나, 長子에게는 先世祀位(祭位)、齋室所來祀位 등을 합하여 九五斗落을 分給했으나, 第二子는 六斗落에 婢一口、第三子는 財主의 母(祖母)의 遺言에 따른 六斗落과 例에 의한 四斗落을 合하여 一〇斗落과 婢一口、第四子는 出繼했으나 다른 兄弟의 例에 따라 五斗落을 分給하고 있다。결국 宗家를 유지하기 위하여 祭位 등의 명목으로 長子優位의 分財가 이루어지고 있음을 본다。

그런데 이 分財文書에는 嘉慶九年(一八〇四) 一二月 一六日에 星州牧에서 認證한 背頉文書(196)가 있는 것에 의하면, 이 分給文記가 이

(196) 嘉慶九年 甲子十二月十六日星州牧背頉事 右文爲背頉事 鄭簀錫傳來婢丹伊壹口 及一所生婢光心 二所生奴光每 三所生婢光禮 合肆口身乙 捧價壹百柒拾兩

루어진 辛亥年은 一七九一年(正祖一五)임을 알 수 있다。

背頃이란 分財文書나 賣買文書 등에서 그 內容의 一部에 賣買・讓渡 등에 의해서 變動이 발생했을 때에 該當部分을 標示 또는 爻周(쇼주 ; 抹消)하고 그 文書 背後에 變動事實을 記載하는 것을 뜻한다。

(4) 衿付文記

分財文書의 一種이나、分給文記나 和會文記와 區別되는 것은 兄弟姉妹의 分衿내용을 同一文書에 표시하지 않고 子女一人씩 衿(몫)을 別書해주는 文書이다。

〈衿付文記、例一〉(朝鮮史 第四編 第一卷)

賜　子鎭安君芳雨

父祖傳來田畓等①乙良　各②庫員伏③四標內日耕數④爻乙用良　子孫傳持

鎭長喫持⑤是乎矣　此⑥亦中　朔方道⑦叱段　田出收齊⑧爲乎所無去有等以

奴屬⑨以作介耕作⑩爲於　標內作介□□⑪乙良　□□□□□□□□乙用良

其界例以　稅捧⑫上喫持是內教

洪武貳拾伍年捌月日　中樞院承旨安景恭⑬次知

安印

王(押)

後

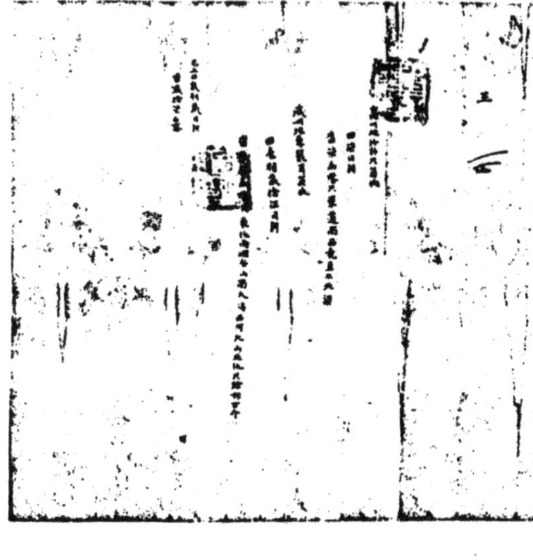

圖版 141 衿付文記　　朝鮮史 4編

高州地沙朴只員伏

田柒日耕

畓柒石落只 東道 南西禿豆等 北渠

咸州地厚籠耳伏

田壹朔拾伍日耕

畓貳拾石落只 東化尙廻安山 南大海 西河大山 北仇只餘於古介

已上田貳朔貳日耕

畓貳拾石落

(註解) ① 等乙良、들으랑。 뜻 : ―들을랑、―들은。 ② 庫員伏、庫(곳)、員(들)、伏(所在) : 田畓所在處。 ③ 四標、四方의 경계표。四方의 접한곳。 ④ 乙用良、을쓰아。 뜻 : ―으로써。 ⑤ 是乎矣、이오되。 뜻 : ―이되。 ―이오되。 ⑥ 亦中、여해。 뜻 : ―에、때에。 ⑦ 叱段、땅。 뜻 : ―은、는。 ⑧ 爲乎所無去有等以、하온바업거이신들로。 뜻 : ―한바 없는 것이었은 바로、―한바 없는 것이었으므로。 ⑨ 以、로、으로。 뜻 : ―로、―으로。 ⑩ 爲旀、하며。 뜻 : ―하며。 ⑪ 乙良、으랑。 뜻 : ―은、―을랑。 ⑫ 捧上、밧자、받자。 뜻 : 받다、받아들이다。 ⑬ 次知、차지。 뜻 : 담당、담당자。

(要旨) 一三九二年(太祖元) 八月에 王(太祖李成桂)이 長子 鎭安君芳雨에게 父祖傳來의 田畓을 子孫代代로 지니고 먹되 朔方道의 田畓은 奴屬으로 耕作케 하며、經界內의 作人에게서는 稅를 받아먹으라고 내려주는 文書이다。田畓은 高州와 咸州땅에 있는 田二個月二日耕과 畓二〇石落(스무섬지기)이다。王이 王子에게 내려주는 것이나 科田이 아니라 祖上傳來의 私財를 내려주는 흥미있는 文書이다。公證을 위하여 中樞院承旨安景恭이 담당하여 「行信之印」을 數個處에 찍고 있으나、이 文書는 王이 私的인 立場에서 李成桂家의 私財를 長子에게 相續시키는 文書이다。

圖版 142 衿付文記

서울大, 157215

〈衿付文記、例〉(서울大、№一五七二一五)

乾隆二十四年己卯十二月初四日三男一女中末女衿付文記
右文爲事段 略干世傳田畓果① 自起買得耕食爲如可② 我生時
略干田畓 平均衿付爲去乎③ 洪州高南面四册付伏在 茂字畓
八卜四束四斗落只果 弱字田六卜三束又五卜三束 合六斗落
只庫④ 衿付許給爲去乎 日後良中⑤ 同生子孫中 雜談是去等⑥ 將
此文記 告官卞正事

財主父(手決)
證人朴業同(手決)
筆執金一鳴(手決)

(註解) ① 果、과、뜻; 과、와。② 爲如可、하다가。뜻; ―하다가。③ 爲去乎、하거온、뜻; ―하므로、―하니。④ 庫、庫乙、곳을、뜻; 곳을(處를)、庫叱乙의 준말。⑤ 良中、아해、뜻; 에。⑥ 是去等、이거든。뜻; ―이거든。

(要旨) 一七五九年(英祖三五) 一二月에 財主父가 末女에게 畓一〇斗落只(마지기)를 衿付하는 文書로서、平均衿付한다고 했으나 餘他의 衿付文記가 없으므로 확인할 수는 없다。

(5) 別給文記

別給文記는 넓은 意味의 分財文書에 포함될 수 있겠으나、一般的인 財産相續과는 구별되는 文書이다。즉 財主가 父·祖에 限하지 않는다。따라서 別給 對象者의 범위가 넓은 것이 특징이다。別給은 科擧及第·生日·婚禮·病治療·得男 등 記念하거나 祝賀할만한 일이 있을 때、貧困하여、기특하여、정이 들어서、또는 감사한 마음을 표하기 위하여 행하여진다。別給의 범위와 事由가 그러하기 때문에 別給된 財産은 財産分配時 또는 和會時에 分執(分衿) 以外의 別途의 財産으로 認定되는 것이 일반적인 것으로 본다。

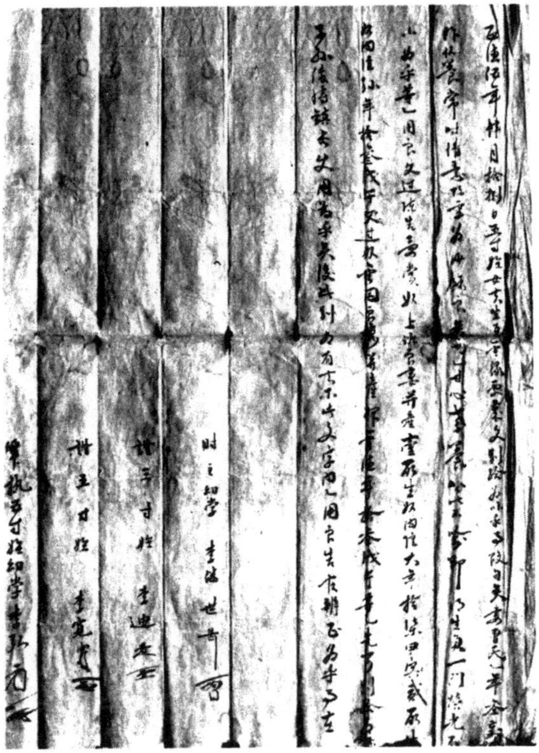

別給文記도 財主·證人·筆執을 갖추게 되나、財主가 筆執을 겸하고 證人은 없는 경우도 있으며、財主의 身分(官品)이 높으면 文書作成에 참여하는 證人의 數爻가 많은 것을 볼 수 있다。

圖版 143 別給文記　　安東 金俊植氏宅

〈別給文記、例一〉(慶北地方古文書集成)

正統拾貳年丁卯拾月初三日 壻河紹地亦中 許與爲臥乎事叱段 家門久衰爲有去乙 新登生員 天地振動 孝吾至大爲乎等用良 父邊傳來婢其每矣貳所生婢千守年拾捌庚戌生 妻父邊傳來婢寶仝矣貳所生婢申㳻衣年柒辛酉生矣身 及鎰東海壹刎也員玄字丁畓壹石落種庫等乙 子孫等亦以勉後才條以 別給爲臥乎 子孫傳持 鎭長使用爲乎矣 後次別爲所有去等 此文字內乙用良 告官辨正爲乎事

財主自手筆執成均生員琴 (手決)

證人宣教郎前榮川敎導權 (手決)

彰信校尉行副司正李 (手決)

(要旨) 一四四五年(世宗二九) 一〇月에 成均生員琴嵇가 사위 河紹地의 生員及第를 慶祝하여 婢二口와 畓 한섬지기(一石落種)를 別給하는 文書이다.

圖版 144 別給文記　　寶物 718

〈別給文記、例二〉(寶物七一八、全州李氏高林君派宗中文書)

弘治十五年壬戌六月初四日子枀山正亦中許與

右許與事叱段 宗親試藝與科擧無異 汝之入格 實爲家門榮顯 義當奴婢多賞 然汝之同腹似繁 未能若心賞之 是可爲恨 只以父邊傳來靈岩婢粉之一所生婢漢非年 靈光婢者斤召史一所生奴撿同年 三所生奴末叱同年 奴酉叱仇知一所生婢每邑介年 庇仁奴李山一所生婢終非年等伍口乙 別給爲去乎 後所生

并以 子孫傳持 鎭長使用爲乎矣 後次 別爲所有去乙等 此文內記內乙用良 告官辨正者

財主父明善大夫行高林正 (手決)(手決)

訂女婿忠義衛秉節校尉尹 (手決)(手決)

訂子彰善大夫行眞安副正 (手決)(手決)

筆執子彰善大夫行長堤副正 (手決)(手決)

(要旨) 一五〇二年(燕山君八)에 父、明善大夫行高林正이 子桼山正이 宗親試에 合格한 것을 祝賀하여 賞으로 奴婢五口를 別給하는 文書이다。後의 分財時에 관계있는 女婿・子 등이 訂・筆로 참여하고 있다。

〈別給文記、例三〉(安東 金俊植氏宅)

正德伍年肆月拾捌日 五寸姪女夫生員①金緣處 成文別給②爲臥乎事段 自矣妻曺氏乙年參歲時 作收養 常時情意珍重③爲沙餘良 ④矣身乙
甘心孝養⑤㐌不喩 ⑥節得生員一門 榮光不小⑦爲乎等乙用良 父邊陳告受賞奴上佐良妻并産壹所生奴內隱大年拾柒甲寅 貳所生奴內隱孫
年拾參戊午 父邊奴金同良妻并産婢金德年拾參戊午等乙 ⑧先可別給⑨爲旀□ 子孫傳持 ⑩鎭長使用⑪爲乎矣 後此別⑫爲有去等 此文字⑬內乙
用良 告官辨正爲乎事在

財主幼學李繼世(手決)

證三寸姪李迪 (手決)

證五寸姪李寬 (手決)

筆執五寸姪幼學李弘(手決)

(註解) ① 金緣、一四八七(成宗一八)~一五四四(中宗三九)、號；雲巖、本貫 光山、江原觀察使에 이름。② 爲臥乎事段、하누온일딴、뜻；—하는 일인즉。③ 爲沙餘良、하사나마。뜻；—할뿐더러、—할뿐만 아니라。④ 矣身乙、의몸을。뜻；나를、이몸을。⑤ 㐌不喩、

뿐아닌지。 뜻;—뿐아니라。 ⑥ 節、지위。 뜻; 이번、이때。 ⑦ 爲乎等用良、하온들쓰아。 뜻;—한바로써。 ⑧ 先可、아즉。 뜻; 우선。 ⑨ 爲旀、하며。 뜻;—하며。 ⑩ 鎭長、길이길이。 ⑪ 爲乎矣、하오되、 뜻;—하온되、—하되。 ⑫ 別爲有去等、別爲所有去等、별한바잇거든、 뜻; 다른 바(일이) 있거든。 ⑬ 內乙用良、안올쓰아、 뜻; 내용으로써。

(要旨) 一五一〇年(中宗五) 四月一八日에 財主李繼世가 五寸姪女夫 生員金緣에게 奴婢三口를 別給하는 文書이다。 別給하는 事由는 財主의 五寸姪女는 財主의 妻 曺氏가 三歲때부터 收養을 했고 항상 정이 두터웠을뿐더러 財主 自身을 甘心孝養했을뿐 아니라 이번에 生員一門을 얻었으므로(婚姻) 榮光스러운 일이기 때문이다。 別給은 五寸姪女에게 하는 것이나 결국은 그 夫金緣에게 가는 것이다。

〈別給文記、 例四〉(서울大、 No. 一九〇八九六)

丁酉九月十四日 甥①新榜進士金錫胄處 別給成文

右文 爾以早年來贅余家 余嘗愛之如子 而以其氣宇之不凡 文藝之夙成 期待且不淺果能捷蓮榜爲壯頭 屈二百多士之膝 豈不壯哉 爾非久於章甫者 門闌喜氣 當不止此 余將刮目以俟 姑將林川婢延花五所生婢李今年十四 慶州婢九鶴三所生婢一德年九 婢春德九所生奴九閑 長淵婢四德二所生奴德南年二十五等 以榮表 並其後所生 可鎭長使役者

自筆舅②奮忠贊謨靖社功臣大匡輔國崇祿大夫議政府右議政兼領經筵事監春秋館事完南府院君李(手決)

大匡輔國崇祿大夫議政府領議政兼領經筵弘文館藝文館春秋館觀象監事世子師鄭③(手決)

大匡輔國崇祿大夫領敦寧府事兼領春秋館事金④(手決)

正憲大夫吏曹判書兼知義禁府春秋館事同知經筵事洪(手決)

(以下 刑曹判書尹、禮曹判書鄭、右參贊蔡、吏曹參判吳、兵曹參判洪、刑曹參議吳挺緯、戶曹參議金素、舍人李端相、司僕寺正李性恒、吏曹佐郞鄭萬和、京畿都事金益廉、藝文待敎金壽興、成均學正尹弼殷、承文正字李東老、副正字安後昌、副正字權斗樞、副正字權讓의 品職과 手決이 있다。)

(註解) ① 甥新榜進士金錫胄、사위 新榜進士 金錫胄(一六三四~一六八四、領議政 金堉의 孫子、兵判佐明의 子、一六八二년 右議政、諡

號 文忠)。 ②舅~李、妻父… 李厚源(一五九八~一六六〇)。 ③鄭、鄭太和(一六〇二~一六七三) ④金、金堉(一五八〇~一六五八)

(要旨) 丁酉(一六五七、孝宗八) 九月 一四日에 장인인 右議政 李厚源이 甥姪 金錫胄에게 奴婢四口를 別給하는 文書로서, 進士가 된 것을 축하하고 將來를 기대하는 뜻에서 別給하고 있다. 財主인 李厚源의 自筆로 作成되었고 證人으로 領議政鄭太和, 金錫胄의 祖父金堉을 비롯하여 當代의 顯官들이 羅列되어 있다. 이와같은 경우 別給되는 財產보다는 別給을 받는 사람의 將來의 出世를 保障하기 위한 意味와 政治세력의 단합의 意味가 더 큰 것으로 보인다. 이와같은 文書作成時에 會同한 人物들의 性分析도 흥미있는 문제가 될 것이다.

圖版 145 別給文記(部分)　　서울大, 190895

〈別給文記、例五〉(서울大、№一九〇八九五)

與長孫進士錫冑文①

昔在丙子余受②

先王命 浮海朝天③ 朞年而復命 汝於此時 纔四歲矣 新經大亂 在死而生 尙未能言 余
保抱攜持 只有全生之望 任其所爲 五歲能學字誦詩 未嘗課勸 日漸成就 見者奇之
三就國子監生之試 再魁解額 今乃冠於多士 余生存至今見 汝先以小科悅我 其喜
豈可勝言 此皆先世積善未發之餘慶也 我高祖大成公 辛酉榜進士 先君贈議政公 乙
酉榜生員進士 汝④父得癸酉生員 汝今得丁酉進士壯元生員第八 皆在酉年 此亦一奇
尤不勝感愴于中 家世淸寒 本無舊業 加平有峽中之石田 楊根有江上之渚田 乃平
生所資以爲生者 楊州墓下之祭田 城西盤松之舊基 終南會賢之新舍 皆當世傳 而
及於汝者 并以付之 京居奴婢銀生及其所生四子 皆給汝 此皆應給汝者 非世所謂
別給 古人有以淸白二字遺子孫者 此比於二字則多矣 余生於萬曆庚辰 今年七十有
八 時維九月 節近重陽 此可記其年月日也 是爲文
⑤祖父大匡輔國崇祿大夫領敦寧府事兼領春秋館事金(手決)

大匡輔國崇祿大夫議政府領議政兼經筵弘文館藝文館春秋館觀象監事世子師鄭⑥(手決)
大匡輔國崇祿大夫領中樞府事沈⑦(手決)
(以下 吏曹判書洪命夏, 刑曹判書尹絳, 漢城府左尹呂爾載, 戶曹參判洪重普, 都承旨趙珩, 刑曹參議吳挺緯, 舍人李端相, 通禮院左通禮李後陽, 弘文館校理李殷相, 校理安後說, 世子侍講院文學鄭維胄, 禮曹正郞洪柱世, 吏曹佐郞鄭萬和, 京畿都事金益廉, 兵曹佐郞李行道, 成均典籍鄭勛, 藝文待敎金壽興, 奉常寺奉事李球, 承文著作金炫文 正字李東老, 副正字安後昌 등이 證人으로 着銜)

(註解) ① 錫胄, 金錫胄. 〈別給文記例二〉 참조. ② 丙子, 一六三六年(仁祖一四) 丙子. ③ 朝天, 淸에 冬至使로서 使行함. ④ 汝父, 金佐明(一六一六~一六七一). ⑤ 祖父~金, 財主로서 金錫胄의 祖父 金堉(一五八〇~一六五八). ⑥ 鄭, 鄭太和(一六〇二~一六七三). ⑦ 沈, 沈之源(一五九三~一六六二, 一六五八年 領議政)

(要旨) 一六五七年(孝宗八) 九月 七~八日경에 財主(祖父) 金堉이 長孫인 進士 金錫胄에게 奴婢五口와 土地를 別給하는 文記로서, 金錫胄의 進士壯元을 축하·기념하는 뜻으로 이루어진 文書이나, 財產別給의 目的을 초월하는 意味가 內在된 것임은 〈別給文記, 例二〉에서와 같은 것으로 본다.

〈別給文記, 例六〉 (著者)

康熙二十九年二月十二日 末子樓處別給文

右文 汝是末舉之子 失怙最幼 余之憐愛偏甚 少好學文 期待頗深 而投筆中斜 初非所望 今宰蟾邑 是亦榮矣 未亡之身 獨享其養 感念之懷 庸有極乎 顧念近世士大夫家 子孫有登科者 例賜賞格 而此則遷就 久未行焉 今當河東之行 尤有所感 玆以斗①尺乭所之伕 ②業畓二十一卜六斗落 初字田十六卜三束 同字五卜四束 牟種十三斗落庫 及婢葩眞九所生奴四鳳乙巳生身并所生 許與 蓋爲此者 所以表志喜也 汝受言 藏之可也

財主母姜氏

女壻幼學李著(手決)

執筆三寸姪幼學徐椋(手決)

(註解) ① 斗尺乭之伏、斗尺乭所(地名)에 있는(伏在)、② 業畓、業字(地番)畓。

(要旨) 一六九〇年(肅宗一六) 二月一二日에 母(財主) 姜氏가 畓二一負(六斗落只)、田二一負七束(牟種一三斗落處)과 奴一口를 末子에게 別給하는 文書로서、別給의 事由는 末子徐椋의 科學 급제와 守令부임을 축하하고 그 기쁜 마음을 表하기 위하였다。

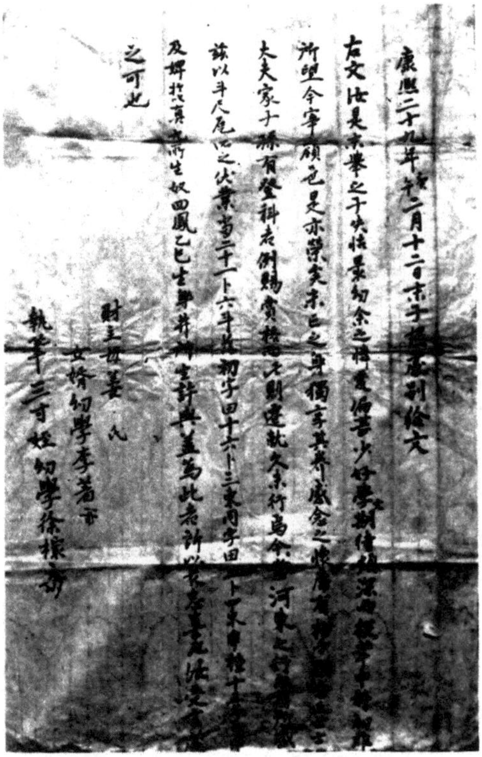

圖版 146 別給文記　　著者

〈別給文記、例七〉(서울大、№一一三二一九)

康熙六十年辛丑十月十一日第二子宣傳官錫基處別給

右文爲 汝出身之後 即通仕路 凡所騎及長服 猝難辨備以給 故不得已 利川栢土面上洞里嚴水坪伏在·白字第四百五拾八畓六斗落只二十一卜九束庫乙 永永許給爲去乎 汝以此轉賣 以爲辨措之地 而後有雜談 持此文卞正者

筆 父金蓋熻(手決)

證三寸叔金斗熻(手決)

(要旨) 一七二一年(景宗、元年) 一〇月一一日에 父(金蓋熻)가 二子錫基에게 畓六마지기를 別給하는 文書로서、別給하는 事由는 二子錫

基가 大科에 及第한 후 곧 宣傳官으로 任命되었으나 말(騎)과 옷을 갖추기 辦備하여 줄수가 없으므로 畓六마지기를 주어 이를 팔아서 그것들을 마련하게 하기 위하여서이다。

(6) 許與(許給) 文記

許與文記는 財産을 給與하는 文書이다。許與는 直系尊屬에 의한 경우도 있으나 傍系 및 姻戚에 의한 경우도 많다。分給이나 和會와 같이 정식의 財産分配가 아니고 別給과 같은 特別한 事由가 있어서 給與하는 것도 아니므로 事後에 財産紛爭의 가능성이 많다。즉 祖・父 등 直系尊屬에 의한 許與라도 뒤에 後孫들에 의하여 紛爭의 가능성이 있을뿐 아니라 傍系 및 姻戚에 의한 許與일 경우에는 더욱 그 가능성이 많을 것은 물론이다。따라서 高麗末~朝鮮前期에 있어서 許與(許給) 文記에는 官의 立案을 받았다。官의 立案을 위한 節次(具備書類)는 高麗末과 朝鮮前期에 약간 차이가 있는 것으로 보인다。[197]

〈許與文記, 例 一〉(寶物四八三, 至正一四年 奴婢文書)

A、許與文記

至正拾肆年甲午捌月拾壹日成文許與①爲臥乎事叱段 子丹鶴亦② □(姪)子息參內 唯一繼姪獨子③是乎等乙用良 妻父朴氏邊④以 傳來婢
吾火伊矣所□(生)□(婢)□(太)□(阿)只身乙 奉祀條以 許給⑤爲去乎在亦 後所生□(並)□(以)□(子)孫傳持 鎭□(長)□(使)□(用)爲乎矣 他餘子息⑥等亦 爭望起云⑦爲
行□(去)□(等) □(此)文字內事意□(乙)□(用)□(良) 內外官司辨別⑧爲乎事是亦在

財主出父直長同正尹 (手決)(手決)

訂保奉善大夫申虎衛保乘護軍尹 (手決)(手決)

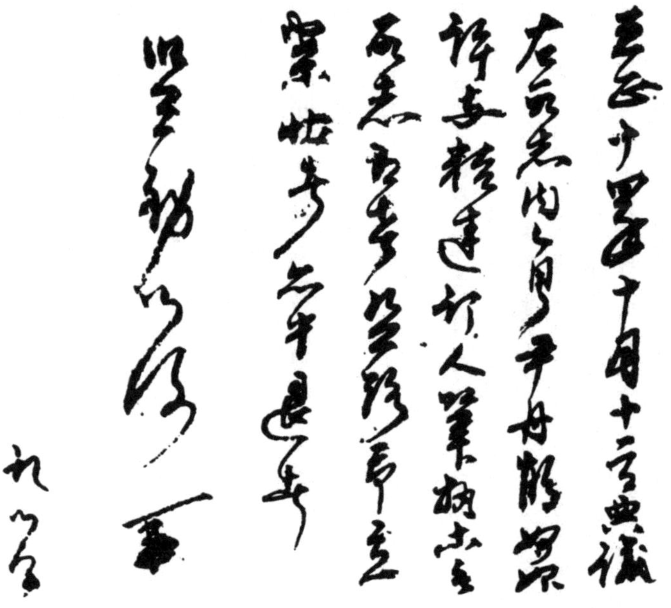

筆執前伍尉金　(手決)(手決)

B、所志(受贈人의 立案申請)

學生尹　(手決)

右⑨謹言所志矣段　父直長同正尹光琠敎是⑩ (矣)□外祖傳來婢大阿
只⑪矣身乙 (許)□與傳持爲白有臥乎⑫　粘⑬(連)(相)□□考　監踏印　立案成
給⑭向敎事　望⑮白內臥乎事是亦在　謹言

監務官　處分

至正十四年十月　日所志

圖版 147 許與文記付立案　　寶物 483

C、所志(證・筆의 陳述을 겸한 立案請願所志)

訂筆等

右謹言所志　矣⑯徒段　直長同正尹光琠亦　子丹鶴亦中　奴婢許
與成文良中⑰　訂筆使內⑱白乎事是良尒　科科以⑲　斜⑳只立案成給
向敎事　望白內臥乎事是亦在　謹言

耽津監務　處分

(197) 許與文記、例一(寶物、四八三號、至正一四年奴婢文書)에 의하면, ① 財主(出父)의 許給文記 ② 受取者(子尹丹鶴)의 監務에 대한 立案請願所志 ③ 證保・筆執人의 許給文記作成時에 證筆로 參與한 事實의 陳述을 겸한 監務에 대한 立案請願所志 ④ 監務가 立案을 發給하겠다는 題音(데김, 판결문)。⑤ 監務의 立案등으로 되어 있다。許與文記、例一과 그 이후의 文書例를 살피면 財產許與時의 立案制度의 變動을 알 수 있다。(朴秉濠, 前揭 「高麗末의 奴婢贈與文書와 立案」 참조) 즉 許給文記가 作成된 후 受取者와 證・筆의 立案請願을 위한 所志를 文記에 첨부하여 官에 올리면 官에서 事實을 확인한 후 立案을 發給해 주겠다는 決定(題音)을 한 후 立案을 發給하였다。그런데 朝鮮前期에 있어서는 受取者의 立案請願所志는 같으나, 財主(給與者)와 證人・筆執의 給與事實 및 同參한 事實에 대한 陳述書(條目、消息、招辭 등)가 첨부되는 것이 다르다。

□(至)正十四年十月　日狀

筆執前伍尉金　　　　(手決)

證保奉善大夫神虎衛保乘護軍尹　(手決)

D、題音 (監務의 立案發給決定題音)

□(甲)□(午)十月十日付

□斜(該)

北津監務官(手決)

E、立案

至正十四年十月十二日典議

右所志內乙用良 尹丹鶴奴婢許與粘連 訂人筆執等(佞)矣所志相考 監踏印立案 狀者亦中 退者

監務官 (手決)

記官

(註解) ① 爲臥乎事叱段、하누온일번。뜻…—하는 일은。② 亦、이여、여。뜻…이、가。③ 是乎等乙用良、이온들쓰아。뜻…—이온바로써。④ 以、로、으로。뜻…—로、—으로。⑤ 爲去乎在亦、하거온겨이여。뜻…—하는것이므로。⑥ 等亦、들에。뜻…—들이。⑦ 爲行去等、하엿거든。뜻…—하였거든。⑧ 爲乎事是亦在、하올일이여견。뜻…—할일 이라는것。⑨ 右謹言所志矣段、뜻…삼가 所志(請願)를 말씀드리는 것은。⑩ 敎是、이시、이샨。뜻…께서、께옵서。⑪ 矣身乙、의몸을。뜻…의 몸을。⑫ 爲白有臥乎、하샵이시누온。뜻…—하였삽는。⑬ 粘連相考、粘連(된 許與文記)을 相考하여。⑭ 向敎事、아이샨일。뜻…—하옵실 일。⑮ 望白內臥乎事是亦在、바라사올는일이여견。뜻…바라옵는 일이라는 것。⑯ 矣徒段、의도반。뜻…우리는、우리네반은、우리네인즉。⑰ 良中、아히。뜻…에。⑱ 使內白乎事是良尒、부리사온일이아곰。뜻…—하였사온 일이므로(이니만큼)。⑲ 斜斜以、차차로。뜻…낱낱이。하나하나。⑳ 斜只、빗기。뜻…비스듬히。「公證」의 뜻이 있

다。立案과 粘連한 문서의 粘連處에 엇빗겨 官印을 찍는 것을 의미하는 것이 아닌가 한다。즉 官의 公證을 斜 또는 斜只라고 하는 것이다、(中宗實錄卷五一、中宗一九年八月乙卯條、「經官謂之斜出」) ㉑ 依斜、依例斜給의 준말、예에 따라 斜只(빗기、公證)를 발급함。㉒ 等矣、들의。뜻 : ―들의。㉓ 狀者。所志(立案請願書)를 제출한 사람。㉔ 退者、退給者의 준말。發給한다。發給함。

(要旨) 이 文書는 海南尹氏宗宅에 所藏되어 있는 寶物四八三號이다。文書의 內容은 (A)、一三五四年(恭愍王三) 八月一一日에 直長同正 尹光琠이 아들 丹鶴에게 婢一口를 奉祀條로 許與하는 許與文記와 (B)、許與를 받은 丹鶴이 同年一〇月에 監務에게 올린 所志(立案請願書)와 (C)、許與文記 作成時에 證人·筆執으로 참여한 사람들이 監務에게 올린 事實確認陳述을 겸한 立案請願所志。(D)、許與文記·所志를 검토한 耽津監務殿의 立案發給許諾題音(데김)。(E)、監務의 立案 등으로 되어 있다。高麗末期의 이러한 立案制度는 朝鮮時代에도 거의 같은 形態로 계속되고 있으나 크게 다른점은 證·筆의 「所志」가 朝鮮時代에는 「條目」·「招辭」(陳述書)로 변동되고 있고 좀 더 文書의 樣式이 세련되게 정리된 점을 들수 있다。

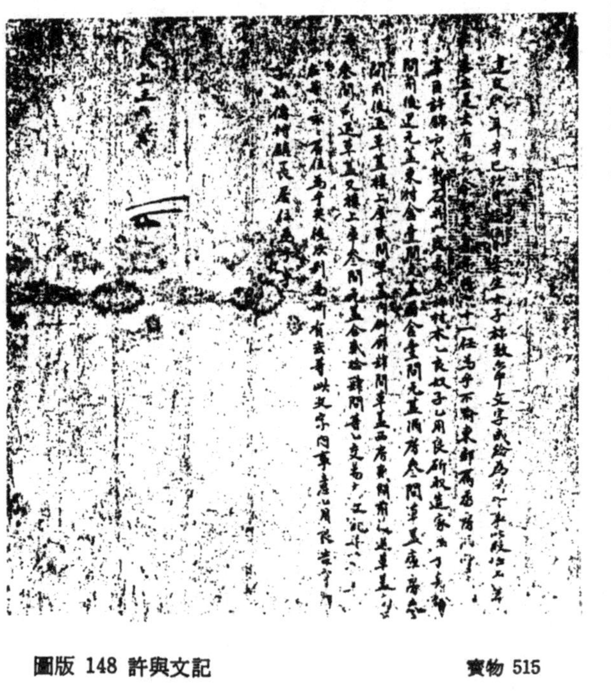

寶物 515

圖版 148 許與文記

〈許與文記、例二〉(寶物五一五、國立中央博物館)

建文參年辛巳玖月拾伍日　妾生女子旀致亦中①文字成給爲②□(臥)
乎事叱段　必于③年少妾生④是去有而亦　今如⑤矣身年將□(七)十　一
任爲⑥乎不喩　東部屬香房洞□(空)□(代)□(殿)□(後)宰臣許錦⑦戶代熟石并⑧
以　交易爲旀⑨　材木乙良　奴子⑩乙用良　斫取造家⑪爲乎⑫身□(傳)□(貳)間
前後退瓦蓋　東付舍壹⑬間瓦蓋　廚舍壹⑭間瓦蓋　酒房⑮參間草蓋
庫⑯房參間前後退草蓋　樓上庫⑰貳間草蓋　內斜廊⑱肆間草蓋　西
房貳間前後退草蓋　南廳參間前退草蓋　又樓上庫參間瓦蓋
合貳拾肆間⑲等乙　交易本文記并以□(許)□(與)⑳□(爲)□(去)□(乎)在等以　永
永居住爲㉑乎矣　後次別㉒爲所有去等　此文字內事意乙用良　告

(官)(辨)(別)
□□□ 子孫傳持 鎭長居住爲乎事㉓

㉔太上王(手決)

(註解) 原文書에는 毁損된 글자가 많았으나 列聖御筆(奎、一〇三二二)에 이 文書의 榻本이 있어 채워넣을 수 있었다。① 亦中、여해。뜻:; 에게。② 爲臥乎事叱段、하누온일딴。뜻:;—하는 일만은、—하는일은。③ 必于、비록。뜻:;비록。④ 是去有而亦、이거이신마리여。뜻:;—이지마는。⑤ 如矣身 予矣身、나의몸、뜻:;내가。⑥ 爲乎不喩、하온아닌지。뜻:;—하지 않은 것。—하지 않을 것。⑦ 戶代熟石、家垈와 石材。⑧ 幷以、아오로。뜻:;아울러、함께。⑨ 爲旀、하며。뜻:;—하며。⑩ 乙良、으랑。뜻:;—은、—는。⑪ 乙用良、을쓰아。뜻:;—으로써、—로써。⑫ 爲乎、하온。뜻:;—한。⑬ 身梗、몸채。⑭ 厨舍、주방、부엌간。⑮ 酒房、술방。⑯ 庫房、광、창고。⑰ 樓上庫、다락방。⑱ 內斜廊、안사랑。⑲ 等乙、들을。뜻:;—들을。⑳ 爲去乎在等以、하거온견들로。뜻:;—한 것인줄로、—한 것이므로。㉑ 爲乎矣、하오되。뜻:;—하되。㉒ 別爲所有去等、별할바잇거든、뜻:;다른바 있거든、다른일이 생기면、문제가 있으면。㉓ 爲乎事、하올일。뜻:;—할일。㉔ 太上王、朝鮮太祖李成桂。당시 六七세였다。

(要旨) 一四〇一年(太宗元) 九月에 당시 太上王으로 있던 太祖(李成桂)가 그의 後宮所生으로 뒤에 淑愼翁主가 된 旀致에게 家垈文記와 家屋을 許與하는 文書이다。家屋은 몸채(2칸)、東付舍(一칸)・부엌(一칸)・술방(三칸)・광(三칸)・다락방(二칸)・안사랑(四칸)・西房(二칸)・南廳(三칸)・다락방(三칸)등 瓦家・草家 二四間으로 子孫들이 오래오래 居住할 것을 밝히고 있다。

〈許與(許給)文記、例三〉(安東 金俊植氏宅)

A、(立案請願) 所志

幼學金①孝盧(手決)

右謹言所志矣段 外祖前慶山縣令盧(僴)(許)(與)□□□內

監②當③教是旀 ④斜只立案

圖版 149 許與文記一括

安東 金俊植氏宅

成給⑤向敎是事望白內臥乎事是亦在 謹言

行知醴泉郡事 處分

天順八年十二月日所志

(題音)

甲申十二月初五日

右所志內⑥乙用良 推考⑦向⑧事 合行立案者

行知郡事(押)

B、許與文記

天順八年甲申十二月初三日 外孫幼學金孝盧亦中⑨ □ 眼前胎產 三歲前⑩始叱懷抱長養 愛惜

之情 無□良 故妻康氏邊婢韓加陸所生奴今音仇知年拾⑪□仇瑟年玖 婢錦文伊所生奴巨

同年柒 婢朴加⑫□柒等 肆口乙 許與爲⑬去乎 子孫傳持使用爲⑭乎□有去等 此文字內乙用

良 告官卞別爲⑮乎事是□

財主外祖中訓大夫前⑯□

筆執別侍修義校尉龍□

證保甲士進武副尉□

C、(財主의) 條目

甲申十二月初五日條⑰目

節⑱問敎是臥乎 外孫幼學金⑲□ 婢韓加六所生奴今音仇知 同婢柒⑳□瑟 婢錦文伊所生奴巨

同 婢□㉑奴季同等乙 右證明文成置 許㉒□ 科㉓科以相考施行敎事㉔

財主中訓大夫前慶山縣□

行知郡事(押)

D、(筆執・證保人의) 條目

甲申十二月初五日條目

節問敎是臥乎 中訓大夫前慶㉕□盧員亦㉖ 外孫幼學金孝盧亦中 ㉗□與時 ㉘矣徒等亦證筆執使內白臥㉙□是白去乎 科科以相考施行敎□事

別侍副司直南□

甲士進武副尉□

行知郡事(押)

E、(行知禮泉郡事의) 立案

甲申十二月初五日立案

右立案 粘連所志內乙用良㉚ 日前□賤籍推納相考爲乎矣 財主?□前慶山縣令盧膺 自手筆執子息□ 庚辰二月廿日成置

金山官斜□案內 外孫金孝盧衿 婢韓加㉛□今音仇知是如㉜ 施行爲有齊㉝ ㉞□氏衿 婢錦文伊 盧膺女子生㉟□妻衿 婢朴加是如爲等如㊱ ? 印 許與是置有等以㊲ 作㊳退向事 ㊴□立案者

行知郡事(押)

(註解) ① 金孝盧、一四五四年(端宗二)生、一五三四年(中宗二九)卒。號 聾叟、一四八〇年 生員、一四九八年(戊午史禍) 自安東始卜居于

禮安, 光山金氏禮安派始祖. ② 監當, 合當한가를 살핌. 事實與否를 살핌. ③ 敎是旀, 이시며, 뜻: —이옵시며, —하옵시며. ④ 斜只, 빗기, 뜻: 비스듬히, 제출한 文書(所志, 許與文記, 條目 등)에 官의 證明(官印을 비스듬히 찍음)을 받는 것. ⑤ 向敎是事望白內臥乎事是亦在, 아이신일바라삷안누온일이여견, 뜻: —하옵시기를 바라옵는 일이라는 것. ⑥ 乙用良, 을쓰아, 뜻: —으로써, ⑦ 推考, 추고, 조사하여 잘 살피다. ⑧ 向事, 안일, 뜻: 할일. ⑨ 亦中□, 「亦中許與 汝亦」인 것으로 추측됨. 에게 許與 네가(너는). ⑩ 始叱, 비롯, 뜻: 비로소, 처음으로, ⑪ □, 「同婢所生婢」로 추정됨. ⑫ □, 「所生奴季同年」로 추정. ⑬ 爲去乎, 하거온, 뜻: —하므로, —하니. ⑭ 爲乎□有去等, 「爲乎矣 後次別爲所有去等」으로 추정. 즉, —하되 후에 다른바가(일이) 있거든. ⑮ 爲乎事是□, 爲乎事是亦在, 하온일이여견, 뜻: —할일이라는것. ⑯ □, 慶山縣令盧膺. ⑰ 條目, 官의 事實與否를 확인하기 위한 質問(訊問)에 대한 陳述書. ⑱ 節問敎是臥乎, 지위問이시누온, 뜻: 이번에 質問하옵시는. ⑲ 金□, 「金孝盧亦中」로 추정. ⑳ □, 「所生婢仇」로 推定. ㉑ □, 「朴加所生」로 推定. ㉒ 許□, 「許與爲臥乎事是良尓」로 推定, 許與하누온일이아곰, 뜻: 許與하는 일인만큼. (일이므로). ㉓ 斜斜以, 차차로, 뜻: 낱낱으로. ㉔ 敎事, 이산일, 뜻: —하옵실 일. ㉕ 慶□, 慶山縣令. ㉖ 亦, 여, 뜻: 이(主格助詞) ㉗ □與時, 「奴婢許與時」로 推定. ㉘ 矣徒等亦, 의내들여, 뜻: 저희네들이. 우리네들이. ㉙ 使內白臥乎所是白去乎, 부리옵누온바 이삷거온, 뜻: 행하옵는바 이오니. ㉚ 粘連, 文書에 證據書類를 이어붙임. ㉛ □, 「所生奴」로 추정. ㉜ 是如, 이다, 뜻: —이다. ㉝ 爲有齊, 하잇제, 뜻: —하였다. ㉞ □氏, 「故妻康氏」로 추정. ㉟ 生□妻, 「生員金進妻」로 추정, 光山金氏禮安派譜에 의하면 盧膺의 딸이 金進에게 出嫁하였다. ㊱ 爲等如, 하드며, 하드다, 뜻: 등등이, 모두. ㊲ 是置有等以, 이두이신들로, 뜻: —이라고 하였는바로. ㊳ 作退向事, 退給할일. 還付할일. ㊴ □, 合行.

〈許與文記, 例四〉(安東, 金俊植氏宅)

(要旨) 一四六四年(世祖一〇) 一二月三日에 外祖(財主)인 前慶山縣令盧膺이 外孫金孝盧에게 奴婢四口를 許與하는데 따른 一括文書이다. ① 먼저 外祖盧膺이 奴婢四口를 許與한다는 「許與文記」(B)를 作成하여 外孫金孝盧에게 주었고, ② 다음 金孝盧(受贈人)는 立案을 申請하는 「所志」(A)에 許與文記를 첨부하여 行知禮安郡事에게 올렸다. ③ 官에서는 所志에 立案을 發給하겠다는 「題音」을 내리고, ④ 同日 財主와 筆執·證保를 불러서 事實與否를 묻고 그들의 「條目」(陳述書)(C·D)을 받아 확인한 후 ⑤ 同日 立案(E)을 發給하였으며, 一括文書(A, 所志, B, 許與文記, C, 財主條目, D, 筆執·證保의 條目, E, 立案)를 粘連한 후 連結處와 數個處에 官印을 押하여 立案申請者에게 還付하였다. 이로써 奴婢(財産)許與의 公證이 이루어진 것이다.

A、許與文記

成化拾陸年庚子拾壹月貳拾伍日 許與①爲臥乎事段 女②矣耕作③爲如乎 田畓④等乙 繼後子收養侍養⑤□分給⑥爲臥乎 繼後子生員孝盧⑦衿
瓦家及家入田陸拾卜參束 烏川員田肆拾肆卜壹束 先院畓下邊陸拾玖卜 于里岩畓貳拾陸卜 主祀月古介員畓下邊參拾柒卜伍束 收
養女子明珠衿 烏川員代田川邊肆拾柒卜 家前路西邊田穪田并參拾卜 先院畓上邊陸拾玖卜 侍養三寸姪女金氏衿 烏川員代田內邊
肆拾柒卜壹束 川南田參拾壹卜捌束 月古介員畓上邊參拾柒卜伍束 梨谷員畓參拾貳卜 高老洞員畓貳拾參卜捌束 同員畓拾卜陸束
同員畓貳拾壹卜肆束 ⑧爲等如分給爲臥乎 子孫傳持 鎭長耕作⑨爲乎矣 後次 ⑩別爲所有去等 此文字內事意⑪乙用良 告官辨別⑫爲乎事是
亦在

財主故別侍衛金孝之妻黃氏(印章)
證保前司直尹(手決)
證保錄事禹　(手決)
筆執前司勇林(手決)

B、消息(緘答)

⑬消息節
⑭公緘內 繼後子生員金孝盧 收養女子明珠 侍養三寸姪女金氏等亦中 家舍及田畓 傳係許與 眞僞相考 記下⑮向事
公緘⑯是白有亦 繼後子生員金孝盧衿 瓦家及代田六十卜 烏川員田壹庫⑰ 先院員畓壹庫 于里岩員畓壹庫 主祀位月古介畓壹庫 收養
女子明珠衿 代田內參拾卜壹庫 烏川員田壹庫 先院員畓壹庫 侍養三寸姪女金氏衿 烏川員田壹庫 川前員田壹庫 梨谷員畓壹庫
古老洞員畓參庫 月古介員畓壹庫 ⑱爲等良 證筆俱成文 許給⑲爲白卧乎事是良尔 ⑳科科
相考施行㉑向教是事 ㉒右味
㉓知乎白次

成化十六年十二月十九日 故別侍衛金孝之妻黃氏(印章)

C、招辭㉔

庚子十二月十八日

前司勇林克仁年六十六 錄事禹亨元年卅一 前司直尹敉年四十三

節㉕推考 白等㉖ 故別侍衛金孝之妻黃氏亦㉗ 繼後子生員金孝盧 收養女子明珠 侍養三寸姪女金氏等亦中 家舍及田畓等乙 許與成置時

林克仁段筆執 尹敉禹亨元等段證保 爲等如使㉘內白臥乎所的是白乎事是良尒㉙ 相考施行敎事

白(手決)

行府使(押) 行判官(押) 白(手決)

白(手決)

D、立 案

成化拾陸年庚子十二月二十日立案

右立案爲田地事 粘連所志及侤音是乎㉚等用良 相考爲乎矣 故別侍衛金孝之妻黃氏亦 繼後子生員金孝盧 收養女子明珠 侍養三寸姪女金氏等亦中 家舍田畓等乙 證筆具 許與成置 的是置有等以㉛ 葉作粘連 作退向事 合行立案者

行安東大都護府使(押) 行判官(押)

(**註解**) ① 爲臥乎事段、하누온일단、뜻；―하는 일은。② 矣、의。뜻；―의(소유격토) ③ 爲如乎、하다온、뜻；―하던。④ 等乙、들을、뜻；―들을。⑤ □、「亦中」로 추정。뜻；에게。⑥ 爲臥乎、하누온、뜻；―하는。⑦ 衿、깃。뜻；몫、깃。⑧ 爲等如、하트다、하트러、뜻；통틀어、모두。⑨ 爲乎矣、하오되、뜻；하되。⑩ 別爲所有去等、별할바잇거든、뜻；다른 바(일) 있거든。⑪ 乙用良、을쓰아、뜻；―으로써。⑫ 爲乎事是亦在、하온일이여견。뜻；―할일이라는 것。⑬ 消息、士大夫家의 夫人의 陳述書(招辭)。財主가 男

子인 경우에는 官에 出頭하여 官의 推問(質問)에 대한 陳述을 하게되나 財主가 士大夫家의 夫人일 경우에는 官의 公緘(事實의 眞僞를 묻는 質問書)을 받고 該事實이 틀림없음을 陳述하는 文書를 「消息」이라 하고 있다。⑭ 公緘、官에서 直接 推考(推問・質問)하기 어려운 경우 推考(質問)의 內容을 文書로서 보내는 것을 公緘이라 한 것으로 보인다。公緘에 대한 答辨(陳述書)을 緘答이라 하겠고、「消息」도 緘答에 속하는 것으로 본다。⑮ 向事、안일、뜻；—할일。⑯ 是白有亦、이삽이신이여、뜻；—이시었으니、⑰ 庫、곳、뜻；곳(處)、庫叱을 줄여쓴것。⑱ 爲等良、하드러、뜻；통틀어、모두。爲等如와 같다。⑲ 爲白臥乎事是良尒、하삷누온일이아금、뜻；—하옵시는 일이므로、⑳ 科科、차차、뜻；條條、一一히、낱낱이。㉑ 向敎是事、아이샨일、뜻；—하옵실일。㉒ 右味、올우미、뜻；右(위)의 뜻、위에 진술한 뜻。㉓ 知乎白次、알옴삷차、뜻；알리옵기위하여。㉔ 招辭、推考(推問)에 대한 陳述。㉕ 節推考、지위推考、뜻；이번 推考(推問、質問)에、㉖ 白等、삷든、뜻；사뢰오되。㉗ 亦、여、뜻；가(주격조사)。㉘ 使內白臥乎所的是白乎事是良尒、부리삷누온바마기삷온 일이아곰、뜻；행하옵는바 확실하온 일이므로、행한바가 확실한 일이므로。㉙ 敎事、이샨일、뜻；—하옵실일。㉚ 是乎等用良、이온들쓰아。뜻；—이온바로써、—한것으로써。㉛ 的是置有等以、마기두이신들로、뜻；확실하다고 하였으므로。

(要旨) 一四八〇年(成宗一一) 一一月二五日에 財主인 故別侍衛金孝之의 妻 黃氏가 繼後子生員金孝盧、收養女 明洙、侍養三寸姪女金氏에게 瓦家(孝盧衿)와 土地를 許與하는데 따른 一括文書이다。즉 ① 一一月二五日字의 「許與文記」와 ② 同年一二月一九日字 이 許與의 立案을 받는데 필요한 財主黃氏의 「消息」、③ 許與文記 作成時 同參했던 筆執과 證保의 一二月一八日字의 「招辭」(陳述)、④ 이러한 證憑資料에 의하여 同年一二月二〇日에 行安東大都護府使가 發給한 「立案」으로 되어 있다。그런데 앞의 〈許與文記、例一〉에서 보듯이 이 一括文書에는 受贈人의 立案請願 「所志」는 탈락되어 있으나 財產相續에 관한 重要한 資料임은 勿論이다。

〈許與文記、例五〉(서울大、№二一三二〇五)

崇禎二年己巳二月初四日 異姓姪子李香福處許與

右許與事段 女①矣夫亦先亡後 無子息 困居寡女以 別無侍養②乙仍于 女矣父邊祖上傳來 南部豆毛浦伏在 瓦家陸間及東③以空代肆間 南以空代陸間 西邊以空代肆間庫果 西邊伏在養□□花田壹日耕庫④等乙 同香福處永永許給⑤爲去乎 本文記段 去丁卯年胡亂時閪失乙仍于 許給⑥不得爲在果 ⑦矣身乙生時侍養⑧爲如可 死後埋葬⑨次以 永永許給⑩爲如乎 後次⑪良中 遠近族類等 相爭隅⑫有去等 此文記內 告官辨正⑬爲乎事

財主異姓叔母良女延氏業伊(右手寸)

證四寸姪子書吏金國(手決)

證四寸姪子書吏文舜華(手決)

證四寸姪子良人李應富(手決)

證四寸姪女良女戒春(右手寸)

筆執宣教郎金得忠(手決)

(註解) ① 女矣夫亦、女(自身)의 夫가、② 乙仍于、을지즈로。뜻;—을 말미암아、—이기에。③ 以、으로、뜻;—으로。④ 庫等乙、곳들을、뜻;곳(處)들을。⑤ 爲去乎、하거온、뜻;—하고는。⑥ 不得爲在果、못질하견과、뜻;못하거니와。⑦ 矣身乙、의몸을、뜻;나를、이몸을。⑧ 爲如可、하다가、뜻;—하다가。⑨ 次以、차로、뜻;—차로、—하기 위하여。⑩ 爲如乎、하다온、뜻;—하였는데。⑪ 良中、아해、뜻;에。⑫ 有去等、잇거든、뜻;있거든。⑬ 爲乎事、하올일、뜻;—할일。

(要旨) 一六二九年(仁祖七) 二月에 財主、異姓叔母(良女延氏)가 異姓姪子李香福에게 瓦家와 空垈 및 土地를 許與하는 文書로서、許與하는 事由는 財主가 寡女로 子息이 없으므로 生時의 侍養과 死後의 埋葬을 위한 것이었다。그런데 本文記가 丁卯胡亂때에 燒失되었기 때문에 이의 立案을 위한 文書와 立案이 粘連되어 있다。즉 ① 良女延氏가 一六二九年 九月에 燒失된 文記의 立案을 申請하기 위하여 漢城府에 올린 所志、② 漢城府의 指示를 받은 南部에서 該文記의 燒失事實을 調査하여 漢城府에 報告한 牒呈(同年 一二月)。③ 위의 所志와 南部의 推閱(調査)에 의한 漢城府의 立案(同年 一二月) 등이 粘連되어 있고 粘連處와 文書 數個處에 官印을 押하였다。이러한 粘連文書가 위의 許與文記 例一、二의 一括文書와 다른 것은 許與한 財産에 대한 立案이 아니라 燒失된 文記에 대한 立案이란 점이다。즉 朝鮮中期以後에는 許與에 있어서도 財主·證人·筆執을 갖춘 許與文記로서 許與事實이 成立·認定되었던 것이며 따로 官의 立案을 받을 필요는 없었던 것으로 보인다。

〈許與文記、例六〉(서울大、No. 一二一二六〇)

康熙五十四年乙未三月晦日長子瑞蓂處許與文記

右記爲 家翁生時 多有公私債矣 不幸家翁棄世 公私督債 急於星火 勢難支撐乙仍于家翁自己買得對答爲在① 慶尙道善山官其人貢物舊壹名乙 捧價放賣 許多債物 董〃彌縫之後 汝能自備財力 給價還退 如前對答 則其志可嘉分叱不喩② 汝年逾四十 尙無嗣續 余常爲慮 今幸汝弟瑞英 幸以生子 爲汝繼後 一家之慶 可勝道哉? 因以此貢物及本文記參度并 永永許給 以表余喜悅之情 汝守此意鎭長執持③ 而日後諸子孫中 若有雜談 則以此文爲憑者

財主母全氏(印章)

筆執次子瑞英(手決)

(註解) ① 對答爲在、對答하견、뜻 ; 擧行하던。② 分叱不喩、뿐아닌지。뜻 ; ― 뿐아니라。③ 鎭長執持、오래도록 所有함。※ 其人貢物舊壹名、其人貢物(主人)은 柴炭을 納付하는 貢人、舊壹名은 柴炭納付의 數量을 표시함。즉 柴炭 舊一名분을 納付하는 貢人權을 의미함。

(要旨) 一七一五年(肅宗四一) 三月에 母全氏가 長子瑞英에게 慶尙道善山官其人貢物舊壹名분의 貢人權을 許與하는 文書이다。許與하는 事由는 家翁(財主의 夫) 生時의 公私債를 死後에 督債가 심하여 家翁이 擧行하던 其人貢人權을 放賣하여 處理하였는데、長子가 金錢을 마련하여 그 其人貢人權을 給價還退하여 전과같이 擧行하니 그 뜻이 嘉尙하고、또 無子한 長子가 繼後할 수 있게 되어 一家의 慶事이므로 기쁜마음을 表하기 위한 것이다。

〈許與文記、例七〉(서울大、№二三七九九五)

康熙十七年戊午十二月二十六日長子淵①亦中許與成文

右成文事段 谷字畓十四卜又畓二卜五束四斗落只庫 此乃父親敎是② 汝矣處別給之畓是去乙③ 吾以貧窮所致以 既已賣食爲有臥乎所④ 正字畓十五卜六束八斗落只內四斗落只段 谷字畓放賣代計給爲旀⑤ 四斗落只段汝矣衿付以⑥ 爲先許給爲去乎⑦ 他日汝矣同生中和會分財時 依此施行爲乎矣⑧ 後次子孫中 雜談爲去等⑨ 此文告官卞正者

財主父 李命白(手決)

筆執同姓嫡四寸通德郞李東白(手決)

(**註解**) ① 亦中、여해、뜻 ; 에게。② 敎是、이샨、뜻 ; 께서。③ 是去乙、이거늘、뜻 ; ―이거늘 ④ 爲有臥乎所、하잇누온바。뜻 ; ―하였는바。⑤ 爲於、하며、뜻 ; ―하며。⑥ 衿付以、깃부로。뜻 ; 깃으로、몫으로。⑦ 爲去乎、하거온。뜻 ; 하므로。⑧ 爲乎矣、하오되、뜻 ; ―하되。⑨ 爲去等、하거든、뜻 ; ―하거든。

(**要旨**) 一六七八年(肅宗四) 一二月에、財主父李命白이 長子湘에게 土地를 許與하는 文書로서 許與하는 事由는 財主의 父親이 湘에게 別給한 四마지기를 財主(父)가 賣食하였으므로 八마지기 가운데 四마지기는 放賣한 대신 주고 四마지기는 우선 몫(衿)으로 주고 있다。

〈許與文記、例八〉(서울大、№七〇四五六)

乾隆十一年丙寅三月初三日長孫浣處許與成文

右文爲許與事 汝亦①斧得重病 累月危篤 余心憂慮何可言 幸賴天賜 今至差境 一室之慶幸 莫大於此 玆將坡州婢玉眞一所生奴耳卜
年丙寅生 二所生奴英先年 交河濕浦里珠字畓四斗落四卜庫 及保定松浦伏在縛字田十斗落庫乙 許與爲乎矣 奴婢段 後所生並以②
永永執持 鎭長使喚事

財主自筆 祖父(手決)

(**註解**) ① 亦、여、뜻 ; 가、汝亦、네가。② 並以、아오로、뜻 ; 아울러

(**要旨**) 一七四六年(英祖二二) 三月에 財主 祖父가 長孫에게 土地와 奴婢를 許與하는 文書로서、許與하는 事由는 長孫이 重病으로 累月동안 危篤하다가 회복되어、집안의 慶幸으로 생각하여서이다。이 文書는 許與라 하였으나 別給文記와 별로 구별되는 것이 없다。

(7) 遺　書(遺言)

遺書는 遺言을 文書로 作成한 것으로 死後의 家內 諸般事의 處理에 관한 것이 그 內容을 이루고 있다。朝鮮時代 士庶의 遺書內容은 대개 祖先의 奉祀문제와 財産分配가 그 중심을 이루고 있다。그러므로 대개의 遺書는 分財(財産相續) 文書의 性格을 갖는다。遺書는 대개 父가 子女에게 남기는 文書로서 自筆로 作成되는 것이 一般이다。

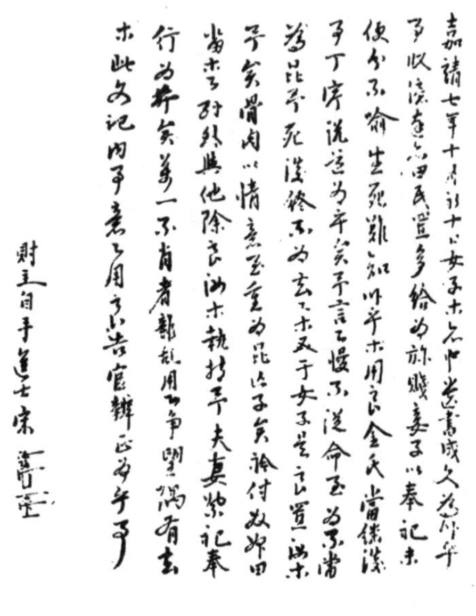

圖版 150 遺　書

서울大, 201794

〈遺書、例一〉(서울大、№二〇一七九四)

嘉靖七年十月初十日女子等亦中[①] 遺書成文爲臥乎事段[②] 億達亦田民置[③]多給爲旀[④] 賤妾子以奉祀未便[⑤]分不喩[⑥] 生死難知臥乎等用良[⑦] 金氏當繼後事丁寧說道爲乎矣 予言乙慢不從命 至爲不當爲昆[⑧] 予死後終不爲去乙等[⑨] 必于[⑩]女子是良置[⑪] 汝等予矣骨肉以 情意至重爲昆 亡子矣衿付奴婢田畓等乙 孫外與他除良[⑫] 汝等執持 予夫妻祭祀奉行爲乎矣 萬一不肖者 雜亂用心 爭望隅有去等[⑬] 此文記內事意乙用良告官辨正爲乎事[⑭]

財主自手進士宋(手決)

(註解) ① 亦中、여해、뜻；에게。② 爲臥乎事段、하누온일딴、뜻；—하는 일은。③ 置、두、뜻；—도。④ 爲旀、하며、뜻；—하며。

⑤ 以、로、뜻；―로。⑥ 分不喩、分叱不喩、뿐아닌지。뜻；―뿐아니라。⑦ 臥乎等用良、누온들쓰아。뜻；―(하)는 바로써。⑧ 爲昆、하곤、뜻；―하므로。⑨ 爲去乙等、하거을든、뜻；할것이면。⑩ 必于、비록、뜻；비록。⑪ 是良置、이라두、뜻；―이라도。⑫ 除良、더러、뜻；하지 말라。⑬ 有去等、잇거둔、뜻；―있거든。⑭ 爲乎事、하온일、뜻；―할일。

(要旨) 一五二八年(中宗二三) 一〇月一〇日에 宋進士가 自筆로써 딸(女子)들에게 남기는 遺書로서、賤妾子로서 奉祀케하는 것은 未便할 뿐 아니라 生死도 알기 어려운 상태이므로、죽은 아들 衿付(몫)의 奴婢·田畓 등을 딸들에게 주고 自己夫妻의 祭祀를 奉行할것을 부탁하는 遺書이다。

〈遺書、例二〉(서울大、No.六六七七一)

壬午十二月二十日遺言

嗟 吾子等 聽余哀辭 父母俱存 非人間之樂耶 余則罪戾甚重 □□人之□ 身在永憾之下 劬勞之恩 無處可報 號天痛哭 其何能及祭祀之外 無少伸反哺之情 故焦心勞筋 奔走汩汩 辦置墓下田畓者 蓋爲其不廢四時節祀 永傳於無窮之地也 捉入一婢 又得所生四口之婢 使之奠居山下者 亦爲其備供上山之祭需也 此婢等子孫 則勿論所生之多寡 世世相傳 只使禁火伐養山之役 而雖是草芥之事 永勿橫侵 癸卯大和會中 先世奉祀條 甚爲零星 故宗家之行忌祀 尙且不贍 何望他祭需之可設哉 余嘗深患於此矣 今以呂州衿付買得庄土 及所居之奴婢 定爲奉祀之田民 而宗家各位祭祀繁多 春秋時祭及忌祀朔望俗節茶禮 若以此盛備 則亦似不足 故量所入 酌定饌品之數 列錄于左 大凡奉祀田民 爲奉家廟祭祀之物也 非獨宗家之所擅斷也 汝等切勿專責于宗家 同爲看撿 一歲之所捧 豫爲齋會 問其饌品之如何 必準定式之數 以爲永世遵行之地 余之摧痛飮泣 沒齒齎恨者 不識子職之事 以終余身也 可不哀慟哉 以其不盡事生之禮 欲權行不遷之祀於考妣主兩位 則僭越禮法 不可擅用 而至於遞遷之後 使墓婢設行忌祀於山所 則此不過舒吾未伸之哀情也 何害於人事上乎 爲此日後事 稍廣墓庄 以給婢輩者 祭盡後欲行此祀之計也 未遞此之前 收捧三石正租 作米補用於修築山所之役 及子孫省墓時支供之資可也 曾在舍弟生時所造之書 則決難施行於汝曺 而吾病日漸危篤 無望回甦 許多祭祀 不爲區處 則將必有廢祀之患 故作此哀書 以示汝曺 須體念遵守 而汝等後裔 亦爲相警 勿替此書之意 則吾必瞑目九泉 在汝等爲子

之道 似無所欠矣 旣爲定出奉祀田民之後 則餘存之物 法當區處於汝之三兄弟處 而折內庄土蒼赤 則各爲分衿於下 使自次知 外方田民 則皆吾辛勤鳩合之物也 若爲分給 則勢難收拾 竟歸於無實 每於歲末 收合所捧 平均分用 事理便當矣 余之本意 則作爲義庄流乞子孫處 升〃合〃 先爲計日給料 以濟垂死之命 而稍勝之家 則相議公論 次〃減等 則用道合於古人敦睦之道 而此非凡人之所可創施 尙不保其妻孥 何能救活他家哉 或有養志之子孫存焉 體行此事 則奚但吾心之私幸 實有光於先代 汝等相議 好義處之 無違訓勅之書 至望至望

奉祀田民 則以今之定出 世世相傳 而勿爲加出 奴婢所生子孫 則雖爲繁多 宗家次知外 勿爲分派於他家 或有散亡之患 則相議門中 變通可也

忌祀饌品 依喪禮備要祭圖設行

時祭減兩器設行 而幸有可辦之勢 依忌祀 朔望俗節 則單盞炙湯果各一器 隨其新出之物薦進 而及其早稻米時 則加設饌品

墓祀則寒食秋夕 依忌祀設行 正朝端午 各三器 以茶禮行之

奉祀條 呂州衿付買得 幷畓柒石落只 田拾日耕

婢今化三所生奴京男年丙申 婢驗眞三所生奴一先年丁未 婢今化三所生婢五月年庚寅 同婢一所生婢盃禮年戊午 二所生奴內音伊年己巳 婢盃禮一所生奴石雷年丁丑 二所生奴石每年庚辰 奴栗山良產一所生婢□□年□□ 婢鋤乙非一所生婢丹春年辛丑 同婢二所生婢十月年□□ 婢士春二所生婢眞伊年甲子

墓田 山下近處伏在參庫 并參日耕 家前畓拾斗落只 新基上畓陸斗落只 下畓伍斗落只 五疊洞畓五斗落只 館基反畓柒斗落只

婢命今五所生婢貴介年己丑 同婢二所生婢住丁德年壬子 三所生婢叔烈年丙辰 四所生婢叔禮年戊午 五所生婢欣禮年□□ 婢住丁德一所生奴無鋤丁金伊年□□ 二所生奴士丁金伊年□□ 婢叔烈一所生奴興眞年□□ 二所生婢□□年丙午 婢叔禮一所生奴□□年丙午

長子宗岳衿

新奴〃盃山良產一所生奴水命年甲寅

婢〃丹春一所生婢四月年乙丑 婢一禮一所生婢九月年甲子

衿竹山婢今化一所生奴貴先年甲申 三所生婢士春年甲午 同婢一所生婢玉伊年□□ 三所生奴宗伊年戊辰

永平助良面新館伏在 買得反畓貳石落只 排谷田壹日半耕 加乙其田壹日耕

仲子宗崙衿

新奴〃老山良産二所生奴俊伊年己未

婢〃香玉四所生婢愛眞年丁卯 明德三所生婢時禮年丙午

衿振威婢老禮一所生奴尚達年丁巳 二所生奴尚云年己未 四所生婢尚禮年戊辰 三所生奴尚奉年□□

楊根西終面西次奄伏在振威宅買得大吉家垈田壹日耕 士立處買得田二庫并壹日半耕 銅占買得畓五斗落只 路下畓拾斗落只

季子宗泰衿

新奴愛切五所生奴奉伊年戊午

婢自甲禮二所生婢後月年甲子 婢香玉三所生婢潤月年□□

衿揚州婢愛合一所生奴乭先 婢愛切三所生奴俊一年甲辰 仁川婢甲申二所生婢貴丹年庚戌 五所生奴貴先年□□

楊根西終面梨浦伏在李生員家買得田拾伍日耕

自筆父(手決)

(要旨) 壬午 一二月二○日에 父가 아들 三兄弟에게 남긴 遺書로서, 各種祭祀와 財産의 處理에 관한 遺言을 自筆로 作成한 것이다. 財産은 奉祀條로 畓七石落只, 田一○日耕, 奴婢一一口를, 墓位로 田三日耕, 畓三三斗落只, 奴婢一○口를 정해 놓고 長子衿으로 奴婢七口 反畓(번답) 二石落只 田二日半耕을, 仲子衿으로 奴婢七口 田二日半耕 畓一五斗落只를, 季子衿으로 奴婢七口 田一五日耕을 分衿하고 있다. 이 遺書가 作成된 壬午年은 정확한 年代는 關係文書가 모두 정리되지 않으면 알 수 없는 일이나 「奴老山良産一所生奴俊伊年己未」 등에서 「良産」이란 朝鮮後期 文書에서 볼 수 없는 用語를 쓴 것으로 보아 中期以前의 것이 아닌가 생각된다. 「良産」은 「良妻幷産」의 略語로 보인다.

(8) 土地文記(田畓文券)

土地(田畓)의 賣買·相換·還退(權賣) 등의 證書로서, 그 主流를 이루는 것은 賣買文記이다.

土地의 賣買는 高麗時代 以前에도 時代에 따라 있어온 것이지만, 朝鮮建國初에는 科田法의 實施初期여서 相續을 除外한 一切의 土地處分行爲는 禁止되어 오다가 土地賣買가 許容된 것은 世宗六年(一四二四)부터였다.(198) 그리고 朝鮮初期에 있어서 土地·家舍의 賣買는 모두 賣買契約이 있은지 一〇〇日 內에 官에 告하여 立案을 받도록 規定하였다.(199) 官의 立案發給 節次는 ① 買受人이 立案을 申請하는 「所志」(新·舊文記 添付)를 官에 提出하면 ② 官에서는 이를 검토한 후 立案發給決定에 대한 題音을 「所志」餘白(左邊下端)에 記入·還付하고, ③ 賣渡人(財主)·證人·筆執으로부터 賣買事實을 確認하는 「招辭」(陳述)를 받은 후에 ④ 「立案」을 成給하게 된다. 이러한 官의 立案制度는 後期까지도 一部 행해지고 있었으나 實際로는 實施初期부터 철저히 遂行되지는 못한 것으로 보이며(200) 壬亂前後로부터는 立案없이 新舊文記의 引渡로서 賣買가 成立되는 것이 支配的인 경향으로 보인다.

土地文記에는 年號를 使用했으며, 當事者인 賣渡人(財主)·買受人과 證人·筆執이 必參해야 했고, 賣渡事由, 賣渡物(田畓)의 所在, 地番, 面積(畓 : 結負數, 斗落數, 田 : 結負數, 日耕), 賣買價 등을 記載하게 된다. 財主·證人·筆執은 姓名과 花押(手決)을 하게 되는데, 身分이 賤民인 경우에는 手寸(奴 : 左手寸) 手掌(婢 : 掌押, 掌形 또는 右手寸)을 하게 되며 財主가 外命婦인 경우에는 押印을 한다.

兩班家에서 土地를 賣買할 경우에는 「某宅奴某」의 名義로 賣渡·買收하게 된다. 兩班은 賣物이 있어도 直接 賣買에 관계하지 않고 家奴에게 牌旨(牌子)를 주어 形式上 賣渡하는 일을 委任하며, 牌旨를 받은 奴는 上典의 뜻을 받들어 願買人을 찾아 賣買契約書(文記)를 作成하여 牌旨와 舊文記를 함께 買受人에게 引渡하고 賣物價를 引受하여 上典에게 드리게 된다.

(198) 朴秉濠, 앞에 든 韓國法制史特殊硏究 p.p. 一~二 참조.
(199) 經國大典, 戶典, 買賣限條 참조.
(200) 朴秉濠, 앞의 책, p. 四三 참조.

〈土地文記、例一〉(月城郡江東面良洞里孫東滿氏宅)

正德六年辛未正月廿一日學生李文山茂火明文

右明文爲臥乎事叱段 艱難所致以 矣耕作爲如乎 豆尒員閪字內畓拾肆卜庫乙 折木綿拾疋半爲乎矣 木九疋丁禾三雌牛一首 五升布壹疋 四升布壹疋等乙 依数捧上爲遣 永永放賣爲臥乎 子孫傳持 耕作爲乎矣 後次良中 雜談爲去等 此文字內乙用良 告官辨正

畓主自手筆司正裵守信 (手決)

證保學生吳善從 (手決)

(註解) ① 茂火、더부러。뜻:더불어(與)、그러나 이 문서에서는 「前」 또는 「處」에 해당한다。즉 土地를 買收하는 사람 前(또는 處)。學生李文山前明文과 같다。② 爲臥乎事叱段、하누온일딴。뜻:―하는일은。③ 矣、의。矣身의 준말。뜻:나、본인。④ 爲如乎、하다온。뜻:―하던、―하더니。⑤ 庫乙、곳을。뜻:곳을、處를。⑥ 折、價折、價格、값。⑦ 爲乎矣、하오되。뜻:―하오되、―하되。⑧ 丁、代(대신)。木九疋丁禾三雌牛一首、木九疋 代(代身)세살배기 암소 一首。⑨ 捧上爲遣、받자하고。뜻:받아 들이고、받고。⑩ 爲臥乎、하누온。뜻:―하는、―하므로。⑪ 良中、아해。뜻:에。⑫ 爲去等、하거든。뜻:―하거든。⑬ 乙用良、울쓰아。뜻:―으로써。

(要旨) 一五一一年(中宗六) 正月에 司正裵守信이 學生李文山에게 畓一四負를 木綿 열疋半에 값을 정하였는데 木綿九疋 대신에 세살배기 암소 한마리와 五升布一疋·四升布一疋 등을 받고 賣渡하는 文書이다。조선전기의 土地文記에는 아직 定式이 없어、시대와 地域에 따라 또는 文書를 作成하는 사람에 따라 用語와 吏讀가 다르게 나타나고 있는 것을 볼 수 있다。

〈土地文記、例二〉(서울大、№六六五二二)

嘉靖四十年辛酉十月初四日前司僕慶紹前明文

右明文爲臥乎事段 本是貧寒人以 妻母受食還上 他條買納不得乙仍于 妻母前別得耕食爲如乎 愛字畓八卜一束內 二卜八束庫良中 價折租九石捧上爲遣 本文記并以 永〃放賣爲去乎 後次 妻同生及子息等 他條以相爭隅有去等 此文字內貌如 告官辨正爲乎事

畓主李秋壽(手決)

證參奉尹希福(手決)

筆執幼學吳隆(手決)

(註解) ① 臥爲乎事段、하누온일딴、뜻：―하는 일인즉。② 以、으로、뜻：으로。③ 不得乙仍于、못질올지즈로、뜻：못하는 탓으로。④ 爲如乎、하다온、뜻：―하더니。―하면。⑤ 庫良中、곳아해。뜻：곳에(處에)。⑥ 捧上爲遣、받자하고、뜻：받고、받아들이고。⑦ 幷以、아오로、뜻：아울러、함께。⑧ 爲去乎、하거온、뜻：―하므로、―하고는。⑨ 有去等、잇거든、뜻：있거든。⑩ 貌如、가로혀、뜻：―같이、―처럼。⑪ 爲乎事、하올일。뜻：―하올일。

(要旨) 一五六一年(明宗一六) 一〇月四日에 畓主李秋壽가 前司僕慶紹에게 畓二卜八束을 벼(正租) 九石을 받고 賣渡하는 文記로서、妻母가 受食한 還上(환자、환곡)을 갚기 위하여 妻母에게서 別得하여 耕食하던 畓의 一部를 賣渡하고 있다。

圖版 151 土地文記 서울大, 66522

〈土地文記式〉

年號(甲子)某月某日某前明文

右明文事段 切有緊用處 某邑某面某里伏在 某字第幾畓幾負幾束幾斗落幾夜味庫果 某字第幾田幾負幾束幾日耕 願買人處 永永放賣爲去乎 日後子孫族屬中 如有雜談是去等 持此文記 告官卞正事

財主姓名着名

證人姓名着名

筆執姓名着名

(儒胥必知)

〈土地文記、例三〉(서울大、№二〇一七九二)

萬曆四十八年庚申二月初九日 順陵參奉尹弼世前明文

右明文事段 家翁喪事 當此凶年 措備無路乙仍于 家翁買得耕食爲如乎 交河東面善達里伏 讃字畓十斗落只十六卜庫乙 價折正木參拾疋捧上爲遣 永〃放賣爲去乎 買得文記段 他田畓并付乙仍于 許與不得爲在果① 後次良中 同生族類中雜談 則持此文 告官辨正事

畓主故忠義衛李惟良妻曺氏(印章)

證家翁同生兄忠義衛李惟温(手決)

證家翁同生弟忠義衛李惟恭(手決)

筆執家翁四寸弟僉知李惟善(手決)

(註解) ① 不得爲在果、못질하견과。뜻 : 못하거니와。

(要旨) 一六二〇年(光海君一二) 二月九日에 畓主 故李惟良의 妻 曺氏가 順陵參奉尹弼世에게 交河東面善達里에 있는 畓 一〇마지기를 正木 三〇疋을 받고 賣渡하는 文記로서 賣渡事由는 家翁(남편)의 喪葬費用을 마련하기 위한 것이다。

〈土地文記、例四〉(著者)

康熙二十二年癸亥四月二十四日 徐櫻前明文

右明文事段 嫡母衿得① 結城斗尺面古乭里伏在 夫字田一卜七束 二卜四束 七卜七束 八束 六束 二束 五束 一卜四束 六卜六束 七束 二束 三卜二束 二十二卜九束 五卜六束 唱字畓九束 三卜八束 八卜四束 二十卜二束 三卜六束 一卜田五束 四卜三束 二卜 二卜六束 九束 加耕左右山枝果木等庫亦② 與嫡妹所居之地 相距各甚遠在乺不喩③ 元數不多 諸同生各爲分執 則數甚零星乙仍

于 使余沒數放賣 買置墓下祭田 以爲保存奉祀之計 故將此意 成給文劵于余 爲其放賣之地爲有等以④ 上項田庫及山枝加耕果木
并以 右人前 銀子陸拾伍兩伍戔 依數捧上 永〃放賣爲乎矣 本文記段 他田畓并付乙仍于 許給不得爲去乎⑤ 後次良中 同生族屬中
如有雜談是去等⑥ 持此文 告官卞正事

田主承嫡⑦ 朴泰岌(手決)

證人 朴振宇(手決)

筆執 金益剛(手決)

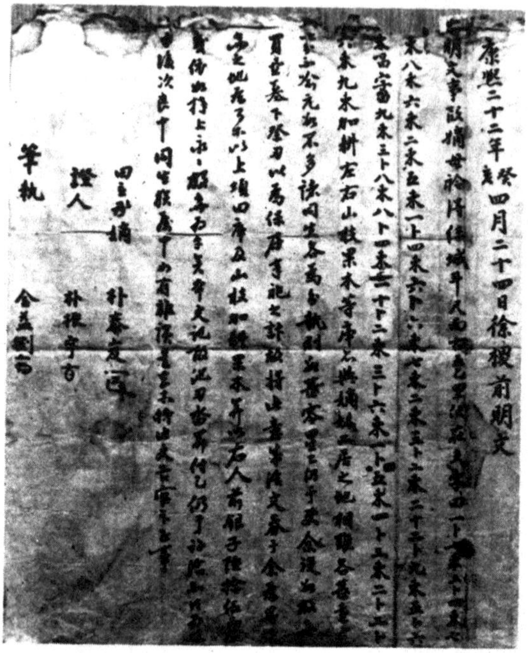

圖版 152 土地文記　　著者

(註解) ① 衿得、깃득。뜻；깃(몫)으로 받음。② 庫亦、곳여、뜻；곳이、處가。③ 乪不喩、뿐아닌지 뜻；—뿐아니라。④ 爲有等以、하이신들로、뜻；—하였는바로。⑤ 不得爲去乎、못질하거온、뜻；못 하므로。⑥ 是去等、이거든、뜻；—이거든。⑦ 承嫡、嫡出化된 者。

(要旨) 一六八三年(肅宗九) 四月二四日에 田主朴泰岌이 徐稷에게 結城斗尺面에 있는 嫡母衿得의 田畓(數多筆地)을 銀子六五兩五戔에 放賣하는 文記이다。放賣事由는 嫡母衿得의 田畓이 嫡妹所居地와 거리가 심히 멀 뿐아니라 그 면적도 큰것이 아니므로 諸同生(兄弟姊妹)이 分執(分財)하면 얼마되지도 않는 것이므로 모두 팔아서 墓下祭田을 買置하여 奉祀를 保存키 위한 것이 었다。

圖版 153 土地文記　　　　서울大, 154866

〈土地文記、例五〉(서울大、No.一五四八六六)

A、土地(賣買)文記

康熙貳拾陸年丁卯捌月貳拾日 沈生員宅奴尚起處明文

右明文爲臥乎事段 要用所致以 果川西面虎溪伏在 是字畓貳拾斗落只貳拾參負參束庫乙 價

折正銀子壹百兩 依數交易捧上爲遣① 四標段 三方孫伊畓 北小川是去乎 本文記貳張并以 永

〃放賣爲去乎 後次良中 同生子孫中 如有雜談是去乙等② 持此文記 告官卞正事

畓主私奴戊辰(左手寸)

證私奴愛明　(左手寸)

證私奴[大乙]程　(左手寸)

筆執金啓煥　(手決)

B、立案申請 所志

私奴尚起(左手寸)

右所陳爲白內等③ 粘連文記相考 依例斜給④爲白只爲⑤

行下向教是事⑥

官主處分

康熙廿六年九月初六日

官(押)(題音) 依例斜給向事⑦ 戶 廿日

C、畓主 招辭(陳述)

丁卯九月廿日 畓主私奴戊辰

[8]白等 田畓放賣眞僞 推問敎是[9]卧乎在亦 要用所致以 西面是字畓貳拾參卜參束庫乙 價折銀子壹百兩捧上爲遣 永〃放賣 的實敎事[10]

官(押) 白(左寸)

D、證筆 招辭

同日 證私奴愛明 私奴㐌程

筆金啓煥

白等 私奴戊辰畓一庫放賣時 證參眞僞 推問敎是卧乎在亦 要用所致以 西面是字畓貳拾參卜參束庫乙 價折銀子壹百兩捧上爲遣

永〃放賣爲[11]白去乙 證參的實敎事

白(左寸)

白(左寸)

官(押) 白(手決)

E、立 案

康熙廿六年九月 日 果川縣立案

右立案爲斜給事[12] 粘連文與所志及各人等招辭[13] 是置有亦 各人等入籍的實[14]爲乎等以 果川西面是字畓二十三卜三束庫乙 依例斜給爲[15]

遣[16] 合行立案者

行縣監(押)

(註解) ① 四標、該畓이 接한 四方의 境界。② 是去乙等、이거늘든。뜻；—이거든。③ 爲白內等、하삽안들。뜻，—하옵신바。④ 斜給、官에서 證明(立案)을 發給함。⑤ 爲白只爲、하삽기암。뜻；—하옵도록。⑥ 行下向敎是事、행하아이샨일。뜻；명령(분부) 하옵실 일。⑦ 向事、안일。뜻；—할 일。⑧ 白等、삷든。뜻；사뢰오되。⑨ 敎是臥乎在亦、이시누온견이여。뜻；—하옵시는 것이어요。—하옵시는 것이므로。⑩ 敎事、이샨일。뜻；—하옵신 일。⑪ 爲白去乙、하삷거늘。뜻；—하옵거늘。⑫ 粘連、添付。⑬ 是置有亦、이두이신이여。뜻；—이기도 하였으므로。⑭ 爲乎等以、하온들로。뜻；—하온바로。⑮ 爲遣、하고。뜻；—하고。⑯ 合行立案者、立案의 結辭(套式)。굳이 번역한다면、「이에 立案함」。또는 「正히 立案함」이라 할 수 있다。

(要旨) A는 一六八七年(肅宗一三) 八月二〇日에 畓主私奴戊辰이 沈生員宅奴尙起에게 果川西面에 있는 畓二〇마지기를 正銀子一〇〇兩에 放賣하는 文記이다。바로 이 土地文記는 畓主가 私奴였기 때문에 立案을 받을 필요가 있었다。

B는 同年九月六日에 그 土地를 買受한 沈生員宅私奴 尙起가 官에 올린 該畓에 대한 立案申請「所志」와 「題音」(판결、처분)이고、C는 九月二〇日에 該田畓의 賣渡事實의 眞僞를 묻는 官의 推問에 대한 畓主의 陳述書(招辭)이며、D는 同日에 該田畓 賣渡時에 證人으로 參席한 與否를 묻는 官의 推問에 대한 證人과 筆執의 招辭(陳述書)이다。招辭에는 陳述者의 手寸과 手決이 있다。E는 위의 土地文記·所志 및 畓主·證·筆의 招辭에 의하여 賣渡事實을 확인한 果川縣의 縣監이 發給한 立案이다。

〈土地文記、例六〉(서울大、No.七七九八二~三)

A、牌 旨

奴[1]占同處付

[2]無他 要用所致 買得爲[3]在 坡州坡平面新谷里伏在 皷字第三十五畓拾陸卜三束拾斗落只庫乙 賣用計料爲去乎 汝[4]亦願買人處 準價捧上爲遣 此牌子導[5]良 成文以給向事

上典僉(手決)

戊辰正月二十一日

B、土地(賣買)文記

乾隆十三年戊辰正月二十一日 徐生員宅奴士金前明文
右明文爲⑥ 矣⑦上典宅 要用所致以 買得爲在 坡州坡平面新谷
里 皷字三十五畓十六卜三束拾斗落只 東義吉畓⑧ 三方渠庫
良中 價折錢文四十兩 捧上納宅後 上典主牌子導良 本文記⑨
貳張并以 永〃放賣爲去乎 日後上典主子孫族屬中 如有雜
談是去等 持此文 告官卞正事

畓主兪生員宅奴占同(左寸)
證人 私奴五壯(左寸)
筆執 高擎福 (手決)

圖版 154 土地文記 서울大, 77982

(註解) ① 奴占同處付、奴 占同에게 준다。(부타한다。) ② 無他、牌旨의 起頭、다름 아니라。③ 爲在、하견。뜻；ㅡ한、ㅡ하였던。④ 汝亦、네가。뜻；네가。⑤ 導良、드되어。뜻；따라서。⑥ 右明文爲、右明文爲臥乎事段의 略式。이 明文을 (作成)하는 일인즉。⑦ 矣、나、저、뜻；矣身(의 몸)의 준말。나、저、본인。⑧ 東義吉畓 三方渠、該畓의 四標。東은 義吉의 畓 三方은 渠。⑨ 本文記、그전 賣買時에 作成된 文記、舊文記。

(要旨) A、(牌旨)는 戊辰(一七四八、英祖二四) 正月二一日에 上典 兪生員이 奴占同에게 준 牌旨로서、畓一〇마지기를 賣渡하는 일을 奴에게 委任하는 文書이다。B、(土地文記)는 A(牌旨)를 받은 奴占同이 同日에 願買人인 徐生員宅奴士金에게 同畓一〇마지기에 錢文四〇兩으로 값을 정하고 賣買를 契約하는 文記이다。文記上으로는 奴 사이에 賣買가 成立되는 것으로 보이나、實際로는 兪生員宅과 徐生員宅間의 賣買로서、이와 같은 形式은 賣買行爲를 賤視하는 士大夫社會의 慣行이었다。

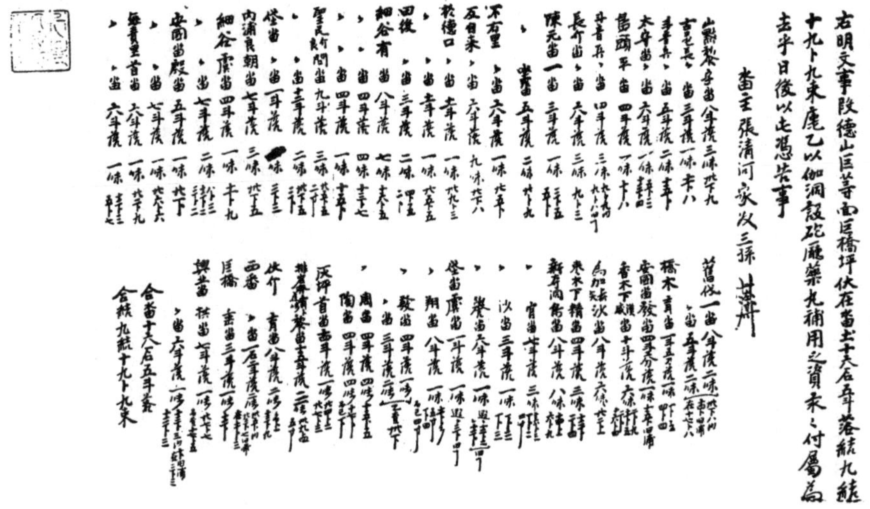

圖版 155 土地文記

〈土地文記, 例七〉 (서울大, No.85136)

同治十二年癸酉正月 日 雲峴宮宅①奴聖孫前明文

右明文事段 德山巨等面巨橋坪伏在 畓十六石五斗落結九十九卜九束庫乙

以伽洞設砲廳藥丸補用之資 永〃付屬爲去乎 日後以此憑告事

畓主張淸河家奴三孫(左手寸)

山默②黎字③畓八斗落三味④卅一卜九⑤

古邑長字畓三斗落一味十一卜八

斗音兵字畓五斗落二味十五卜

太守畓字畓四斗落一味十八束

(四七行略)

合畓十六石五斗落

合結九十九卜九束

【註解】 ① 雲峴宮宅, 興宣大院君 李昰應宅. ② 山默, 地名, 洞里 또는 들(坪)이름. ③ 黎字畓, 地(畓)의 字號. ④ 三味, 三夜味의 준말. 夜味 : 배미, 筆地. ⑤ 卅一卜九, 三十一卜九束.

【要旨】 一八七三年(高宗一〇) 正月에 畓主張淸河家의 奴三孫의 이름으로, 德山巨等面에 있는 畓 一六石五斗落(마지기)(九結一九負九束)을 雲峴宮宅奴聖孫에게 引渡하는 文書로서, 目的은 伽洞設砲廳의 藥丸(彈藥)의 費用에 補用하기 위한 것이다. 大院君의 鎖國·國防政策과 관련있는 資料로 보이며, 防衛誠金 形式으로 富民으로부터 國防費를 半强制的으로 獻納받은 것이 아닌가 생각된다.

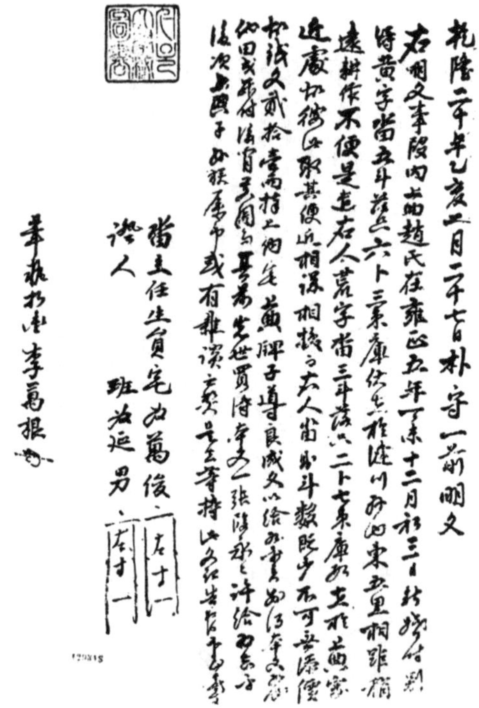

圖版 156 土地文記 서울大, 129348

〈土地文記、例八〉(서울大、№ 一二九三四八)

乾隆二十年乙亥二月二十七日 朴守一前明文
右明文事段 內上典趙氏 在雍正五年丁未十二月初三日新婚
時別得 黃字畓五斗落只六卜三束庫 伏在於漣川縣內東五里
相距稍遠 耕作不便是遣① 右人荒字畓三斗落只二卜七束庫段②
在於上典家近處 故彼此取其便近 相議相換 而右人畓則斗
數貶少 不可無添價 故錢文貳拾壹兩 捧上納宅 上典牌子導
良 成文以給爲乎矣 別得本文段③ 他田民并付④ 後背交周⑤ 而
其前先世買得本文一張段 永〃許給爲去乎 後次 上典子孫
族屬中 或有雜談之弊是去等⑥ 持此文記 告官卞正事

畓主任生員宅奴萬俊(左手寸)
證人 班奴延男(左手寸)
筆執折衝李萬根(手決)

(註解) ① 是遣、이고、뜻; ―이고。② 庫段、곳만、뜻; 곳(處)은。③ 別得本文、別得文記。④ 他田民、다른 土地와 奴婢。⑤ 交周、쇼주、말소(抹消)하다。지워버리다。⑥ 是去等、이거든、뜻; ―이거든。

(要旨) 一七五五年(英祖三一) 二月二七日에 任生員宅奴萬俊이 朴守一에게 넘겨준 土地文記로서、趙氏(內上典)가 新婚時에 別得한 土地가 거리가 멀어 耕作이 不便하므로 朴守一과 彼此 便近을 取하여 土地를 相換하되 任生員宅畓은 五마지기이고 朴守一의 畓은 三마지기이므로 畓價의 差額 二一兩을 받고 土地를 相換하는 文書이다。

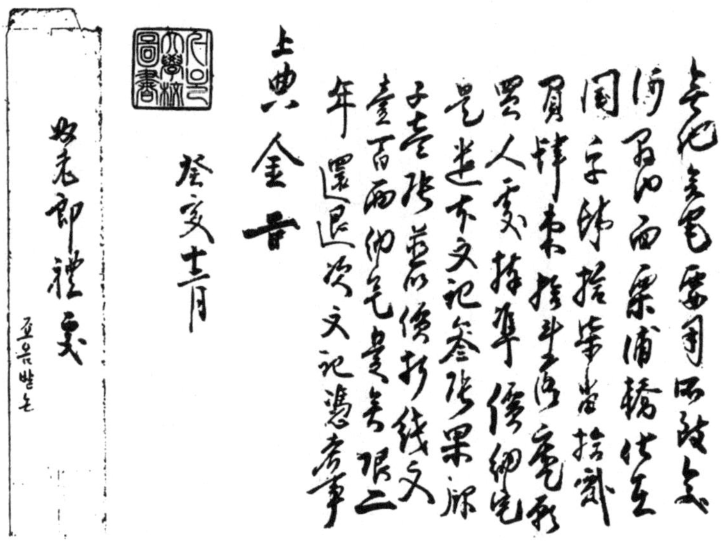

圖版 157 土地文記付，牌旨　　서울大，71098

〈土地文記、例九〉(서울大、№七一〇九八)

A、牌 旨

無他 矣宅要用所致 交河縣內面栗浦橋伏在 閏字肆拾柒畓
拾貳負肆束拾斗落庫 願買人處 捧準價納宅是遣 本文記參
張果牌子壹張並以 價折錢文壹百兩納宅是矣 限二年還退次
文記憑考事

上典金(手決)

癸亥十二月 日

(皮封에「奴老郎禮處」라 썼다)

B、土地文記

同治二年癸亥十二月 日 宋生員宅奴蘭成前明文
右明文事段 矣宅以要用次 伏在交河縣內面栗浦橋閏字四十
七畓十二卜四束捌斗落庫乙 價折錢文壹百拾兩 交易捧上是
遣 本文記參張果 牌子一張 並以宅納 而限二年還退爲定是
矣 如過此限 則更無還退之說 而以永賣成文爲去乎 日後如
有紛拏之端 則告官卞正事

畓主金生員宅奴老郎禮(左手寸)

證人安奴四德(左手寸)

(要旨) A는 癸亥(一八六三) 二月에 上典金(生員)이 奴老郞禮에게 交付한 牌旨로서, 畓一〇마지기를 願買人處에 錢文一〇〇兩을 받고 賣渡하되 二年을 期限으로 還退(다시물림)하는 條件으로 權賣할 것을 委任하는 文書이다. B는 同年同月에 위의 牌旨를 받은 金生員宅奴老郞禮가 宋生員宅奴蘭成에게 交付한 土地權賣文記로서, 畓八마지기를 錢文一一〇兩을 받고 二年期限으로 還退하도록 權賣하되, 만약 二年이 지나면 다시 還退하자는 말을 할 수 없고 永賣하겠다는 條件을 붙인 土地權賣文記이다. 그런데 牌旨에는 畓이 一〇마지기인데 文記에는 同畓이 八마지기로 되어 있다.

(9) 家屋文記(家舍文券)

家屋의 賣買·讓渡·還退(權賣) 文書이다. 家屋의 處分行爲는 土地의 그것과 더불어 오랜 옛날부터 있어온 것으로서, 朝鮮時代에 있어서는 土地賣買의 경우와 같이 家舍의 賣買는 一五日이 경과하면 變更할 수 없고, 賣買後 一〇〇日內에 官에 報告하여 立案을 받도록 되어 있었다.(201) 土地賣買의 경우에 있어서 立案制度는 철저히 준수되지 못하였던 것과 같이 家屋의 處分에도 철저히 遵行되었는지는 의문이 간다. 朝鮮後期에 있어서도 立案을 받은 경우도 있으나, 現存하는 家屋文記에 의하면, 오히려 立案없이 舊文記(本文記)와 더불어 新文記를 作成하여 引渡하는 것으로써 賣買가 成立된 것을 볼 수 있다. 立案할 경우 그 절차는 土地賣買의 경우와 같다.

家屋의 處分에는 家屋뿐 아니라 家屋에 附隨된, 家垈·空垈·果木·桑木·垈田 등이 함께 처분되는 것이 일반적이다.

〈家屋文記式〉

年號幾年甲子某月 日 某人前明文
右明文事段 以移賣次 某部某坊洞某契伏在 瓦家幾間 空垈幾間廳乙 捧準價幾百兩是遣 願買人處 永永放賣爲去乎 日後 如
有雜談是去等 持此文告官卞正事
家主姓名着名
證人姓名着名
筆執姓名着名

(儒胥必知)

〈家屋文記、例一〉(安東郡豊川面佳谷洞 權鍾萬氏宅)

弘治拾壹年戊午捌月參拾日左副承旨權柱前明文

右成文①爲臥乎事叱段 父邊傳來居住②爲如乎 西部皇華坊貳里伏 瓦家四十伍間半 及西北東山等③良中 折五升木綿參拾伍同 ④捧上爲遣 永永放賣⑤爲去乎 子孫傳持 鎭長居生⑥爲乎矣 萬一 女⑦矣子孫 及他余遠近族類等⑧弋只 爭望⑨爲行去等 此成文內事意⑩乙用良 告官辨別⑪爲乎事是亦在

財主故宗親府典籤柳自汾妻柳氏 (印)

證正略將軍前行副司直柳場 (手決)

證次子喪人柳茂 (手決)

筆執長子喪人柳菖 (手決)

(**註解**) ① 爲臥乎事叱段、하누온일딴。뜻 ; ―하는 일은。② 爲如乎、하다온。뜻 ; ―하던、―하더니。③ 良中、아해。뜻 ; 에。④ 捧上爲遣、받자하고。뜻 ; 받고、받아들이고。⑤ 爲去乎、하거온。뜻 ; ―하므로。⑥ 爲乎矣、하오되。뜻 ; ―하오되、―하되。⑦ 矣、의。뜻 ; 의(소유격토)、女矣、女(자신)의。⑧ 弋只、이기。뜻 ; 이、가(주격토)。⑨ 爲行去等、하잇거든。뜻 ; ―하였거든。⑩ 乙用良、을쓰아。뜻 ; ―으로써。―로써。⑪ 爲乎事是亦在、하온일이여견。뜻 ; ―할일 이라는 것。

(**要旨**) 一四九八年(연산군四) 八月에 故宗親府典籤柳自汾의 妻 柳氏가 左副承旨權柱에게 瓦家 四五間半과 西北 東山등을 五升木綿三五同을 받고 賣渡하는 文書이다。

(201) 註一九九와 同條참조。

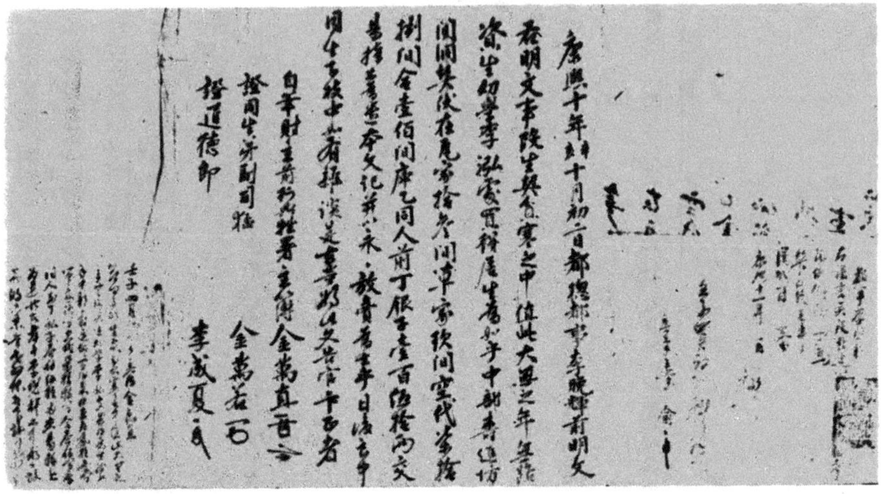

圖版 158 家屋文記 서울大, 136753

〈家屋文記、例二〉(서울大、№一三六七五三)

A、家屋文記

康熙十年辛亥十月初二日 都摠都事李晩輝前明文
右明文事段 ①生契貧寒之中 値此大無之年 無路資生 幼學李泓處 買得居生爲②如
乎 中部壽進坊間洞契伏在 瓦家拾參間 草家玖間 空代柒拾捌間 合壹佰間庫③乙
同人前 丁銀子壹百伍拾兩 交易捧上爲遣④ 本文記并以⑤ 永〃放賣爲去乎⑥ 日後
良中⑦同生子枝中 如有雜談是去等⑧ 將此文 告官卞正者

自筆財主前行典牲署主簿金萬直(手決)
證同生弟副司猛 金萬若(手決)
證通德郞 李成夏(手決)

B、所志(賣渡人)

前主簿金萬直

右謹言段 粘連⑨買得文記相考⑩ 依例斜給⑪爲只爲⑫
行下⑬向教是事

漢城府 處分

康熙十一年二月 日

壬子二月廿日

房掌參軍僉(押)

C、所志(買受人)

都事李萬輝

右謹言矣段 粘連買得文記相考 依例斜給爲只爲

行下向敎是事

漢城府 處分

康熙十一年 月 日

壬子四月初一日斜付

房掌參軍俞(押)

D、招辭(賣渡人)

壬子四月初一日 主簿金萬直

節問事段 生契貧寒之中 値此大無之年 無路資生 幼學李泓處 買得居生爲如乎 中部壽進坊間洞契伏在 瓦家拾參間 草家玖間 空

代柒拾捌間 合壹佰間庫 同人前 丁銀子壹佰伍拾兩 交易捧上爲遣[14] 狀者都事李晩輝[15]亦中 永〃放賣的[16]?只乎事敎味 相考施行敎事

堂上(手決)

房(押)

白(手決)

E、招辭(證人)

同日 證金萬若李成夏

白等 財主亦生契貧寒之中 値此大無之年 無路資生 幼學李泓處 買得居生爲如乎 中部壽進坊間洞契伏在 瓦家拾參間 草家玖間

空代柒拾捌間 合壹佰間庫乙 同人前 丁銀子壹佰伍拾兩 交易捧上爲遣 狀者都事李晩輝亦中 永〃放賣時 矣徒等⑰訂人以⑱ 各〃署名
明文成給的實是去乎 相考施行敎事⑲

堂上(押)　　白(手決)

房(押)　　白(手決)

F、漢城府立案

康熙十一年四月初一日 漢城府

右立案爲斜給事 粘連買得文記及財主自筆證人等招辭是乎乙用良⑳ 本文記推納相考 并以 都事李晩輝亦中 斜給爲遣 合行立案者

左尹(押)　參軍

判尹　房　判官

右尹　參軍(押)

(**註解**) ① 生契、生計。② 爲如乎、하다온、뜻；ㅣ하던。③ 庫乙、곳을、뜻；곳(處)을。④ 捧上爲遣、받자하고。뜻；받아들이고、받고。⑤ 并以、아오로。뜻；아울러、함께。⑥ 爲去乎、하거온。뜻；ㅣ하므로、하고는。⑦ 良中、아해。뜻；에。⑧ 是去等、이거든。뜻；ㅣ이거든。⑨ 粘連、添附、書類를 연이어 添附하는 것。⑩ 相考、조사하다、잘 살피다。⑪ 斜給、證明을 發給함。⑫ 爲只爲、하기암。뜻；ㅣ하도록。⑬ 行下向敎是事、행하아이샨일。뜻；명령하옵실 일。⑭ 狀者、所志를 올린 사람 訴請者。⑮ 亦中、여해。뜻；에게。⑯ 的只乎事敎味、마기온일이신맛。뜻；확실한일 이신뜻(하신뜻)。⑰ 矣徒等、의내들。뜻；우리네들。저희네들。⑱ 以、으로、뜻；ㅣ으로。⑲ 敎事、이샨일。뜻；ㅣ하옵실일。ㅣ이옵실일。⑳ 是乎乙用良、이올쓰아。뜻；ㅣ이온 것으로써、ㅣ로써。

(**要旨**) 一六七一年(顯宗一二) 一〇月初二日에 前行典牲署主簿金萬直이 都捴都事李晩輝에게 中部壽進坊에 있는 瓦家一三間・草家九間・空垈七八間을 丁銀子一五〇兩에 賣渡하는 家屋賣買의 一括文書이다。그런데 이 文書는 一六七六年에 該家屋・空垈에 대한 賣買文記 등에 粘連(添附)된 舊文記(本文記)에 該當한다。

A(家屋文記)는 一六七一年 一〇月二日에 賣渡人 金萬直과 買受人 李晩輝間에 成立된 家屋·空垈賣買文記로서 財主가 自筆로 作成하였고 二人의 證人이 同參하고 있다.

B(所志)는 翌年(一六七二) 二月에 賣渡人 金萬直이 漢城府에 올린 所志로서, 賣渡한 家屋·空垈에 대하여 立案을 내릴 것을 申請하는 文書이다.

C(所志)는 一六七二年 四月一日(혹은 三月末頃)에 買受人李晩輝가 漢城府에 올린 所志로서, 買受한 家屋·空垈에 대한 立案을 申請하는 文書이다.

D(招辭·陳述書)는 一六七二年 四月一日에 賣渡人金萬直의 招辭로서, 該家屋·空垈의 賣渡事實이 확실함을 陳述한 文書이고,

E(招辭·陳述書)는 同日에 證人金萬若과 李成夏의 招辭로서, 該家屋·空垈의 賣渡時에 證人으로 參與한 事實이 分明함을 陳述하는 文書이다.

F(立案)는 同日에 위에 添附한 A~E와 本文記(舊文記)를 調査한 漢城府에서 該賣買事實에 異狀이 없음을 認定하고 買受者 李萬輝에게 成給하는 立案이다.

위와 같이 ① 賣渡人·買受人간의 賣買文記의 作成·引渡. ② 賣渡人·買受人의 立案申請所志, ③ 賣渡人(財主)과 證人·筆執의 招辭(陳述書) 등의 節次를 거쳐 賣買事實에 이상이 없을 때, ④ 官의 立案이 發給된다. 그러나 賣渡人(財主) 또는 證人·筆執이 官에 出頭하여 招辭를 作成할 수 없을 경우에는 官의 公緘(質問書)에 따라 陳述書를 作成하여 올리는 경우도 있는데 그것을 「消息(緘答)」이라 한다. 文書上으로는 C—A—D—E—F—B의 順으로 連接되어 있고, 連接된 部分에는 官印이 찍혀 있으며, 招辭(陳述書)에는 堂上·擔當官·當事者의 押과 手決을 하게 되어있다.

〈家舍文記, 例三〉 (서울大, №二二三五一五)

乾隆九年乙丑十月十三日 朴元澄前明文

右明文事段 上典牌子逢良① 南部豆毛浦戊串分② 上典宅所築瓦家捌間半 草家肆間 及果木桑木合參拾餘株 姜以發處買家垈參負捌束
並以 右人處 錢文壹佰參拾兩 依數捧上爲遣 永〃放賣爲乎矣③ 四標段 東李生員宅 南田垈 西田垈 北他矣栗園④ 及牌子壹張及姜以
發賣家垈文記 合貳度是去乎⑤ 日後 上典宅子孫族屬中 若有雜談 則將此文記 告官卞正事

財主申生員宅奴介宗(左手寸)

(註解) ① 遂良、導良(드듸어、따라서)의 誤로 보임。② 分、伏在(있는)의 뜻으로 쓴것 같다。③ 爲乎矣、하오되。뜻；ㅡ하오되、ㅡ하되。④ 他矣、남의。뜻；남의、다른 사람의。⑤ 是去乎、이거온。뜻；ㅡ이므로、ㅡ이오니。

(要旨) 一七四五年(乙丑、英祖二一) 一〇月一三日에 財主(賣渡人) 申生員宅奴介宗과 買受人朴元澄간에 成立된 家屋賣買文記로서、南部 豆毛浦에 있는 瓦家八間・草家四間・果木桑木三〇여株・家垈三負八束을 朴元澄에게 錢文一三〇兩에 賣渡하는 文書이다。證人과 筆執이 없어 文書의 要件을 갖추지 못한 것으로 생각되며、官의 立案도 없고 舊文記(本文記)도 없이 牌旨와 家垈(差以發賣渡) 文記만을 引渡하고 賣買가 成立되고 있다。

圖版 159　家屋文記　　서울大, 213515

〈家舍文記、例四〉(서울大、二〇八二〇六)

嘉慶二一年丙子十二月二十五日 幼學金學勉前明文

右明文事段 以還退次 鎭川山井面上龍里 家舍伍間 價折錢文陸兩捧①上爲乎矣 以來秋明春間 彼此本價陸兩持②是遣 還退之意 成文以給爲去乎 日後 如有不退之段 則持此文憑準告官事

家主幼學金聖漢(手決)

(註解) ① 捧上爲乎矣、받자하오되、뜻；받아들이되。② 持是遣、지니고、뜻；지니고、가지고。

(要旨) 一八一六年(丙子、純祖一六) 一二月二五日에 家主金聖漢이 金學勉에게 鎭川山井面上龍里에 있는 家屋五間을 錢文六兩에 權賣(다시 무를 수 있도록 약속하고 팔거나 사는 것)하는 文書로서 來秋明春 사이에 本價六兩을 가지고 還退할 뜻으로 이 文書를 作成하여 金

學勉에게 引渡하고 있다。이 家屋(權賣) 文記의 경우에도 證人이 없이 略式으로 契約이 成立되고 있음을 볼 수 있다。

圖版 160 家屋文記

서울大, 208206

(10) 奴婢文記(奴婢文券)

奴婢의 賣買・讓渡・相換 등에 관한 文書로서, 그 중 賣買文記가 주가 된다。

奴婢의 賣買・讓渡・寄進 등의 行爲는 古代社會부터 있어온 것이지만, 그에 관한 文書로서 現在 알려져 있는 것으로는 高麗後期가 上限으로 되어 있다。(202) 朝鮮前期의 文書 가운데 奴婢分衿・別給 등의 文書는 간혹 볼 수 있으나, 賣買文書로서 壬亂以前의 것은 흔히 보기 어려운 상태이고, 現存하는 奴婢賣買文記는 대부분 壬亂以後의 것이다。

奴婢賣買는 土地나 家屋의 賣買의 경우와 같이 官(掌隷院 또는 地方官)의 立案을 받아야 했고, 立案의 節次는 대개 土地・家屋의 경우와 같다。朝鮮後期에는 立案없

(202) 至元一八年(一二八一) 文書(南豊鉉, 一三世紀 奴婢文書의 吏讀, 一九七四, 檀大論文集八, 참조)와 至正一四年(一三五四) 文書 (寶物 第四八三號, 金東旭, 앞에 든 〈古文書集眞〉 P, 四二, 朴秉濠 앞에 든 〈高麗末의 奴婢贈與文書와 立案〉) 등이 있다。

이 賣買가 成立되는 경우도 간혹 있으나, 土地賣買의 경우보다는 훨씬 立案制度가 遵行되고 있은 것으로 보인다. 그것은 奴婢는 土地·家屋과 달리 生動的인 財産이므로 生産(出産)으로 인한 增加가 있고, 逃亡의 우려도 항상 따르므로 官의 公證을 더욱 필요로 하기 때문이라 생각된다. 그리고 奴婢賣買文記에는 賣渡하는 事由, 該奴婢의 傳來處 등을 記載하도록 되어 있다. 奴婢를 거느린 兩班家의 奴婢賣買는 土地賣買의 경우와 같이 兩班이 直接 賣買行爲에 관계하지 않고 兩班으로부터 委任을 받은 奴에 의하여 代行되고 있다.

〈奴婢文記, 例一〉(서울大, №一九三五〇二)

A、奴婢文記(賣買)

萬曆四十六年戊午拾貳月初伍日 奉事李晟前明文
右明文爲臥乎事叱段① 無子女寡居多年 貧寒所致以② 家翁邊別得 奴潤玉壹所生婢潤德 貳所生婢潤非 參所生奴乭松等 參口乙 價折
六升木貳同乙 依數捧上爲遣 前後所生并以 永〃放賣爲乎矣 本文記段 他奴婢并付乙仍于 許給不得爲去乎 後次良中 遠近內外族
類等 他條以 爭望隅有去等 此文內乙用良③ 告官辨正爲乎事

財主故僉使柳元緖妻申氏(印章)
筆執同姓六寸柳天緖(手決)
證參異姓三寸姪幼學李興仁(手決)
證參同姓四寸部將柳柏樹(手決)

B、所志(買受人)

奉事李晟

右謹言所志矣段 粘連買得文記相考 依他斜給爲只爲

行下向敎是事亦在[4] 謹言

掌隷院 處分 (戊十二廿三)[5]

萬曆四十六年十二月 日所志

C、消息(財主의 陳述書)

D、證人・筆執의 招辭(陳述書)

E、掌隷院立案 등이 있으나 省略。

(註解) ① 爲臥乎事叱段、하누온일딴、뜻；—하는 일은。② 以、로、뜻；—로。③ 乙用良、을쓰아、뜻；—으로써。④ 行下向敎是事亦在、행하아이샨일여견、뜻；명령하옵실일 이라는 것。⑤ 戊十二廿三、戊午一二月二三日、이 所志가 接受・處理된 日字。

(要旨) A(奴婢賣買文記)는 一六一八年(光海君、一〇) 一二月五日에 賣渡人인 故僉使柳元緖妻申氏가 買受人인 奉事李晟에게 成給한 奴婢賣買文記로서、貧寒한 所致로 家翁(申氏의 夫)邊에게서 別得한 奴婢 三口를 六升木二同을 받고 前後所生을 아울러 賣渡하는 文書이다。筆執과 證人으로는 故柳元緖의 同姓 또는 異姓의 親戚이 參與하고 있다。

B(所志)는 同年 一二月二三日에 買受人인 奉事李晟이 買得文記를 添附하고 掌隷院에 올린 立案申請「所志」이며、C(消息〈緘答〉)는 財主申氏가 奴婢賣渡事實이 확실하다는 內容으로 官에 올린 陳述書이며、D(招辭)는 筆執・證人의 賣買文記作成時에 參與한 事實이 확실하다는 陳述書이며、E(立案)는 위의 文記・所志・消息・招辭 등의 關係資料를 調査한 掌隷院에서 發給한「立案」으로 되어 있다。財主가 士大夫家의 夫人일 경우에는 官에 出頭하기 곤란하므로 官에서 公緘으로 該事實의 眞僞를 質問하고 이에 대한 答通(陳述書)이 消息이다。드물지만 男子도 消息을 쓰는 경우가 있다。

〈奴婢文記、例二〉(서울大、№二三八〇〇一)

A、奴婢文記

圖版 161 奴婢文記

서울大, 238001

順治拾陸年己亥參月初伍日 同姓五寸叔前司果張勝剋前成文

右明文爲臥乎事段 遭喪室家 鰥夫窮困之餘 家內參父子軍役 不勝支保①乙仍于 祖先田民乙 盡數放賣 而今年則又得染病 專廢農事 身役對答與資生無路 極爲罔望乙仍于 祖先傳繼主祀條 奴李同良妻所產婢允月參所生婢內伊年己丑生拾壹身乙 楮貨肆千張價細木綿肆拾伍疋以 依數交易捧上爲遣 右人處 後所生并以 永〃放賣爲去乎 後次良中 子孫中某人是乃② 雜談隅有去乙等③ 此文記乙 告官卞決事

婢主新選張愛順(手決)

證人異姓姪子柳星伍(手決)

證保幼學柳纘吉(手決)

筆執同姓四寸武學張邦翼(手決)

B、所志(買受人)

前司果 張勝剋

右謹言所志矣段 粘連買得文記相考 依他斜給爲只爲

行下向教是事

掌隷院 處分 (己閏三初十)④

順治十六年閏三月八日所志

(以下文書 脫落됨)

(註解) ① 乙仍于、을지즈로。뜻；─을 말미암아。② 是乃、이나。뜻；─이나。③ 有去乙等、잇거늘든。뜻；있거든。④ 己閏三初十、己亥閏三月初十日、所志가 接受·處理된 日字。

(要旨) A、(奴婢文記)는 一六五九年(孝宗一〇) 三月五日에 張愛順이 同姓五寸叔張勝葩에게 婢(一一歲)를 賣渡하는 文書이다。賣渡하는 事由는 家內三父子의 軍役을 감당하기 어려워 祖上傳來의 田民을 모두 賣渡하였는데、當年에는 染病을 얻고、農事를 全廢하여 身役의 擧行과 資生이 無路하기 때문이며、값은 一一歲의 婢 一口에 細木綿四五疋(楮貨 四、〇〇〇張)을 받고 賣渡하고 있다。證·筆을 갖추었다。

B、(所志)는 同月八日에 買受人張勝葩이 奴婢賣買文記를 添附하여 掌隷院에 立案을 申請하는「所志」로서、同月一〇日에 接受·處理되었다。以下 婢主·證人·筆執의 招辭와 掌隷院의「立案」은 탈락되어 볼 수 없다。

〈奴婢文記、例三〉(서울大、№一六七七九二)

A、牌 旨

奴貴福處

無他 宅有要用處 傳來婢貴烈一所生奴奉喆 二所生婢奉每 買得婢壬丹 二所生奴山福 三所生奴甲申 四所生奴海福 六所生婢海丹

買得婢相丹 一所生奴吉老味 二所生奴慶甲 合十口身乙 後所生并以 某人處 捧準價納宅後 此牌子導良 成文以給 宜當向事

丁酉十一月二十二日

上典崔(手決)

B、奴婢(賣買)文記

乾隆四十二年丁酉十一月二十八日 洪生員宅奴庚申前明文

右明文爲 ①矣宅切有要用處 傳來婢貴烈一所生奴奉喆年癸未生 二所生婢奉每年乙酉生 買得婢任丹年壬子生 同婢二所生奴山福年辛巳生 三所生奴甲申年甲申生 四所生奴海福年丁亥生 六所生婢海丹年壬辰生 買得婢相丹年戊申生 同婢一所生奴吉老味年戊寅生 二所生奴慶甲年丁亥生 合十口身 價折錢文壹百伍拾兩 依數捧上納宅爲遣 上典主牌子導良 右奴婢等 右人前 本文記三丈并以 永〃放賣爲去乎 日後 如有雜談是去等 持此文 辨正者

奴婢主崔生員宅奴貴福(左手寸)

證人 私奴李海江(手決)

筆執 李一才 (手決)

圖版 162 奴婢文記(部分)

서울大, 167792

C、所志(立案申請)

洪生員宅奴庚申

右所志白②等 貼連文記相考敎③是後 依例斜給事 望④良白只爲行下向敎是事

使道主 處分

戊戌二月 日所志

使(押) 依斜⑤向事

二十一日

D、招辭(財主)

戊戌二月 日

崔生員奴貴福年

白等 洪生員宅奴庚申課狀據 奴婢放賣與否 從實現告敎是臥乎在亦⑥ 矣宅切有要用處 傳來婢貴烈一所生奴奉喆年癸未生(以下 奴婢
文記同、省略) 十口身乙 價折錢文壹百伍拾兩 依數捧上 本文記三丈并以 狀者洪生員宅奴庚申處 永〃放賣的實是白置⑦ 後考次 施
行敎事⑧

使(押)

E、招辭(證人・筆執)

同月同日

證人私奴 李海江年

筆執 李一才年

白等 節呈洪生員宅奴庚申課狀據 奴婢放賣時⑨ 矣徒等 以證筆隨參與否 從實現告敎是臥乎在亦 奴主崔生員宅傳來婢貴烈一所生奴
奉喆年癸未生(以下 奴婢文記同、省略) 十口身乙 價折錢文壹百伍拾兩 依數捧上 本文記三丈并以 狀者洪生員宅奴庚申處 永〃放
賣時矣徒等 以證筆隨參的實是白置 後考次 施行敎事

使(押)

F、立 案

乾隆四十三年二月 日 春川府立案

右立案爲斜給事 貼連課狀及各人等招辭是置有亦⑩ 本文記取納相考是乎則⑪ 乾隆三十四年己丑十二月十一日 崔生員宅奴貴福前

明文右明文爲　奴矣上典宅　要用所致以　別得爲在⑫　婢春丹四所生婢貴烈年二十七癸亥生　同婢一所生奴奉喆年七癸未生　二所生婢奉每年五乙酉生　三所生婢者斤每年三丁亥生　合四口身乙　價折錢文四十兩　依數捧上納宅爲遣　上典主牌子導良　右奴婢等同人前　永永放賣爲乎矣　本文記段　他田民并付乙仍于　不得許給爲去乎　日後良中　若有上典主子孫族屬中　雜談之弊是去等　持此文記　告官卞正者　奴婢主崔生員宅差奴貴同　訂人李光春　筆執崔使成着名爲遣　乾隆四十一年丙申三月初七日崔生員宅奴乭伊前

明文　右明文事段　上典宅要用所致　傳來婢順占一所生婢壬丹年壬子生果　同婢二所生奴山福年辛巳生　三所生甲申年甲申生　四所生奴海福年丁亥生　五所生海梅年庚寅生　六所生婢海丹年壬辰生　合六口身乙後所生及壬丹腹中胎⑬并以　右人處　價折錢文六十兩依數捧上爲遣　牌子并以許給永永放賣爲去乎　本文記段　乙未年閏十月二十日燒火　故官門立旨謄書背頉爲遣　成文給爲去乎　日後　上典宅子孫中　或有雜談則　持此文記　告官卞正者　財主朴生員宅奴李長生　訂金大成　筆執李一才　着名爲遣　乾隆二十五年庚辰四月十四日　妹兄崔魯海前明文　右明文段　要用所致　婢五禮一所生婢相丹年戊申生三十三　一口身　及渠矣一所生奴吉老味戊寅生并以　價折錢文什伍兩　依數捧上是遣永永放賣爲去乎　本文記段　他奴婢并付　不得許給爲去乎　日後　子孫中　如有雜談是去等持此文告官卞正者　主李復烈　證筆七寸叔崧　着名爲白齊⑭　本文記所付　貴烈一所生奉喆年癸未生　二所生婢奉每年乙酉生　買得婢壬丹年壬子生　同婢二所生奴山福年辛巳生　三所生奴甲申年甲申生　四所生奴海福年丁亥生　六所生婢海丹壬辰生　買得婢相丹年戊申生　同婢一所生奴吉老味年戊寅生　二所生奴慶甲年丁亥生　十口身乙　價折錢文壹百伍拾兩　依數捧上爲遣　狀者洪生員宅奴庚申處　永永放賣的實是乎等以⑮　依例斜給事　合行立案者

行府使(押)

(**註解**) ① 矣宅、의宅、뜻；나의(저의)宅。저의 上典宅。② 白等、삷든。뜻；사뢰오되。③ 敎是、이샨。뜻；—하신。④ 望良白只爲、바라삷기암。뜻；바라옵기에。⑤ 依斜、依例斜給의 준말。⑥ 敎是臥乎在亦、이시누온견이여。뜻；—이옵시는 것이어요、—하옵시는 것이어요、—하옵시는 것이므로。⑦ 是白置、이삷두、뜻；—이옵니다。的實是白置；분명하옵니다。⑧ 敎事、이샨일。뜻；—하옵실 일。⑨ 矣徒等、의내들。뜻；저희네들。⑩ 是置有亦、이두이신이여。뜻；—이기도(이라고) 하였으므로。⑪ 是乎則、이온즉、뜻；—이온즉。⑫ 爲在、하견。뜻；—한。—하였던。⑬ 腹中胎、腹中에 있는 胎兒。婢를 賣買(處分)할 때에는 임신중의 胎兒 또는 後所生까지 아울러

圖版 163 奴婢文記

서울大, 146402

賣渡(處分)한다는 內容을 記載하게 된다。④ 爲白齊, 하삽제, 뜻 ; ―하옵, ―하옵십。⑮ 是乎等以, 이온들로, 뜻 ; ―이온줄로, ―이온바로。

(要旨) 一七七七年(正祖, 元年) 一一月에崔生員宅에서 洪生員宅에 奴婢一〇口를 錢文一五〇兩에 賣渡한데 關係되는 一括文書이다。

A(牌旨)는 上典崔生員이 一七七七年 一一月二一日에 奴婢一〇口를 願買人을 찾아 賣渡할 것을 委任하는 牌旨이다。

B(奴婢賣買文記)는 委任(牌旨)을 받은 崔生員宅奴貴福이 願買人(買受人) 洪生員宅奴庚申에게 奴婢一〇口를 錢文一五〇兩을 받아 上典宅에 드리고 賣渡하는 文記이다。

C(所志)는 그 翌年(一七七八) 二月에 買受人 洪生員宅奴庚申이 買受한奴婢에 대하여 官에 立案을 申請하는 所志이고, 이 所志가 接受·處理된 日字가 同月二一日이다。

D(招辭)는 該奴婢賣渡를 代行한 崔生員宅奴貴福의 該放賣事實에 틀림이 없음을 陳述하는 招辭이며, E(招辭)는 證人과 筆執의, 該奴婢賣渡時에 證·筆로 隨參한 事實이 확실하다는 陳述書이다。

F(立案)는 一七七八年 二月, 위의 A~E의 文書와 舊文記를 調査한官(春川府使)이 所志를 올린 洪生員宅奴庚申에게 斜給한 立案으로서, 他立案과 다른 點은 該當 奴婢에 대한 新舊文記의 內容을 모두 轉載한 일이다。 따라서 立案文書가 長書가 되었으나 오히려 철저한 조처라고 보인다。 連接부분과 곳곳에 官印을 押한것은 餘他 立案文書와 같다。

〈奴婢文記, 例四〉 (서울大, №一四六四〇二)

乾隆七年壬戌二月初四日　密陽君宅奴有男前明文

右明文事段　矣上典山所　在於漣川乾貞村　而墓直奴無可合者　右宅奴儉金居生於墓下　而且是矣宅婢夫乙仍于　今與矣上典宅傳來婢

次女一所生使喚婢次切年三十六丁亥生身　及同婢一所生奴世得年八乙卯生　二所生婢世每年二辛酉生身　三口乙　後所生并以　右人

前永〃相換爲乎矣　本文記段　他田民并付乙仍于　許給不得是遣　上典主牌子導良　成文爲去乎　日後良中　如有雜談是去等　持此文

卞正事

財主金高城宅奴占同(左手寸)

證參私奴不關(左手寸)

證　陳善得(手決)

筆執　李東蕃(手決)

(要旨)　一七四二年(英祖一八) 二月四日에 金高城宅과 密陽君宅 간에 奴婢를 相換(交換)하는 文書이다。

(解釋)　一七四二年(壬戌) 二月初四日 密陽君宅奴有男앞 明文

이 明文을 하는 일은、저의 上典 山所가 漣川乾貞村에 있으나 墓直奴는 合當한 者가 없고、右宅의 奴儉金은 墓下에 살고 있으나 또한 이는 저의 (上典)宅 婢夫이기에、지금 저의 上典宅 傳來婢인 次女의 一所生이며 使喚婢인 次切(三六歲、丁亥生)과 同婢의 一所生 奴世得(八歲、乙卯生)、二所生 婢世每(二歲、辛酉生)身 三口를 後所生 아울러 右人앞에 주고 永遠히 相換하되、本文記(舊文記)는 다른 田民(土地・奴婢)이 아울러 記載되어 있기 때문에 許給하지 못하고、上典主 牌子에 따라 成文하므로 日後에 만약 雜談이 있거든 이 文記를 가지고 바로잡을 일。

財主 金高城宅奴占同(左手寸)

(以下略)

(11) 漁場(漁箭・網基)文記

漁場의 賣買文記이다。高麗末에는 漁場도 豪强에 占奪되어 國家에서는 그 利를 얻지 못하였다。(203) 그러한 폐단을 보아

(203) 三峯集、卷七、朝鮮經國典上 山場・水梁條 참조。

〈漁場文記、例一〉(서울大、No.一五五八一六)

乾隆五十一年丙午十一月二十五日 李南海宅奴莫金前明文

圖版 164 漁場文記

서울大, 155816

온 朝鮮初의 爲政者들은 漁場의 國有原則을 세웠으나, 점차 漁場의 經濟性의 向上에 따라 權勢家의 漁場私有가 進行되었다.(204) 이에 經國大典에서 漁箭의 私占을 嚴禁하였으나(205) 魚箭의 賜與는 世祖代 以後 계속되고 있어 權勢家의 免稅된 私漁場은 계속되고 있으며,(206) 宮房漁場、勢家·豪民의 私占漁場·各衙門所屬漁場등 漁場의 所有形態는 多樣하게 나타나고 있다.(207) 一七五〇年 均役法의 實施와 더불어 均役海稅가 設定됨으로써 모든 漁場이 屬公되고, 漁場에 대하여 徵稅하도록 規定되었으나 곧 宮房漁場이 再生하고 漁場의 私有化가 進行되어 漁場의 賣買가 이루어지고 있다.(208) 漁場文記는 그러한 社會經濟的인 상황하에서 이루어진 漁場私有化의 實態를 보여주는 一次的 資料이다. 그리하여 漁場은 田地와 더불어 賣買되고 있는 것이다.

漁場賣買文記는 土地·奴婢의 賣買文記와 形式上으로는 같다. 즉 賣買가 成立된 年度(年號)、賣渡人과 買受人、그리고 證人과 筆執、賣渡事由、賣渡物의 所在 및 規模、四標、價格、關係文書의 引渡상황 등이 記載된다.

右明文事段 上典宅切有用處 水原佳士串面鷄頭山下浦邊 陳江岩網場 形止段 鹽岩周回千五百餘步內 一授二授兩庫 合二十五機是遣 四標段 東距大同岩五里 南距猪岩五里 西距黃岩二十里 北距鷄頭峯五里庫乙 價折錢文壹百伍拾兩 依數交易捧上是遣 立旨一張 上典主牌子導良 右人前 永〃放賣成文以給爲去乎 日後 或有雜談是去等 持此文 告官卞正事

網基主李生員宅金夢(左手寸)

證人 私奴占尙(左手寸)

私奴卜善(左手寸)

私奴命山(左手寸)

筆執 良人李燁(手決)

(要旨) 一七八六年(正祖一〇) 一一月二五日에, 李生員宅에서 所有하던 水原佳士串面鷄頭山下浦邊陳江岩에 있는 網場一授二授 두곳(處) 二五機를 錢文一五〇兩을 받고 李海南宅에 賣渡하는 文書이다。 이 文書에 있어서도 兩班이 賣買에 직접 관여하지 않고 奴가 代行하고, 證人으로 私奴 三人이 참가하고 있고 筆執도 良人이 하고 있다。 그리고 同年 一二月의 網基主李生員宅奴金夢과 證人私奴占尙, 私奴卜善, 私奴命山, 筆執李燁의 招辭(서울大, 古文書 №. 一五五八〇九)가 있는 것에 의하면 이 賣買는 官의 立案을 받은 것으로 보인다。

〈漁場文記, 例二〉(서울大, №. 一五五八〇五)

嘉慶三年戊午正月二十日 金副學宅奴春奉前明文

右明文事段 上典宅有要用處 水原佳士串面鷄頭山下浦邊陳江岩網場 形止段 鹽岩周回千五百餘步內 一授二授兩庫 合二十五機是遣 四標段 東距大同岩五里 南距猪岩五里 西距黃岩二十里 北距鷄頭峯五里庫乙 價折錢文壹百伍拾兩 依數交易捧上是遣 立旨一

(204) 水產廳, 韓國水產史, p, 七二~(一九六八) 참조。 著者執筆

(205) 經國大典, 卷二, 戶典, 魚鹽條에 「諸道魚箭鹽盆 分等成籍 藏於本曹本道本邑」이라 하고 그 挾註에 「漏籍者杖八十 其利沒官 私占魚箭者同」이라 하였다。

(206) 앞에 든, 韓國水產史, p, 七六~ 참조。 著者執筆

(207) 같은 책, p·p, 七七~八四 참조。

(208) 같은 책, p·p, 八四~九三 참조。

張果 圖形二張果 各人等證參文記四張果 所志乙 上典主牌
子導良 右人前 永〃放賣之意 成文記以給爲去乎 日後 或
有雜談是去等 持此文記 告官卞正事

網基主 李南海宅莫金(左手寸)

證人 私奴福實(左手寸)

私奴貴卜(左手寸)

筆執 姜昌大 (手決)

(要旨) 一七九八年(正祖二二) 正月二〇日에 李南海宅에서 網場 二五機를 錢文一五〇兩을 받고 金副學宅에 賣渡하는 文書이다。이 文書는 李南海宅이 一三年前에 李生員宅에서 買受한 網場(漁場文記、例一)을 賣渡하는 것으로、〈漁場文記、例一〉은 이 文書의 本文記(舊文記)가 된다。網場의 價格은 一三年前인 一七八六年과 同一하나、〈例一〉과 다른 것은 〈例二〉에서는 圖形二張·各人等證參文記四張·所志 등의 附屬文書가 더하여 引渡되고 있는 점이다。그러한 文書들은 一七八六年度 賣買時의 立案에 관계된 것으로 보인다。網場의 價格과 當時의 土地·奴婢·布등의 價格을 比較하면 網場의 經濟性이 밝혀질 것이다。

圖版 165 漁場文記　　서울大, 137631

〈漁場文記、例三〉(서울大、№ 一三七六三一)

同治七年戊辰九月初四日

右明文事段 自己買得 瓮津伏在 松當里箭浦青魚基三分一衿 及幕家一座 綿網九百把 杖船一隻 定耳船一隻 櫓一介 水望船一隻

杖一百三十箇 樻一坐 俱鎖開金 食鼎二座 水瓮二座 斗一介 升一介 刀子一介 廣耳二介 㞑二介 鉅一介 漢所之二介 足板一介 斫貴二介 搗臼一坐 爐一介 錚一介 價折錢文壹仟兩 依數捧上是遣 舊文十二丈 新文一丈幷以 永遠放賣爲去乎 日後 子孫中 若有雜談 則以此文記 告官卞呈者

箭基三分一衿主李福賢(手決)

證人金柱源(手決)

筆 李士集

(要旨) 一八六八年(高宗五) 九月四日에 李福賢이 瓮津에 있는 青魚基(魚箭) 三分一衿(몫)과 幕家·漁網·杖船·定耳船·什物등을 錢文 一、〇〇〇兩에 賣渡하는 文書이나 買受人이 記載되어있지 않았고、筆執도 手決을 하지 않아서 實際 賣買가 成立된 文記였는가에 의문이 없지 않다。 願買人을 만나면 姓名을 記載하고 引渡하려다 不發한 文書일 수도 있겠으나、買受人을 記載하지 않고 引渡하는 文書도 後期에는 흔히 볼 수 있으며、또한 이 文書가 지금까지 전해질 수 있었던 것으로 보면 成立된 文書로 볼 수 있다。설사 不發文書라 하더라도 當時의 狀態를 반영하는 것으로、當時의 漁場賣買나 漁場經營形態를 연구하는데 資料가 될 수 있을 것이다。

(12) 鹽盆文記

鹽盆의 賣買文書이다。

麗末鮮初에 있어서 鹽場·製鹽·賣鹽등은 官에서 管理하여 專賣의 性格을 띤 것이었다。(209) 朝鮮前期에 있어서도 鹽盆은 魚箭과 같이 國家의 統制를 받아 諸道의 鹽盆은 分等成籍되어 戶曹·本道·本邑에 保管하여 철저히 管理했으며、生產·徵稅한 鹽은 穀·布와 交換하여 軍資에 補充하거나 救荒鹽으로 使用했다。(210) 壬亂以後에는 勢家의 私有 鹽盆과 宮房

(209) 三峯集、朝鮮經國典上、鹽法 참조。
(210) 經國大典、戶典、魚鹽條 참조。

의 鹽盆折受가 늘어나 國家財政收入에 손실을 가져오게 되었으나 一七五〇年 均役法의 實施와 더불어 均役海稅가 設定됨으로써 모든 鹽盆은 屬公되고, 諸道의 鹽盆에 대하여 鹽盆稅를 徵收하였다.(21) 그러나 그 以後 宮房의 鹽盆도 다시 나타나고 鹽盆의 私有도 進行됨에 따라 鹽盆의 賣買가 成立되고 있는 것으로 보인다. 鹽盆文記는 그러한 배경하에서 이루어진 것이다.

서울大, 156616

圖版 166 鹽盆文記

〈鹽盆文記, 例一〉(서울大, №一五六六一六)

同治七年戊辰二月初七日 沈承旨宅奴得伊前明文

右明文事段 要用所致 保寧周浦面內坪浦所在 鹽幕二座 與鹽盆二十座 價折錢文一百六十兩 依數捧上是遣 右宅前 永〃放賣是矣 本文記段本無 故只以時文一張 牌旨一張 許給爲去乎 日後如有是非 持此告官卞正事

財主宅奴辛丑(左手寸)

證人朴義鎭(手決)

筆執李生員宅(手決)

(要旨) 一八六八年(高宗五) 二月七日에 某宅奴辛丑이 要用所致로 保寧周浦面內坪浦에 있는 鹽幕二座와 鹽盆二〇座를 錢文一六〇兩을 받고 沈承旨宅奴得伊에게 賣渡하는 鹽盆賣買文記이다. 여기서도 兩班家의 賣買行爲를 奴辛丑과 得伊가 代行하는 것으로 되어 있다.

〈鹽盆文記, 例二〉 (서울大, No. 一五六六一四)

同治十年辛未九月二十日 上村金承旨奴判成前明文

右明文事段 保寧周浦面鵲島伏里伏在 鹽幕二座 以移買次 價折錢文貳佰兩 準捧是遣 永〃放賣是去乎 日後若有雜談之弊是去等

持此新舊文各一章 告官卞正事

文壹章 舊文二張 牌紙一張

鹽幕主沈判書宅奴得伊(手決?)

證人李先達奴南山(手決)

筆執金周喜(手決)

圖版 167 鹽盆文記 서울大, 156614

(要旨) 一八七一年(高宗八) 九月二〇日에 沈判書宅奴得伊가 保寧周浦面鵲島伏里에 있는 鹽幕二座를(移買하기 위하여) 錢文二〇〇兩을 받고 上村金承旨宅奴判成에게 賣渡하는 鹽幕賣買文記이다。그런데 앞의 〈鹽盆文記, 例一〉에 비겨보면, 이 文書에서의 鹽幕은 鹽幕뿐이 아니라 여기에 속한 鹽盆을 함께 賣買하는 것으로 보는 것이 타당하다。그 價格을 보아도 그러하고, 鹽盆없는 鹽幕의 賣買는 별 뜻이 없을 것이다。그리고 이러한 鹽盆이 當時의 高官家門간에 이루어지고 있는 것은 흥미있는 일이다。

(13) 船隻文記

船隻의 賣買文記이다。오래되고 完全한 文書를 찾아

(211) 均役廳事目(奎, No. 一七二五三) 참조。

보기 어렵다。 船隻은 財産으로서는 永久的인 것이 못 되고 有限한 것이기 때문이 아닌가 한다。

圖版 168 船隻文記 서울大, 218196

〈船隻文記、例一〉(서울大、№二一八一九六)

開國五百四年乙未二月 日 前明文

右文爲段 以要用所致 二棹舡一隻 價折錢文壹仟壹佰伍拾兩是遣 以舊文一張 新文一張 永〃放賣爲去乎 若有是非 則 持此憑考事

舡主文監察(手決)

鼎二坐 작위一介

沙鉢四介 솔 一介

水缸一坐 함지一介

長軍一坐 보슈二介

坐水甬一坐 주귀

招路甬一坐

(要旨) 一八九五年에 船主文監察이 二棹船一隻과 이에 딸린 什物을 錢文一一五〇兩에 賣渡하는 文書이나 買受人이 記載되어있지 않고, 證人·筆執도 參與치 않고 있어 賣買文記로서는 不完全한 것이다。 그러나 當時 船隻賣買의 狀態를 傳해주는 資料로서 認定된다。 賣買文記에서는 경우에 따라 買受人의 姓名은 記載하지 않고 文記를 引渡하는 수도 있다。

〈船隻文記、例二〉(서울大、№二一八一九七)

癸巳四月 日 右人前明文

右明文事段 小舡一隻 本板五片 左右道里八片 杭竹二介舡上俱執物 右人前 錢文價折陸佰兩論定捧上爲去乎 日後若有雜談之弊 則持此文記 告官事

舡主金元植(手決)

訂筆尹起今(手決)

圖版 169 船隻文記　　서울大, 218197

(要旨) 一八九三年(高宗三〇) 四月에 船主金元植이 小船一隻(本板五片、左右道里八片、杭竹二介)과 船上什物을 錢文六〇〇兩을 받고 右人前에 賣渡하는 船隻賣買文記이다。그러나 買受人의 姓名이 記載되지 않고 다만 右人前으로 표시하여 賣買文記로서는 不完全한 文書이나 혹시 右人이 누구인지 밝히는 附屬文書가 있었는지는 분명치 않다。

(14) 貢人文記

貢人으로서의 權利를 賣買하는 文書이다。貢人은 大同法의 實施와 함께 나타난 官需品 納品業者로、各官府에서 必要로 하는 貢物(官需品)을 購買・納品하는 官需品 納品業者다。元貢의 경우、貢人은 貢物衙門으로부터 貢價를 豫給받고 該官府에 納品할 物品을 市廛・手工業者 기타 生產者로부터 購買・納品하고 一定한 手數料를 차지하는 特惠納品業者이다。宣惠廳에서 米를 支給받는 衙門과 契・主人・廛등은 五七個所에 이르고 貢價도 상당한 것이었다。(212) 이러한 貢物衙門

(212) 韓沽劤、〈李朝後期 貢人의 身分〉(學術院論文集、五、一九六五) 및 萬機要覽 財用編一、各貢條 참조。

圖版 170 貢人文記

서울大, 149641

과 契 등에 納品하는 貢物의 種類와 數量은 多様・夥多한 것으로서 이에 屬한 貢人의 名目과 數爻도 煩多하였다.(213)

그런데 貢人은 特惠받는 官需品 納品業者이므로 貢人으로서의 營業權은 高價로 賣買되었다. 貢人文記는 바로 貢人으로서의 營業權을 賣買하는 일종의 權利賣買文書이다. 이러한 貢人文記가 朝鮮後期에 商業과 手工業發展에 큰 영향을 준 貢人의 實態를 硏究하는데 基本史料가 됨은 勿論이고 나아가 當時의 社會經濟史 연구에도 중요한 示唆를 줄 것이다.

貢人文記에서는 財主(賣渡人)와 買受人의 職役・身分을 記載하는 경우는 거의 볼 수 없고 姓名만을 記載하고, 財主・證筆은 手決 또는 印章을 찍고 있으며, 다른 賣買의 경우처럼 奴에게 賣買를 代行시키는 경우도 거의 볼 수 없다.

〈貢人文記, 例一〉(서울大, №一四九六四一)

康熙四十九年庚寅十月十五日 彭澤令前明文

右明文爲 要用所致以 金遇秋處買得①對答爲在 戶曹上納歲幣②上木貳拾疋 ③尙方所納④吐紬伍疋等 ⑤沙器契壹名字貢物 同

人前 價折丁銀子壹佰參拾兩 依數交易捧上爲遣⑥ 本文記貳度并以 永〃放賣爲乎矣 後次良中 同生子孫中 如有雜談 則持此文記 告官卞正事

財主 李五星(手決)

證同生兄後星

筆執 尹衡耉(手決)

(註解) ① 對答爲在, 對答하견, 擧行(營業)하던。② 上木, 上等의 木綿。③ 尙方, 尙依院。④ 吐紬, 바탕이 두꺼운 명주의 일종。⑤ 沙器契壹名字貢物, 沙器契에 納品하는 貢物의 一定單位, 一名字, 二名字, 半名字 등。⑥ 捧上爲遣, 받자하고, 뜻; 받아들이고, 받고。

(要旨) 一七一〇年(肅宗三六) 一〇月一五日에 李五星이 金遇秋로부터 買受하여 擧行하던 戶曺上納歲幣上木二〇疋·尙衣院에 納付하는 吐紬五疋과 沙器契 一名字등의 貢物을 納品하는 貢人權을 丁銀子一三〇兩을 받고 彭澤令에게 賣渡하는 貢人權利賣買文記이다。

財主와 筆執은 職役·身分의 表示가 없고 手決을 하였기 때문에 그 身分을 정확히 알 수 없으나, 兩班일 가능성이 많이 있다。

一八〇二年의 이 文書와 같은 規模의 貢人權을 賣買하는 文書(戶曺上納生上木二〇疋半, 尙方所納吐紬六疋, 沙器契貢物一名字)에서는 그 權利가 錢文一〇五〇兩에 賣渡되고 있다。(214)

〈貢人文記, 例二〉(서울大, No. 一二二七七七一二)

嘉慶十年乙丑五月 日 金順性前明文

右明文事段 祖上傳來 戶曹貢案付 慶尙道義城官 長興席子壹張 尙衣席子壹張 合貳張貢物 要用所致 右人前 價折銀子貳拾肆兩 捧上是遣 本文記段 餘存貢物并付 故背頉後① 不得許給 而此文記 永〃放賣爲去乎 日後 若有雜談 則此文記 告官卞正事

(213) 韓沽劤, 앞의 論文 참조。

(214) 서울大, 古文書 No. 一四九六四七 참조。

財主趙 㷦(手決)

證 金行大(手決)

筆 李喜春(手決)

圖版 171 貢人文記　　서울大, 121777—2

(註解) ① 背頉、本文記의 一部內容의 變動이 있을 경우에 變更된 部分을 □로 表示하고 背面에 變更된 內容을 表示(記載)하는 것을 背頉이라 한다。本文記에는 表示하지 않고 變更된 部分의 바로 背面에 表示·記載하기도 한다。

(要旨) 一八〇五年(純祖五) 五月에 趙㷦이 戶曹貢案에 있는 慶尙道義城官의 長興庫(에 納하던) 席子一張、尙衣院(에 納하던) 席子一張 合二張貢物을 納品하는 權利를 銀子二四兩을 받고 金順性에게 賣渡하는 文書로서、本文記는 다른 貢物(納品權)이 아울러 있기 때문에 背頉만 하고 引渡는 하지 못하고 있다。이 貢人權利는 六年後에 다시 賣渡되고 있다。(215)

〈貢人文記、例三〉(서울大、№ 一二一九九九)

乾隆四十三年戊戌十一月二十四日 玄彬前明文

右明文事段 要用所致以 父主生時 高世㷦處 自己買得爲在 內醫院所納 京畿牛黃壹部 價米拾伍石貢物乙 右人前 價折銀子貳佰貳拾兩 依數交易捧上爲遣 永〃放賣爲乎矣 本文記段 草藥并付乙仍于 不得許給爲去乎 日後 同生子孫族屬中 若有雜談 則將此文記 告官卞正事

筆財主卞泰恒(手決)

證　朴載潤

(要旨) 一七七八年(正祖二) 一一月二四日에 卞泰恒이 그의 父親生時에 高世嫌에게서 買得하였던 內醫院所納의 京畿牛黃一部(價米一五石) 貢物을 納品하는 權利를 銀子二二〇兩을 받고 玄彬에게 賣渡하는 文書로서, 本文記는 草藥(藥材) 貢物이 함께 記載되어 있기 때문에 引渡하지 못하고 있다。이 文書에는 一八一一年(錢文七〇〇兩)、一八一五年(錢文一、三二〇兩)에 轉賣된 文記가 連接(粘連)되어 있다。五年 동안에、牛黃貢物一部의 納品하는 貢人으로서의 權利가 폭등한 것을 볼 수 있다。

乾隆四十三年戊戌十一月二十四日 玄 彬 前明文
右明文事段 要用所致以 父主生時 高世嫌處自己買
得爲在 內醫院所納 京畿牛黃壹部 價米拾伍
石貢物乙 右人前 價折銀子貳百貳拾兩 依數交易
捧上爲遣 永〻放賣爲乎矣 本文記段 草藥并付乙仍
于 不得許給爲去乎 日後同生子孫族屬中 若有雜
談則 將此文記 告官卞正事
筆財主 卞泰恒
證 朴載潤

圖版 172　貢人文記　　서울大, 121999

〈貢人文記、例四〉(서울大、No.一二一七六四)

乾隆二十二年丁丑十月二十五日 李寅昇前明文
右明文事段 移買次以 金祿處 自己買得爲在 惠民署案付
湖西嶺南人蔘貳斤伍兩陸戔 價米壹佰石肆斗壹衿貢物乙 同
人前 價折丁銀子肆佰拾伍兩 依數交易捧上爲遣 分衿掌記
壹度及本文記壹度并以 永〻放賣爲去乎 日後 子孫中 如有
雜談 則持此文記 告官卞正事
財主 金履瑞(手決)
證同生弟益瑞(手決)
筆 鄭 熚(手決)

(要旨) 一七五七年(英祖三三) 一〇月二五日에、金履瑞가 金祿에게서 買得(買受)하였던 惠民署貢案付의 湖西・嶺南人蔘二斤五兩六戔(價米一〇〇石四斗) 一衿貢物을 納品하는 貢人으로서의 權利를 丁銀子四一五兩을 받고 李寅昇에게 賣渡하

(215) 서울大、古文書、No.一二一七七一 참조。

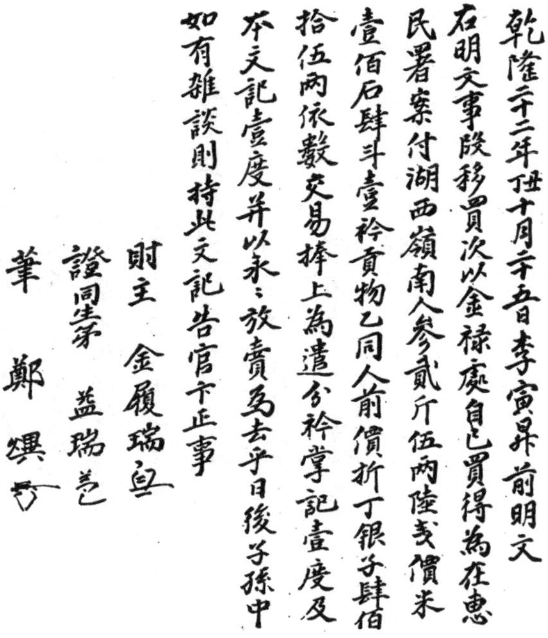

는 文書이다。이 文書와 連接해 있는 貰人文記는 同一한 貰人權을 一八〇四年에 轉賣하는 文書인데 丁銀子四〇〇兩에 賣渡되고 있다。그리고 同一한 貰人權이 一八六四年에도 錢文四〇〇兩에 賣渡되고 있다。(216)

〈貰人文記、例五〉(서울大、№.二〇八三三)

乾隆二十二年丁丑十月二十五日 李寅昇前明文
右明文事段移買次以金祿處自己買得爲在惠
民署案付湖西嶺南人參貳斤伍兩陸戔價米
壹佰石肆斗壹合貢物乙同人前價折丁銀子肆佰
拾伍兩依數交易捧上爲遣分衿掌記壹度及
本文記壹度并以永永放賣爲去乎日後子孫中
如有雜談則持此文記告官卞正事

財主 金履瑞
證同姓 益瑞
筆 鄭 [illegible]

圖版 173 貰人文記 서울大, 121764

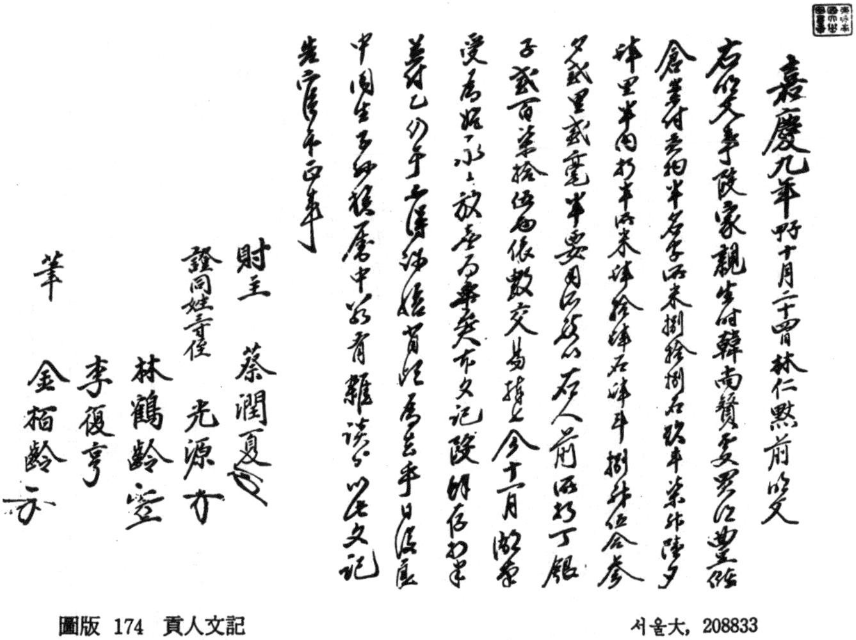

嘉慶九年甲子十月二十四日 林仁默前明文

財主 蔡潤夏
證同姓寺位 光源
林鶴齡
李復亨
金栢齡

圖版 174 貰人文記 서울大, 208833

圖版 175 貢人文記 서울大, 76865

嘉慶九年甲子十月二十四日 林仁默前明文
右明文事段 家親生時 韓尙贇處買得 豊儲倉案付貢物半名字 價
米捌拾捌石玖斗柒升陸夕肆里半內折半 價米肆拾肆石肆斗捌升
伍合參夕貳里貳毫半 要用所致以 右人前 價折丁銀子貳百柒拾
伍兩 依數交易捧上 今十一月湖南受爲始 永〃放賣爲乎矣 本文
記段 餘存折半並付乙仍于 不得許給背頉爲去乎 日後良中 同生
子孫族屬中 若有雜談 則以此文記 告官卞正事

財主 蔡潤夏(手決)
證同姓三寸侄光源(手決)
林鶴齡(手決)
李復亨
筆 金栢齡(手決)

(要旨) 一八〇四年(純祖四) 一〇月二四日에 蔡潤夏가 그의 父親生時에 韓尙贇으로부터 買得한 豊儲倉案付貢物 半名字의 折半(價米四四石四斗八升五合三夕二里二毫半)을 納付하는 貢人으로서의 權利를 丁銀子二七五兩을 받고 賣渡하는 文書로서, 本文記는 나머지 절반이 아울러 붙어 있기 때문에 引渡하지 못하고 本文記에 背頉을 한다고 하고 있다。

〈貢人文記、例六〉(서울大、No.七六八六五)

216 위와 같은 No.一二一九八六 참조。

乾隆四十六年辛丑四月二十七日 高龍得前明文

右明文事段 媤祖父生時 祖姑母朱氏前 長興庫貢案所付 嶺南正月令供上紙半封 買得對答矣 負債浩多 勢不得已 貢物半半封 右人前 價折丁銀子壹佰貳拾兩 依數交易捧上爲遣 今年條爲始 永〃放賣爲乎矣 本文記段 他貢物并付乙仍于 不得許給爲去乎 日後良中 同生子孫族屬中 若有雜談 則將此文記 告官卞正事

財主故朱昌文妻洪氏(手掌)

證同生弟 昌禧(手決)

筆 昌仁(手決)

(要旨) 一七八一年(正祖五) 四月二七日에 故朱昌文의 妻 洪氏가, 媤祖父生時에 祖姑母朱氏로부터 買受하여 擧行하던 長興庫貢案付 嶺南正月令供上紙 半封의 半(半半封)貢物을 納品하는 權利를 丁銀子 一二〇兩을 받고 高龍得에게 賣渡하는 文書로서, 賣渡事由는 負債때문이다. 本文記는 다른 貢物이 아울러 붙어있기 때문에 引渡하지 못하고 있다.

〈貢人文記、例七〉(서울大、No. 一一二九七八)

乾隆十三年戊辰五月十四日 白重采前明文

右明文事段 家翁生時所荅 狗皮契貢物壹名 本是家翁養家之物 遺丙寅不幸之年 家翁身死後 長子相闡 既已出繼于家翁兄主前 以次子相文名 所當立代是乎矣 其時年〃引病 不能立役 故差病間 以長子相闡名 姑爲出代者三年是如可 今要用所致以 同人前 價折丁銀子柒百伍拾兩 依數交易捧上爲遣 本文記 則此契當初塵名而中間創契是遣 亦自設塵之初 累代相傳 至于家翁 故已無本文記而以家翁生祖考諱益俊公遺書 今爲本文記是乎等以 遺書並以 戊辰七月等爲始 永〃放賣爲去乎 日後良中 同生子孫族屬中 若有雜談 則持此遺書 告官卞正事

財主故趙完璣妻姜氏(手掌)
長子相蘭(手決)
執筆二子相文(手決)
三子相彬(手決)
婿金壽億
申漢文(手決)

(要旨) 一七四八年(英祖二四) 五月一四日에 故趙完璣의 妻 姜氏가 家翁(夫)生時에 擧行하던 狗皮契貢物一名(納品單位)字를 納品하는 權利(貢人權)를 丁銀子七五〇兩을 받고 白重采에게 賣渡하는 文書이다。

圖版 176 貢人文記 서울大, 121978

〈貢人文記、例八〉(서울大、№七六八六八)

康熙四十四年乙酉八月二十五日 崔壽崗前明文
右明文事段 要用所致以 韓九岭處 買得對答爲在 長興庫貢案所付 進獻油芚肆張貢物 價折丁銀子陸拾兩 依數交易捧上爲遣 來丙戌條爲始 同人處 永〃放賣爲乎矣 本文記段 他貢物并付乙仍于 許給不得爲去乎 後次 同生子孫族類中 如有雜談是去等 將此文記 告官卞正事

財主 趙東夔(手決)

證人 林仁善(手決)

筆執 林完石(手決)

(要旨) 一七〇五年(肅宗三一) 八月二五日에 趙東夔가 韓九齡으로부터 買受하여 擧行하던 長興庫貢案付 進獻油芚四張을 納品하는 貢人으로서의 權利를 丁銀子六〇兩을 받고 崔壽崗에게 賣渡하는 文書로서, 本文記는 他貢物이 함께 記載되어 있기 때문에 引渡하지 않고 있다.

〈貢人文記, 例九〉(서울大, №一二一〇九六)

乾隆五十八年癸丑十二月二十日 金頤𤣲前明文

右明文事段 要用所致以 徐弘規處 自己買得爲在 濟用監所答貢物 慶尙道慈仁官正布拾壹疋內減布拾壹尺除 實正布拾疋貳拾肆尺價米拾貳石柒斗貢物 同人前 價折丁銀壹佰肆拾玖兩陸戔 依數交易捧上爲遣 本文記壹度並以 永〃放賣爲去乎 日後良中 同生子孫族屬 若有雜談 則此文記 告官卞正事

財主 姜翊斌(手決)

證同生弟翊武(手決)

徐弘規(手決)

李元英(手決)

筆 金祿鉉(手決)

(要旨) 一七九三年(正祖一七) 一二月二〇日에 姜翊斌이 徐弘規로부터 買受하여 擧行하던 濟用監에 納品하는 貢物로 慶尙道慈仁官正布一一疋內 減布一一尺를 除하고 實正布一〇疋二四尺(價米一二石七斗)을 納品하는 權利를 丁銀子一四九兩六戔을 받고 金頤𤣲에게 賣渡하는 貢人權賣買文書이다. 「慶尙道慈仁官正布」는 大同法 實施以前에 慈仁에서 貢物로 納付하던 正布로서, 大同法實施 以後에는 慈仁에서

上納하는 것이 아니라 그에 해당한 正布를 貢人이 貢價(價米)를 받아 納品하는 것으로 보인다。

〈貢人文記、例一〇〉(서울大、№ 一二二七八一)

咸豊二年壬子十一月　日　　前明文

右明文事段 祖上傳來 司宰監貢案付 忠淸道唐津官靑代石魚柒束柒介貳里伍戶 延豊官燒木玖拾參斤貳兩代眞魚貳介貳里伍戶 靑魚拾壹介貳里伍戶 石魚肆介貳里伍戶 蘇魚壹升參合貳夕 白鰕壹升捌合捌夕貳里 存木壹佰貳拾斤肆兩 槐山官燒木壹佰肆拾玖斤伍兩代眞魚參介柒里伍戶 靑魚拾捌介貳里伍戶 石魚陸介伍里 蘇魚貳升貳夕 白鰕貳升玖合參夕 存木壹佰玖拾斤拾伍兩 瑞山官燒木參佰玖拾貳斤拾壹兩代眞魚玖介柒里伍戶 靑魚貳乭音柒介貳里伍戶 石魚壹束柒介柒里伍戶 蘇魚伍升肆合伍夕 白鰕柒升柒合陸夕 存木伍佰貳斤拾伍兩 癸卯復舊眞魚玖介壹里捌戶 已上合價役米玖石拾肆斗柒升玖合貳夕 慶尙道金海官靑魚陸乭音拾柒介貳里伍戶 價米壹石拾貳斗肆升伍合 都合米拾壹石拾貳斗貳升肆合貳夕貢物㐌 右人前 價折錢文參佰伍拾兩 依數交易捧上爲遣 本文記貳度 新文記壹張 永〻放賣爲去乎 日後 若有雜談 則此文記憑考事

財主朴晦永(手決)

(要旨) 一八五二年(哲宗三) 一一月에 朴晦永이 祖上傳來의 司宰監貢案付 忠淸道 唐津官・延豊官・槐山官・瑞山官 및 慶尙道 金海官에서 上納하는 石魚・眞魚・靑魚・蘇魚・白鰕・存木등의 貢物(價米一一石一二斗二升四合二夕)을 納品하는 貢人으로서의 權利를 錢文三五〇兩을 받고 某人에게 賣渡하는 貢人權利賣買文書이다。買受人의 姓名이 記載되어 있지않으나、一八〇〇年代에 들어오면 買受人을 記載하지 않고 賣買(文記)가 成立되는 경우를 흔히 볼 수 있다。

(15) 某人文記

高麗初에 地方勢力家들을 견제하고 中央과 地方의 統治體制의 편의를 위한 制度로서 某人制度가 있었다。이 때의 某人

은 地方세력가의 子弟로서 中央에 인지(人質)로 選上된 者를 의미하며, 이들은 中央의 末端吏職을 받고 제반 雜業에 종사하였고, 그 地方의 일을 顧問케 했다。 그러나 麗末鮮初의 其人은 柴炭을 調達하는 賤役·苦役으로 바뀌었다。
大同法實施 以後의 其人은 柴(燒木)·炭·杻炬·杻木 등을 納品하는 貢人을 의미한다。(217) 그러므로 其人文記는 柴·炭을 納品하는 貢人으로서의 權利를 賣買하는 文書로서, 貢人文記에서 함께 다룰 수 있는 것이나 별도로 취급해 보았다。

圖版 177 其人文記　　서울大, 121106

〈其人文記、例一〉(서울大、№一二一一〇六)

康熙八年己酉 正月初九日 孫婿林太善前明文
右明文事段 要用所致以 張得逸處 買得對答爲①
如乎慶尙道善山官其人舊詳定壹名乙 價折正銀子
壹佰肆拾兩 交易捧上爲遣② 同人處 本文記幷以③永〃
放賣爲去乎④ 後此良中⑤ 子孫族類中 雜談隅有去等⑥
此文記 告官卞正事
財主通政大夫趙宗直(手決)
證人外孫婿內禁衛朴惟溟(手決)
外孫婿忠義吳廷亮
筆執忠翊衛 黃義吉(手決)

(註解) ① 爲如乎、하다온。뜻;—하던。② 捧上爲遣、받자하고。뜻; 받아들이고、받고。③ 幷以、아오로。뜻; 아울러。④ 爲去乎、하거온。뜻; —하므로、—하고서。—하오니。⑤ 良中、아해、뜻; 에。⑥ 有去等、잇거든。뜻; 있거든、있으면。

(要旨) 一六六九年(顯宗一〇) 正月九日에, 通政大夫趙宗直이 張得逸로부터 買受하여 擧行하던 慶尙島善山官의 其人 舊詳定一名字에 該當하는 其人貢物(柴炭)을 納品하는 權利를 正銀子 一四〇兩을 받고 孫婿林太善에게 賣渡하는 其人貢物納品權利의 賣買文書이다。 이 文記에는 「爻周」(쇼주, 말소)印이 세 곳에 찍혀 있다。

〈其人文記, 例二〉(서울大, №一二一二二五)

康熙四十一年壬午二月初十日 朴世弘前明文
右明文事段 要用所致以 祖上傳來衿得 忠淸道忠州官其人舊詳定壹朔拾陸日 及韓山官其人舊詳定柒日 合壹朔貳拾參日 同人前價折丁銀子壹百陸兩 交易捧上爲遣 永〃放賣爲去乎 本文記段 他其人幷付乙仍于 許給不得爲去乎 後次良中 子孫同生中雜談 則告官卞正事

自筆財主前教授趙哲明(手決)
證同生兄通政趙碩明(手決)
五寸姪折衝趙興祚(手決)
林春芳(手決)

(要旨) 一七〇二年(肅宗二八) 二月一〇日에 前教授趙哲明이 祖上傳來衿得한 忠州官其人 舊詳定一朔一六日貢物(柴炭)과 韓山官其人 舊詳定七日貢物을 納品하는 權利를 丁銀子 一〇六兩을 받고 朴世弘에게 賣渡하는 文書이다。 本文記는 他其人貢物이 아울러 記載되어 있기 때문에 引渡하지 못하고 있다。 幾朔幾日은 其人貢物(柴炭)의 納品 數量을 表示하는 것이다。

이 文書에는 二장의 其人文記가 連接(粘連)되어 있는데, 一七一二年 一〇月의 文書에는 忠淸道保寧官其人舊詳定二〇日을 正銀子四五兩에 賣渡하고 있으며, 一七六六年 三月의 文書에는 保寧官二〇日・韓山官七日・恩津官三日 合一朔舊詳定貢物을 丁銀子七〇兩에 賣買하고 있다。 以上 三文書에 모두 「爻周」印이 있다。

217) 萬機要覽 財用編一、各貢、宣惠廳、其人條 참조。

圖版 178 其人文記

서울大, 120922

〈其人文記, 例三〉(서울大, №一二〇九二二)

乾隆二十二年丁丑十月二十日 吳載漢前明文
右明文事段 要用所致以 自己買得爲在 其人忠淸道沃川官舊詳定貳朔貢物 同人前 價折丁銀子壹百肆拾兩 交易捧上爲遣 本文記貳度并以 永〃放賣爲去乎 日後子孫族屬中 若有雜談是去等 將此文記 告官卞正事

自筆財主李天埴(手決)

證人 張宅誠(手決)

(要旨) 一七五七年(英祖三三) 一〇月二〇日에, 李天埴이 自己가 買受하여 擧行하던 其人沃川官舊詳定二朔貢物(柴炭)을 納品하는 權利를 丁銀子一四〇兩을 받고 吳載漢에게 賣渡하는, 其人貢物(柴炭)納品權利賣買文書이다.

이 文書에는 다른 二장의 文書가 連接되어 있는데, 一七五七年 一一月의 文書에는 恩津官其人貢物舊詳定二朔을 丁銀子一四〇兩에 賣買하고 있으며, 一七五八年 四月의 文書에는 恩津官二朔其人貢物을 丁銀子一四〇兩에 賣買되고 있다. 以上 三장의 其人文記에도 每文書에 爻周(말소)印이 찍혀 있다.

〈其人文記, 例四〉(서울大, №一二二一一〇)

嘉慶三年戊午正月二十五日 金漢泰前明文
右明文事段 要用所致以 舍兄前衿得爲在其人貢物 李天埴

前買得忠清道沃川官舊貳朔 張宅誠前買得恩津官舊貳朔 朴昌衍前買得保寧官舊貳拾日 韓山官舊柒日 恩津官舊參日 方厚載前買得恩津官舊壹朔 趙學東前買得清風官舊伍朔 金履常前買得清風官舊壹朔 合湖西舊詳定壹名字乙 右人前 價折丁銀子壹仟壹佰柒拾陸兩 依數交易捧上爲遣 本文記拾壹度并以 永〃放賣爲乎矣 清風官陸朔文記 則有他貢物並付 故衿得時 已爲背頉是遣 衿得文記 則亦有他貢物並付 故不得許給 而背頉成文爲去乎 日後良中 同生子孫中 如有雜談 則以此文記 告官卞正事

財主　吳載淳(手決)

證同生兄　載漢(手決)

李元埴(手決)

李思恭(手決)

筆　洪處純(手決)

(要旨) 一七九八年(正祖二二) 正月二五日에, 吳載淳이 舍兄으로부터 衿得(깃득; 깃부, 몫으로 받음)한 其人貢物納品權(沃川官二朔·恩津官二朔·保寧官二〇日·韓山官七日·恩津官三日·恩津官一朔·清風官五朔·清風官一朔) 合舊詳定 一名字를 丁銀子 一一七六兩을 받고 金漢泰에게 賣渡하는 文書이다。 其人貢物 一名字는 一二朔貢物을 意味한다。 이 文書에도 「爻周」印이 찍혀 있다。

(16) 京主人文記

中央과 地方의 연락기관으로 서울에는 全國 각 郡縣의 邸舍 즉 京邸가 設置되어 있었고, 이 京邸를 맡아 經營하는 者가 京主人이다。[218] 이 制度는 高麗中葉부터 朝鮮末期까지 계속된 것으로서, 元來 京主人의 役은 地方에서 上京하여 일정한 기간 從事한 뒤 交替되는 것이었으나 大同法實施 以後에는 地方民이 올라오지 않고 서울사람들이 나라에서 役價를 받아 京邸를 經營했다。 이들을 京邸吏·京邸主人·邸人이라고도 稱했다。

(218) 李光麟, 京主人研究, 人文科學七, 一九六二 참조。

京主人의 任務는 上京하는 地方民·吏隸등에게 宿食등 便宜提供을 비롯하여, 中央과 地方의 文書連絡, 當該地方官의 私屬으로 金錢의 貸與및 使喚, 地方稅貢의 代納등이었다. 그런데 京主人은 諸般便宜提供과 貸錢·代納 後에 地方民·吏隸·地方官에게 그 몇배를 請求하여 利를 取하기도 하였다. 그리하여 朝鮮後期에는 京主人役은 利權化하여, 서울의 官吏와 兩班들이 그 役을 買受하여 獲利의 수단으로 삼게 되었고, 따라서 京主人의 役은 高價로 賣買되었다.

京主人文記는 그러한 社會經濟的 背景下에서 成立된 京主人役의 賣買文書이다. 京主人役은 賣買되었으나 새로 그 役을 買受한 京主人은 本府(當該地方官)의 差帖(任命狀)을 받고 役에 從事했던 것으로 보인다.

圖版 179 京主人文記 서울大, 70955

〈京主人文記, 例一〉(서울大, №七〇九五五)

乾隆二十七年壬午十二月二十四日 鄭昌祿前明文

右明文事段 切有緊用處 李枝蕃妻金召史前買得爲遣 長湍京主人役 右人前 價折錢文陸百兩 依數交易捧上爲遣 本文記肆度 及本府差帖壹張并以 永〃放賣爲去乎 日後良中 同生子孫族屬中 若有雜談 此文記告官卞正事

財主宋得厚(手決)

證人崔日奉(手決)

筆執李億世(手決)

※ 爲遣은 爲在의 誤書로 보임

(要旨) 一七六二年(英祖三八) 一二月二四日에、宋得厚가 李枝蕃妻金召史로부터 買受하여 擧行하던 長湍京主人役을 錢文六〇〇兩을 받고 鄭昌祿에게 賣渡하는 文書로서、京主人役(營業權)의 賣買文書라고 하겠다。附屬文記로서 本文記四장과 差帖이 引渡되고 있다。京主人役을 買受한 後에 該當 官府로부터 該府京主人으로서의 任命狀을 받아서 그 役을 擧行하게 된다。다음은 위의 文書에서 長湍京主人役을 買受한 鄭昌祿에게 長湍府에서 내린 京主人差帖이다。(서울大、No.七〇九三七)

鄭昌祿

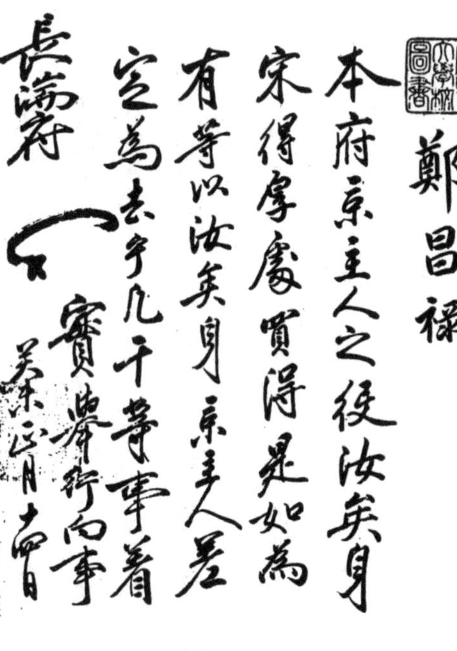

圖版 180　京主人差帖　　　서울大, 70937

本府京主人之役 汝矣身 宋得厚處買得是如爲有等以 汝矣
身 京主人差定爲去乎 凡干等事 着實擧行向事
長湍府(押) 癸未正月十四日

(解釋) 本府京主人役을 너의 몸(너 자신)이 宋得厚에게서 買受하였는바로 너의 몸을 京主人으로 差定(任命)하니、무릇 관계되는 일을 着實히 擧行할 일。

〈京主人文記、例二〉(서울大、No.七〇九五二)

乾隆三十九年甲午七月三十日 金尙虎前明文
右明文事段 長湍京主人之役 成道翼處買得對答是如可 要
用所致以 右人前 價折錢文柒百伍拾兩 依數交易捧上爲遣
本文記拾度 完文貳度幷以 永〃放賣爲去乎 日後良中 同生

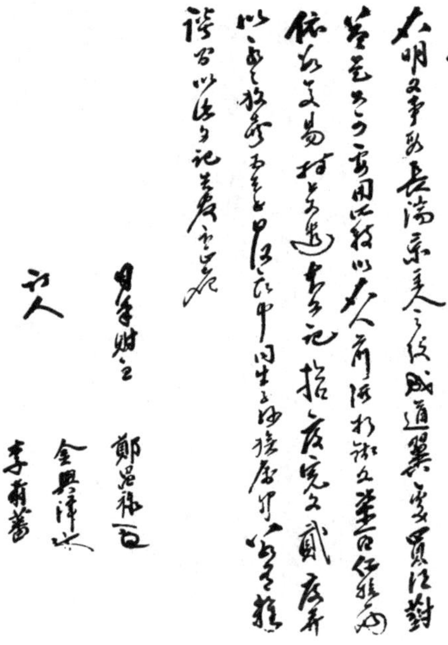

子孫族屬中 若有雜談 則以此文記 告官卞正者

自筆財主　鄭昌祿(手決)

證人　金興澤(手決)

李壽蕃

圖版 181　京主人文記　　서울大, 70952

(要旨) 一七七四年(英祖五〇) 七月三〇日에, 鄭昌祿이 成道翼으로부터 買受하여 擧行하던 長湍京主人役을 錢文七五〇兩을 받고 金尙虎에게 賣渡하는 京主人役 賣買文書로서, 附屬文書로서 本文記一〇장·完文二장을 함께 引渡하고 있다。(是如可; 이다가, ―이다가) 이 京主人文記는 〈例一〉에서 京主人役을 買受하여 擧行하던 鄭昌祿이 이를 賣渡, 安鳳岭→金文周→成道翼으로 轉賣되던 것을 다시 鄭昌祿이 買受하였다가 鄭昌祿이 다시 金尙虎에게 賣渡하는 文書이다。그 以後에도 金尙虎→金聖澤→崔昌𪟝→朴膺彩→方漢民→徐慶遇 등으로 轉賣되고 있는데 前後文書를 연결하여 이를 정리하면 다음과 같다。

文書番號	賣買年度	賣渡者	買受者	價格	本記文數	備考
70955	1762	宋得厚	鄭昌祿	600兩	4장	
		鄭昌祿	○○○		5?	前後推定
		○○○	安鳳岭		6?	〃
		安鳳岭	金文周		7?	
70940	1771	金文周	成道翼	800兩	8장	
		成道翼	鄭昌祿		9?	前後文書
70952	1774	鄭昌祿	金尙虎	750兩	10장	
		金尙虎	金聖澤		11?	前後文書
70949	1778	金聖澤	崔昌𪟝	1,000兩	12장	
70937	1780	崔昌𪟝	朴膺彩	900兩	13장	
		朴膺彩	方漢民		14?	前後文書
70950	1784	方漢民	徐慶遇	1,000兩	15장	

위의 表에 의하면, 京主人役은 一七六二年에서 一七八四年까지 二二年間 一一次 轉賣되어, 거의 二年에 一次 轉賣된 것을 알 수 있고, 價格도 時勢에 약간의 變動을 보이고 있으나 六○○兩에서 一, ○○○兩으로 계속 上昇하고 있음을 볼 수 있다。 轉賣回數에 따라 賣買時 引渡되는 本文記의 數爻도 一張씩 增加되어, 本文記의 張數를 통해 轉賣回數를 알 수 있다。

〈京主人文記、例三〉(서울大、№、七○九四六)

嘉慶九年甲子十一月初九日 李元興前明文

右明文事段 京畿長湍京主人之役 白光玉處買得隨行是如可 要用所致以 右人前 價折錢文壹千柒百兩 依數交易捧上爲遣 本文記 貳拾貳度 及節目壹度並以 永〃放賣爲去乎 日後良中 子孫同生族屬中 若有雜談之弊 則持此文記 告官卞正事

財主朴履景(手決)

證人權載中(手決)

筆執李成海(手決)

圖版 182 京主人文記 서울大, 70946

(要旨) 一八○四年(純祖四) 一一月九日에, 朴履景이 白光玉에게서 買受하여 隨行하던 長湍京主人役을 錢文一七○○兩을 받고 李元興에게 賣渡하는, 京主人役 賣買文書이다。 이 文書에는 本文記二二장과 節目一件이 함께 引渡되고 있다。 이 文書는 위의 京主人文記 例一、二와 連結되는 文書로 보이며, 本文記가 二二度가 되는 것으로 보면, 一七八四年以後 二○年간 七次의 轉賣가 이루어진 것으로 보이며, 京主人役의 價格도 一、○○○兩에서 一、七○○兩으로 폭등하고 있음을 볼 수 있다。 李興元은 買受한지 四年後인 一八○八年(純祖八)에 京主人役을 賣渡하고 있는데(№七○九四八) 價格은 二、○○○兩으로 크게 오르고 있다。

圖版 183 京主人文記　　서울大, 70856

〈京主人文記、例四〉(서울大、No.七〇八五六)

嘉慶十六年辛未正月 日 李春興前明文
右明文事段 長湍京主人之役 鄭尙琦處買得對答是如可 要用所致 右人
前 折價錢文壹千柒百兩 依數交易捧上爲遣 本文記拾陸度 立旨壹度
完文貳度幷以 永〃放賣爲去乎 日後良中 同生子孫族屬中 或有雜談
則以此文記 告官卞正者
自筆財主盧仁譚(手決)
證人　李文采(手決)
安國顯(手決)

(要旨) 一八一一年(純祖一一) 正月에, 盧仁潭이 鄭尙琦에게서 買受하여 擧行하던 長湍京主人役을 錢文一七〇〇兩을 받고 李春興에게 賣渡하는, 京主人役 賣買文書로서, 本文記 一六장, 立旨一件, 完文二件이 함께 引渡되고 있다。長湍京主人이라는 점은 위의 〈例一、二、三〉과 같으나, 引渡되는 附屬文書의 張數와 內容으로 보면 위의 一、二、三의 例와는 別途의 文書임을 알 수 있다。長湍京主人은 數名이 있었을 것이며, 그 京主人役은 各各 別途로 賣買되었을 것으로 보인다。이 文書의 京主人役은 李春興이 買受한지 九개월만에 다시 林昌浩에게 賣渡하고 있는데 (No.七〇八五六—二) 價格은 錢文一、七〇〇兩 그대로이다。

(17) 旅閣・旅客・船・倉・商賈主人文記

朝鮮後期商業이 활기를 띠면서 沿江・沿海의 諸浦口에는 船積荷物의 賣買・仲介・保管 및 荷主와 商人의 宿泊 등의 業

에 從事하는 商人들이 등장하는데, 이들이 旅閣主人·旅客主人·船主人·倉主人·商賈主人 등으로 불리는 사람들이다。

여기의 諸主人文記는 그러한 主人으로서의 營業權의 賣買文書이다。

〈旅客主人文記、例一〉(서울大、No.八六八〇一)

乾隆十八年癸酉二月十七日 鄭萬柱前明文

右明文事段 切有用處 祖上傳來 金浦一郡八面各浦 旅客主人衿得□□(賣)(生)是如可 右人前 價折錢文伍拾兩乙 依數交易捧上爲遣 永〃放賣爲乎矣 本文記段 他文記并付仍于 不得許給爲去乎 日後良中 同生子孫族屬中 若有雜談之弊是去等 持此文記 告官卞正者

財主梁世芳(手決)

證人朴世番(手決)

筆執池命章(手決)

圖版 184 旅客主人文記 서울大, 86801

(要旨) 一七五三年(英祖二九) 二月一七日에 梁世芳이 祖上으로부터 傳來하여 衿得賣生하던 金浦一郡八面의 旅客主人의 營業權을 錢文五〇兩을 받고 鄭萬柱에게 賣渡하는, 旅客主人權利의 賣買文書이다。

〈旅客主人文記、例二〉(서울大、No.八六八〇二)

乾隆三十八年癸巳三月二十四日 林重郁前明文

右明文爲臥乎事段 切有用處 金浦一郡八面各浦旅客等內 至於雲陽石閑面舡人庫乙 分賣爲去乎 右人處 價折錢文參拾兩 依數交易

捧上爲遣 本文記段 他文書并付仍于 不得許給 永〃放買爲去乎
日後良中 同生子孫族屬中 幸有雜談是去等 持此文記 告官卞正事

旅主 鄭萬柱(手決)

證人 李泰上(手決)

鄭時金

筆執 吳贊文(手決)

(要旨) 一七七三年(英祖四九) 三月二四日에 鄭萬柱가 所有하고 있던 金浦八面各浦旅客主人營業權 가운데 石閑面船人處까지를 떼어서 錢文三〇兩을 받고 林重郁에게 賣渡하는、旅客主人權 賣買文書이다。앞의 〈例一〉과 연결되는 文書로서、鄭萬柱가 一七五三年에 梁世芳으로부터 買受한 旅客主人權을 二〇年後인 一七七三年에 그 일부를 分賣하는 文書이다。

圖版 185 旅客主人文記 서울大, 86802

〈旅客主人文記、例三〉(서울大、No. 八六五二〇)

乾隆五十三年戊申四月二十九日 黃季成前明文

右明文事段 切有用處 金浦陸面旅客主人 右人前 價折錢文參百兩 依數交易捧上爲遣 漢城立案壹丈 及金浦官傳令貳丈 所志參丈
金浦差定貳丈 本文記參丈並以 永〃放買爲去乎 日後良中 同生子孫族屬中 如有雜談是去乎 此文記 告官卞正事

財主 鄭鳳祿(手決)

證人 馬希年(手決)

嚴雄贊(手決)

筆執 鄭祥奎(手決)

(要旨) 一七八八年(正祖一二) 四月二九日에 鄭鳳祿이 金浦六面의 旅客主人 權利를 錢文三〇〇兩을 받고 黃季成에게 賣渡하는 文書이다。 賣買의 附屬文書로서 漢城府「立案」一장・金浦官「傳令」二장・「所志」三장・金浦官「差帖」二장・「本文記」三장이 함께 引渡되고 있음을 알 수 있다。

圖版 186 旅客主人文記　　서울大, 217489

〈旅客・船主人文記、例四〉(서울大、№二一七四八九)

嘉慶元年丙辰十二月十五日 姜遇聖前明文

右明文事段 要用所致以 高泰成處買得資生 朔寧麻田漣川等三邑 旅客及舡隻主人之役果 漣川稅穀主人所納錢參百兩果 右人前 價折錢文柒百兩 依數捧上爲遣 本文記肆度 立旨壹丈 前後立案節目議送并以 永〃放賣爲去乎 日後良中子孫中 如有是非之弊是去等 此文記 告官卞正事

財主 鄭龍湖(手決)

證人 金得光(手決)

朴道膺(手決)

金河瑞(手決)

筆執 倉壽民(手決)

(要旨) 一七九六年(正祖二〇) 一二月一五日에、鄭龍湖가 高泰成으로부터 買受하여 資生하던 朔寧・麻田・漣川 三邑의 旅客 및 船主人의 役과 漣川 稅穀主人(所納錢三〇〇兩)의 役을

錢文七〇〇兩을 받고 姜遇聖에게 賣渡하는 主人營業權 賣買文書이다。附屬文書로서 本文記 四장、立旨 一장、前後立案・議送을 함께 引渡하고 있다。

圖版 187 旅客主人文記　　서울大, 150433

〈旅客、船主人文記、例〉(서울大、No.八五六八一)

同治十一年壬申九月九日 鞠昌信前明文

右明文事段 以要用所致 咸悅熊浦地土船旅客主人 右人前 價折錢文壹仟兩 依數捧用是遣 永〃放賣之意 成文爲去乎 若有是非 則持此新文記一丈舊文記一丈並 告官卞正事

地土船主人李奴大得(手決)

證筆　孫學玄(手決)

(要旨) 一八七二年(高宗九) 九月九日에、李奴大得이 咸悅熊浦의 地土船・旅客主人의 營業權을 錢文一、〇〇〇兩을 받고 鞠昌信에게 賣渡하는、主人權 賣買文書이다。

〈商賈船・旅客主人文記〉(서울大、No.一五〇四三三)

嘉慶十一年丙寅十一月 日 金重炫前明文

右明文事段 金宅利妻貢氏處買得次知爲業爲在 忠清道唐津海美京畿富平參邑諸面諸島諸浦 魚鹽柴穀商賈商舡旅客主人之業 切有用處 右人前 價折錢文肆仟貳佰兩 依數交易捧上爲遣 三邑本文記拾貳度 謄給肆張並以 永〃放賣是矣 同貢氏之手寸文書壹張段 他主人並付乙仍于 不得許給爲遣 本券良中 背頉交周爲去乎 日後同生子孫族屬中 若有雜談之弊 則持此文記 告官卞正事

旅客主人　趙　惲(手決)
證人　柳　燁(手決)
奇順哲(手決)
崔致浩(手決)
筆執　金相霖(手決)

(唐津・海美에 爻周라고 씀)

(要旨) 一八〇六年(純祖六) 一一月에, 趙惲가 金宅利의 妻 貢氏에게서 買受하여 營業하던 唐津・海美・富平 三邑의 諸面・諸島・諸浦의 魚・鹽・柴・穀의 商賈船・旅客主人의 營業權을 錢文四, 二〇〇兩을 받고 金重炫에게 賣渡하는 文書로서, 主人權 賣買文書라 하겠다。附屬文書로서 三邑의 本文記 一一장, 謄給四장을 함께 引渡하고 있으며, 貢氏로부터의 買受文記一장은 다른 主人(權)이 並付되어 있기 때문에 引渡하지 못하고, 그 文書에 背頉・爻周한 것을 알 수 있다。

〈商賈主人文記、例〉(서울大、№八七〇六四)

道光十年庚寅三月二十七日 崔道俊前明文
右明文事段 切有用處 故金浦八面各色物種諸商賈主人之業果 玄石里瓦家拾貳間草家拾間空垈拾伍間庫乙 右宅 價折錢文參仟伍百兩 依數捧上爲去乎 家舍文券二丈 元主人文券玖丈 立旨成給一丈 本官傳令二丈 決訟時謄給八丈 秋曹還退文案二丈 朴宜鎭處青石魚氷魚商賈船文券二丈 文案三十度並以 永〃放賣爲去乎 日後 子孫族屬中 若有雜談之弊 則以此文記 告官卞正事

財主　黃寬英(手決)
證人　李大賢(手決)
奇得範(手決)

一、青魚口文

二、石魚口文　車命楫(手決)

三、各氷魚口文　筆執　鄭元明(手決)

四、商賈船各穀口文

五、白蝦口文

六、各醢口文

七、各生物口文

八、大同時口文一石

九、覔代米每駄一升式

十、鹽船口文

十一、各柴草口文

十二、蓋草藁草口文

十三、諸各宅打租推尋時口文

十四、各皮穀口文

十五、各缸價缸口文

(要旨) 一八三〇年(純祖三〇) 三月二七日에, 黃寬英이 金浦八面의 各色物種 諸商賈主人의 營業權과 家屋(瓦家一二間·草家一〇間·空垈一五間)을 錢文三, 五〇〇兩을 받고 崔道俊에게 賣渡하는 文書로서, 많은 附屬文書를 함께 引渡하고 있다。 그리고 이곳 商賈主人으로서 取할 수 있는 一五種의 口文(手數料)의 內容을 列錄해 놓았다。 商賈主人의 營業內容과 性格을 전해주는 資料이다。

〈商賈·船主人文記, 例〉(서울大, No.八七〇五〇)

咸豐十年庚申正月　日　前明文

右明文事段 要用所致 金浦八面各色物種諸商賈主人之業果 平澤稷山兩邑浦口船主人 及振威浦口船主人等處各項物種 與稷山田稅大同替納主人之業 右人前 價折錢文陸仟兩 依數交易捧上是遣 金浦元主人文券捌丈 立旨成給壹丈 本官傳令貳丈 謄給八丈 秋曹文案貳丈 及平澤等三邑本文記壹丈 立旨三丈 田大同完文壹丈並以 永〃放賣爲去乎 日後 如有是非之弊是去等 以此文記 憑考事

財主　朴師胤(手決)
證人　李潤植(手決)
　　　朴根和(手決)
筆執　鄭源恂(手決)

一、大同時米壹石
二、覓代米每駄壹升式
三、諸各宅打租船推尋時口文
四、各皮穀口文
五、各醢口文
六、白蝦口文
七、鹽船口文
八、各柴草口文
九、盖草口文
十、虹島一二三坪諸物種所來口文

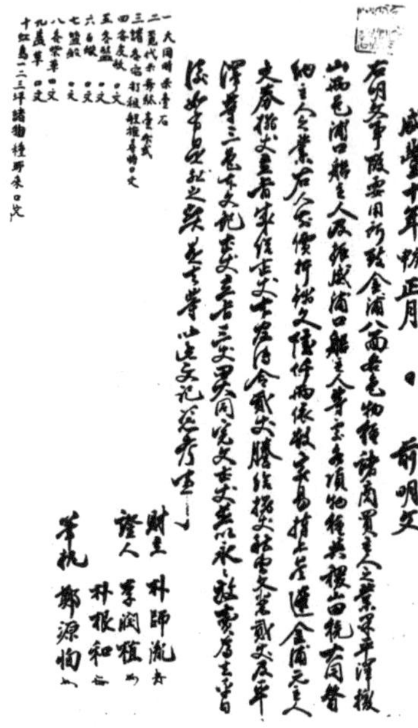

圖版 188 商賈主人文記　　서울大, 87050

(要旨) 一八六〇年(哲宗一一) 正月에、朴師胤이 金浦八面 各色物種 諸商賈主人의 營業權과 平澤・稷山・振威浦口의 船主人과 稷山의 田稅・大同 替納主人의 營業權을 錢文六、〇〇〇兩을 받고 賣渡하는 文書이다。 앞의 一八三〇年의 商賈主人文記와 연결되는 文書로서、引渡되는 附屬文書의 種類와 枚數도 거의 같은 것을 볼 수 있다。 朝鮮後期의 商賈主人・船主人 등의 權利가 高價로 賣買된 것을 알 수 있다。

〈商買主人文記、例〉(서울大、No.八七〇四七)

同治四年乙丑六月 日 前明文

右明文爲 以移買次 金浦各面各色物種諸商買主人之業 則一大同時米壹石 一莧俗米每駄壹升式 一諸各宅打租船推尋時口文 一各皮穀口文 一各醢口文 一白蝦口文 一鹽口文 一各柴草口文 一蓋草藁草口文 一虹島一二三坪諸物種所來口文是遣 右人前 價折錢文伍仟伍佰兩 依數交易捧上是遣 本文記拾張 立旨壹張 本官傳令貳張 謄給八張 秋曺文案貳張並以 永〃放賣爲去乎 日後若有是非則以此文記 憑考事

財主 李鉉豊(手決)

證人 金振秀(手決)

筆執 李英浩(手決)

(要旨) 一八六六年(高宗二年)에 李鉉豊이 金浦八面의 各色物種 諸商買主人의 營業權을 錢文五、五〇〇兩을 받고 賣渡하는 文書이다。앞의 商買主人文記와 연결되는 文書이다。

(18) 監官文記

監官은 宮房이나 衙門의 庄土를 耕作하는 佃戶를 統制하고、庄土內에서 穀物을 秋收·上納하기까지의 모든 문제를 감독하는 管理人이다。(219) 즉 監官은 庄土를 管理·收稅하여 宮房 또는 官衙에 納入하고 監官料 또는 剩餘를 取하는 庄土管理人으로서、그 管理人으로서의 權利는 賣買·相續되는 財産의 一種이었다。監官文記는 監官으로서의 權利를 賣買하는 文書이다。

圖版 189 監官文記　서울大, 120916

〈監官文記、例一〉(서울大、№ 一二〇九一六)

康熙四十八年己丑六月二十六日 崔世柱前明文

右文爲 司圃署供上補用爲在 位田及貢物革罷乙仍于 本署之形勢萬不堪当 不能支保之餘 貢物主人等 勢窮力盡 赤立倒懸之中 自本署 上項位田見失之代 及貢物革罷之代 陳告折受 以補供上 則其爲功勞 可謂非細 監官之任 傳之子孫 永久差定 有同貢物例 任?自賣買事 帖文成給是乎等以 七處監官等十餘人 多費財力 戶禮曹入啓折受 逐年收稅 以補御供 蕪殘之計者 皆由於監官等宣力周旋之致是如乎 其中谷城位田 陳告折受 收稅納官 幸得贏餘 以爲資生矣 貧寒之餘 連値喪患 故勢不得已 谷城監官之任 輪回差往爲於 收稅穀物段置 平均分執爲如乎 不得已 同人處 價折丁銀子貳拾壹兩 依數交易捧上爲遣 永〃放賣爲去乎 後次良中 同生子孫中如有雜談是去等 將此文記 告官卞正事

自筆財主前哨官金亨振(手決)

證人前直長　朴時泳(手決)

前直長　金　逵(手決)

折衝　宋成益(手決)

219) 金容燮、司宮庄土의 管理、(史學硏究 一八、一九六四) 참조。

(要旨) 一七〇九年(肅宗三五) 六月二六日에 前哨官金亨振이 谷城監官의 權利를 丁銀子二二兩을 받고 崔世柱에게 賣渡하는, 監官權利 賣買文記이다。崔世柱가 監官에 任命된 事由와 그것을 賣渡하는 理由가 記述되고 있다。

〈監官文記, 例二〉(서울大, №一二〇九七二)

雍正二年甲辰五月二十日 金廷健前明文

右明文事段 司圃署屬 谷城所在屯乙 當初自己陳告本署 亦費財力 屢次往復 終成折受之功 自本署 永差監官之任 至有傳子孫賣買之地 而收稅上納之時 應有自官家衿給之規 雖不差往之時乙良置 亦有同任間分衿之物矣 急於用處 同人前 折價錢文參百伍拾兩捧上爲遺 永〃許賣爲去乎 後次良中 若有雜談相爭之弊 則此文告官卞正事

財主 崔世樬(手決)

證 崔世標(手決)

筆執 崔擎宇(手決)

圖版 190 監官文記　　서울大, 120972

(要旨) 一七二四年(景宗四) 五月二〇日에 崔世樬이 司圃署屬 谷城屯地에 대한 監官의 權利를 錢文三五〇兩을 받고 金廷健에게 賣渡하는, 監官權 賣買文記이다。

〈監官文記 例三〉(서울大, №一二一〇五三)

乾隆十三年戊辰八月二十六日 崔梃岳前明文

右明文事段 要用所致以 家夫生時 李貴芳處買得是在 全羅道谷城山外四面伏在 司圃署屯田畓監官三人中一衿 右人前 價折錢文壹佰伍拾兩 依數交易捧上 本文記壹張并以永〃放賣爲乎矣 當初都差帖文書段 在於同仕人金廷健處是白置 不得許給爲去乎 日後良中 同生子孫族屬中 如有雜談是去等 持此文記 告官卞正事

財主故李昌岭妻崔氏(手掌)

證人前別提金廷健 (手決)

同生崔鎭宇 (手決)

崔昌宇 (手決)

(要旨) 一七四八年(英祖二四) 八月二六日에, 故李昌岭의 妻 崔氏가 그의 家夫生時에 李貴芳에게서 買受하였던 全羅道谷城山外四面에 있는 司圃署屯土의 監官三人中 一衿(몫)을 錢文一五〇兩을 받고 崔梃岳에게 賣渡하는, 監官權賣買文書이다.

(19) 導掌文記

朝鮮後期 司宮莊土를 管理하고 莊內 佃戶로부터 小作料를 징수하는 임무를 담당했던 宮房의 職員을 導掌이라 한다. 司宮莊土는 宮房이 직접 管理하는 곳은 宮差를 파견하나, 收稅 및 運營權을 請負人에게 委任할 경우 導掌을 任命·派遣하게 된다.(220) 導掌의 任務는 收稅上納이 主였고 그 밖에 莊土의 水利事業, 莊民의 農業經營 등에도 간여하였다.

導掌은 宮房으로부터 때로 規定 외의 上納을 강요받기도 하였으나, 宮房을 배경으로 莊民에게 經濟外的 强制를 강행하여 役價 외에 濫徵을 통한 수입이 있었다. 따라서 導掌權은 權利로서 賣買되었다. 導掌文記는 導掌權의 賣買文記이다.

〈導掌文記, 例一〉(서울大, №八五七三七)

(220) 金容燮 앞의 論文 참조.

圖版 191 導掌文記　　서울大, 85737

乾隆十八年癸酉十二月十九日 尹殷柱前明文
右明文事段 要用所致以 和順翁主房屬 全羅道順天地所在
田畓並貳佰肆拾柒結內 趙興萬處肆拾肆結 及宋儀鳳處拾陸
結 及丁道熙處貳拾結 及金二先處貳拾貳結 合結壹佰貳結
庫導掌乙 買得資生是如可 右人前 價折錢文參佰肆拾兩 依
數交易捧上爲遣 圖書肆丈 及買得文記肆丈 合捌丈並以 永
〃放賣爲乎矣 若有同生子孫族屬中雜談是去等 持此文記
告官卞正事

財主 李世柱(手決)
證人 崔長壽(手決)
筆執 李震機(手決)

(要旨) 一七五三年 一二月一九日에 李世柱가(買受하여 資生하던) 和順翁主房屬의 全羅道順天에 있는 田畓二四七結內 一〇二結곳의 導掌權을 錢文三四〇兩을 받고 賣渡하는, 導掌權賣買文書이다。賣買時의 附屬文書로서 圖署(導掌任命狀) 四장과 賣買文記(舊文記)四장을 함께 引渡되고 있다。

〈導掌文記、例二〉(서울大、№一七〇五六四)

乾隆二十一年丙子九月初九日 陳漢明前明文
右明文事段 寧嬪房敎是 別判下 忠勳府屬 慶尙道金海屯田

畓 移屬同宮時 矣身多方居間功勞乙仍于 不可不酬賞是如乎 上項屯壹百結內 二十結導掌 矣身處特爲許給 永世執持事圖署據 右人前 錢文壹百兩論定捧上爲遣 圖署壹張并 永〃放賣爲去乎 日後 子孫族類中 如有雜談之弊是去等 將此文 告官卞正事

財主 李春輝(手決)

證人 梁處仁(手決)

筆執 方德規(手決)

(要旨) 一七五六(英祖三二) 九月九日에, 李春輝가 寧嬪房屬慶尙道金海에 있는 莊土一〇〇結內에 二〇結에 대한 導掌權을 錢文一〇〇兩을 받고 陳漢明에게 賣渡하는, 導掌權賣買文書이다。李春輝가 寧嬪房莊土의 導掌으로 任命된 動機를 明記하고 있다。

圖版 192 導掌文記　　서울大, 170564

〈導掌文記、例三〉(서울大、No.一一二一二一)

乾隆四十六年辛丑閏五月二十五日 李梓前明文

右明文事段 妻家衿得爲在 司圃署屬 全羅道谷城縣山外四面折受田畓 火粟時起壹百捌拾陸結拾負陸束內 折半導掌 要用所致以 同人前 價折錢文玖百伍拾兩 依數交易捧上爲遣 本文記段 背頃而都在於同導掌半衿本主處 故呈本署立旨貳張并以 永〃放賣爲遣 和會文記 則他奴婢并付乙仍于 背頉以給爲去乎 日後良中 同生子孫族屬中 若有雜談是去等 持此文 告官卞正事

自筆財主 李命裕(手決)

陸張并以 永〃放賣爲去乎 日後良中 同生子孫族屬中 如有雜談 則持此文記 告官卞正事

財主　洪膺福(手決)

證同生兄　致福(手決)

筆　崔峻明(手決)

證妻娚　崔致復(手決)

崔致完(手決)

(要旨) 一七八一年(正祖五) 閏五月二五日에、李命裕가(妻家에서 衿得한) 司圃署屬 全羅道谷城縣山外四面에 있는 折受田畓一八六結一〇負六束内 折半에 대한 導掌權을 錢文九五〇兩을 받고 李梓에게 賣渡하는 導掌權賣買文書이다。 本文記는 同處導掌 半衿本主處에 있으므로 背頉만 하고 引渡는 하지 못하고 있고、司圃署의 立旨二장만을 引渡하고 있다。이 導掌權을 買受한 李梓는 얼마후에 金興寶에게 賣渡하였고、一七九一年에 金興寶는 錢文九五〇兩을 받고 白師喆에게 賣渡하고 있다。(서울大、古文書 No. 一二一二一五、導掌文記 참조)

圖版 193　導掌文記　　서울大, 121211

〈導掌文記、例四〉(서울大、No. 一六八八五七)

嘉慶八年癸亥十二月 日 玄煥前明文

右明文事段 龍洞宮所管 全羅道順天導掌 免稅壹佰玖結所食乙 趙憲處買得隨行是如可 要用所致以 同人前 價折錢文陸佰兩 依數交易捧上爲遣 本文記貳度 圖署貳張 立旨壹張 所志壹張 合

(要旨) 一八〇三年(純祖三) 一二月에 洪膺福이 龍洞宮所管의 全羅道順天에 있는 免稅田畓一〇九結에 대한 導掌權을 錢文六〇〇兩을 받고 玄煥에게 賣渡하는 導掌權賣買文書이다。 賣買時 附屬文書로서 本文記 二장、圖署二장、立旨一장、所志一장을 함께 引渡하고 있다。

(20) 典當文記

土地文記・家屋文記・物品 등을 담보로 하고 金錢을 꾸어주고 꾸어쓰는 것을 典當이라 하며、이때 貸借者間에 擔保物의 內容、貸出額、期限、其他 約定을 記載한 文書를 典當文記라 한다。

〈典當文記、例一〉(서울大、№二〇九六九四)

嘉慶二十年乙亥五月二十三日 金生員宅奴昆男前明文

圖版 194 典當文記 서울大, 209694

右明文事段 莫重田結 無路備納 故伏在中山員悲字一日耕陸負參束庇乙 卜數價 典當納宅爲去乎 若不備給是去等 永〃放賣事

自筆田主良人陳二萬(手決)

(要旨) 一八一五年(純祖一五) 五月二三日에 良人陳二萬이 莫重한 田稅(田結)를 備納할 길이 없어 中山員悲字田一日耕(六負三束)곳을 卜數價(土地價)로 金生員宅昆男에게 典當하는 文書로서、갚지 못하는 경우에 賣渡한다는 約束을 하고 있다。代用額과 期限이 明示되어 있지 못하다。

〈典當文記、例二〉(서울大、№二一二〇二三)

咸豐十年庚申十二月二十八日 權奴卜金前明文
右明文段 以要用次 自己買得田 伏在丹山面南木員木字七十七田二十三卜二束 賴字一田七卜八束 卒字七十六田七卜四束 合卜三十六卜六束 田合十六斗落只庫以 典當是遣 錢文百兩出用是遣 賭地捌石并 本則明年十二月內 備報之意 成文爲去乎 若過此限 則從時價 永〃放賣之意 成文爲乎事

田主自筆李世鎭(手決)

圖版 195 典當文記 서울大, 212023

(21) 手標·手記

(要旨) 一八六〇年(哲宗一一) 一二月二八日에 李世鎭이 丹山面南木員에 있는 田三六負六束(一六斗落只) 곳을 權奴卜金에게 典當하고 錢文一〇〇兩을 出用하되, 賭地八石과 本錢은 明年(一八六一) 一二月內에 갚기로 하고, 그 期限이 지나면 時價에 따라서 賣渡한다는 內容의 典當文記이다。典當한 土地에 대하여는 賭租를 물고 있는 것을 볼 수 있다。

貸借·寄託·賣買·約束 등을 할때 주고받는 證書로서、侤音(다짐)의 性格을 갖는다。手標·手記는 混用하고 있다。手標·手記에는 年號를 쓰지 않고 干支로 表示하는 것이 일반적이나 때로 年號를 쓰는 경우도 볼 수 있다。특히 山訟관계의 手標를 흔히 볼 수 있다。

〈手標、例一〉(서울大、№二二二六四一)

同治九年庚午九月初四日　青山居幼學柳謙前手標

右手標段　亡妻入葬於貴宅先山局內至近之地矣　去八月初十日　不得已　家兒兄弟　今月晦內掘移之意　成手標矣　緣於憂故　今當過限　故更以十月內　移葬之意　成手標以給　十月內　雖無葬日　破墓不過此月內爲期　家兒三兄弟　若不遵親命　右期若違越　則豈有人子之道乎　若違期　則貴宅移掘　更無分擾之意　如是成手標以給者

手標主永同居幼學韓百裕(手決)

(要旨) 一八七〇年(高宗七) 九月四日에 幼學韓百裕가 幼學柳謙에게 써준 手標로서、韓이 그의 亡妻를 柳의 先山局內 至近之地에 入葬한 것이 問題되어 지난 八月一日에 不得已 아들 兄弟가 八月末에 掘移(移葬)할 뜻으로 手標를 써 주었으나、憂故로 緣由하여 期限이 지났으므로 다시 一〇月內에 移葬하겠다고 다짐하는 手標이다。

〈手標、例二〉(서울大、№八五七二六)

圖版 196　手　標　　서울大, 85726

光緒九年癸未二月十一日　金永先前手標

右手標事段　鳥遊谷先祖山後龍一麓　遠族化西　暗賣於右人　緬其親山　故移葬之意　累〃哀乞　則言內　還捧其山價然後移葬云　故勢不得已　收合於諸族間　還報其山價四十兩又二十五兩是置　以三月晦日定限是遣　若踰限　則不可掘移之意　成手標　以給右人爲去乎　若有是非　則持此手記　告官憑考事

標主金奇順(手決)

(要旨) 一八八三年(高宗二〇) 二月一一日에 金奇順이 金永先

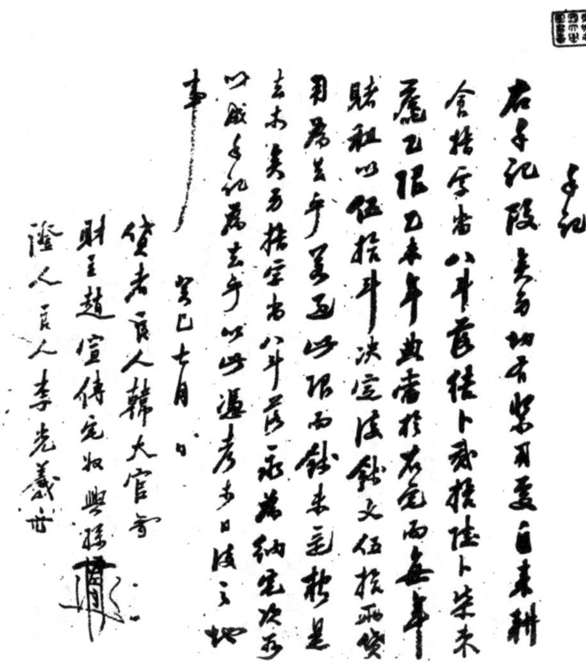

圖版 197　手　記　　서울大, 163946

에게 써준 手標이다。金奇順의 遠族 化西가 鳥遊谷先祖山後龍一麓을 金永先에게 暗賣하여 金永先은 그의 親山을 緬禮하였으므로、金奇順便에서 移葬을 간청하니 李永先의 말이 그 山價를 다시 받은 후에 移하겠다하므로、金奇順편에서는 不得已 諸族間에서 거두어 그 山價를 三月末을 期限으로 다시 갚겠다고 約束하고 만약 期限이 지나면 移葬하지 않아도 좋다고 다짐하는 手標이다。

〈手記、例三〉(서울大、№一六三九四六)

手記

右手記段 矣身切有緊用處 自來耕食 指字畓八斗落 結卜貳拾陸卜柒束廳乙 限乙未年 典當於右宅 而每年賭租以 伍拾斗決定後 錢文伍拾兩貸用爲去乎 若過此限而錢未還報是去等 矣身指字畓八斗落 永爲納宅次 玆以成手記爲去乎 以此憑考於日後之地事

癸巳七月 日

貸者良人韓大官(手決)

財主趙宣傳宅奴興孫(左手寸)

證人良人李光義(手決)

(解釋) 이 手記는、내가 긴요하게 쓸 곳이 있어서 스스로 耕食하던 指字畓八斗落 結卜는 二六卜七束곳을 乙未年을 期限으로 右宅에 典當하고 每年 賭租로 五〇斗에 決定한 후、錢文五〇兩을 貸用하오니 만약 이 期限이 지나고 錢文을 다시 갚지 아니하거든 나의 指字畓八

斗落을·永遠히 納宅하도록 이에 手記를 作成하므로 이로써 日後에 憑考할 일。

(要旨) 癸巳年七月에 趙宣傳官宅奴興孫이 畓八斗落(二六卜七束) 곳을 乙未年을 期限으로 韓大官에게 典當하고 每年 賭租로 五〇斗를 내기로 결정하고 錢文五〇兩을 借用하는 典當·借用證書로서의 手記이다。만약 期限이 지나면 畓八斗落은 韓에게 들어간다고 다짐하고 있다。이 手記는 貸者가 간직하게 된다。

圖版 198 手 記　　서울大, 156691

〈手記、例四〉(서울大、No.八四二七四)

手記

右手標事段 莫重軍糧 辨出無路 故勢不得已 公州山內大田伏在 畏字田八斗落 卜數十卜三束庫及懷德外南新坪 用字田四斗落卜數六卜庫乙 永〃放賣是矣 本文記段 他田畓並付乙仍于 不得許給 而此手記一丈 成文以給爲去乎 日後若爲雜談是去等 持此手記 卞正事

丁酉十二月二十一日

田主朴元亨(手決)

(要旨) 丁酉十二月二十一日에 朴元亨이 莫重한 軍糧(軍布?)을 辨出할 길이 없어 公州와 懷德에 있는 田一二斗落(一六卜三束) 곳을 賣渡하면서 作成하여 引渡하는 文書로서 土地賣買文記의 性格을 띤 手記이다。

〈手記、例五〉(서울大、No.一五六六九一)

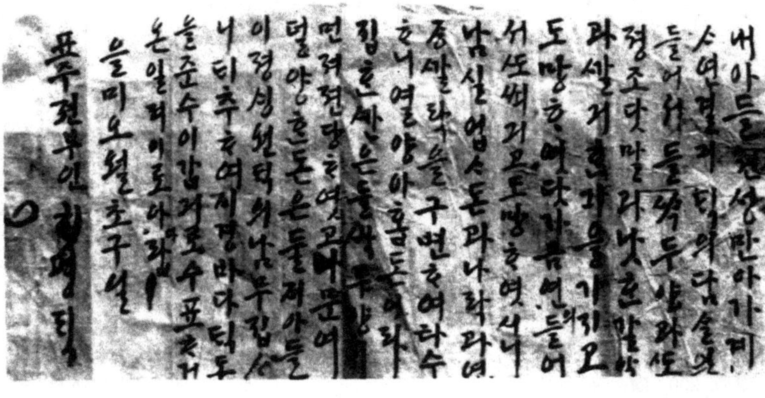

手記

우슈긔ᄉ단은 신축년경월분의 젼문삼십ᄉ냥 쎗숩더니 형셰간난ᄒᆞᆫ타ᄉ로 본면양쳔
니困즈답 서말낙곳을 본문셔두장 비즈ᄒᆞᆫ장 아올나 허급ᄒᆞ거온 이돈 갑기젼 우인
젼의 허급ᄒᆞ고 젼문三十四兩을 비수이 갑ᄒᆞᆫ후 차즐줄노 슈긔ᄒᆞ거온 돈갑기젼 혹
잡 담지페 이시면 이슈긔 지니고 고관변경ᄉ

辛丑十月二十七日 畓主金北實(手決)

證人楊命己(手決)

筆執韓命旭(手決)

尙州 趙誠穆氏宅

圖版 199 手 記

(要旨) 辛丑年 一〇月 二七日 畓主金北棠이 貸錢主에게 引渡한 手記로서, 金北棠이 辛丑年正月에 錢文三四兩을 借用하고 갚지 못하여 畓三마지기文書를 貸錢主에게 맡기고, 돈을 갚은 후에 文書를 찾아가겠다고 다짐하는 文書이다.

〈手標、例六〉(尙州、趙誠穆氏宅)

슈표라

내아들 젼셩만아가 계ᄉ연결긔 덕의 담술으로 들어서 들쓱두양과 또 경조 닷말과 낫
ᄒᆞᆫ갈악과 쌀긔 ᄒᆞᆫ긔을 가지고 도망ᄒᆞ엿다가 금연의 들어서 또 쐬긔고 도망ᄒᆞ엿시
니 남실업ᄉ 돈과 나락과 연중쌀락을 구변ᄒᆞ여 타수ᄒᆞ니 열양아홉돈이라 집ᄒᆞᆫ싼
은 들싹두양의 먼져 젼당ᄒᆞ엿고 나문 여덜양ᄒᆞᆫ돈은 둘저 아들이 경셩원덕의 남무
집 ᄉ니 더추ᄒᆞ여 서경바다 되돈을 준수이 갑긔로 수표ᄒᆞ거온 일러이로아아라
을미오월초구일

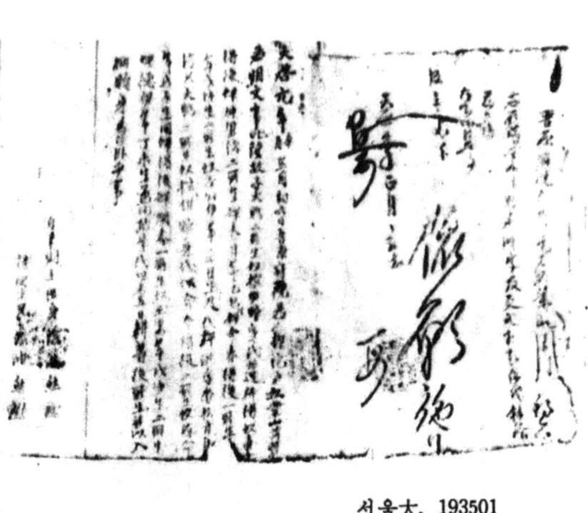

圖版 200 贖身文記(部分) 서울大, 193501

표주전부인허평되

(要旨) 海平宅의 아들 전성만이 癸巳年 겨울에 머슴살이로 들어가 받은 틀삯 二兩, 正租五斗, 낫 한자루를 가지고 도망하였는바 이를 돈으로 치니 一〇兩九돈인데 집 한칸은 두 兩에 먼저 典當하였고 나머지는 둘째 아들이 정생원댁에 남의집 사니 待秋하여 새경(私耕)을 받아 갚겠다고 다짐하는 手標이다。

(22) 贖良·贖身文記

上典에게 代價(奴婢·土地·錢文등)를 納付하고 奴婢의 身役에서 解放되는 文書이다。 대개 上典이 經濟的으로 어려울 때 상당한 代價를 받고 奴婢로서의 身役을 免除해 주게되며, 掌隷院 또는 官의 立案을 받도록 되어있다。 간혹 上典이 忠誠스런 奴婢에게 施恩의 방법으로 身役을 면제해주는 경우도 있다。 贖身文書에는 贖身을 위하여 代價를 上典宅에 納入하는 文書와 上典이 奴婢에게 贖身을 許諾하는 文書 그리고 立案관계 文書 등이 있다。 朝鮮後期 身分制度硏究에 관계되는 자료가 되겠다。

A、贖身文記

〈贖身文記、例一〉(서울大、№一九三五〇一)

天啓元年辛酉正月初六日 晋原府院君柳宅戶奴業山前明文
右明文事段 故子大鵬二所生奴撰伊贖身代 母邊衿得奴甫千得後婢仲伊叱德二所生婢春
月年乙巳生 婢今春得後一所生奴(生伊)年戊戌生 二所生奴古公伊年辛丑生 及代坪

洪字畓拾貳斗落只 大鵬三所生奴㧗伊贖身代 婢命今得後二所生奴成命年戊子生 同婢得後婢閑春一所生奴玉男年戊戌生 二所生婢
德伊年丁未生 邑內地字代田壹日耕等 後所生幷以 入納贖身爲白臥乎事①

自筆財主出身陰浩然(手決)

證同生兄陰油然(手決)

B、所志(受贖人)

晋原府院君柳宅戶(子)奴業山(左手寸)

右所陳爲白內等② 粘連牌字及文記相考 依他斜給爲只爲③
行下向教是事④

官主處分

天啓元年正月 日 所志

官(押) (題音)依願施行事 初六

C、招辭(納贖人)

辛酉正月初七日 出身陰浩然年六十六
白等⑤ 戶奴業山所志據 奴撰伊奴㧗伊等代 奴婢贖身與否現告亦⑥ 推考⑦教是臥乎在亦⑧ 故子大鵬二所生奴撰伊贖身代(母邊…入納贖身
까지 A와 同) 入納 贖身的實爲在果⑨ 眞僞乙良⑩ 證人當問 斜給施行教事⑪

官(押) 白(手決)

D、招辭(證人)

辛酉正月初七日 陰油然年七十四
白等 陰浩然招辭據 奴撰伊奴拭伊等 贖身代 奴婢入納時 證參與否現告亦 推考敎是臥乎在亦 故子大鵬二所生奴撰伊贖身代 母邊
衿得奴甫千得後（以下入納贖身까지、A、C와 同）入納 贖身爲去乙 證參的實爲在果 眞僞乙良 本文記取納 斜給施行敎事
官(押)　　白(手決)

E、立 案

天啓元年正月 日 槐山官立案
右立案爲斜給事 課狀粘連文記及財主證筆各人等招辭是⑫置有亦 本文記取納相考爲⑬乎矣 萬曆元年癸酉正月十五日 筆執同生兄陰油
然 同生弟陰浩然 證人異姓三寸張輻等着名 同生和會成文季後內 陰浩然衿 婢命今婢今春奴甫千等 及代坪洪字畓十二斗落只 及
邑內地字代田一日耕是⑭如 現付爲在果 婢春月奴生伊奴古公伊奴成命奴玉男婢德伊等段 得後所生是⑮乎等用良 同奴婢名付處 背頉
爻周 葉作粘連 奴業山處 斜給爲遣 合行立案者
行郡守(押)

(註解) ① 爲白臥乎事、하삽누온일、뜻;—하옵는 일。② 爲白內等、하삽안들、뜻;—하옵신바、—하옵신줄。③ 爲只爲、하기암、뜻;—하도록。④ 行下向敎是事、행하아이샨일。뜻;명령하옵실 일。⑤ 白等、삷든、뜻;사뢰오되。⑥ 亦、여、뜻;—여라、—하라。(시킴말의 맺음씨) ⑦ 推考、죄인을 심문하여 묻는것。眞僞를 따져 묻는것。⑧ 敎是臥乎在亦、이시누온견이여、뜻;—이옵시는 것이어요。⑨ 爲在果、하견과、뜻;—하거니와。⑩ 乙良、으란、뜻;—을랑、—은。⑪ 敎事、이샨일、뜻;—하옵실 일。⑫ 是置有亦、이두이신이여。뜻;—이라고 하였어요、—이라고 하였으므로。⑬ 爲乎矣、하오되、뜻;—하되。⑭ 是如、이다。뜻;—이다、—이라고。⑮ 是乎等用良、이온들쓰아、뜻;—이온 바로써。

(要旨) A (贖身文記)는、一六二一年(光海一三) 正月六日에 出身陰浩然이 죽은 아들 大鵬의 二所生 奴撰伊와 三所生拭伊의 贖身을위하여 奴四口、婢二口、畓一二斗落、田一日耕과 奴婢의 後所生을 아울러 晋原府院君 柳宅(戶奴業山)에 贖身의 代價로써 納付하는 文書이다。

圖版 201 贖良文記

서울大, 207730

B(所志)는 위에서 贖身해주는 代價로써 奴婢와 田畓을 받은 晋原府院君柳宅戶奴業山이 A文書를 받은 當日에 贖身價로 받은 奴婢와 土地에 대한 官의 立案을 申請하는 所志이고, 이 所志는 當日 接受되어 立案을 發給해 주겠다는 題音을 받았다。

C(招辭)는 同年正月七日에, 贖身을 위해 奴婢와 土地를 晋原府院君宅에 入納한 陰浩然에 대한 招辭로서, 贖身與否를 확인하기 위한 陳述書이고

D(招辭)는 同七日에, 證人陰油然에 대한 招辭로서, 贖身의 代價로서 奴婢를 入納할 때 證人으로 參席한 與否를 확인받기 위한 陳述書이다。

E(立案)는, 위의 所志·文記·招辭와 本文記를 검토하여 贖身價로 入納한 奴婢와 土地가 陰浩然의 財産이었음을 확인한 稷山官에서 晋原府院君宅戶奴業山에게 發給한 立案이다。

이 贖身文記의 立案은 結局 贖身代價로 받은 奴婢와 土地에 대한 立案이므로, 土地·奴婢·家屋의 賣買·讓渡·相續時의 立案節次와 같은 것을 알 수 있다。

《贖良文記、例二》(서울大、№二〇七七三〇)

A、贖良文記(牌旨)

延安奴俊碩處

無他 有山所石役事 而他無措手之道 方以爲悶矣 今聞 汝矣身[①] 自願贖良云 依所

願 折價銀子伍拾兩 準數捧[②]上 永〃許贖向事

上典參議金(手決)

癸丑二月 日

B、所 志

放良奴俊碩

右所志爲白內等 奴矣身□□(上典) 有山役 而他無措手之道是如③ 納價贖良亦 分付爲有卧乎 □□(上典)親筆牌子導良 納價贖良是白乎④等以 同放良牌字粘連 仰訴爲白去乎⑤ 參商敎是⑥後 依他例斜給 以爲從良事 行下爲只爲⑦
行下向敎是事

掌隷院 處分

雍正十二年三月 日 所志

(題音) 依願斜給向事 廿日

(註解) ① 汝矣身, 너의몸. 뜻; 네몸, 너 자신. ② 捧上, 받자. 뜻; 받아 들이다. ③ 是如, 이다. 뜻; ―이다, ―이라고. ④ 是白乎等以, 이삷온들로. 뜻; ―이사온 바로, ―이옵신 바로. ⑤ 爲白去乎, 하삷거온. 뜻; ―하사오니, ―하사오므로. ⑥ 敎是, 이샨. 뜻; ―하옵신. ⑦ 行下爲只爲, 행하하기암. 뜻; 명령하시도록, 베풀어 주시도록.

(要旨) A는 贖良을 許諾하는 文書로서 牌旨의 形式을 갖고 있다. 즉 一七三三年(英祖九) 二月에 上典인 參議金某가 延安奴俊碩에게 내린 文書로, 奴俊碩으로부터 銀子五〇兩을 받고 贖良을 許諾하는 文書이다.

B(所志)는, 一七三三年 三月에, 위에서 放良된 奴俊碩이 放良(贖良) 牌旨를 添付하여 掌隷院에 贖良立案을 申請하는 所志로서, 三月二〇日에 接受·處理되어, 「依願斜給向事」(願에 따라 證明을 發給할 것)란 題音을 받았다. A, B文書 이외도 納贖文記, 招辭, 立案등의 文書가 있었을 것으로 추측되나 여기에는 添付되어 있지 않다.

〈贖身文記, 例三〉(서울大, №二二二一七八七)

乾隆二十一年丙子十二月二十五日 上典主前納上明文

右明文爲卧乎事段 矣身累年仰役是白如可 到今身病漸發 勢難如前仰役乙仍于 代婢己所生娘伊身乙 買得納上爲去乎 鎭長使喚敎是遣 矣身段 仍爲放役次 成文爲去乎 日後良中 或有難談是白去等 依此文 告官卞正事

奴世希(左手寸)

證私奴驗石(左手寸)

筆幼學金(手決)

(要旨) 一七五六年(英祖三二) 一二月二五日에, 奴世希가 代婢를 上典에게 納上하고 自身은 賤役에서 解放되는 文書이다。事由는 그의 身病으로 前과 같이 仰役하기 어렵기 때문이며, 代婢로는 自己所生娘伊를 買得하여 納上하고 있다。

〈贖身文記, 例四〉(서울大, №二〇四五九七)

嘉慶十三年戊辰十月初九日 上典宅奴丹先前納上文記

右文記段 傳來耕食田 老隱員禽字九斗落只十卜庫乙 矣身父贖身次 永〃納上爲去乎

日後 以此文 相準次

田主李八先(手決)

(要旨) 一八〇八年(純祖八) 一〇月九日 李八先이 上典宅(奴丹先)에게 주는 文書로서, 李八先이 그의 父를 贖身하기 위하여 田九斗落을 上典宅에 納入하는 贖身文書이다。

〈贖身文記, 例五〉(서울大, №一五五八五〇)

圖版 202 贖身文記 서울大, 155850

標給

世婢命今 屢世仰役 事上典以忠 果有功焉 故其身及三所生美順順伊今順 并除仰役 永爲頉給 以爲標給者

甲午九月 日

上典金(手決)

(要旨) 甲午年 九月에 上典金이, 屢世仰役하면서 忠誠스럽게 上典을 섬긴 功으로 世婢命今과 그의 세所生 美順·順伊·今順을 함께 永遠토록 仰役을 免除해주는 贖身文書이다. 贖身의 代價가 金錢·奴婢·土地 등이 아니라 「事上典以忠」이다. 手決 밑에 印章이 있는 것으로 보아 甲午年은 一八九四年으로 추정된다.

(23) 自賣文記

自己自身 또는 妻子의 몸을 奴婢로 파는 文書이다. 朝鮮後期에는 奴婢身分에서 贖良·贖身의 경향도 있었으나, 負債나 극심한 貧困을 이기지 못하여 妻子를 奴婢로 팔아넘기거나, 自身과 온 가족을 奴婢로 파는 경우도 볼 수 있다. 경우에 따라서는 金錢도 받지 않고 奴婢로 넘기는 수도 있었다.

〈自賣文記, 例一(僞造文書)〉(日本 京都大學 河合文庫)

洪武二十三年庚午十二月十二日鄭侍中宅明文書

右明文事段 無他 小人伊貧爲臥 如此嚴冬飢死凍死至境 故小人女息身乙 願賣奴婢奴 右大監宅 永永放賣 而捧去賣錢七十六兩

作定爲古 完成明文書一張乙奴 永永放賣事

賣女父錢聲玉　證人孟奴　玉心

賣女母姓王哥　筆人西門奴六月

保人吉春西

圖版 203　僞造 自賣文記

日本 京都大學 河合文庫

奴婢奴賣來女 伊日作名曰 福得矣 年十四歲

手掌內 ： 日後 或有盜走之弊 福得父母 代婢擧行事 父母賣奴婢 福得 年十四歲

(要旨) 一三九〇年(恭讓王二年) 一二月一二日 錢聲玉 夫婦가 一四세 된 딸 福得을 錢 七十六兩을 받고 鄭侍中宅에 노비로 팔아먹는 문서로 되어 있으나 僞造된 것이다。 이 문서가 처음 소개된 것은 鮎貝房之進의 〈俗文攷〉였는데, 이 문서를 京都大學 河合文庫 朝鮮文書에서 필자가 찾아냈다。 이 문서는 문서의 書式, 用語, 吏讀가 모두 잘못 쓰여졌을 뿐 아니라 당시 사용되지 않았던 錢(七十六兩)으로 매도한 것으로 위조임이 분명하다。 여기서 僞造文書로 확인하고도 소개하는 이유는 우리 고문서 가운데 더러 위조된 것이 있다는 사실을 보이기 위한 것이다。 필자는 河合文庫 朝鮮古文書에서 약 二五〇통의 위조문서가 있음을 확인했다。

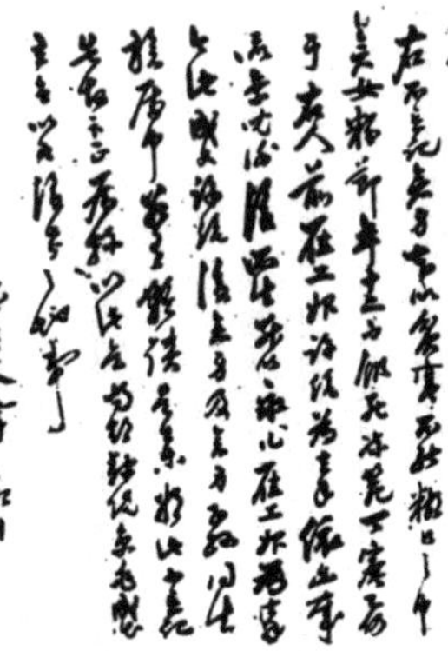

서울大, 71116

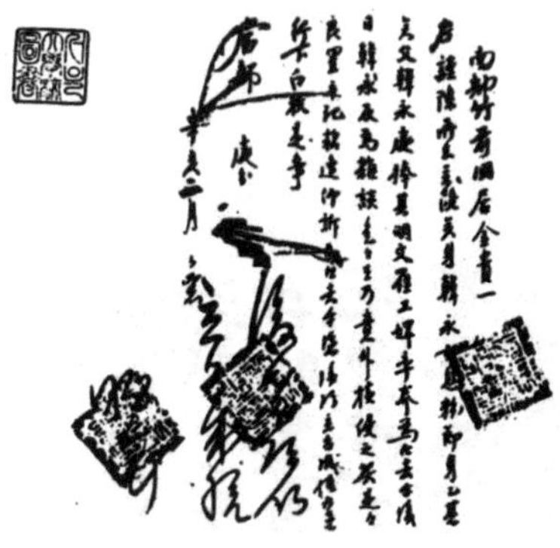

圖版 204 自賣文記

〈自賣文記、例二〉(서울大、No.七一一一六)

A、自賣文記

雍正九年辛亥正月二十三日 金貴一前不忘記

右不忘記 矣身本以貧寒 不能糊口之中 矣女粉節年十二 而飢死凍斃丁寧乙仍于
右人前 雇工婢許給爲去乎 依凶歲流棄兒例 後所生幷以 永作雇工婢爲去乎 今此
成文許給後 矣身及矣身子孫同生族屬中 若有雜談是去等 將此不忘記 告官卞正爲
旀 以此呈當部隷院京兆 成出立旨 以爲後考之地事

粉節父韓 永(手決)
證人宋壽命(手決)
李仁龍(手決)
筆執安得相(手決)

B、所志

南部竹前洞居金貴一

右謹陳所志矣段 矣身韓永女息粉節身乙 其矣父韓永處 捧其明文 雇工婢率養爲白
去乎 後日 韓永反爲雜談是白去乃 意外橫侵之弊是白良置 手記粘連仰訴爲白去
乎 憑後次 立旨成給爲白只爲
行下向教是事

當部 處分

辛亥二月 日所志

官(押) (題音) 後考次以 立旨成給、 初五

(要旨) A는 一七三一年(英祖七) 正月二三日에 韓永이 金貴一에게 作成해준 不忘記(手記)로서、 韓永이 貧寒하여 糊口할 수 없어 飢死凍斃할 至境에 이르렀으므로 그의 딸 粉節(一二歲)을 金貴一에게 雇工婢로 無條件 넘겨주고、 凶歲에 아이를 流棄한 例에 依하여 粉節의 後所生도 아울러 永遠히 雇工婢로 삼도록 다짐하는 文書이다。 딸을 金錢을 받고 奴婢로 賣渡한 것이 아니라 그냥 넘겨준 것이므로 自賣文記라 하기에 문제가 없지 않으나 自賣보다도 더 劣惡한 상태이므로 便宜상 여기에서 취급하였다。

B는 一七三一年 二月에 위의 金貴一이 當部(南部)에 올린 所志로서、 A에서 韓永으로부터 韓永의 딸 粉節을 雇工婢로 받은 金貴一이 그 事實을 官으로부터 公證을 받기 위하여 立旨를 申請하는 所志이고、 이 所志는 二月五日에 接受・處理되어、「後考次 立旨成給」이라는 題音을 받았다。

〈自賣文記、 例三〉 (서울大、 №一四〇三七六)

道光十二年壬辰九月 日 洪注書宅奴大善前明文

右明文事段 矣身父與母 自是上典主宅先世奴婢也 矣父兄弟及矣叔母 去癸酉年分 適逢殺年 流離介乞是如可 不得已圖生次 自賣於矣上典主宅是遣 矣母則雖是晦洞宅衿分婢子 而今已値身死 方今赤尸在房 萬無收尸奄土之道 故玆以矣身妻業伊年三十□□(癸亥)生身前後所生并以 價折錢文捌兩正租壹石捧出後 永〃自賣爲去乎 日後矣身族屬中 如有雜談是去等 持此文 告官卞正者

財主班奴鄭正玉(手決)

證人四寸同生壽得(手決)

筆執私奴李明吉(左手寸)

(要旨) 一八三二年(純祖三二) 九月에 班奴鄭正玉이 그의 妻 業伊(三〇歲)와 前後所生을 아울러 錢文八兩과 正租一石을 받고 洪注書宅(奴大善)에 賣渡하는 自賣文記로서、 그의 母의 葬事費用을 마련하기 위하여 妻를 팔아먹고 있다。 그의 一族이 奴婢로 轉落하는 모습을

보여주는、朝鮮後期 社會史、身分制度研究에 資料가 된다。

〈自賣文記、例四〉(서울大、№八二一二二)

咸豊元年辛亥十一月初四日　李先達宅奴乭德前明文

右明文事段　矣身當此大歉之歲　七十老父幾至凍餓之境　而且公私債　無路辦出　故矣身妻與女息一所生並以　肆拾兩捧價是遣　永〃放賣爲去乎　若或有族屬中　是非之弊是去等　以此文憑考事

朴載千(左手寸)

父春己(手決)

叔父春玉(手決)

證人金得哲(手決)

筆執林馬也之(手決)

圖版　205　自賣文記　　서울大, 135145

(要旨)　一八五一年(哲宗二)　一一月四日、朴載千이　凶年으로　七〇老父가　거의　凍餓之境에　이르렀고、또한　公私債를　辦出할　길이　없어　妻와　女息을　함께　四〇兩을　받고　李先達宅(奴乭德)에　賣渡하는　文記이다。

〈自賣文記、例五〉(서울大、№一三五一四五)

同治元年壬戌正月　日　元進士宅奴明遜前明文

右明文事段　矣身貧寒所致　內外兩口　自賣爲去乎　矣身沈聖玉年三十一壬辰生　矣身妻福禮年三十三庚寅生身　及後所生乙　右宅前　決價五十兩　交易自賣爲去乎　日後族屬中　如有雜談是去等

以此文記憑考 卞正事

夫沈聖玉(手決)

妻福禮　(手掌)

證人趙萬喆(手決)

(要旨) 一八六二年(哲宗一三) 正月에 沈聖玉이 自身(三一歲)과 그의 妻福禮(三三歲)와 後所生을 아울러 五〇兩을 받고 元進士宅(奴明遜)에 賣渡하는 自賣文記이다。

〈自賣文記、例六〉(서울大、№一七八一一二)

大淸同治八年己巳十二月二十日 金牙山宅奴龍孫前明文

右明文事段 矣身當此歉年 生計無路 矣身及矣身所生十一年女息順伊身乙 右宅前 價折錢文拾伍兩 永〃放賣爲去乎 日後 如有雜談是去等 以此告官卞正事

自賣主李米捧(左手寸)

證人高先同(手決)

金壯乭(手決)

黃性云(手決)

筆執金盛云(手決)

(要旨) 一八六九年(高宗六) 一二月二〇日 李米捧이 凶年을 當하여 生計에 길이 없어 自身과 女息 順伊(一一歲)를 錢文一五兩을 받고 金牙山宅(奴龍孫)에 賣渡하는 自賣文記이다。

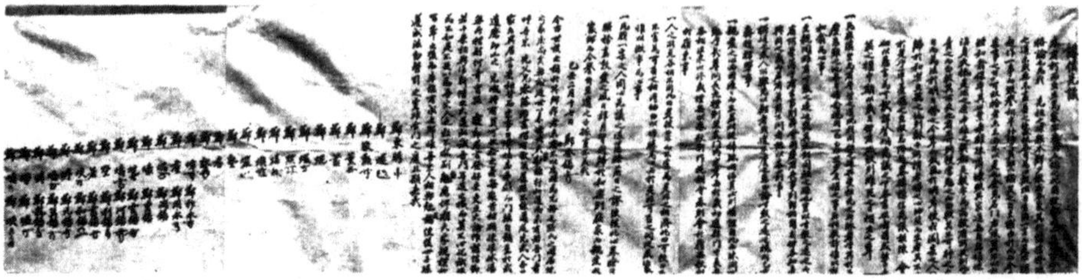

著者

〈自賣文記、例七〉(서울大、№二〇七一四一)

光緖二年丙子十一月十二日 李生員燕岐宅前明文

右明文事段 矣身當此大無之歉年 生活無路 妻崔分烈年三十六辛丑生身果 一所生女順今年九歲

身果 所生男順範年四歲癸酉生身乙 以口活 世〃仰役之意 右宅前 成文記以納爲去乎 日後子孫

族屬中 如有雜談 以此文告官卞正者

標主吳云用(手決)

證筆曺生員宅奴萬石(手決)

證參千順哲(手決)

(要旨) 一八七六年(高宗一三) 一一月一二日 吳云用이 凶年을 당하여 生活할 길이 없어 妻(三六歲)·女(九歲)·子(四歲)를 代價도 받지 않고 奴婢로서 李生員宅에 넘기는 文書이다。

(24) 完議·立議

宗中·家門·稧·洞中 등에서 祭祀·墓位·稧事·洞中事 등에 관하여 議論하고 그 合議된 內容을 적어 그것을 서로 지키도록 約束하는 文書이다。

〈完議、例〉(著者)

講信完議

木有朽而虫生焉 家不齋而人侮之 此固理勢之必然 而古今之格論也 凡我祖之孫 數本鮮少 散在

圖版 206 完 議

各處 其於講信修睦之道 未或無未盡善之處 故各自爲心 疑阻自生 出一言而是非朋起 作一事而毁譽相半 外侮之莫禦 譏笑之自至 職由於此 而今日宗事之莫可收拾者 亦未必不以是也 余見名門右族 莫不以敦睦和翕 保守其世業 乖離疎薄 壞敗其家道 每自思惟悚汗沾身 大抵是非之原 乖離之弊 都是較字爲病 彼有所失 則此當責之 而勿較其所失 此有不可 則彼當勉之 而勿較其不可 行之今日 而爲法於明日 修之今年 而成風於明年 使我闔宗之人 同歸於和樂且孺之地 則穌子所謂孝悌之心 油然而生者 其不在於是乎 區〃憂懣之至 敢忘僭越 略構講信完議 敢陳會中 如以愚言爲可 試詳察納 完議之下 各書姓啣 因成誓文 藏之櫃中 期以歲月 俾有成效 則雖死之日 猶生之年

一、凡在隣里 尙有守望之道 況我同祖之孫 共受祖先之血脈者乎 其於吊慶患難之地 各自惕念視同一己 勿以些少未愜之事 互相較計 惟以敦睦和翕爲心事

一、至親間 雖有寸數之遠近 究其本則同祖之孫也 豈以寸數之遠近 而情有所厚薄乎 有吉事則齊會同慶 有喪事則即相匍匐 俾各知憂樂與同之義 而若有葬前不問者 施以宗罰事

一、橫逆之來 人所難免 以鄰者或遭不虞之患 勿論寸數之遠近 視同己事 齊起捍禦事

一、親愛之心 必因源〃而生 若相從稀疎 悃愊莫吐 則情誼因此而疎濶 可不勉乎哉 爲問長老 禮則然矣 門內少年 每於歲初 進拜門中長老 又各相往來 以修歲禮 每以春秋 別作花樹會 春則會於嶺西 秋則會於嶺東事

一、人之所見 各相不同 此曰是 彼曰非 而不害爲是非之相濟 此曰可 彼曰否 而不害爲可否之相得 切勿以好勝爲心 必於是非可否之間 從衆處之 惟以做事爲心事

一、凡我一宗之人 同心完議之後 蕩滌前日之謬 使彼此心界 瞭然相照 務盡敦愛之風 日肄月習 同歸於和樂 則在家而親愛成風 處鄉而令譽自至 遺之子孫 豈不美哉

己丑二月十七日 鄭奎錫(手決)

今古世族之稱於其鄉邦者 未始不以友睦爲先務也 張氏同居范家之義庄尙矣 無論近世以來 士大夫家 尠能行此道 而未有若吾門者也 嗚呼 吾宗先父兄 零落殆盡 獨有數箇孱孫 不能遹追先武 人各異心 家各異居 言意相背 而宗事日壞 情志乖離 而門法自頹 至

於武屹之遺齋 印山之先壠 將有莫可收拾之憂 每聚首相顧悚恨怵惕 若無所措躬何幸 胄孫寢即君首發好意 更立大論 作講信節目 若干條 相與惟新 偕之大道 此誠吾門再造之機 而莫不心悅誠服 以爲不如是 不足以爲吾宗人也 敢不振刷飭厲 俾期大家規模於數百年之後 而卒能有成也耶 惟吾宗人 相與勉戒 使後世子孫 克遵成法 勿替引之豈非合門之慶且願者哉

鄭東琇(手決)

鄭 燧(手決)

鄭敬勳(手決)

(以下 三八人略)

서울大, 136800

(要旨) 己丑年二月一七日에 鄭奎錫이 成文하여 門中(會中)의 同意를 얻은 完議로서, 鄭氏 宗中이 相互信賴를 회복하고 相扶相助하여 敦睦和樂한 門風을 세우도록 힘쓸것을 門中이 會同하여 誓約하는 文書이다。 여기의 鄭氏는 星州地方에 世居하는 淸州鄭氏로 보이며, 鄭奎錫에 관계되는 餘他文書에 의하면 己丑年은 一八二九年(純祖二九)으로 推定된다。

圖版 207 立 議

〈立議、例〉(서울大、№ 一三六八〇〇)

宗中立議

右立議段 吾金之屢世墓位田土 本不贍足 而墓下殘孫 分奉香火 每或有不謹不潔之患 故玆先通議于僉宗 更定規模 收捫完議 而田畓

作人及奉祀墓直 移給常漢 從今以後 決勿許 給於本孫家之意 別成立議 以作日後憑準之地爲於 外他禁養之節 不遵宗法 異論乖和之人 則小可笞罰 大可呈官 惟我諸宗 惕念奉行事

庚戌十月初二日

□金派 龍植 魯植 喪不着

顯謙(手決)

顯達(手決)

顯斗(手決)

九南派 觀植(手決)

顯麟 顯龍 喪不着

元培(手決)

橫城派 貞植(手決)

泳植(手決)

顯純(手決)

(要旨) 金氏의 屢世墓位田畓을 墓下의 殘孫이 맡아 祭祀를 받드는데 따른 不謹不潔의 폐단을 없애기 위하여 僉宗이 議論하여 田畓의 作人과 墓直을 常漢에게 移給하도록 하고 本孫家에는 절대로 許給하지 못한다고 合議·約束하는 文書이다。 各派에서 着啣하고 있다。 作成年代 庚戌은 推定하기 어렵다。

圖版 208 簡 札 서울大, 170408

(25) 祭需單子

支孫이 宗家에, 外孫이 外家에 祭需로 보내는 物種의 目錄을 적은 文書이다. 보내는 物種을 列書한다. (儒胥必知。참고)

(26) 賻儀單子

賻儀로 보내는 物種의 目錄을 적은 文書이다. 보내는 物種을 列書한다. (儒胥必知 참고)

(27) 書狀(簡札)

흔히 便紙라고 부르는 書狀·簡札은 人間事의 모든內容이 담긴 文書이다. 간단한 安否편지로부터 學問의 討論에 이르기까지 그 內容은 多樣한 것이며, 바로 그 時代의 人間史의 생생한 資料이기도 하다. 따라서 簡札은 그時代의 文學的·史料的·學問的인 資料가 될 수 있는 것이 많이 있다.

簡札은 餘他 古文書와 더불어 多量이 傳來되고 있음은 周知하는 바이다.

더러는 公的인 일에도 簡札의 形式으로 往來되기도 하는데 그 중에는 史料로서 가치가 있는 것을 찾아 볼 수 있다。 여기서는 簡札의 套式은 云謂할 수 없고、史料的인 간찰 한두개를 소개하는 것으로 그친다。

〈簡札、例一〉(서울大、№一七〇四〇八)

俄者辰刻 答書到否 卽見三和報與書 則廿四申時 夷船來泊 於長連所軍島 與三和吹螺島相對假量爲三十里 而曾所住之 龍井浦下
似爲百餘里云矣 彼之復來 必是索回答文也 書封紙物及通事 今方率去廣梁鎭 以觀動靜云耳 彼旣識東津以下水深矣 一帆可到 東
津之下 須十分戒嚴 如何 彼若期欲入急水門 則又必量水然後敢入 然則銃砲示備 以阻其量水爲要法 姑勿遽以斃之爲主似好耳 卽
又見京關 則有傳敎中 德山墓所昨昨變 必非洋醜之識路能入也 必有邪徒之引入等句語 此又何變也 言之痛惋驚心 不知所云耳 邪
徒鋤治 京中方大擧 而有趙喆增者 文科正言也一名也平日以爲洋人若入 則豈有士夫一名之別乎 以此期欲內應 氿中洋擾 亦其路引
云 事之駭惡 又有甚於此乎 益覺膽掉也 忽忽不宜

四月二十五日午末 記末連頓

(皮封；東津鎭軒、四月二十五日午末)

(要旨) 一八六六年 七月 「제네랄 쉬맨」號 事件以後 「쉬맨」號의 行方을 찾던 美國側은 同年 十二月에 「슈펠트」를 艦長으로한 軍艦 「워츄셋」號를 韓國沿海로 파견하여 수색했으나 별 소득없이 돌아간 일이 있고、一八六八年 三月에는 「페비거」를 艦長으로한 軍艦 「쉐난도아」號를 다시 파견하여 黃海·平安地方의 沿海를 탐색하고 三和·長連의 地方官들과도 교섭을 하기로 하였으나 月餘를 海岸에서 배회하다가 돌아간 일이 있다。

當時 朝野는 異樣船의 出沒로 超緊張상태에 있을 때였으며、이 簡札은 바로 「쉐난도아」號의 來航과 직접 관계되는 것이다。이 簡札은 一八六八年 四月二五日午後一時 가까이 平安監司(朴珪壽?)가 龍岡 東津鎭將에게 보낸 것이다。當時 東津鎭將은 夷船의 動靜을 時時刻刻으로 報告했고. 平安監司는 接受 즉시 이에 대비하는 指示簡札을 東津鎭將에게 보냈는데、이 간찰은 그 중의 하나로서、夷船에 대한 戒嚴과 對應方法을 指示하고 있으며、또한 洋人의 德山 南延君墓 發掘、天主敎徒의 西洋勢力引入에 관해 言及하고 있다。당시의 긴박한 상태를 절실히 느끼게 하는 資料이다。

서울大, 170405

圖版 209 簡 札

〈簡札、例二〉(서울大、№一七〇四〇五)

十一日卯辰兩書 即承於卯刻 審

令履與士卒 夜來安過 慰幸 犒饗歡聲 爲遠近生色 鐵鎭亦同日行之耶 昨海營和防所探來 皆未暢 大抵長連倅捉金子平 同往彼碇住處 海路濶遠徊徨 不得即追之狀也 灣通事在龍岡者無論及用不及用 第爲越海往參於連倅之行 昨晩馳撥分付耳 昨見政府啓下關 則彼呈公文 不必朝廷答之 自本道回答云云 故前搆文草 三和答之之意行之計耳 京中適捉邪徒二漢 即再昨年春 往招法冦入沁中者 而冦退時 仍又同去矣 又約此舡而先回者也 此舡中有所謂神父者二人 而其揷十字青旗於海濱者 即所謂敎友相應之標號也 此二人又方夷裝向往之際 見捉云云 雲峴書敎如是耳 向日 厥舡之出十字二十粉畫一青旗 揷于海面者 即此暗號也 邪徒踪跡 不可不察 乃如是矣 此舡中不知幾個東奸在中 痛甚矣 不宣 四月十二日 卯時 記末逋頓(封套；東津回納 十二日卯)

(要旨) 一八六八年 四月一二日 오전六時경에 平安監司(朴珪壽?)가 東津鎭將에게 보낸 簡札로서, 앞의 〈例一〉보다 一二日 앞선 것이나 簡札往來의 背景은 〈例一〉과 같다。當時 官憲이 異様船의 動靜에 대하여 얼마나 緊張상태에 있었으며 天主敎徒의 西洋人과의 接觸에 얼마나 過敏한 반응을 보이고 있는가를 볼 수 있다。

(28) 婚 書

婚姻때에 신랑집에서 禮緞을 붙여 신부집으로 納采(納幣)할 때에 보내는 書簡으로、禮書、禮狀이라고도 한다。두꺼운 종이를 簡紙 모양으로 접어서 썼다。넓은 意味의 婚書

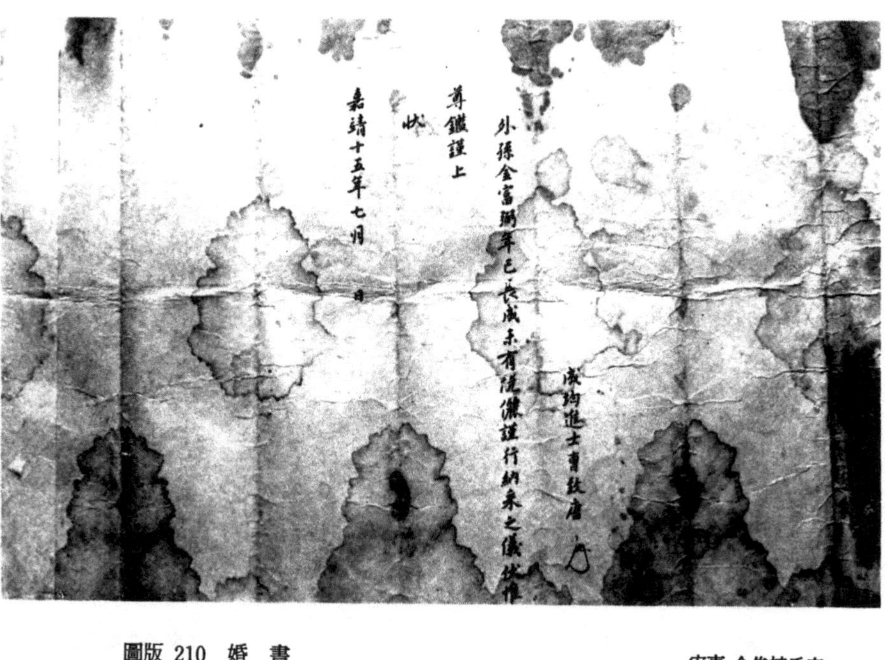
外孫金富弼年已長成未有伉儷謹行納采之儀伏惟
尊鑑謹上
狀
嘉靖十五年七月 日
成均進士曺致唐

安東 金俊植氏宅

圖版 210 婚 書

는 四柱單子와 婚姻擇日에 관한 書狀까지 포함된다。

〈婚書、例一〉(安東、金俊植氏宅)

成均進士曺致唐(手決)

外孫金富弼 年已長成 未有伉儷 謹行納采之儀 伏惟

尊鑑 謹上

狀

嘉靖十五年七月 日

(要旨) 一五三六年(中宗三一) 七月에 成均生進士致唐이 外孫 金富弼을 장가보낼때 신부집에 보낸 婚書이다。

〈婚書、例二〉(安東 金俊植氏宅)

貞夫人曺氏(印章)

時維季冬

雅候多福 子金富儀 年既長成 未有伉儷 謹行納采之例 伏

惟

尊照 謹再拜 上

狀

嘉靖二十八年十二月 日

(要旨) 一五四九年(明宗四) 一二月에 貞夫人曺氏가 아들 金富儀를 장가보낼때 新婦집에 보낸 婚書이다。

〈婚書、例三〉(安東、金俊植氏宅)

忝親禮安生員金富弼啓

時維季冬
雅候多福子金富儀年旣長成未有伉儷謹行
之禮伏惟
尊照謹再拜上
狀
嘉靖二十八年十二月 日
貞夫人曺

圖版 211 婚 書　　安東 金俊植氏宅

忝親禮安生員金富弼啓
安東李進士尊親家伏承
嘉命許以令女貺室同生弟之子綏加之
叶吉兆謹涓吉日以請日二十六日甲寅實惟
令期可否惟
命端拜以候伏惟
尊慈特賜
鑒念不宣
隆慶五年十二月二十五日忝親生員金富弼

圖版 212 婚 書　　安東 金俊植氏宅

安東李進士尊親家伏承
嘉命 許以令女 旣室同生弟之子垓 加之占卜 已叶吉兆 謹涓吉日以請 曰二十六日甲寅 實惟昏期 可否惟
命 端拜以俟 伏惟
尊慈 特賜
鑒念 不宣
隆慶五年十二月二十五日 忝親生員金富弼再拜

(要旨) 一五七一年(宣祖四) 一二月二五日에 生員金富弼이 조카 垓를 장가보내기 위하여 婚日을 定하고 新婦될 집에 그 可否를 묻는 婚書이다。

岑城李翻白
平安監司 尊親家執事伏承
尊慈不鄙寒微許以
令愛旣室僕之長男晩昌玆有
先人之禮敬遣使者行納幣
禮伏惟
尊慈特賜鑒念不宣
崇禎庚戌十二月十六日
通政大夫戶曹叅議知製 教岑城李翻再拜

圖版 213 婚 書　　　서울大, 159820

〈婚書、例四〉(서울大、No.一五九八二〇)

岑城李翻白
平安監司 尊親家執事 伏承尊慈 不鄙寒微 許以
令愛 旣室僕之長男晩昌 玆有先人之禮 敬遣使者 行納幣禮
伏惟
尊慈 特賜鑒念 不宣
崇禎庚戌十二月十六日
通政大夫戶曹參議知製教岑城李翻再拜

(要旨) 一六七〇年(顯宗一一) 一二月一六日에 李翻(一六二六

~一六八八)이 長男晩昌을 장가보낼때 納幣하면서 新婦집에 보낸 婚書이다。李翻은 一六八七年 右議政을 지낸바 있으며 陶庵李縡(一六八〇~一七四六)의 祖父이다。

4) 對寺社·書院·道觀·結社

私人이 寺社·書院·道觀·結社 등에 보낸 文書가 있을 것이나 筆者로서는 아직 찾아보지 못하였다。文書를 接하게 되면 追後 補完될 것이다。

5、寺社文書

1) 對國王(文書)

寺社에서 國王에게 올리는 文書로서 「上疏」가 있을 것으로 생각되나 筆者의 손이 아직 미치지 못하였다。

2) 對官府(文書)

寺社에서 官府에 보낸 文書로서 「所志」類 등이 있을 것으로 생각되나 미치지 못하였다。

3) 對私人(文書)

寺社에서 私人(信徒)에게 보내는 文書로서 「募緣文」 등이 있다。募緣文은 佛寺에서 寺刹營建、佛經刊行、佛像塑造、鑄鍾 등의 佛事가 있을때 施主의 布施를 받기 위한 文書이다。

4) 對寺社(文書)

寺社에서 寺社에 往來하던 各種文書가 있을 것이나 아직 손이 미치지 못하였다。

6、書院(鄕校)文書

1) 對國王(文書)

書院・鄕校에서 國王에게 올리는 文書로서 「上疏」・「上言」 등이 있을 것이다。

圖版 214 稟 目　서울大, 246659

2) 對官府(文書)

(1) 稟 目

書院이나 鄕校에서 上官이나 該地方官에게 報告하거나 여쭙는 文書이다.

〈稟目、例一〉(서울大、№二四六六五九)

稟目

一本院雖在庚戌間重建復享 而本以成廟時賜額之院 故有所論禀矣 巡相題教曰 眞箇額院 則當依朝令施行 詳査報來爲教 故即到付 則城主題教曰 當下帖詢問于鄕校及額院 如有可考文字 亦爲現納爲教 昨禀本校題音內 禀辭如是 依賜額例施行爲教 一是名教慕賢之地 士林之感幸 當復何如哉 謹按春曺之題教 昭著梅山丈席之許可鄭重 且有昭載於本州邑誌 而前等營府題音歸一 前後文蹟帖聯 仰禀特爲分付於該吏處 奉進擧行 依舊制賜額例事 敢禀

乙丑三月本院齋任李(手決)

盧(手決)

林(手決)

官(押)　(題音) 一依忠賢滄江向事

初三 禮吏

(要旨) 乙丑(一八六五?) 三月에 松灘書院의 齋任들이 官(公州)에 올린 稟目이다. 이 稟目과 前後稟目에 의하면 이 書院은 成廟朝에 賜額되었고, 壬辰倭亂때 불탄 것을 庚戌年에 移建·重建한 것이므로 禮吏에게 分付하여 賜額書院의 例로 奉進擧行케 해줄것을 稟하고 있다. 이 稟目은 四月初三日에 題音을 받았는데, 그 內容은 公州地方의 賜額書院인 忠賢書院·滄江書院과 같이 한다는 것이었고, 禮吏로 하여금 이 題音을 쓰게 하고 있다.

〈稟目, 例二〉(서울大, №二四六六六一)

稟目

一松灘書院即

成宗朝賜額 壬辰兵燹後 移建于松灘 文蹟昭有可據 擧實啓聞事 昨有多士提稟矣 題敎內 各邑毁撤爲四十餘處 不可單擧啓聞爲敎

四十餘處之見撤 恐與本院似有差殊 本院則華額特賜 固知
盛典之隆洽 士論駿發 可見輿情之蔚興 所以覼縷之訴 自速
煩屑之科 伏念百年之享 復于今日 而禮賤自如 運有興廢
鳴灘之院 移于松灘 而宣額尙餘 理無前後 豈以重建之院 而
同歸新設之地哉 恐不可以單擧 有所商量 故玆以齊聲更稟
特爲據實啓聞 以遵宣賜之聖意 以安士林之顒望 恐未知何
如事 敢稟

戊辰八月 日公州鄕校別會所堂長李(手決)

羅(手決)

孫(手決)

林(手決)

金(手決)

行使(押)

圖版 215 稟 目 서울大, 246661

公員鄭(手決)
朴(手決)
色掌趙(手決)
李(手決)

(題音) 已有昨題 而果是賜額 則往訴于春曺向事 初五

(要旨) 一八六八年 八月에 公州鄕校別會所에서 官(公州牧使?)에 올린 稟目으로, 當時 大院君이 未賜額書院을 撤毁시킨 施策과 관계되는 文書이다。公州鄕校에서는 松灘書院이 撤毁對象에 들자 松灘書院은 新設이 아니라 賜額된 書院으로, 옮겨서 重建한 것이므로 撤毁對象에서 除外해야 한다는 것이며, 이 稟目을 接受한 官에서는 「果然 賜額書院이면 禮曹에 往訴하라」는 題音을 내리고 있다。

〈稟目, 例三〉(서울大, №七八一三三)

稟目

恐

鑑伏以 廣灘面田畓 既爲推尋 又蒙立旨之成貼 生等不勝感服之至矣 所謂元堂里下洑防等里中洑 皆自院土中引流 而自院土見失之後 其近處之人 修洑收稅 反徵於院土者久矣 今既査出院土 則院土通洑之稅 收納於本院者 豈非當然之事乎 玆敢齊聲仰籲 伏乞下燭後 特爲立旨成給 兩處洑稅 自本院收納之意 敢

稟

院長 閤下

丁丑十一月 日坡山書院都有司李敏貞
別有司李圭容
掌議黃 穙

李象起

儒生尹秉軾

李完謙

(以下 一一名略)

(題音) 灌水蒙利而收稅 自有定規 院土中前日之見失者 旣按簿查櫛而歸正 則其中引流收稅 豈可屬之他乎 自院中一體收納 似合公平向事

十三日

使(?) (押)

(要旨) 丁丑年 一一月에 坡山書院 都有司・別有司・掌議・儒生 등 一七名이 院長에게 올린 稟目으로, 同書院의 土地를 通過하는 洑의 水稅를 同書院에서 收納케 할 것을 稟하고 있으며, 一三日에 내린 이 稟目에 대한 題音에는 그 洑의 水稅를 書院에서 收納하는 것이 公平할것 같다고 收稅를 認定하고 있다。

3) 對私人(文書)

書院에서 私人에게 보내는 文書로서는 「墨牌」(華陽墨牌)、「通文」 등이 있다。 龍洲書院에서 鄕約稧를 設立하기 위하여 僉君子에게 돌린 通文도 그 한 例가 되겠다。(21)

(21) 龍洲書院誌、卷一、鄕約通文 참조。

4) 對書院(文書)

書院에서 書院으로 授受하는 文書로서 「通文」 등이 있다.

(1) 通　文

書院·鄕校·鄕廳·門中·儒生·結社 등에서 同類의 機關·關係機關·關係人員 등에게 共同의 關係事를 通知·通告하는 文書이다. 逆賊謀議나 官命에 항거하는 謀議를 할 때의 通文은, 首謀者를 감추기 위하여, 連名을 하지 않고 餘白에 沙鉢을 놓고 圓形으로 돌아가면서 着名을 하기 때문에 沙鉢通文이라 한다. 一八九三年 一一月 全琫準 등 二〇여명의 東學指導者가 各里의 執綱들에게 보낸 通文이 沙鉢通文의 좋은 例이다. 通文가운데는 중요한 歷史의 現場을 생생하게 전해주는 중요한 史料들이 얼마든지 있을 수 있다.

〈通文、例一〉(筆者)

通文

右文爲通諭事 即接愚山書院文諭之來抵本院者 以其所謂東學之賊 近熾於同省之內 憂慮備至 論斥甚嚴 生等處在首善 事關闢異 不能先事 有此愧歎 然愚院卽本鄕之院 而生等共事之所 則愚院士林之言 即生等之言也 玆敢更竭其端 請與道內僉君子共之 幸諒之 吾東方僻處一隅 而不過數千里彊土 然國以禮義見稱 鄕以鄒魯得號 獨保漢官威儀於擧四海腥羶之中者 此其故何哉 我朝以仁厚立國 禮讓爲俗

列聖相承 儆戒不怠 群賢輩出 相與講明斯道 大明如日中天 盖其文詩書禮樂 其人士農工商 所修明者 君臣父子夫婦長幼朋友之倫

所誦法者 堯舜禹湯文武孔孟程朱之訓 冠婚喪祭 必式乎儀 庠序學校 俾遂其養 男以忠孝爲行 女以貞烈爲德 式至于今 胥匡以生 傳之萬世 與天壤共弊 而無弊者也 夫何西洋陰沴之氣 浸觴東邦文明之治 爾來七八十年 而司寇之禁 潘闐之治 前後刑僇相續 甚至誅滅無遺 其所以廓闢而痛鋤之者 不但止於能言之拒 而種下生種 寔繁其徒 至於搢紳章甫中 頗聰明識道理者 亦多樂赴 視死如歸 則其他蚩蠢 又何可論 畢竟法不勝奸 奸不畏法 任其肆行 而莫之敢攖則甚矣 好新喜捷之風 喪失眞性 至此之極耶 其亦氣數乘除之運 淪陷擧世 奈何不得矣 伊川被髮 何待百年 方當朝野之隱憂永歎 不暇他及 而那意東學之稱 復踵西學之目 爲此對耦生出於吾東方生育之類耶 即其所爲說所爲事 既無以得其眞贓陰慝之萬之一 則其爲何等至妖至兇之圖 有甚有不甚於西洋之學之爲夷狄禽獸之道者 實未可知也 然而傳說之來 槩乎有聞 伊其所以誦呪天主之法 依附乎西洋 符水療病之說 蹈襲乎黃巾 一貴賤而等威無別 則屠沽者往焉 混男女以帷薄爲設 則怨曠者就焉 好貨財而有無相資 則貧窮者悅焉 一以廣收徒黨爲第一功業 居一村而欲盡一村之人 居一鄉而欲盡一鄉之人 次〃傳及 勢成滔天 有似乎張角之排布三十六方 而教主之尊 隱若渠帥 則是將攘司牧之權 以行一己之私者耳 自夫世下風漓 經殘敎弛 異言喧豗 何代無之 紛然雜出 亦復何限 彼皆近理亂眞 所以惑世誣民 而其爲禍於天下後世 見斥於昔賢先儒 已然之故 夫孰不知也 噫 彼西洋之教 較諸亂眞者流 尤是鄙褻可嗤之甚 不知其爲陷溺人者 果爲何等而然也 好新之士 凡有新語 皆將樂聞 喜捷之人 凡有捷徑 皆將疾走 老佛之玄虛寂滅 陸王之認欲爲理 到今世猶爲陳舊而不新矣 於是乎天主之父乾母坤 嚴上帝之說 倡於此際 適中其心則不識天壤之間 所以詿誤之多者 其以此 夫今此所謂東學云者 直一巫史鬼呪者彼流而止耳 無知之賤類多染 樵牧之小豎爭誦 而是其爲說 元無一毫半分依俙近似於依據亂眞之方 焉有衣冠之族 才勝之人 漸染投入之慮 顧不足比擬於左教之倫 而汚我筆舌 與之論斥也明矣 昔人稱異端爲陷人於夷狄禽獸 則此其指斥之極地話頭 而今之所謂此賊 不過爲陷人於魑魅魍魎而已 夷狄禽獸 猶是有形之物 魑魅魍魎 亦有何形狀之可言乎 然而其罪之難容 東學之目也 其機之可畏 聚黨之事也 噫 其痛矣 以東爲目之罪 愚院文諭 辨斥詳至 庶可諒悉 今不架疊 而彼賊之所以自作一類 潛相傳授 根脉深於山藪 流染遍於州閭 一入其中心 工商者廢其所業 耕作者更無所事 其所營爲者何事 其所究竟者何處 此無異羌胡雜處壇域 便似駭機之迫在朝夕 而視之者恬不爲怪 聽之者晏若尋常 豈非有識之萬萬憂歎處乎 生等生長名教之邦 久浴菁莪之化 自祖先以來 幾十百世 鄉無異教 人無左道 歌詠承平 不知老之將至 猝見詭行邪說 一朝風靡 波蕩則被髮左衽之歎 其將何所底至 是豈直以深憂痛斥

而言之而已乎 玆所以痛哭而亟陳之 僉君子闢衞憂慮之義想同 此衷情矣 伏願僉君子 一以爲講明斯學 使彼邪孽 不敢作 一以爲嚴立科條 使彼妖賊 知所懼 以續吾道之墜緒 以壯國家之元氣 千萬幸甚 夫如是也 則彼誑誘投入之無知賤類 雖或有迷不知返 自底刑憲 亦必有羞前之爲 而人其人之道矣 惟僉君子 諒之

右 文 通

玉成 書院

癸亥十二月初一日道南書院院長前別提鄭允愚

會員前參判柳厚祚

進士姜胥永

洪殷標

姜文永

齋任鄭沚愚

(以下一九名 略)

(左下端)；此亦中 一〃輪覧鄕內 無至中滯 幸甚

(要旨) 崔濟愚가 逮捕되기전인 一八六三年(哲宗一四) 一二月一日에 道南書院의 院長前別提鄭允愚、會員前參判柳厚祚 등 二五名의 儒林의 이름으로 玉成(玉城) 書院에 보낸 東學排斥通文이다。(22)(圖版二一 참조)

〈通文、例二〉(서울大)

通文

右文爲問通事 待士之道 招人之法 各有體禮 非其招而招 則未免越俎之嫌 非其招而往 則亦有旌弁之別 貴院章甫 寧不知此 而作

非其招招人 先失其待士之體禮 而陷人於不測之境乎 鄙邑儒林 雖曰無似 其所謂儒林云者 孰非古家之遺裔也哉 鄙邑儒林中 有盧
雅慶烈者 其地閥雖不赫著 葆眞齋相公 其先祖也 端川公郭山公 其從祖也 以其出入之場言之 本校掌議之子也 忠賢院齋任之從弟
也 以其操行言之 謹飭之士也 翰墨之儒也 曾經儒任者 如有得罪於士林之事 何待貴院章甫之聲討 鄙邑亦有儒論 寧可誣哉 寧可
諠哉 其人也杜門勤業 無有訾瑕 而貴院牌旨 去閏月初七日來到其家 觀其牌辭 畧曰 罪係歐敗 捉來云云 歐敗胡大罪也 果誰知之
亦誰爲之 □之事不近理 何以至此 貴院章甫 寧有是理 跟其來隷即 初非院隷 即鄙邑江亭子居洪大孫郭卜伊兩漢也 □人也不勝其憤
即地呈官杖囚□□(免釋) 如可少宣其恥 實未知出於何人手中 謀害良善 蔽人前程乎 大抵 此等之事 貴院章甫 其或詳知 寧不齊忿哉 害
良蔽程 非徒其人之恥而已 鄙邑章甫曰 雖無似 章甫則章甫也 豈可以章甫陵章甫哉 鄙邑章甫 未免齊憤之恥 於貴院章甫之心何如
玆以問通 其中間作俑之之人 這這摘發 詳悉迴示 則鄙邑章甫 將以士論 發文呈稟 如法懲厲 以杜來弊 伏願僉君子 勿以人廢言
詳細回諭 以至同聲聲討之擧
千萬幸甚
右敬通于
華陽書院

癸卯八月十六日公州鄕校別會發文堂長李陽淵
吳致闇
鄭秀鳳
公員林榮國
李鎭權
色掌愼洛善
金鼎秀

(皮封) ; 「華陽書院入納
公州鄕校別會所通文」

(222) 拙稿, 書院(儒林)勢力의 東學排斥運動小考, (韓沽劤博士停年記念史學論叢, 一九八一) 참조。

齋任李晩亨
吳鎭國

(要旨) 癸卯年 八月 一六日에 公州鄕校別會所의 儒林들이 華陽書院에 보낸 通文으로, 善良한 公州地方의 儒生 盧慶烈에게 罪目을 붙여 捉來하라 한 華陽書院 牌旨(墨牌)에 대하여 公州鄕校의 儒林들이 共憤을 느껴 그 眞相을 詳細히 回示해 줄 것을 要求하는 通文이다。當時 華陽書院(墨牌)의 橫暴와 弊端을 露呈해주는 資料로서 公州儒林의 自尊心을 상하게한 華陽書院에 대한 公州儒林의 도전장이라고 하겠다。

7、道觀文書

1) 對國王(文書)

「上疏」·「上言」 등이 있을 것이다。

2) 對官府(文書)

「所志」類가 있을 것이다。

3) 對私人(文書)

道觀에서 門徒에게 보내는 文書가 있을 것이다.

4) 對道觀(文書)

道觀과 道觀間에 往復·授受된 文書가 있을 것이다.

8、結社文書

1) 對國王(文書)

結社에서 國王에게 올린 「上疏」類가 있을 것이다.

2) 對官府(文書)

結社에서 官府로 올린 文書로서, 「所志」「等狀」등이 있을 것이다.

3) 對私人(文書)

(1) 通　文

稧·褓負商 其他 結社에서 私人(稧員·會員등)에게 通知하는 文書이다。回文이라고도 하는데 會員에게 回覽시키는 文書로서 때로 會員이 不參할 경우에 闕錢(不參錢)을 내는 例도 있다。

〈通文、例一〉(서울大、№八五六四九)

圖版 216　通　文　　서울大, 85649

通文

右通諭事段　惟我守廳稧　積年久廢矣
令監主特下軫念之澤　錢文壹佰兩　別附稧中　以補成樣爲教是乎故　惟我稧員　亦有遂誠之意　各出三緡錢　更爲設稧　而日字則今十五
日完定爲去乎　右日朝早　來會于松提守廳房　幸甚事

己丑正月五日　發文金(手決)

李(手決)

(要旨) 己丑年 正月五日에 金某、李某가 發文하여 稧員에게 돌린 通文으로、守廳稧가 오래동안 停廢되었다가 令監(守令?)이 一〇〇兩을 특별寄附하여 다시 稧會를 하게 되었으므로 一五日 早朝에 守廳房으로 모일것을 通知하고 있다。

〈通文、例二〉(서울大、№六九六二三)

通文

右文爲通喩事 惟我本稧秋捧日字十一月二十四日牢定爲去乎① 各其名下錢穀持是遣② 同日早食後 一齊來會于有司家 以爲修稧之地
幸甚焉

里中 此亦中③ 學稧同日修稧事

甲子十一月十二日發文朴

三有司　新有司

奴月用　羹一盆　奴月用

奴景達　酒一盆　小五每

孟□一　酒一盆　乭卜

奴貴南 錢一兩五戔

奴小完卜 錢一兩五戔又利④本錢十五兩又本錢十兩利四兩上

奴景達 錢一兩五戔又本錢十五兩利六兩四月用又利本錢十五兩上

奴月用 錢一兩五戔又利本錢九兩又利本錢十五兩上

奴完卜 錢一兩五戔又本錢八兩 利三兩六戔上

奴小五每 錢一兩五戔又利本錢十五兩又本錢十兩利四兩上

(以下八行略)

奴小五每 利本太⑤七斗五升、五斗五升上 在二斗

奴五每 利本太九斗 五斗上 四斗在

奴二月 利本太十五斗 五斗上 在十斗

奴小月用 利本太十五斗

奴分見 利本太十八斗 太七斗上 在十一斗

奴月用 利本太二十一斗 七斗上 在十四斗

(以下五行略)

(註解) ① 爲去乎, 하거온, 뜻 : 一하므로一하오니。 ② 持是遣, 지니고, 뜻 : 지니고, 가지고。 ③ 赤中, 여헤, 뜻 : 때에, 기회에。 ④ 利本, 利子와 本錢。 ⑤ 太, 콩, 大豆。

(解釋) 이 通文은 通諭하는 일이라。 우리 本稧의 秋捧日字를 一一月二四日로 확정하오니 각각 그 이름 아래(記錄된) 錢穀을 가지고 同日 朝食後 一齊히 有司家에 모여서 修稧하도록 하면 심히 다행이겠다。

(要旨) 甲子年 一一月二二日에 朴某가 發文하여 稧員에게 通知한 通文으로, 稧員들은 稧會日에 그들이 갖다쓴 錢과 穀(太)을 가지고 有司家에 모여서 錢·穀의 本錢(穀)과 利子를 갚는 것으로 보인다。 이때 有司들은 饌(국)과 술을 준비하여 稧員들이 먹도록 했다。 이 稧의 利子는 錢과 穀 모두 年五〇%로 보인다。「利本錢一五兩」은「本錢一〇兩, 利子五兩」으로 볼 수 있고,「本錢一〇兩, 利子四兩」은 年四〇%가 아니라 一年이 차지 않은 경우로 보겠다。 穀의 경우는 長利는 관습적으로 五〇%였다。 畢稧도 同日 修稧한 것으로 보인다。

〈通文, 例三〉(서울大, №六六四六〇)

종계통문

우통유ᄉᆞ는은 금년수봉차로 자이발문ᄒᆞ거온 상ᄒᆞ첨원이 계ᄐᆡ와 계전신티로 본니불수히 각기니엄고 금월이십칠일조식후에 노허불이되 근체로 일제나회

노운이

노허분
노성찬
노소희분 쥬도가
노소성찬
외원
강슈돌 錢本五十兩 利二十五兩 三十五兩納
강명학 錢本七十五兩 利三十五兩 太本八斗 利四斗
맹운봉 錢本六十兩 利三十兩

圖版 217 通 文 서울大, 66460

김자근용 錢本四十兩 利二十兩 太本六斗 利三斗
(以下二八行略)
庚戌十月十八日發文爲去乎 次〃飛傳後 終到處 還納事

(要旨) 庚戌年 一〇月一八日에 稧員에게 回覽시킨 通文으로 〈例二〉와 같은 類이다。이 通文에도 모든 稧員이 稧太와 稧錢 쓴대로 本利 모두 가지고 二七日 朝食後에 奴해분이宅 근처로 모이라고 하였다。錢과 太(콩、大豆) 모두 利子는 〈例二〉와 마찬가지로 五〇%로 되어 있다。

(2) 傳 令

結社(褓負商・賤人)에서 有司가 結社員에게 命令을 傳

達하는 文書이다。(223)

(3) 帖 文(貢人)

貢房(都中)·契房 등에서 貢人으로 認定(任命)하는 文書로서, 그 貢人이 納品할 貢物의 種類와 數量 또는 價役米가 記載되어 있다。(앞의 貢人文記 參照)

〈帖文、例一〉(서울大、№ 一二〇七七一)

金箕德處貢案謄給帖文

右帖文爲謄給事 水原陸同貳束伍斤 安山貳同參束參斤 陽智拾陸同壹束捌斤 麻田捌同參束壹斤 始興壹束伍斤 砥平拾同伍斤 陽川五同五束參斤 合穀草伍拾同貢物 依貢案謄給爲去乎 日後 以此帖文施行者

司僕貢房

首席安時赫(手決) 李　秀(手決)

領位李喜順(印) 權應益(手決)

公員閔　元(手決) 廉在愼(印)

李錫祐(手決) 田澤民(手決)

皮元夷(手決) 閔　壽(手決)

分定次知金舜明(印) 劉　祿(手決)

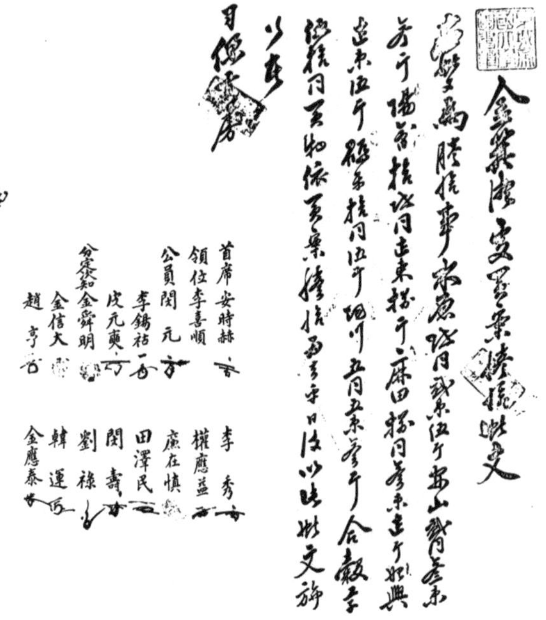

圖版 218 帖 文

서울大, 120771

圖版 219 帖　文

서울大, 121210

金信大(印)　韓　運(手決)

趙　亨(手決) 金應泰(手決)

道光二十年庚子五月　日

(要旨) 一八四〇年(憲宗五) 五月에 司僕貢房의 諸任員이 金箕湘에게 授與한 帖文으로서 水原·安山·陽智·廣田·始興·砥平·陽川 等地의 穀草五〇同貢物을 納品하는 貢人으로 認定(任命)하는 文書이다. 貢人權 賣渡時에 賣買文記와 함께 引渡되는 중요한 文書이다.

〈帖文、例二〉(서울大、№ 一二一二一〇)

帖文(印) 全孝澈

右帖文 丁未統貢時 舊券爻周 新帖文成給矣 今因提調大監分付 自下變通 大關法意 一遵朝家定式 破統貢 而帖文爻周後 邑號物目 並仍舊貫爲在 右人名下 濟用監貢案付 嶺南丹城正布肆疋拾柒尺伍寸價米伍石參斗柒升伍合 大丘正布肆疋拾柒尺伍寸價米伍石參斗柒升伍合 慶山正布貳疋拾柒尺伍寸價米貳石拾參斗柒升伍合 蔚山正布壹疋拾柒尺伍寸價米壹石拾壹斗貳升伍合 醴泉七升鼎紬拾柒尺伍寸價米壹石 晋州白鼎紬捌尺柒寸伍分價米壹石 金山白鼎紬捌尺陸寸壹分價米拾肆斗柒升陸合 九升水紬壹尺參寸壹分伍里價米參斗參升捌合壹夕 星州八升水紬捌尺柒寸伍分價米壹石伍斗九升 水紬十尺五寸價米壹石拾貳斗 慶州九

(223) 朴元善、負褓商、(韓國研究院、研究叢書 一六、一九六五) p、一二一 圖版 참조。

升水紬拾壹尺陸寸陸分價米壹石拾肆斗玖升捌合參夕 (以下草溪・湖南昌平・珍島・光州・萬頃・長興・雲峯・錦城・湖西清州・舒川・恩津・石城・洪州等地 正布・苧布・紅花・白鼎紬等 貢物 略) 已上參南合 價役米伍拾貳石壹斗柒升肆合玖夕貢物乙 成給帖文爲去乎 以此永久遵守事

濟用監貢房都中(印)

張漢臣(手決)

金勉修(印)

郭命德(手決)

(以下二四名 略)

道光二十八年戊申三月 日

(要旨) 一八四八年(憲宗一四) 三月에 濟用監貢房都中에서 金孝澈에게 授與한 帖文으로서, 濟用監貢案에 있는 三南 諸邑의 正布・七升鼎紬・白鼎紬・水紬・苧布・紅花 등 貢物(價役米五二石一斗七升四合九夕)을 納品하는 貢人으로 認定(任命)하는 文書이다.

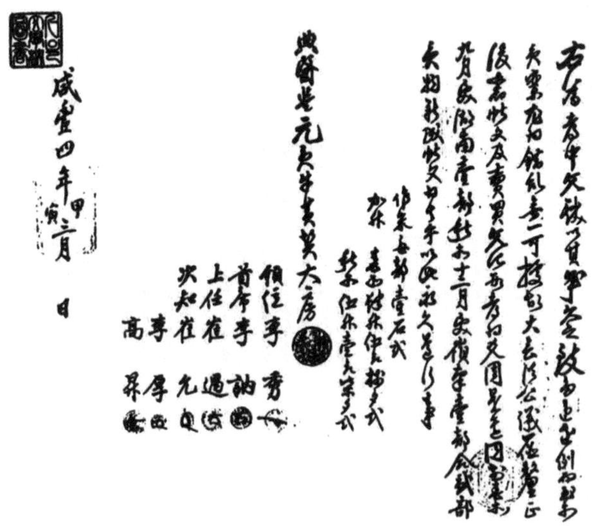

서울大, 121811

圖版 220 帖 文

〈帖文、例三〉(서울大、No、一二一八一一)

帖文 崔 允

右爲都中文獻 以其年久之致 多違近例 而至於貢案 尤爲錯亂 無一可據 故大會從公議 一從釐正後 舊帖文及賣買文記段 都爲爻周是遣 同前春等九月受湖南壹部 秋等十二月受嶺南壹部 合貳部貢物 新成帖文爲去乎 以此永久遵行事

作米每部壹石式

加升春等肆升伍合捌夕式

秋等伍升壹合柒夕式

典醫監元貢牛黃契大房(印)

領位李 秀(印、手決)

首席李 訥(印、手決)

上任崔 遇(印、手決)

次知崔 允(印、手決)

李 厚(印、手決)

高 昇(印、手決)

咸豐四年甲寅三月 日

(要旨) 一八五四年(哲宗五) 三月에 典醫監元貢牛黃契大房에서 崔允에게 授與한 帖文으로서, 牛黃貢物年二部를 納品하는 貢人으로 認定(任命)하는 文書이다。 諸任員들이 印章을 찍고 그 위에 手決을 한 것이 특이하다。 手決에서 印章으로 넘어가는 과도적인 현상으로 이해된다。 이 帖文은, 都中의 文獻(帳簿)이 오래되어 當時의 實際와는 많이 어긋나 있고, 貢案에도 크게 錯亂되어 있어 이를 바로 잡은 후에 舊帖文과 貢人權賣買文記를 모두 抹消하고 새로 帖文을 作成하여 주는 것이다。

帖文 金□□

同治六年丁卯正月 日

首席安 潤	李 弈	千 義
領位崔 圭	金 亨	白 範
上任金 洪	安 允	安 範
下任金 英	金 倫	金 祐
次知鄭 赫	金 健	李 潤

圖版 221 帖 文　　서울大, 76840

〈帖文、例四〉(서울大、№七六八四〇)

帖文 金□□

右帖文爲 工曹所管紥馬皮契貢物都石數合爲一千七百九十五石七斗六升九合五夕 而今當減貢之時 合有釐正 故大會收議後 從衆論 分作十八衿 每衿受價米九十九石十一斗二升六合八里式酌定是遣 舊劵一並收聚交周後 各其名下貢劵 次第塡字 而地字壹衿米九十九石十一斗二升六合八里 及來字捌分壹衿第二 米十二石七斗三合二夕六里 合受價米一百十二石三斗二升九合三夕四里貢物乙 新帖文成給爲去乎 以此傳子孫 遵行事

紥契大房(印)

首席安潤(手決)　李舜(印、手決)　千義(手決)
領位崔圭(印)　金亨(手決)　白範(手決)
上位金淇(印、手決)　安元(手決)　安範(手決)
下位金英(印、手決)　金倫(手決)　金祐(手決)
次知鄭赫(印、手決)　金健(手決)　李潤(手決)

同治六年丁卯正月 日

要旨) 一八六七年(高宗四) 正月에 紥契大房에서 그 任員의 連名으로 金□□에게 發給한 帖文으로서, 工曹所管 紥馬皮契貢物 一衿과 八分의 一衿(價米 一一二石三斗二升九合三夕四里)을 納品하는 貢人으로 認定(任命)하는 文書이다. 이 文書에도 帖文을 새로 作成하여 發給하게된 事由와 釐正內容을 밝히고 있다.

(4) 差　定(任命狀)

結社(褓負商 등)에서 任員으로 任命하는 任命狀이다。(224)

(5) 驗　標

褓負商의 身分證이다。驗標를 所持한 者에 한하여 商品專賣權을 갖는다。(225)

4) 對結社

結社에서 다른 結社로 보내는 文書로서 「通文」類가 있겠다。

9、奉神佛文書

1) 國王對神佛(文書)

國王이 天地神明・佛・祖先・聖賢 등에 올리는 「祭文」・「祝文」・「祈告文」・「靑詞」 등이 있고、臣下가 죽은 후에 近侍臣을 보내어 祭祀하는 「致祭文」이 있다。 東文選에도 祭䣝文・祭雨師文・祈雨雩祀圓壇祭文・后土祝・風師祝 등 「祭文」과 「祝文」이 多數 載錄되어 있고、많은 文集에서도 祭文類가 실려있는 것을 볼 수 있다。 이러한 國王(國家)의 大小의 祭文과 靑詞 등은 知製敎가 製進하나 王이 그 內容을 살펴보고 決裁(親押)나 王命을 받은 후에 祭祀에 使用하게 된다。(226)

(224) 같은 책 P、一二二・一二三 圖版 참조。

(225) 같은 책 P、一二二 참조。

(226) 世宗實錄 卷五二、世宗一三年六月庚申條에 「上曰 凡祭享祝文 前期一朔 預先親押 已有定例 自今 每遇祭享 臨時親押傳香何如 知申事安崇善啓 前此預先

(1) 致祭文

〈致祭文、例一〉(安東、金時寅氏宅)

維萬曆三十七年歲次己酉八月己酉朔二十三日辛未

國王

遣臣禮曹佐郎李天樞

諭祭于□□參判□(金)誠一之□□靈 天挺人□□神 有德而文

蔚爲名臣 啣命乘槎 蠻酋褫魄 杖鉞專征 眞儒無敵 許以驅

馳 死而後已 九原難作 三軍嚌倚 略擧褒典 豈曰酬功 屬予

初服 眷玆孤忠 千里□(遣)□ □以非薄 不昧者存 庶幾一格

(要旨) 一六〇九年(光海一) 八月二三日에 國王(光海君)이 禮曹佐郎李天樞를 보내어 金誠一(一五三八~一五九三)의 靈前에 祭祀할 때의 致祭文이다。

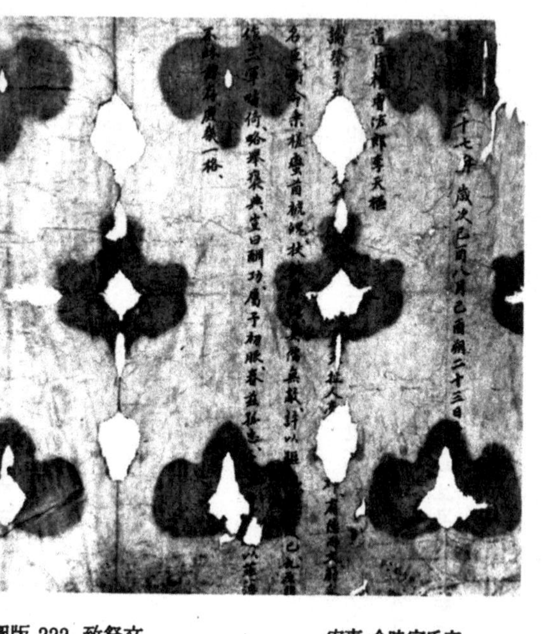

圖版 222 致祭文　　安東 金時寅氏宅

〈致祭文、例二〉(서울大、№一九〇八八五)

維乾隆三十八年歲次癸巳八月初九日

國王

遣近侍臣左副承旨趙昌逵

諭祭于文忠公淸城府院君金錫胄之靈 嗚呼 惟卿淸風盛族 文貞長孫 名登獜閣 學在癸亥 功存

社稷 嗟哉 卿帶予用乎 昔因文集
敎 乃去粧飾 昨聞遺稿 予心掩抑 豈意八旬 圖像手執 迺問承宣 若覩眉目 曠世興懷 九原難作 卿孫基長 命擬字牧 令官供祀 予
意奚特 有司設饌 其文親綴 特遣近侍 遺像奠酌 幽明雖貳 感通理一 卿靈豈昧 庶幾歆格

維乾隆三十八年歲次癸巳八月初九日
國王
遣近侍臣左副承旨趙昌逵
諭祭于大忠公清城府院君金錫冑之靈嗚呼惟卿清風威旋
乃貞長孫名登彝閣粤在癸亥功存
社稷嗟哉卿帶予用乎昔因文集
敎乃去粧飾昨聞遺稿予心掩抑豈意八旬圖像手執迺問承
宣若覩眉目曠世興懷九原難作卿孫基長命擬字牧令官
供祀予意奚特有司設饌其文親綴特遣近侍遺像奠酌
幽明雖貳感通理一卿靈豈昧庶幾歆格

圖版 223 致祭文　　서울大, 190885

(要旨) 一七七三年(英祖四九) 八月九日에 國王(英祖)이 左副承旨趙昌逵을 보내어 金錫冑(一六三四~一六八四)의 靈前에 祭祀할 때의 致祭文이다.

2) 王室對神佛

王室에서 神佛에 올리는 文書로서, 「祭文」、「祝文」、「祈告文」、「願文」 등이 있을 것이다.

3) 官府對神佛

官府(地方官)에서 神佛에 올리는 文書로서 「祭文」、「祝文」、「祈告文」 등이 있을 것이다. (城隍祭、祈雨祭등)

受押者 恐臨時有告 未得親押 且不可代押也 依舊爲便 上曰然」이라 하였고 同上 卷一〇一、世宗二五年七月庚午條에 「藝文大提學趙末生의 啓에 「凡大小祭文 必以知製敎製進 敎可而後用之 獨昭格殿醮禮靑詞 以藝文館參外官員製進 辭意未盡 有違大體 請令知製敎製進 受敎可用之(從之)」라 하였다.

4) 私人對神佛

私人이 神佛에 올리는 文書로서 「祭文」, 「祝文」, 「願文」, 「祈告文」, 「靑詞」「神文」 등이 있다. 「祭文」과 「祝文」은 많은 文集에도 載錄되어 있을 뿐 아니라 古文書가운데는 상당수의 祭文이 들어 있다. 嶺南地方에서는 한글로 된 祭文을 흔히 볼 수 있다. 著者도 수십장의 祭文을 所持하고 있으나 資料로서 중요한 것이 아니므로 例擧를 略한다.

5) 寺社對諸佛(文書)

寺社에서 佛에 올리는 文書로서 「願文」, 「請文」類가 있다.

6) 書院對儒賢

書院에서 書院에 配享한 儒賢을 祭祀할 때 올리는 「祭文」, 「祝文」이 있다.

7) 道觀對三淸

道觀에서 三淸(玉淸・上淸・大淸)에게 올리는 祭文으로 「靑詞」가 있다.

以上의 神佛에게 올리는 祭文・祝文・祈告文・願文・請文・神文・靑詞 등은 一般古文書와는 區別되는 것이며, 그것을 古

文書에서 함께 다룰 수 있는 것인가에도 문제가 있다.

勿論 그 가운데는 文學的인 價値나 語學的인 資料가 되는 것도 있을 수 있고 그 時代 사람들의 精神生活·宗教生活의 면모를 볼 수 있는 것도 있다. 儒家的 祭文가운데는 상당한 史料價値가 있는 것도 있다.「祭文」類는 傳存되고 있는 것도 많고 文集 등에 轉載된 것도 多數 있으나 그 밖의 文書는 著者로서는 별로 접하지 못하였으므로 例擧하지 못하였다.

나머지 말

著者는 古文書專門家가 아니다. 다만 一九六四~五年에 서울大 東亞文化硏究所에서 서울大 圖書館所藏 古文書를 整理할 때 이에 從事한 것이 꼬투리가 되어, 그 後 大學에서 敎鞭을 잡으면서 史籍解題時間에 數種의 古文書를 다루어 왔고, 一九七七年에는 서울大 大學院에서 분수 없이 古文書講義를 한 일이 있다. 이러한 어설픈 경력이 외람되게 이 冊을 쓰는데 까지 이르게 된것을 어찌 상상이나 했겠는가. 그러나 이 作業은 누군가가 해야할 일이고, 또한 너무나 절실한 문제로 생각되었기 때문에 著者로서는 蠻勇을 부리게 되었다.

實際 資料蒐集에 着手했으나, 모든 種類의 古文書를 接할 수는 없었고, 著者個人의 能力으로는 資料蒐集에도 限界가 있었다. 특히 寺社·書院·道觀·結社에 關係된 文書는 著者의 손이 미치지 못하였다. 文書 이름만 남아있고 實際文書는 湮滅된 것도 있겠고, 아직 찾지 못한 것도 많을 것으로 생각된다. 擧國的인 古文書調査·整理事業이 이루어져야 現存하는 모든 古文書의 種類가 밝혀질 것이다.

文書例의 경우 著者로서도 그 選定에 留意는 했으나 모두가 最古·最善의 것일 수는 없고, 史料로써 利用할 수 있는 與否에도 用心하였다. 例文에 있어서 베어쓰기도 잘못된 곳이 상당히 있을 것으로 보며, 誤判·誤書된 것도 있을 것이다. 모두 著者의 無能의 所致라 본다. 특히 文書가운데 草書로 된것이 많은데, 草書에 能하지 못한 著者로서 그러한 文書를 判讀하기 위하여 들인 時間과 苦心은 적지 않았다. 그러나 아직도 判讀되지 못한 것이 많이 있고 判讀된 중에도 誤讀이 있을 것으로 생각된다. 또한 잘못 解釋되고 臆斷을 한 것도 상당히 있을 것으로 본다.

이 冊子는 「古文書研究」라 題하였으나 「古文書入門」의 性格을 띤 것으로서, 國學을 研究하는 學者들의 한국古文書에 대한 認識과 理解를 돕기 위한 것이며, 나아가 史學科에서 古文書入門, 古文書演習 등의 講義에 利用할 수 있도록 解說・註解와 要旨 등을 붙였다. 後에 古文書演習을 위한 資料集도 만들어 볼 예정이다.

이 冊子는 아직 未完成의 것이고 따라서 계속 改正・補完되어야 할 것이나, 혹시 이것을 계기로 古文書講座가 教科課程에 들게 되고, 古文書의 整理・活字化事業이 促進되어 古文書를 史料로써 널리 活用될 날이 속히 왔으면 하는 分外의 希望을 하면서, 諸賢의 叱正과 鞭撻을 기다린다.

參考文獻

高麗史
朝鮮王朝實錄
承政院日記
備邊司謄錄
日省錄
來去案・謄錄・完文類(奎章閣圖書)
經國大典
續大典
大典通編
大典會通
六典條例
大明律直解
典律通補
萬機要覽
百憲摠要
通文館志
秋官志
春官志
同文彙考
國朝五禮儀
新式儒胥必知
儒胥必知
東文選
東國李相國集(李奎報)
春亭集(卞季良)
江湖實記(金叔滋)
訥齋集(梁誠之)
忠武公全書(李舜臣)
西厓文集(柳成龍)
瑣尾錄(吳希文)
潛谷集(金堉)
愚伏集(鄭經世)
燕岩集(朴趾源)
其他文集類
牧民心書(丁若鏞)
東學亂記錄(國史편찬위원회간)
吏讀集成(朝鮮總督府、中樞院)
吏讀資料選集(亞細亞文化社刊)
이두사전(장지영、장세경)
朝鮮語辭典(朝鮮總督府)
서울大圖書館、古文書集眞、一九七二
金東旭、古文書集眞、延世大出版部、一九七二
金約瑟、古文書論考、國會圖書館報、一九六七
白麟、古文書에 관하여、國會圖書館報、四
國立中央圖書館、고문서해제、一九七二、一九七三
吉村茂樹、古文書學、東大學術叢書
伊地知鐵男、日本古文書學提要、新生社、東京
相田二郎、日本の古文書、岩波書店刊

佐藤進一、古文書學入門、法政大學出版局、東京

古文書를 이용한 研究

朴秉濠、韓國法制史特殊研究、韓國研究圖書館、一九六〇

〃 傳統的 法體系와 法意識、서울大 韓國文化研究所、一九七二

崔弘基、韓國戶籍制度史研究、서울大出版部、一九七五

朴元善、負褓商、韓國研究院、一九六五

李樹健、嶺南士林派의 形成、嶺大、民族文化研究所、一九七九

朴秉濠、高麗末의 奴婢贈與文書와 立案(春齋 玄勝鍾博士 華甲紀念 法思想과 民事法 所載、一九七九)

〃 世宗二一年의 牒呈(法史學研究、創刊號、韓國法學院、一九七四)

南豊鉉、一三世紀 奴婢文書의 吏讀(檀大、論文集、八、一九七四)

許興植、朝鮮初 沈敬宗의 功臣戶와 그 分析(大丘史學 一五・一六집、一九七八)

〃 國寶戶籍으로 본 高麗末의 社會構造(韓國史研究 一六、一九七七)

崔在錫、朝鮮時代 相續制에 關한 研究(歷史學報 五三・五四、一九七二)

〃 高麗後期家族의 類型과 構成(韓國學報、三、一九七六)

李光奎、朝鮮王朝時代의 財產相續(韓國學報、三、一九七六)

李樹健、光山金氏 禮安派의 世系와 그 社會經濟的 基盤(歷史教育論集、慶大師大歷史科、一九八〇)

周藤吉之、朝鮮後期の田畓文記に關する研究(歷史學研究、一九三七)

田川孝三、貢人關係文書について(榎博士還暦記念論叢、一九七五)

古文書 資料集

慶北地方古文書集成、李樹健編、嶺南大出版部、一九八一、

光山金氏烏川古文書、崔承熙編、韓國精神文化研究院、一九八二、

扶安金氏愚磻古文書、鄭求福編、韓國精神文化研究院、一九八三、

古文書、一・二、全南大博物館編、一九八三・一九八五、

古文書集成三(海南尹氏篇)、韓國精神文化研究院、一九八六、

古文書一―四 서울大學校圖書館、一九八六、一九八七、

全羅道 茂長의 咸陽吳氏와 그들의 文書(一)、全北大博物館、一九八六、

朝鮮史料集眞、朝鮮史編修會、

國寶、一二、書藝・典籍、千惠鳳編、藝耕產業社、一九八五、

指定文化財目錄、文化財管理局、一九八四

韓國上代古文書資料集成、李基白編、一志社、一九八七

索 引

ㄱ

加上尊號……60
家屋文記……400
家屋의 賣買……400
簡札……481
甘結……216
監官權賣買……453
監官料……451
監官文記……451
姜碩期……88
康舜龍……79, 81
姜鶴年……84
開國功臣錄券……107, 113
開國原從功臣錄券……107, 116
擊錚原情……304
結社文書……47, 51
京外官推考發緘・緘答……221
耕作權……314
京邸吏……438
京主人……439
京住人價……28
京主人文記……27, 438
啓(文)……152
啓目……160
啓本……155
繼後……272
高麗高宗制書……78
高林正……365
告目……239
古文書의 槪念……17
古文書의 分類……45
古文書의 史料價値……24
古文書의 樣式……55
古文書의 傳來……32
古文書學……22
告示……297
告身……77
傳音……326
高宗……60, 64
古風……259
空名帖……266
貢物……424
功臣都監……113
功臣子孫世系單子……337
功臣會盟文……117
貢人……425, 506
貢人權……351, 382
貢人文記……424
公州鄕校……489
科擧之寶……79
關……180
官府文書……140
官府(官吏)文書……47, 49
敎(受敎)……63
敎命……61
校生……182
敎書……64, 123
敎旨……77
敎牒……92
口文……449
舊文記……400
狗皮契貢物……432

國公立圖書館古文書……41
國內文書……46
國寶戶籍……279
國王文書……47, 48, 57
軍令狀……249
宮房庄土……451
權撥……71, 74
琴秥……364
起復出依牒……200
其人……351
其人貢物……382, 436
其人文記……434
金務……357
金文起……196
金富儀……483
金富弼……309, 484
金士元……357
金錫冑……366, 368
金誠一……71, 80, 226, 508
金緣……79, 83, 95, 366
金璉……283
金逌根……266
金堉……80, 120, 366, 368
金祖淳……66
金宗直……98
金柱臣……101
金稹……331
金孝盧……94, 377, 380
金孝之……380
金懷鍊……79

ㄴ

南延君……81, 102
南延君球……91
內需司……163
內旨……129
路文……256

奴婢의 賣買……407
奴婢文記……407
奴婢身貢……312
盧尙樞……305, 335
盧膺……377
路引……259
錄券……107
祿俸……249
祿牌……98
祿標……249
論報……235

ㄷ

單子……317
代加……96
代理聽政……132
道觀文書……47, 51
道南書院……494
圖書牌子……136
都膺……78, 99
導掌……351, 454
導掌權……454
導掌文記……454
導掌許給文……138
敦寧單子……136
東學軍……167
東學排斥通文……29, 494
東學之類……193
謄給……290
等狀……314

ㅁ

馬天牧……65, 117
馬帖……252
望記……246
網場……418, 419

賣鄕之規 ……317
武科紅牌……83
文契……20
文券……20
文書의 特性 ……22
文書效力……34
問安單子 ……176
問安物種單子 ……229
文狀 ……235
文狀書目 ……237
勿禁帖 ……250, 296
密敎……77
密符……70

ㅂ

防僞私通 ……258
白樂觀 ……299
白樂寬 ……301
白牌 ……77, 83
白活 ……306
封書 ……103
奉神佛文書 ……47, 51, 507
封爵……81
赴擧狀 ……248
賻儀單子……480
分給(衿給)文記 ……352
分財文書 ……343
不忘記 ……473
不發文書……33
批答 ……120

ㅅ

司宮莊土 ……454
沙器契 ……426
寫文書……34
寺社文書 ……47, 50, 486
賜諡敎旨……77
謝恩單子 ……175
私人文書 ……47, 49
四祖陳省 ……190
賜牌 ……77, 90
司圃署 ……453
山訟 ……320, 321
山訟原情 ……305
商賈主人 ……444
商賈主人文記 ……448
上書 ……177, 321
上疏 ……146, 299
上言 ……301
署經單子 ……223
書啓 ……169
書目 ……212
서울大學校古文書……42
書院文書 ……47, 50
書狀〔簡札〕……480
釋熙玉 ……126
璿源錄世系單子 ……135
船主人 ……444
船主人文記 ……446
船隻文記 ……422
船隻의 賣買……422
宣牌 ……121
宣惠廳書吏 ……241
成均館 ……181, 263
世子代理聽政 ……177
消息 ……378
所志 ……306, 388
贖良文記 ……467
贖良・贖身文記 ……464
贖身 ……464
贖身文記……466, 468
松廣寺 ……268
松灘書院 ……489
手本 ……133, 215

修禪社 ……268
水原府三色軍……76
守廳稧 ……498
手標・手記 ……459
淑愼翁主 ……374
肅宗繼妃金氏 ……129
試券 ……306
施命之寶……79
諡册……60
諡號望單子 ……224
諡號署經 ……225
申目 ……177
新文記 ……400
申本 ……177
身役 ……263
沈洋 ……285
沈之伯 ……116

ㅇ

漁鹽船稅……76
漁場 ……163
漁場(漁箭・網基)文記 ……416
漁場의 賣買……416
旅閣・旅客・商賈主人文記 ……443
旅客主人 ……444
旅閣主人 ……444
旅客主人權 ……445
旅客主人文記 ……444
延齡君房 ……133, 163
鹽盆文記 ……420
鹽盆의 賣買……421
寧嬪房 ……139, 455
令書 ……130
令旨 ……131
醴泉龍門寺敎旨……91
五功臣會盟文 ……119
玉成書院 ……494
玉册 ……140, 178
玉册(文)……57
完文 ……262, 298
完議・立議 ……476
王室文書……47
王室(宮房)文書……48, 127
王旨 ……78, 90
外交官取才 ……190
外交文書 ……46, 52
外命婦告身……96
龍岡東津 ……481
牛黃貢物 ……505
雲峴宮 ……397
原文書……32
原情 ……304, 320
遺敎……61
柳根……90, 289
柳起門 ……195
遺書(遺言) ……384
諭書……70
柳成龍 ……67, 69, 88, 99, 100
柳成龍書……67
柳時輔……96
柳時會……96
有旨……73
柳厚祚 ……494
柳興門……82
六行單子 ……175
尹光璵 ……308, 373
尹丹鶴 ……308
尹勉之……84
綸音 ……123
尹行直 ……122
尹憲燮 ……106
邑志편찬 ……191
議送 ……323
懿旨 ……130
李端夏 ……152

李東標 ……311
李敏叙 ……152
異樣船의 出沒……481
李志鼎 ……160
李和 ……108, 113
李和尙……97
烟戶雜役 ……196, 263
立法出依牒 ……199
立案…… 267, 388, 400, 407
立議 ……478
立旨 ……275
入學圖說紙背 ……187, 188
立後文記 ……338

ㅈ

自賣文記 ……470, 472
慈旨 ……129
雜科白牌……85
狀啓 ……164
長湍京主人役 ……442
狀達 ……178
張末孫……84
掌隷院 ……274, 411
帳籍 ……280
莊獻世子 ……131
邸報 ……248
祗受單子 ……176
典當文記 ……458
傳令 ……219, 501
箋文 ……127, 143, 180
典醫監 ……505
傳准 ……288
鄭光忠 ……130
鄭奎錫 ……478
旌閭 ……321
鄭晩錫 ……104
呈辭 ……171
靖社功臣 ……293
鄭逑 ……272, 287
鄭昌祿 ……439
祭文 ……507
祭需單子 ……480
題音・題辭 ……278
條目 ……375
朝報 ……247
朝鮮國王之印……79
朝鮮王寶……79
趙温……90
照律時功議單子 ……337
佐理功臣錄券 ……107
佐命功臣敎書 ……65, 66, 107
종계통문 ……500
竹冊……60
贈諡……88
贈職……87
遲晩 ……223
陳告狀 ……336
進上單子 ……173
陳省 ……235
陳試狀 ……336
鎭安君芳雨 ……360, 361

ㅊ

差使帖 ……220
劄子 ……148
差定 ……506
倉主人 ……444
處女單子 ……176
尺文 ……230
薦單子 ……172
帖 ……193
帖文 ……298, 502, 505
牒呈 ……186
抄啓文臣 ……122

草記 ……153
草料 ……253
草文書 ……32
招辭 ……379, 388
崔承欅 ……87
崔益鉉 ……147
崔濟愚 ……494
崔興源 ……75
追贈 ……85
追贈教旨 ……77
祝文 ……507
忠勳府 ……289, 293
致祭文 ……508
馳通 ……243

ㅌ

太祖李成桂 ……361, 374
土地賣買 ……388
土地文記 ……388
通文 ……492, 498
通諭 ……245

ㅍ

坡山書院 ……490
牌旨 ……388, 395, 399
平關式 ……181
平安監司 ……481
褒貶單子 ……172
褒貶同議單子 ……227
稟告 ……242
稟目 ……488

ㅎ

下答 ……132, 136
下膳狀 ……122
河紹地 ……364
下直單子 ……174
解由移關 ……201, 208
解由牒呈 ……202
行狀 ……259
行下 ……260
鄕吏 ……197, 239
鄕吏差帖 ……31
鄕任의 改差 ……192
許與(許給)文記 ……370
顯隆園 ……76
戶口單子 ……328
扈聖功臣教書 ……68
婚書 ……482, 483
洪淳穆 ……140
紅牌 ……77, 82
和順翁主房 ……455
華陽書院 ……495
和會文記 ……342
還穀 ……220
還上 ……196, 263, 264, 324, 390
檜淵書院 ……264
回通 ……244
准戶口 ……279
徽旨 ……130